Multilingual Dictionary
of
Printing and Publishing Terms

By the same author
BOOK PRODUCTION

(*with C Berrill and M Barnard*)
THE PRINT AND PRODUCTION MANUAL (edns 1–6)

(*with M Barnard*)
THE BLUEPRINT DICTIONARY OF PRINTING AND PUBLISHING

MULTILINGUAL DICTIONARY OF PRINTING AND PUBLISHING TERMS

English · French · Spanish · Italian · German · Dutch · Swedish

John Peacock

BLUEPRINT
An Imprint of Chapman & Hall

London · New York · Tokyo · Melbourne · Madras

Blueprint, an imprint of Chapman & Hall

UK	Chapman & Hall, 2–6 Boundary Row, London SE1 8HN, UK
USA	Van Nostrand Reinhold Inc., 115 5th Avenue, New York NY10003, USA
JAPAN	Chapman & Hall Japan, Thomson Publishing Japan, Hirakawacho Nemoto Building, 7F, 1-7-11 Hirakawa-cho, Chiyoda-ku, Tokyo 102, Japan
AUSTRALIA	Chapman & Hall Australia, Thomson Nelson Australia, 102 Dodds Street, South Melbourne, Victoria 3005, Australia
INDIA	Chapman & Hall India, R. Seshadri, 32 Second Main Road, CIT East, Madras 600 035, India

First edition 1991
©1991 John Peacock

Typeset in Garamond by
Morton Word Processing Ltd, Scarborough
Printed in Great Britain by
Antony Rowe Ltd, Chippenham

ISBN 0 948905 35 2

Apart from any fair dealing for the purposes of research or private study, or criticism or review, as permitted under the UK Copyright Designs and Patents Act, 1988, this publication may not be reproduced, stored, or transmitted, in any form or by any means, without the prior permission in writing of the publishers, or in the case of reprographic reproduction only in accordance with the terms of the licences issued by the Copyright Licensing Agency in the UK, or in accordance with the terms of licences issued by the appropriate Reproduction Rights Organization outside the UK. Enquiries concerning reproduction outside the terms stated here should be sent to the publishers at the London address printed on this page.
The publisher makes no representation, expressed or implied, with regard to the accuracy of the information contained in this book and cannot accept any legal responsibility or liability for any errors or omissions that may be made.

A catalogue record for this book is available from the British Library.

CONTENTS

Editor's Note   vii
Using this dictionary   ix

Section A
ENGLISH–all language versions   1

Section B
FRENCH–English   119
SPANISH–English   139
ITALIAN–English   159
GERMAN–English   179
DUTCH–English   201
SWEDISH–English   225

EDITOR'S NOTE

This dictionary is first and foremost for all my colleagues working in publishing and printing who are conducting business outside their own countries or who need to understand a little of the vocabulary of the trade abroad, technical or otherwise.

Since the book is written for practitioners, it assumes that the basic meanings of the terms which are listed are already known to the user in his own language. No glossary descriptions are given: the sole purpose of the book is to guide the user to equivalent terms in another language as quickly and as precisely as possible.

The range of words and phrases in the dictionary is that found in most common use within the publishing and printing industries of the countries concerned. Commercial, sales and marketing terms are included along with essential technical terms.

A good number of friends and colleagues in publishing and printing have helped me in compiling this book and I am very happy to record my grateful thanks to them.

For the French, Catherine Dousset of Editions Laffont, Paris; Michel Maurel and colleagues at Hachette, Maurepas; Réjane Améry.

For the Spanish, Conrado Echarri of Graficas Estella, Spain; Peter Sullivan of Mateu Cromo, Madrid; Carmel Tumulty; Louis Calvete.

For the Italian, Lino Ederle and Kenneth Cowan, both of Mondadori Verona; Laura Gallo; Antonella Dossena.

For the German, Lisa Williams and Anne Williams, freelance editors.

For the Dutch, Iris van Kooten, Henk Bangers and Peter Spinlove, all of Royal Smeets Offset, Holland; Guido Goluke.

For the Swedish, Gunnar Svensson of Grafiskt Forum, Sweden; Susanne Svensson of Tumba College, Stockholm; Markku Rapeli of WSOY Printers, Finland.

I would also like to record my thanks to Charlotte Berrill, Chapman & Hall's excellent publisher for the Blueprint imprint, for her never-failing patience during the long gestation of this book; and to Dave and Les Morton of Morton Word Processing, Scarborough, for the care and skill they have brought both to databasing and to typesetting the intricacies of the text.

USING THIS DICTIONARY

The dictionary is divided into two sections, A and B.

Section A is concerned with translation out of English. Section B is concerned with translation into English. Other pairings can be achieved using both sections.

Out of English

Section A is intended for translation out of English into any of French, Spanish, Italian, German, Dutch or Swedish. The terms or phrases in this section are arranged in English alphabetical order. Each language equivalent is arranged in its own column alongside each English headword.

Into English

Section B is divided into six parts, one for each of the six languages above other than English. This section is intended for translation out of each language and into English. In each part the terms are displayed in alphabetical order inside each language and their English equivalents are displayed alongside them. The first of the six parts is French–English; followed by Spanish–English; then Italian–English, German–English, Dutch–English, and Swedish–English.

Other language pairings

Translations between any non-English language pairings – French to German, for example, or Swedish to Italian – can also be achieved in this dictionary by routing through the English term. In the first of the examples above, the first step is to go from the French term to its English equivalent using the French listing in Section B; the second step is to go from the English equivalent to the German equivalent using section A.

ABBREVIATIONS

The abbreviations used in this book are as follows.

abbrev	abbreviation
adj	adjective
adv	adverb
n	noun
nm	noun masculine
nf	noun feminine
nn	noun neuter
v	verb

Section A
ENGLISH – all language versions

Section A English–all language versions

ENGLISH	FRENCH	SPANISH	ITALIAN
AA *abbrev* author's alteration *n*	correction d'auteur *nf*	corrección de autor *nf*	correzione d'autore *nf*
abbreviation *n*	abréviation *nf*	abreviatura *nf*	abbreviazione *nf*
abrasion *n*	abrasion *nf*	abrasión *nf*	abrasione *nf*
abridged edition *n*	édition abrégée *nf*	edición abreviada *nf*	edizione ridotta *nf*
absorbency *n*	capacité d'absorption *nf*	absorbencia *nf*	assorbenza *nf*
academic books *n*	livres universitaires *nm*	libros académicos *nm*	testi accademici *nm*
academic publishing *n*	éditions universitaires *nf*	publicación académica *nf*	pubblicazioni accademiche *nf*
accent *n*	accent *nm*	acento *nm*	accento *nm*
acute accent *n*	accent aigu *nm*	acento agudo *nm*	accento acuto *nm*
circumflex accent *n*	accent circonflexe *nm*	acento circunflejo *nm*	accento circonflesso *nm*
grave accent *n*	accent grave *nm*	acento grave *nm*	accento grave *nm*
access *n*	accès *nm*	acceso *nm*	accesso *nm*
direct access *n*	accès direct *nm*	acceso directo *nm*	accesso diretto *nm*
random access *n*	accès sélectif *nm*	acceso aleatorio *nm*	accesso casuale *nm*
acetate *n*	acétate *nm*	acetato *nm*	acetato *nm*
achromatic separation *n*	sélection achromatique *nf*	separación acromática *nf*	selezioni acromatiche *nf*
acid-free paper *n*	papier sans acide *nm*	papel sin ácido *nm*	carta senza acido *nf*
acknowledgements *n*	remerciements *nm*	relación de colaboradores *nf*	riconoscimenti *nm* ; ringraziamenti *nm*
acknowledgements page *n*	page de remerciements *nf*	página de relación de colaboradores *nf*	pagina dei ringraziamenti *nf*
acoustic coupler *n*	coupleur acoustique *nm*	conexión acústica *nf*	accoppiatore acustico *nm*
acrylic *adj*	acrylique *adj*	acrílico *adj*	acrilico *adj*
acute accent *n*	accent aigu *nm*	acento agudo *nm*	accento acuto *nm*
addendum *n*	addendum; supplément *nm*	adición *nf*	addendo *nm* ; appendice *nf*
adhesive binding *n*	reliure sans couture *nf*	encuadernación adhesiva *nf*	legatura a colla *nf*
adhesive bound *adj*	relié sans couture *adj*	encuadernado con adhesivo *adj*	legato a colla *adj*
advance *n*	avance *nf*	adelanto *nm*	anticipo *nm*
advance against royalties *n*	avance sur les droits d'auteur *nf*	adelanto contra derechos de autor *nm*	anticipo sui diritti d'autore *nm*
advance copy *n*	exemplaire de lancement *nm*	ejemplar adelantado; avance *nm*	copia staffetta *nf*
advertisement *n*	réclame; annonce *nf*	anuncio *nm*	inserzione *nf*; annuncio pubblicitario *nm*
advertising *n*	publicité *nf*	publicidad *nf*	pubblicità *nf*
advertising agency *n*	agence de publicité *nf*	agencia de publicidad *nf*	agenzia pubblicitaria *nf*
advertising rates *n*	tarifs publicitaires *nm*	tarifas de publicidad *nf*	tariffe pubblicitarie *nf*
against the grain	en sens inverse des fibres	a contrafibra	in controfibra
agent *n*	agent *nm*	agente *nm*	agente *nm*

AA–agent   Section A   English–all language versions

GERMAN	DUTCH	SWEDISH	ENGLISH
Autorkorrektur nf	auteurswijziging n	författarens ändringar n	AA abbrev author's alteration n
Abkürzung nf	afkorting n	förkortning n	abbreviation n
Abrieb nm	afschuring; slijtage n	repning; slitage n	abrasion n
kleine Ausgabe nf	beknopte uitgave n	förkortad version n	abridged edition n
Saugfähigkeit nf; Saugvermögen nn	absorptievermogen n	absorption n	absorbency n
wissenschaftliche Bücher npl	wetenschappelijke boeken n	akademiska böcker n	academic books n
wissenschaftlicher Verlag nm	het uitgeven van wetenschappelijke boeken n	akademisk förlagsverksamhet n	academic publishing n
Akzent nm	accentteken n	accent n	accent n
Akut; Accent aigu nm	*accent aigu n*	*akut accent n*	*acute accent n*
Zirkumflex(akzent) nm	*accent circonflexe n*	*cirkumflex accent n*	*circumflex accent n*
Gravis; Accent grave nm	*accent grave n*	*grav accent n*	*grave accent n*
Zugriff nm	toegang n	åtkomst n	access n
Direktzugriff nm	*direkte toegang n*	*direktåtkomst n*	*direct access n*
willkürlicher Zugriff nm	*rechtstreekse toegang n*	*direktåtkomst n*	*random access n*
Azetat nn	acetaat n	acetat n	acetate n
achromatische Trennungen nf; Unbuntfarbsatz nm	achromatische kleurscheidingen n	akromatisk separation n	achromatic separation n
säurefreies Papier nn	zuurvrij papier n	syrafritt papper n	acid-free paper n
Dank nm	dankbetuiging; verantwoording n	erkännanden; tack n	acknowledgements n
Dankesseite nf	verantwoordingspagina n	sida med erkännanden; tack n	acknowledgements page n
Akustikkoppler nm	akoestisch koppelmechanisme n	akustiskkoppling n	acoustic coupler n
Acryl- prefix	acryl-; acrylaat- adj	akryl adj	acrylic adj
Akut; Accent aigu nm	accent aigu n	akut accent n	acute accent n
Nachtrag nm	appendix n	tillägg n	addendum n
Klebebindung nf	garenloze binding n	limhäftning n	adhesive binding n
mit Leim gebunden adj	garenloos gebonden adj	limhäftad adj	adhesive bound adj
Vorschuß nm	voorschot n	förskott n	advance n
Vorschuß gegen Honorar nm	voorschot op royalties n	förskott på royalty n	advance against royalties n
Vorausexemplar nn	vooruitgemaakt exemplaar n	förhandsexemplar n	advance copy n
Anzeige nf; Inserat nn	advertentie n	annons n	advertisement n
Werbung nf	reclame; het adverteren n	annonsering n	advertising n
Werbeagentur nf	reclamebureau n	annonsbyrå n	advertising agency n
Anzeigentarife npl; Inseratkosten npl	advertentietarieven n	annonspriser n	advertising rates n
gegen die Laufrichtung	tegen de vezelrichting; foute looprichting	mot fiberriktningen	against the grain
Agent nm	agent; vertegenwoordiger n	agent n	agent n

3

Section A English–all language versions

ENGLISH	FRENCH	SPANISH	ITALIAN
author's agent *n*	*agent d'auteur* nm	*agente de autor* nm	*agente dell'autore* nm
literary agent *n*	*agent littéraire* nm	*agente literario* nm	*agente letterario* nm
printer's agent *n*	*agent d'imprimeur* nm	*agente de imprenta* nm	*agente dello stampatore* nm
agreement *n*	accord nm	contrato nm	contratto nm
author's agreement *n*	*accord de l'auteur* nm	*contrato de autor* nm	*contratto d'autore* nm
airbrush *n*	aérographe nm	aerógrafo nm	aerografo nm
airfreight *n*	fret; transport aérien nm	carga aérea nf	spedizione aerea nf
airfreight costs *n*	frais de transport aérien nm	costes de carga aérea nm	costi di spedizione aerea nm
airmail *n*	poste aérienne nf	correo aéreo nm	posta aerea nf
air waybill *n*	bordereau d'expédition par avion nm	hoja de ruta aérea nf	lettera di vettura aerea nf
align *v*	aligner v	alinear v	allineare v
alignment *n*	alignement nm	alineación nf	allineamento nm
all rights reserved	tous droits réservés	se reservan todos los derechos	tutti i diritti riservati nm
alphabet *n*	alphabet nm	alfabeto nm	alfabeto nm
cyrillic alphabet *n*	*alphabet cyrillique* nm	*alfabeto cirílico* nm	*alfabeto cirillico* nm
latin alphabet *n*	*alphabet latin* nm	*alfabeto latino* nm	*alfabeto latino* nm
alphanumeric *adj*	alphanumérique adj	alfanumérico adj	alfanumerico adj
alphanumeric sort *n*	tri alphanumérique nm	orden alfanumérico nm	ordinamento alfanumerico nm
alteration *n*	retouche; correction nf	corrección nf	correzione nf
author's alteration *n*	*correction d'auteur* nf	*corrección de autor* nf	*correzione d'autore* nf
ampersand *n*	signe & nm	signo & nm	congiunzione commerciale nf
analogue computer *n*	calculateur analogique nm	ordenador análogo nm	calcolatore analogico nm
antique wove *n*	papier vélin antique nm	papel áspero nm	carta tipo antico nf
anti set-off spray *n*	spray anti-maculage nm	polvo antimaculador nm	polvere antiscartino nf
aperture *n*	ouverture nf	apertura nf	apertura nf
apostrophe *n*	apostrophe nf	apóstrofo nm	apostrofo nm
appearing size *n*	hauteur de page nf	tamaño aparente nm	altezza della pagina nf
appendix *n*	appendice nm	apéndice nm	appendice nf
appliance *n*	appareil nm	aparato nm	dispositivo nm
application *n*	application nf	aplicación nf; utilización nf	applicazione nf
applications software *n*	progiciel nm	software de aplicaciones nm	software applicativo nm
arabic figures *n*	chiffres arabes nm	cifras árabes nm	cifre arabe nf; numeri arabi nm
archive *n*	archive nf	archivo nm	archivio nm
archiving *n*	archivage nm	archivo nm	archiviazione nf
area *n*	surface nf	superficie nf; área nm	superficie nf; area nf

agreement–area Section A   English–all language versions

GERMAN	DUTCH	SWEDISH	ENGLISH
Agent nm	*auteursagent* n	*författar-agent* n	**author's agent** n
Agent nm	*literair agent* n	*litteratur-agent* n	**literary agent** n
Druckereivertreter nm	*drukkersvertegenwoordiger* n	*tryckeri-agent* n	**printer's agent** n
Vertrag nm	overeenkomst n	överenskommelse; avtal n	**agreement** n
Verlagsvertrag nm	*auteurscontract* n	*författaravtal* n	**author's agreement** n
Farbspritzgerät nn ; Aerograf; Luftpinsel nm	retoucheerspuit; verfspuit n	retuschspruta n	**airbrush** n
Luftfracht nf	luchtvracht n	flygfrakt n	**airfreight** n
Luftfrachtkosten npl	luchtvrachtkosten n	flygfrakt-kostnader n	**airfreight costs** n
Luftpost nf	luchtpost n	flygpost n	**airmail** n
Luftfrachtbrief nm	luchtvrachtbrief n	flygfraktsedel n	**air waybill** n
ausrichten; in Linie bringen v	in de lijn brengen v	linjera; justera v	**align** v
Ausrichtung nf ; Liniehalten nm	lijning n	linjering; justering n	**alignment** n
alle Rechte vorbehalten	alle rechten voorbehouden	eftertryck förbjudes	**all rights reserved**
Alphabet nn	alfabet n	alfabet n	**alphabet** n
kyrillisches Alphabet nn	*cyrillisch alfabet* n	*kyrilliskt alfabet* n	*cyrillic* **alphabet** n
lateinisches Alphabet nn	*latijns alfabet* n	*latinskt alfabet* n	*latin* **alphabet** n
alphanumerisch adj	alfanumeriek adj	alfanumerisk adj	**alphanumeric** adj
alphanumerische Sortierung nf	alfanumerieke sortering n	alfanumerisk sortering n	**alphanumeric sort** n
Korrektur nf	wijziging n	ändring n	**alteration** n
Autorkorrektur nf	*auteurswijziging* n	*författarens ändring* n	**author's alteration** n
Et-Zeichen; Und-Zeichen nn	en-teken; het teken & n	et-tecken n	**ampersand** n
Analogrechner nm	analoge computer; rekenmachine n	analogdator n	**analogue computer** n
Antikvelinpapier nn	opdikkend romandruk velijnpapier n	rakt typsnitt n	**antique wove** n
Druckbestäubungsspray nm	antismetaspray n	sprej mot smetning n	**anti set-off spray** n
Blende(nöffnung) nf	lensopening n	bländare n	**aperture** n
Apostroph nm ; Auslassungszeichen nn	apostrof n	apostrof n	**apostrophe** n
Erscheinungsformat nn	op maat voor publikatie n	verkligt format n	**appearing size** n
Anhang; Appendix nm	appendix; aanhangsel n	tilläggskapitel (i bok) n	**appendix** n
Gerät nn ; Vorrichtung nf ; Apparat nm	toestel; apparaat; instrument n	redskap; hjälpmedel n	**appliance** n
Auftrag nm ; Auftragung; Anwendung nf	toepassing n	applikation n	**application** n
Anwendungsprogramm nn	toepassingssoftware n	tillämpningsprogram n	**applications software** n
arabische Ziffern npl	arabische cijfers n	arabiska tecken n	**arabic figures** n
Archiv nn	archief n	arkiv n	**archive** n
Archivierung nf	archiveren n	arkivering n	**archiving** n
Fläche nf	oppervlakte; partij n	yta n	**area** n

Section A English–all language versions

ENGLISH	FRENCH	SPANISH	ITALIAN
page area n	surface de la page nf	área de la página nm ; superficie de la pagina nf	superficie della pagina nf
type area n	surface composée nf	área de la composición nm; superficie de la composición nf	area testo nf ; pagina base nf
area make-up n	mise en page nf ; empagement nm	composición del área nf	area di impaginazione nf
area make-up terminal n	terminal de mise en page nm	terminal de composición del área nm	area terminale d'impaginazione nf
art n (US)	maquette nf	original nm	originale nm
artboard n	carte couchée nf	cartón estucado nm	cartoncino patinato nm
art paper n	papier couché nm	papel estucado nm	carta patinata lucida nf
gloss art paper n	papier couché brillant nm	papel estucado brillante nm	carta patinata lucida nf
matt art paper n	papier couché mat nm	papel estucado mate nm	carta patinata opaca nf
artwork n	original nm ; maquette nf	original; boceto nm	originale; bozzetto nm
camera ready artwork n	original prêt à la reproduction nm	original dispuesto para fotografía nm	originale pronto per la riproduzione nm
ascender n	jambage ascendant nm	rasgo ascendente (de una letra) nm	ascendente nf
ash content n	teneur en cendres nf	contenido de ceniza nm	contenuto di ceneri nm
assembly n	montage nm	montaje nm	montaggio nm
film assembly n	montage de film nm	montaje de película nm	montaggio pellicola nm
asterisk n	astérisque nm	asterisco nm	asterisco nm
author n	auteur nm	autor nm	autore nm
author's agent n	agent d'auteur nm	agente de autor nm	agente dell'autore nm
author's agreement n	accord de l'auteur nm	acuerdo de autor nm	contratto d'autore nm
author's alterations n	corrections d'auteur nf	cambios de autor nm	correzioni d'autore nf
author's contract n	contrat d'auteur nm	contrato de autor nm	contratto d'autore nm
author's corrections n	corrections d'auteur nf	correcciones de autor nf	correzioni d'autore nf
author's royalties n	droits d'auteur nm	derechos de autor nm	diritti d'autore nm
autobiography n	autobiographie nf	autobiografía nf	autobiografia nf
automatic adj	automatique adj	automático adj	automatico adj
automatic hyphenation n	coupure automatique des mots nf	separación con guión automática nf	divisione sillabica automatica nf

GERMAN	DUTCH	SWEDISH	ENGLISH
Druckfläche nf	*paginaspiegel; bladspiegel* n	*sidyta* n	**page area** n
Satzspiegel nm ; *Satzfläche* nf	*zetspiegel* n	*textyta* n	**type area** n
Seitenmontage nf ; *Seitenumbruch* nm	*gebiedsopmaak* n	*textmontering* n	**area make-up** n
Umbruchsterminal nn	*gebiedsopmaakstation* n	*monteringsterminal* n	**area make-up terminal** n
Vorlage nf	*originele tekening; tekenwerk; opzichtmodel* n	*konst; hantverk; yrke* n	**art** n (US)
Kunstdruckkarton nm	*kunstdrukkarton* n	*konsttryckskartong* n	**artboard** n
Kunstdruckpapier; Hochglanzpapier nn	*kunstdrukpapier* n	*konsttryckspapper* n	**art paper** n
glanzgestrichenes Kunstdruckpapier nn	*glanzend kunstdrukpapier* n	*glättat konsttryckspapper* n	**gloss art paper** n
mattgestrichenes Kunstdruckpapier nn	*mat kunstdrukpapier* n	*matt konsttryckspapper* n	**matt art paper** n
Vorlage nf ; *Entwurf* nm	*originele tekening; tekenwerk; opzichtmodel* n	*originalarbete* n	**artwork** n
reprofähige/reproreife Vorlage nf ; *reprofähiger/reproreifer Entwurf* nm	*voor opname gereed tekenwerk (origineel)* n	*original färdigt för reprofotografering* n	**camera ready artwork** n
Oberlänge eines Buchstabens nf	*stok; stokletter* n	*askender (uppstapel)* n	**ascender** n
Aschengehalt nm	*asgehalte* n	*askhalt* n	**ash content** n
Montage nf	*montage* n	*montering* n	**assembly** n
Filmmontage nf	*filmmontage* n	*filmmontering* n	**film assembly** n
Asteriskus nm ; *Sternchen* nn	*asterisk; sterretje* n	*asterisk; stjärna* n	**asterisk** n
Autor nm	*auteur* n	*författare* n	**author** n
Agent nm	*auteursagent* n	*författar-agent* n	**author's agent** n
Verlagsvertrag nm	*auteursovereenkomst/ contract* n	*författar-avtal* n	**author's agreement** n
Autorkorrektur nf	*auteurswijzigingen* n	*författarens ändringar* n	**author's alterations** n
Verlagsvertrag nm	*auteurscontract/ overeenkomst* n	*författar-kontrakt* n	**author's contract** n
Autorkorrektur nf	*auteurscorrecties* n	*författarens korrigeringar* n	**author's corrections** n
Autorhonorar nn	*auteursroyalties* n	*författar-royalty* n	**author's royalties** n
Autobiographie nf	*autobiografie* n	*självbiografi* n	**autobiography** n
automatisch adj		*automatisk* adj	**automatic** adj
automatische Worttrennung nf	*automatische woordafbreking* n	*automatisk avstavning* n	**automatic hyphenation** n

Section A English–all language versions

ENGLISH	FRENCH	SPANISH	ITALIAN
automatic pagination *n*	pagination automatique *nf*	paginación automática *nf*	impaginazione automatica *nf*
autopositive film *n*	film autopositif *nm*	película autopositiva *nf*	pellicola autopositiva *nf*
autoreversal film *n*	film auto-reversible *nm*	película de inversión *nf*	pellicola ad autoinversione *nf*
back *n*	dos *nm*	dorso *nm*	dorso *nm*
rounded and backed *adj*	arrondi et roulé *adj*	redondeado y acoplado *adj*	arrotondato e rinforzato *adj*
background mode *n*	mode en arrière-plan *nm*	modo de fondo *nm*	modo non prioritario *nm*
backlined *adj*	renforcé sur dos *adj*	forrado *adj*	rinforzato sul dorso *adj*
backlining *n*	renforcement du dos *nm*	forro *nm*	rinforzo sul dorso *nf*
back margin *n*	marge intérieure; marge de petit fond *nf*	margen de cosido *nm*	margine di dorso *nm* ; margine interno *nm*
bad break *n*	coupure inappropriée *nf*	separación incorrecta *nf*	righino *nm* ; divisione sillabica errata *nf*
bar code *n*	code-barres *nm*	código de barras *nm*	codice a barre *nm*
base alignment *n*	alignement de base *nm*	alineación de base *nf*	allineamento alla base *nm*
base line *n*	ligne de base *nf*	línea de base *nf*	linea di base *nf*
base paper *n*	papier de base *nm*	papel base *nm*	carta supporto *nf*
beating *n*	raffinage *nm*	refinado *nm*	raffinazione *nf*
bf *abbrev* bold face	caractère gras *nm*	negrilla *nf*	carattere neretto *nm*
bible paper *n*	papier bible *nm*	papel biblia *nm*	carta bibbia *nf*
bibliography *n*	bibliographie *nf*	bibliografía *nf*	bibliografia *nf*
bibliography page *n*	page bibliographique *nf*	página de bibliografía *nf*	pagina bibliografica *nf*
bill of exchange *n*	lettre de change *nf*	letra de cambio *nf*	cambiale *nf* ; tratta *nf*
bill of lading *n*	connaissement *nm*	conocimiento de embarque *nm*	polizza di carico *nf*
bimetal plate *n*	plaque bimétallique *nf*	plancha bimetálica *nf*	lastra bimetallica *nf*
binary *adj*	binaire *adj*	binario *adj*	binario *adj*
bind *v*	relier *v*	encuadernar *v*	legare *v* ; rilegare *v*
binder *n*	relieur *nm*	encuadernador *nm*	rilegatore *nm*
bindery *n*	atelier de reliure *nm*	encuadernadora *nf*	legatoria *nf*
binding *n*	reliure *nf* ; façonnage *nm*	encuadernación *nf*	legatura *nf* ; rilegatura *nf*
adhesive binding *n*	reliure sans couture *nf*	encuadernación adhesiva *nf*	legatura a colla *nf*
cased binding *n*	reliure cartonnée *nf*	encuadernación en cartoné *nf*	legatura cartonata *nf*

automatic pagination–binding　　　　　　　　　　　　　　　　Section A　English–all language versions

GERMAN	DUTCH	SWEDISH	ENGLISH
automatische Paginierung; automatische Seitennumerierung nf	automatische paginering n	automatisk paginering n	**automatic pagination** n
autopositiver Film nm	autopositieve film; direct positieve film n	autopositiv film n	**autopositive film** n
automatischer Umkehrfilm nm	omkeerfilm n	autonegativ film n	**autoreversal film** n
Rücken nm	rug; boekrug n	baksteg; buntsteg n	**back** n
mit rundem Rücken adj	met rondgezette rug adj	rundad och falsslagen adj	**rounded and backed** adj
Hintergrundmodus nm	background modus n	bakgrundsmode n	**background mode** n
mit Rückeneinlage adj	met gelijmde rug adj	ryggförstärkt adj	**backlined** adj
Rückeneinlage nf	rugoverlijmpapier; overlijmpapier n	ryggförstärkning adj	**backlining** n
Bund; innerer Seitenrand nm	rugmarge n	innermarginal; bunt n	**back margin** n
schlechte (Wort-)Trennung nm	onjuiste (woord-) afbreking n	felaktig avstavning n	**bad break** n
Strichkode; Balkenkode nm	bar code; dwarsstreepjescode n	streckkod n	**bar code** n
Grundausrichtung nf	in lijn brengen met raster n	placerad på linje n	**base alignment** n
Grundlinie; Schriftlinie nf	onderlijn; voetlijn; grondlijn; letterlijn n	baslinje n	**base line** n
Rohpapier nn	grondpapier; drager; binnenpapier; basispapier n	baspapper n	**base paper** n
Mahlung	maling; hollandermaling n	fiberbehandling n	**beating** n
Fettdruck nm; fette Schrift nf	vet; vetgedrukt; vette letter n	halvfet (hf) abbrev	**bf** abbrev **bold face**
Bibeldruckpapier nn	dundrukpapier; bijbelpapier n	bibelpapper n	**bible paper** n
Bibliographie; Literaturangabe nf	bibliografie n	litteraturförteckning; bibliografi n	**bibliography** n
Bibliographie-Seite nf	bibliografische pagina n	sida med litteraturförteckning n	**bibliography page** n
Wechsel nm	wissel n	växel n	**bill of exchange** n
Frachtbrief; Ladeschein nm; Begleitpapiere npl	vrachtbrief; cognossement; connossement n	konossement n	**bill of lading** n
Bimetallplatte nf	bimetaalplaat n	bimetallplåt n	**bimetal plate** n
binär adj	binair adj	binär adj	**binary** adj
binden v	binden v	binda (in) v	**bind** v
Binder nm	boekbinder; band n	bokbindare n	**binder** n
Buchbinderei nf	boekbinderij n	bokbinderi n	**bindery** n
Einband nm; Bindung nf	boekband; band n	bokband n	**binding** n
Klebebindung nf	garenloze binding n	limhäftning n	***adhesive binding*** n
englische Broschur nf	gebonden n	pärmbokbindning n	***cased binding*** n

Section A English–all language versions

ENGLISH	FRENCH	SPANISH	ITALIAN
paperback binding n	brochage nf	encuadernación rústica nf	brossura di libri tascabili nf
sewn binding n	reliure cousue nf	encuadernación cosida nf	legatura cucita nf
unsewn binding n	reliure non cousue nf	encuadernación sin coser nf	legatura non cucita nf
binding board n	carton de reliure nm	cartón de encuadernación nm	cartone per legatura nm
binding style n	type de façonnage nm	estilo de encuadernación nm	stile di legatura nm
biography n	biographie nf	biografía nf	biografia nf
bit n	bit nm	dígito binario nm	bit nm
black adj	noir adj	negro adj	nero adj
black and white adj	noir et blanc adj	blanco y negro adj	bianco e nero nm
black and white illustration n	illustration en noir et blanc nf	ilustración en blanco y negro nf	illustrazione in bianco e nero nf
black box n	boîte noire nf	caja negra nf	unità di controllo nf
black halftone n	demi-teinte en noir nf	medio tono negro nm	mezzatinta nera nf
black ink n	encre noire nf	tinta negra nf	inchiostro nero nm
black printer n	plaque du noir nf	impresora negra nf	lastra del nero nf
black-step collation marks n	indices de collationnement nm	marcas de cotejo nf	contrassegni di raccolta nm
blade-coating n	couchage à la lame nm	estucado a cuchilla nm	patina a racla nf
blanket n	blanchet nm	mantilla nf	caucciù (offset) nm ; feltro asciugante nm
blanket cylinder n	cylindre porte-blanchet nm	cilindro porta-mantilla nm	cilindro portacaucciù nm
blanket-to-blanket perfecting n	impression blanchet contre blanchet nf	impresión caucho contra caucho nm	stampa caucciù contro caucciù nf
blank page n	page blanche; vierge nf	página en blanco nf	pagina bianca nf
bled page n	page à fond perdu nf	página sangrada nf	pagina al vivo nf
bled page size n	format de page à fond perdu nm	tamaño de página sangrada nm	formato pagina al vivo nm
trimmed bled page size n	format rogné à fond perdu nm	tamaño recortado de página sangrada nm	formato pagina rifilata al vivo nm
blind blocking n	gaufrage nm ; impression en creux nf	estampación en seco nf	trancia a secco nf
blind embossing n	gaufrage nm ; impression en relief nf	estampación en relieve nf	goffratura nf
block n	cliché nm	clisé nm	cliché nm
halftone block n	cliché demi-teinte nm	clisé de medio tono nm	cliché a mezzatinta nm

binding board–block

Section A English–all language versions

GERMAN	DUTCH	SWEDISH	ENGLISH
Papiereinband nm	*gebrocheerd; met papieren omslag* n	*pocketbindning* n	***paperback binding*** n
fadengeheftete Binding nf	*genaaide band* n	*trådhäftning* n	***sewn binding*** n
ungeheftete Bindung nf	*garenloos gebonden* n	*ej trådhäftad* n	***unsewn binding*** n
Einbanddeckel nm ; Deckelpappe nf	bindersbord; boekbindersbord; grijsbord n	kartong; bokbinderipapp n	**binding board** n
Einbandstil nm ; Bindeart; Bindemethode nf	bindstijl n	binderimetod n	**binding style** n
Biographie nf	biografie n	biografi n	**biography** n
Bit nn ; Binärzahl nf	binair cijfer; binair getal n	bit n	**bit** n
schwarz adj	geblokkeerde letter adj	svart adj	**black** adj
schwarzweiß adj	zwart/wit adj	svart och vit adj	**black and white** adj
schwarzweiße Illustration nf	zwart/wit illustratie n	svart-vit illustration n	**black and white illustration** n
Black-box nf	stuurorgaan; stuureenheid; besturingsorgaan n	svart låda n	**black box** n
schwarze Autotypie nf ; schwarzes Rasterbild nn	zwarte halftoon; halftint n	svart halvtonsbild n	**black halftone** n
schwarze Farbe nf	zwarte inkt n	svart tryckfärg n	**black ink** n
Schwarznegativ nn	zwartplaat; fotografische zwartplaat n	svartplåt n	**black printer** n
Schwarztonflattermarke nf	collationeertekens n	svarta testmärken n	**black-step collation marks** n
Rakelstreichverfahren nn	rakelstrijkprocedé n	bladbestrykning n	**blade-coating** n
Drucktuch; Gummituch nn	drukdoek; doek van de linieermachine n	gummiduk n	**blanket** n
Gummituchzylinder nm	rubberdoekcilinder n	gummidukscylinder n	**blanket cylinder** n
Gummi/Gummi-Widerdruck nm	doek-op-doek pers n	tryckning gummi-mot-gummi n	**blanket-to-blanket perfecting** n
unbedruckte Seite nf	blanco pagina n	blank sida n	**blank page** n
angeschnittene Seite nf	aflopende pagina n	utfallande sida n	**bled page** n
angeschnittenes Seitenformat nn	maat v/d aflopende pagina n	utfallande sidformat n	**bled page size** n
angeschnittenes Seitenformat nn	*netto aflopend pagina-formaat* n	*skuret färdigformat* n	***trimmed bled page size*** n
Blinddruck nm	blindstempeling; blindpreging n	blindprägling n	**blind blocking** n
Blindprägung; Reliefprägung nf ; Blinddruck; Weißdruck nm	blindstempeling; blindpreging n	blindprägling n	**blind embossing** n
Druckstock nm ; Klischee nn ; Ätzung nf ; Block nn	cliché; blok; stempel n	kliché n	**block** n
Rasterklischee nn	*autotypie (cliché); rastercliché* n	*halvtonskliché* n	***halftone block*** n

Section A English–all language versions

ENGLISH	FRENCH	SPANISH	ITALIAN
line block n	*cliché au trait* nm	*clisé de línea* nm	*cliché al tratto* nm
blocking n	gaufrage nm ; frappe nf	estampado nm	trancia nf
blow up v	agrandir v	ampliar v	ingrandire v
blow-up n	agrandissement nm	ampliado nm	ingrandimento nm
blueprint n	photocalque; ozalid nm	copia cianográfica nf	copia cianografica; eliografica nf
imposed blueprint n	*ozalid imposé* nm	*copia cianográfica impuesta* nf	*copia cianografica d'impostazione* nf
blurb n	bande publicitaire nf	propaganda; reseña nf	blurb nm
jacket blurb n	*texte de rabat* nm	*propaganda de la sobrecubierta* nf	*blurb di copertina* nm ; *locandina* nf
board n	carton nm ; carte nf	cartón nm	cartoncino nm ; cartone nm
artboard n	*carte couchée* nf	*cartón estucado* nm	*cartoncino patinato* nm
case board n	*carton pour couverture* nm	*cartón para la tapa* nm	*cartoncino per copertine* nm
index board n	*carte pour fiches* nf	*cartón de índice* nm	*cartoncino per schedari* nm
ivory board n	*carte ivoire* nf	*cartón marfileño* nm	*cartone avorio* nm
pulp board n	*carton-pâte* nm	*cartón de pulpa* nm	*cartone di cellulosa* nm
body n	corps nm	cuerpo nm	corpo nm
body matter n	texte courant nm	composición del texto nf	blocco testo nm
body size n	corps d'un caractère nm	tamaño de letra nm	corpo del carattere nm
bold adj	gras; mi-gras adj	negrilla adj	neretto adj
bold face n	caractère gras nm	letra negrilla nf	carattere neretto nm
book n	livre nm	libro nm	libro nm
book binder n	relieur nm	encuadernador nm	rilegatore di libri nm
book bindery n	atelier de reliure nm	encuadernadora de libros nf	legatoria di libri nf
book binding n	reliure nf	encuadernación nf	rilegatura di libri nf
book club n	club du livre nm	club de bibliófilos nm	club degli editori nm
book fair n	foire du livre nf	feria del libro nf	fiera del libro nf
book jacket n	jaquette nf ; couvre-livre nm	sobrecubierta del libro nf	sovraccoperta; sovraccopertina nf
booklet n	livret nm ; brochure nf	librito nm ; folleto nm	libretto; opuscolo nm
book mark n	signet nm	marca nf	segnalibro nm
book proof n	épreuve de livre nf	prueba de libro nf	bozza di libro nf
bookseller n	libraire nm	librero nm	libraio nm

blocking–bookseller Section A English–all language versions

GERMAN	DUTCH	SWEDISH	ENGLISH
Strichätzung nf ; *Strichklischee* nn	*lijncliché* n	*streck-kliché* n	**line block** n
Prägung nf ; *Prägen* nn	stempelen; stempeling n	klichéring n	**blocking** n
vergrößern v	vergroten v	förstora v	**blow up** v
Vergrößerung nf	reproductie naar een vergroot gerasterd model n	förstoring n	**blow-up** n
Blaupause; Lichtpause; Anhaltekopie; Ozalidkopie nf	blauwdruk n	blåkopia n	**blueprint** n
ausgechossene Blaupause nf	blauwdruk met inslag; ozalid n	blåkopia av utskjutning n	**imposed blueprint** n
Klappentext nm	flaptekst n	reklamtext n	**blurb** n
Klappentext nm	aanbevelingstekst op stofomslag van boek n	reklamtext på skyddsomslag n	**jacket blurb** n
Karton; Pappdeckel nm ; *Pappe* nf	karton n	kartong; papp n	**board** n
Kunstdruckkarton nm	kunstdrukkarton n	konsttryckskartong n	**artboard** n
Einbandkarton nm	omslagkarton n	pärmpapp n	**case board** n
Karteikarton nm	carthoteekkarton n	registerkartong n	**index board** n
Elfenbeinkarton; Bristolkarton nm	ivoorkarton; opalinekarton n	elfenbenskartong n	**ivory board** n
Faserstoffkarton nm	cellulosekarton n	massa för kartong; papp n	**pulp board** n
Körper; Inhalt; Schriftkegel nm	consistentie; corps; lettercorps n	kägel n	**body** n
Schriftkegel; laufender Text; glatter Satz; Textsatz nm	plat zetsel; platte tekst n	textsättning n	**body matter** n
Schriftkegel nm	corps; lettercorps; lettergrootte n	kägelgrad n	**body size** n
fettgedruckt adj	vet (gedrukt) adj	halvfet adj	**bold** adj
Fettdruck nm ; *fette Schrift* nf	vette letter n	halvfet stil n	**bold face** n
Buch nn	boek n	bok n	**book** n
Buchbinder nm	boekbinder n	bokbindare n	**book binder** n
Buchbinderei nf	boekbinderij n	bokbinderi n	**book bindery** n
Buchbinden nn	boekbinden n	bokbindning n	**book binding** n
Buchclub nm ; *Büchergilde* nf	boekenclub n	bokklubb n	**book club** n
Buchmesse; Buchausstellung nf	boekenmarkt n	bokmässa n	**book fair** n
Buchumschlag; Schutzumschlag nm	boekomslag n	skyddsomslag n	**book jacket** n
Broschüre nf	boekje n	mindre bokhäfte n	**booklet** n
Lesezeichen; Zeichenband nn	leeslint; bladwijzer n	bokmärke n	**book mark** n
Probeband nm	drukproef van boek n	korrektur (provtryck) n	**book proof** n
Buchhändler nm	boekhandelaar; boekverkoper n	bokförsäljare; bokhandlare n	**bookseller** n

Section A English–all language versions

ENGLISH	FRENCH	SPANISH	ITALIAN
bookshop n	librairie nf	librería nf	libreria nf
book trade n	industrie du livre nf	comercio librero nm	commercio dei libri nm
book work n	travaux d'édition nm	producción de libros nf	stampa di libri nf
border n	vignette; bordure nf	borde nm	cornice nf; bordo nm
bound book n	livre relié nm	libro encuadernado nm	libro rilegato nm
boxed set n	collection en coffret nf	juego en caja nm	serie di libri inscatolati nf
brackets n	parenthèses nf	paréntesis nm	parentesi nf
brass n	laiton; cuivre; fer à dorer nm	bronce nm	bronzo nm
blocking brass n	cuivre pour le gaufrage nm	bronce de estampación nm	bronzo per trancia nm
brightness n	blancheur; brillance nf	brillo nm	brillantezza nf
brightness factor n	cóefficient de brillance nm	factor de brillo nm	fattore di brillantezza nf
brochure n	brochure nf; dépliant nm	folleto nm	opuscolo nm
broke n	papier de rebut nm	recorte nm; costeros nm	scarto nm
bromide n	bromure nm	bromuro nm	patinata nf
screened bromide n	bromure tramé nm	bromuro tramado nm	patinata retinata nf
buckle folder n	plieuse à poches nf	plegador por aplastamiento nm	piegatrice a tasche nf
buckram n	bougran nm	bucarán nm	tela buckram nf
budget n	budget nm	presupuesto nm	budget nm
bulk n	épaisseur d'un livre; main d'un papier nf	volumen nm	volume nm
bulk between boards n	épaisseur entre les cartons nf	indice de volumen entre cartones nm	volume tra cartoni nf
bulking dummy n	maquette d'épaisseur nf	maqueta nf	facsimile; campione spessone nm
bulky adj	bouffant adj; ayant du corps	voluminoso adj	voluminoso adj
bulky mechanical n	papier bouffant avec bois nm	mecánica con volumen nf	carta con pasta legno voluminosa nf
bundling n	empaquetage nm	empaquetado nm	impaccatura nf
bursting strength n	résistance à l'arrachage nm	resistencia a la rotura nf	resistenza effettiva allo scoppio nf
buy v	acheter v	comprar v	comprare v
buyer n	acquéreur nm	comprador nm	compratore nm
byte n	octet nm	octeto; byte nm	byte nm
kilobyte n	kilooctet nm	kiloocteto; kilobyte nm	kilobyte nm
megabyte n	mégaoctet nm	megaocteto; megabyte nm	megabyte nm
calendered paper n	papier calandré nm	papel calandrado nm	carta calandrata nf

bookshop–calendered paper Section A English–all language versions

GERMAN	DUTCH	SWEDISH	ENGLISH
Buchladen *nm* ; Buchhandlung *nf*	boekwinkel; boekhandel *n*	bokhandel *n*	**bookshop** *n*
Buchhandel *nm*	boekenvak *n*	bokbransch *n*	**book trade** *n*
Bucherdruck; Werkdruck *nm*	boekwerk; drukken van boekwerken *n*	bokproduktion *n*	**book work** *n*
Rand *nm* ; Bordüre; Zierleiste; Schlußleiste *nf*	kader; omlijsting; rand *n*	bård *n*	**border** *n*
gebundenes Buch *nn*	gebonden boek *n*	inbunden bok *n*	**bound book** *n*
Kassette *nf*	boeken in kassette *n*	regal med kaster *n*	**boxed set** *n*
Klammern *npl*	accoladen; vierkante haakjes; teksthaken *n*	parentestecken *n*	**brackets** *n*
Messingplatte *nf*	messing; koper; geel koper *n*	mässing *n*	**brass** *n*
Messingprägeplatte nf	*messing of koperen preegstempel n*	*mässingskliché n*	***blocking brass** n*
Helligkeit; Lichtstärke *nf*	helderheid *n*	ljushet; briljans *n*	**brightness** *n*
Helligkeitsfaktor *nm*	helderheidsfactor *n*	ljusfaktor *n*	**brightness factor** *n*
Broschüre *nf* ; Prospekt *nm*	brochure; folder; prospectus *n*	broschyr *n*	**brochure** *n*
Ausschuß *nm*	uitval; uitschot; kas *n*	utskott *n*	**broke** *n*
Bromidsilberdruck *nm*	bromide *n*	bromsilver *n*	**bromide** *n*
gerasterter Bromidsilberdruck *nm*	gerasterde bromide *n*	rastrerad bromsilver(film); radfilm *n*	**screened bromide** *n*
Taschenfalzmaschine *nf*	tassenvouwapparaat *n*	fickfals *n*	**buckle folder** *n*
Steifleinen; Buckram *nn*	buckram; boekbinderslinnen *n*	buckram *n*	**buckram** *n*
Etat *nm* ; Budget *nn*	begroting	budget *n*	**budget** *n*
Masse; Papierdicke *nf*	opdikking *n*	bulk; grovlek *n*	**bulk** *n*
Masse; Papierdicke zwischen den (Papp)deckeln *nf*	opdikking tussen platten *n*	bulk mellan kartong	**bulk between boards** *n*
Blindband; Probeband *nm*	dummy; model *n*	omfångsdummy	**bulking dummy** *n*
bauschig; voluminös *adj*	opdikkend *adj*	voluminös *adj* ; omfångsrik	**bulky** *adj*
holzhaltiges Dickdruckpapier *nn*	montage op opdikkend papier *n*	av trämassa *n*	**bulky mechanical** *n*
Bündeln *nn*	bundelen *n*	buntning; pressning *n*	**bundling** *n*
Reißfestigkeit *nf*	effectieve barstdruk; effectieve barstweerstand *n*	bristningstryck; spränghållfasthet *n*	**bursting strength** *n*
kaufen *v*	kopen *n*	köpa *v*	**buy** *v*
Käufer; Einkäufer *nm*	koper *n*	köpare *n*	**buyer** *n*
Byte *nn*	byte *n*	byte *n*	**byte** *n*
Kilobyte nn	*kilobyte n*	*kilobyte n*	***kilobyte** n*
Megabyte nn	*megabyte n*	*megabyte n*	***megabyte** n*
satiniertes Papier *nn*	gesatineerd papier *n*	kalandrerat papper *n*	**calendered paper** *n*

Section A English–all language versions

ENGLISH	FRENCH	SPANISH	ITALIAN
calf n	veau nm	piel de ternera nf	pelle di vitello nf
caliper n	épaisseur du papier nf	calibre; espesor nm	calibro di spessore nm
calligraphy n	calligraphie nf	caligrafía nf	calligrafia nf
camera n	banc de reproduction nm	cámara fotográfica nf	macchina fotografica nf; reprocamera nf
camera-ready artwork n	document prêt à la reproduction nm	original dispuesto para fotografía nf	originale pronto per la riproduzione nm
camera-ready copy n	copie prête à la reproduction nf	copia dispuesta para fotografía nf	testo pronto per la riproduzione nm
camera-ready paste-up n	montage prêt à la reproduction nm	montaje dispuesto para fotografía nm	esecutivo pronto per la riproduzione nm
camera separation n	sélection photographique nf	selección fotográfica nf	selezione fotografica nf
cancel n	feuillet refait nm	anulación nf	cancellazione nf
c & sc abbrev caps and small caps	capitales et petites capitales nf	mayúsculas y pequeñas mayúsculas nf	maiuscole e maiuscolette nf
cap height n	hauteur de la capitale nf	altura de mayúsculas nf	altezza delle maiuscole nf
capital letter n	majuscule; capitale nf	mayúscula nf	lettera maiuscola nf
caps n	capitales nf	mayúsculas nf	maiuscole nf
caption n	légende nf	título nm	titolo nm; didascalia nf
carbon paper n	papier carbone nm	papel carbón nm	carta carbone nf
cardboard n	carton nm	cartón nm	cartone nm
carriage paid adj	port payé nm	envío pagado adj	porto pagato nm
carton n	carton nm	caja de cartón nf	scatola di cartone nf; cartone nm
packed in cartons	empaqueté dans des cartons	embalado en cajas	imballato in cartoni
cartridge n	papier épais nf	cartulina nf	carta nf
coated cartridge n	papier couché nm	cartulina estucada nf	carta patinata nf
matt coated cartridge n	papier couché mat nm	cartulina estucada mate nf	carta patinata opaca nf
offset cartridge n	papier offset nm	cartulina offset nf	carta offset nf
case n	couverture nf	tapa nf	copertina nf
case binding n	reliure cartonnée nf	encuadernación con tapa nf	legatura cartonata nf
case board n	carton pour couverture nm	cartón de tapa nm	cartone per copertine; cartoncino per copertine nm
casebound adj	relié adj	encuadernado en cartoné adj	incassato adj

calf–casebound Section A English–all language versions

GERMAN	DUTCH	SWEDISH	ENGLISH
Kalbsleder *nn*	kalfsleer *n*	halvfranskt band *n*	**calf** *n*
Tastzirkel; Dickenmesser *nm*	dikte van het papier; papierdikte *n*	(cirkel)passare *n*	**caliper** *n*
Kalligraphie *nf*	kalligrafie *n*	kalligrafi *n*	**calligraphy** *n*
Kamera *nf*	reproduktiecamera; camera *n*	kamera *n*	**camera** *n*
reprofähige/reproreife Vorlage *nf*	voor opname gereed origineel *n*	kamerafärdigt streckoriginal *n*	**camera-ready artwork** *n*
reprofähige/reproreife Vorlage *nf*	voor opname gereed origineel *n*	kamerafärdigt textoriginal *n*	**camera-ready copy** *n*
reprofähige/reproreife Montage *nf*; reprofähiger/reproreifer Klebeumbruch *nm*	voor opname gereed ingeplakte kopij *n*	kamerafärdig paste-up (klistrad dummy) *n*	**camera-ready paste-up** *n*
Auszug *nm*	camerascheiding *n*	kameraseparering *n*	**camera separation** *n*
rückgängig machen; (durch)streichen; löschen *v*	foutieve pagina's verwijderen en vervangen *v*	makulera *n*	**cancel** *n*
Kapitälchen mit großen Anfangsbuchstaben *npl*	klein kapitaal met kapitaal; kapitaal met klein kapitaal	versaler och gemena *abbrev*	**c & sc** *abbrev* **caps and small caps**
Versalhöhe *nf*	kapitaalhoogte *n*	versalhöjd *n*	**cap height** *n*
Großbuchstabe *nm*	hoofdletter; kapitaal *n*	versal; stor bokstav *n*	**capital letter** *n*
Versalien *npl*	kapitalen; hoofdletters *n*	versaler *n*	**caps** *n*
Bildertext *nm*; Bildunterschrift; Legende *nf*	tekst boven een illustratie; bovenschrift; hoofstuktitel *n*	bildtext *n*	**caption** *n*
Kohlepapier; karbonisiertes Durchschreibepapier *nn*	carbonpapier *n*	karbonpapper *n*	**carbon paper** *n*
Pappe *nf*; Karton *nm*	karton; bordpapier *n*	papp; kartong *n*	**cardboard** *n*
frachtfrei; franko; Gebühr bezahlt *adj*	franco; portvrij *adj*	fraktfritt *adj*	**carriage paid** *adj*
Karton *nm*; Schachtel *nf*	(kartonnen) doos *n*	kartong *n*	**carton** *n*
in Kartons verpackt	verpakt in kartonnen dozen	packat i kartonger	*packed in cartons*
Zeichenpapier *nn*	kardoespapier; kardoes *n*	karduspapper *n*	**cartridge** *n*
gestrichenes Zeichenpapier *nn*	gestreken (gecoucheerd) kardoespapier *n*	bestruket karduspapper *n*	*coated cartridge n*
mattgestrichenes Zeichenpapier *nn*	mat gestreken kardoespapier *n*	mattbestruket karduspapper *n*	*matt coated cartridge n*
Offsetzeichenpapier *nn*	kardoespapier; kardoes *n*	offset karduspapper *n*	*offset cartridge n*
Buchdecke *nf*	band; boekband *n*	omslag; pärm *n*	**case** *n*
englische Broschur *nf*		pärmbindning *n*	**case binding** *n*
Einbandkarton *nm*	omslagkarton *n*	pärmkartong *n*	**case board** *n*
hartgebunden *adj*	gebonden *adj*	pärmbunden *adj*	**casebound** *adj*

17

Section A   English–all language versions

ENGLISH	FRENCH	SPANISH	ITALIAN
cashflow n	marge brute d'autofinancement nf	flujo de fondos nm	flusso di cassa nm
cassette tape n	cassette nf	cinta de cassette nf	nastro per registrazione nm
cast coated paper n	papier couché à haute brillance nm	papel electrotipado nm	carta con patinatura per colata nf
cast off n	calibrage nm	cálculo tipográfico nm	calcolo del manoscritto nm
catalogue n	catalogue nm	catálogo nm	catalogo nm
cathode ray tube n	tube cathodique nm	tubo de rayos catódicos nm	tubo a raggi catodici nm
CCR abbrev complementary colour removal n	enlèvement des couleurs complémentaires nf	extracción del color complementario nf	rimozione colore complementare nf
centre v	centrer v	centrar v	centrare v
centred adj	centré adj	centrado adj	centrato adj
centrespread n	vraie double page nf	página centrada nf	pagina doppia centrale nf
certificate of origin n	certificat d'origine nm	certificado de origen nm	certificato di origine nm
chapter n	chapitre nm	capítulo nm	capitolo nm
chapter head n	tête de chapitre nf	cabeza de capítulo nf	titolo di capitolo nm
character n	caractère nm ; lettre nf	carácter nm	carattere nm
character count n	calibrage nm	recuento de carácteres nm	conteggio dei caratteri nm
character recognition n	identification de caractères nf	reconocimiento de carácteres nm	riconoscimento di caratteri nm
character set n	jeu de caractères nm	juego de carácteres nm	serie di caratteri nm
charge n	frais; prix nm	cargo nm	addebito nm
extra charges n	frais supplémentaires nm	cargos extra nm	spese extra nf
check digit n	chiffre de contrôle nm	dígito de prueba nm	numero di controllo nf
chemac n	fer à dorer nm	latón nm	chemac nm
chemical pulp n	pâte chimique nf	pasta química nf	pasta chimica nf
children's books n	livres pour enfants nm	libros infantiles nm	libri per l'infanzia nm
china clay n	kaolin nm	caolin nm	caolino nm
chipboard n	carton gris nm	cartón gris nm	cartone grigio nm
cicero n	cicéro nm	cicero nm	cicero nm
cif abbrev carriage, insurance, freight	port, assurance, fret	transporte, seguro, embarque	costo, assicurazione, nolo
circulation n	tirage nm ; diffusion nf	tirada nf	tiratura nf
circumflex accent n	accent circonflexe nm	acento circunflejo nm	accento circonflesso nm

GERMAN	DUTCH	SWEDISH	ENGLISH
Bruttoertragsziffer; Bruttoertragslage *nf*	kas(gelden)stroom; cashflow *n*	penningflöde *n*	**cashflow** *n*
Kassette *nf*	cassettebandje *n*	kassettband *n*	**cassette tape** *n*
gußgestrichenes Papier *nn*	papier met gegoten glanslaag *n*	gjutbestruket papper *n*	**cast coated paper** *n*
Abschlag *nm*	omvang berekenen *v*	kalkylera; omfångsberäkna manuskript *v*	**cast off** *n*
Katalog *nm*	catalogus *n*	katalog *n*	**catalogue** *n*
Kathodenstrahlröhre *nf*	elektronenstraalbuis; kathodestraalbuis *n*	katodstrålerör *n*	**cathode ray tube** *n*
Entfernung der Komplementärfarbe/ Ergänzungfarbe *nf*	verwijderen van complementaire kleuren *n*	kulörfärgsreduktion *n*	**CCR** *abbrev* **complementary colour removal** *n*
zentrieren; auf Mitte stellen *v*	centreren; in het midden plaatsen *v*	centrera *v*	**centre** *v*
zentriert *adj*	gecentreerd *adj*	centrerad *adj*	**centred** *adj*
durchgehende Doppelseite; Panoramaseite *nf*; Seitenpaar *nn*	middelste pagina's (hartpagina's) in een katern *n*	mittuppslag *n*	**centrespread** *n*
Herkunftsbescheinigung *nf*	certificaat van oorsprong *n*	originalcertifikat *n*	**certificate of origin** *n*
Kapitel *nn*; Abschnitt *nm*	hoofdstuk *n*	kapitel *n*	**chapter** *n*
Kapitelüberschrift *nf*; Zwischentitel *nm*	hoodstuktitel *n*	kapitelrubrik *n*	**chapter head** *n*
Zeichen; Schriftzeichen *nn*; Buchstabe *nm*	letterteken; letter; teken *n*	teckensnitt *n*	**character** *n*
Manuskriptberechnung; Satzberechnung; Umfangsberechnung *nf*	lettertelling *n*	teckenräkning *n*	**character count** *n*
Zeichenerkennung *nf*	schriftlezen; schrifttekenlezen; tekenherkenning; mechanisch lezen *n*	teckentydning *n*	**character recognition** *n*
Zeichensatz *nm*	stel tekens; tekenverzameling *n*	teckenuppsättning *n*	**character set** *n*
Preis *nm*; Kosten *npl*	prijs; kosten; schuld *n*	kostnad *n*	**charge** *n*
Aufschlag; Zuschlag *nm*	extra kosten *n*	extrakostnad *n*	**extra charges** *n*
Prüfziffer *nf*	controlecijfer *n*	kontrollsiffra *n*	**check digit** *n*
Messingplatte *nf*	chemisch *adj*	inbindningsverktyg	**chemac** *n*
Zellstoff *nm*	celstof; houtcelstof *n*	kemisk massa *n*	**chemical pulp** *n*
Kinderbücher *nn*	kinderboeken *n*	barnböcker *n*	**children's books** *n*
Kaolin *nm*; Porzellanerde *nf*	porseleinaarde; kaolien *n*	porslinslera *n*	**china clay** *n*
Spanholz *nn*; Spanplatte *nf*	spaan(der)plaat *n*	kretskort *n*	**chipboard** *n*
Cicero *nn*	cicero; augustijn *n*	cicero	**cicero** *n*
Transport, Versicherung, Fracht	kosten, verzekering, vracht	fraktförsäkring (kostnader, assurance och frakt)	**cif** *abbrev* **carriage, insurance, freight**
Auflage; Auflagenhöhe; Verbreitung *nf*	oplaag; distributie; verspreiding *n*	upplaga *n*	**circulation** *n*
Zirkumflex(akzent) *nm*	accent circonflexe *n*	cirkumflex accent *n*	**circumflex accent** *n*

Section A English–all language versions

ENGLISH	FRENCH	SPANISH	ITALIAN
classified ads *n*	petites annonces *nf*	anuncios por palabras *nm*	annunci economici *nm*
client *n*	client *nm*	cliente *nm*	cliente *nm*
close up *v*	rapprocher *v*	acercar *v*	avvicinare *v*
cloth *n*	toile *nf*	tela *nf*	tela *nf*
cloth binding *n*	reliure en pleine toile *nf*	encuadernación en tela *nf*	legatura in tela *nf*
cloth bound *adj*	relié en pleine toile *adj*	encuadernado en tela *adj*	legato in tela *adj*
coated cartridge *n*	papier couché *nm*	papel estucado *nm*	carta patinata *nf*
coated paper *n*	papier couché *nm*	papel estucado *nm*	carta patinata *nf*
coating *n*	couchage *nm*	estuco; revestimiento *nm*	patinatura *nf nm*
code *n*	code *nm*	código *nm*	codice *nm*
code conversion *n*	conversion de code *nf*	conversión de código *nf*	conversione di codice *nf*
code converter *n*	convertisseur de code *nm*	conversor de código *nm*	convertitore di codice *nm*
coding system *n*	système de codage *nm*	sistema de codificación *nm*	sistema di codificazione *nm*
co-edition *n*	coédition *nf*	coedición *nf*	coedizione *nf*
coffee-table book *n*	beau livre; livre objet *nm*	libro en gran formato *nm*	libro grande formato *nm*
cold melt adhesive *n*	adhésif à froid *nm*	adhesivo frío *nm*	colla a freddo *nf*
cold-set web printing *n*	impression à bobines sauf séchage *nf*	impresión rotativa de fraguado; secado al frío *nf*	stampa con bobina a freddo *nf*
collate *v*	assembler; collationner *v*	alzar; intercalar *v*	collazionare; raccogliere *v*
collating marks *n*	indices de collationnement *nm*	señal para el alzado *nf*	contrassegni di raccolta *nm*
college textbooks *n*	livres d'enseignement supérieur *nm*	libros de texto *nm*	libri di testo scolastici *nm*
collotype *n*	phototypie *nf*	colotipia *nf*	fototipia *nf*; eliotipia *nf*
colon *n*	deux-points *nm*	dos puntos *nm*	due punti *nm*
colour *n*	couleur *nf*	color *nm*	colore *nm*
four-colour *adj*	à quatre couleurs; quadrichrome *adj*	cuatricomia *nf*	a quattro colori *nm*

classified ads–colour   Section A   English–all language versions

GERMAN	DUTCH	SWEDISH	ENGLISH
Kleinanzeigen; Fließanzeigen *npl*	rubrieksadvertenties; kleine annonces *n*	rubrikannonser *n*	**classified ads** *n*
Kunde; Auftraggeber *nm*	klant; client; afnemer *n*	kund *n*	**client** *n*
zusammenrücken; Zwischenraum herausnehmen *v*	wit uithalen; uitwinnen; inlopen *v*	knipa *v*	**close up** *v*
Leinen *nn* ; Lappen *nm*	boekbinderslinnen; boeklinnen; linnen *n*	klot *n*	**cloth** *n*
Leineneinband; Leinenband; Ganzleinenband *nm*	(geheel) linnen band *n*	klotbindning *n*	**cloth binding** *n*
in Leinen (ein)gebunden *adj*	(in) linnen gebonden; in linnen band *adj*	klotbunden *adj*	**cloth bound** *adj*
gestrichenes Zeichenpapier *nn*	gestreken (gecoucheerd) kardoespapier *n*	bestruken kartong *n*	**coated cartridge** *n*
gestrichenes Papier *nn*	kunstdrukpapier; gecoucheerd papier; gestreken papier *n*	bestruket papper *n*	**coated paper** *n*
Strich *nm*	strijklaag; couche; coating *n*	bestrykning *n*	**coating** *n*
Kode *nm*	code *n*	kod *n*	**code** *n*
Kodeumwandlung *nf*	code-conversie; code-omzetting *n*	kodkonvertering *n*	**code conversion** *n*
Kode-Umwandler *nm*	code-omzetapparaat; code-omvormer *n*	kodkonverterare *n*	**code converter** *n*
Kodierungssystem *nn*	coderingssysteem *n*	kodsystem *n*	**coding system** *n*
gemeinsame Ausgabe *nf*	co-editie *n*	samproduktion (av tidskrift, bok) *n*	**co-edition** *n*
Bildband *nm*	rijk geillustreerd boek; salontafelboek; prachtband *n*	praktband *n*	**coffee-table book** *n*
kaltschmelzender Klebstoff *nm*	koudsmeltlijm *n*	kallim *n*	**cold melt adhesive** *n*
Rollenoffset ohne Gasflammentrocknung *nm*	offset-rotatiedruk met cold-set inkt *n*	rulloffsettryckning (utan tork) *n*	**cold-set web printing** *n*
zusammentragen *v*	collationeren; nakijken; controleren *v*	kollationera *v*	**collate** *v*
Flattermarke *nf*	collationeertekens *n*	kollationeringsmärken *n*	**collating marks** *n*
(Fach-)Hochschullehrbücher *npl*	(college) studieboeken *n*	läroböcker *n*	**college textbooks** *n*
Lichtdruck *nm* ; Fototypie *nf*	lichtdruk *n*	ljustryck *n*	**collotype** *n*
Doppelpunkt *nm* ; Kolon *nn*	dubbele punt *n*	kolon *n*	**colon** *n*
Farbe *nf* *vierfarbig adj* ; *Vierfarb(en)-* prefix	kleur *n* *vierkleurig; vierkleuren-* adj	färg *n* *fyrfärgad* adj	**colour** *n* **four-colour** *adj*

21

Section A English–all language versions

ENGLISH	FRENCH	SPANISH	ITALIAN
single-colour adj	monochrome; unicolore adj	color simple adj	monocromo adj
spot-colour adj	couleur d'accompagnement nf	color especial adj	a colore localizzato nm
two-colour adj	bicolore adj	bicolor adj	bicolore adj
colour bars n	barres chromatiques nf	franjas de color nf	barre cromatiche nf
colour cast n	diffusion de la couleur selon le fond nf	fundición de color nf	diffusione del colore sullo sfondo nf; colore di fondo nm
colour correction n	correction des couleurs nf	corrección de color nf	correzione cromatica nf
colour separation n	sélection des couleurs nf	selección de color nf	selezione dei colori nf
colour separation negatives n	négatifs sélectionnés	negativos de selección de color nm	negativi di selezione a quattro colori nm
colour separation positives n	positifs sélectionnés	positivos de selección de color nm	positivi di selezione a quattro colori nm
colour set n	jeu de couleurs nm	juego de colores nm	selezione a quattro colori nm
colour swatch n	témoin de couleur nm	muestra de color nf	campione di colore nm
colour transparency n	diapositive en couleurs nf	diapositiva de color nf	diapositiva a colori nf; fotocolor nm
coloured edges n	tranches en couleurs nf	cantos de color nm	tagli colorati nm
coloured tops n	tranches de tête en couleurs nf	capas de color nf	tagli superiori colorati nm
column n	colonne nf	columna nf	colonna nf
double-column adj	sur deux colonnes adj	doble columna adj	a due colonne nf
single-column adj	sur une colonne adj	una columna adj	ad una colonna nf
combination folder n	plieuse mixte nf	plegador de combinación nf	piegatrice combinata nf
combination line and tone n	combinaison simili-trait nf	línea y tono combinado adj	cliché misto al tratto e a mezzatinta nm
coming and going adj	"coming and going" adj	vaivén adj	a va e vieni adj
comma n	virgule nf	coma nf	virgola nf
commercial invoice n	facture commerciale nf	factura comercial nf	fattura commerciale nf
commission n	commission nf	comisión nf	commissione nf
compact disc n	disque compact; audionumérique nm	disco compacto nm	compact disc nm
company n	société; compagnie nf	sociedad; compañía nf	società nf
limited company n	société à responsabilité limitée (sarl) nf	sociedad anónima nf	società a responsabilità limitata nf
private company n	société privée nf	sociedad limitada nf	società per azioni non quotata in borsa nf

colour bars–companySection AEnglish–all language versions

GERMAN	DUTCH	SWEDISH	ENGLISH
einfarbig adj ; *Einfarben-; Einzelfarb-* prefix	*eenkleurig* adj	*enfärgad* adj	**single-colour** adj
komplementärfarbig; mit Schmuckfarbe; mit Spotfarbe	*in steunkleur* adj	*dekorfärgad* adj	**spot-colour** adj
zweifarbig adj ; *Zweifarben-* prefix	*tweekleurig; tweekleuren-* adj	*tvåfärgad* adj	**two-colour** adj
Farbbalken *nm*	kleurenstroken *n*	färgkontrollband *n*	**colour bars** *n*
Farbstich *nm*	kleurzweem *n*	färgstick *n*	**colour cast** *n*
Farbkorrektur *nf*	kleurcorrectie *n*	färgkorrigering *n*	**colour correction** *n*
Farbzerlegung; Farbtrennung *nf* ; Farbauszug *nm*	kleurscheiding *n*	färgseparation *n*	**colour separation** *n*
Farbauszugsnegative *npl*	kleurdeelnegatieven *n*	färgseparationsnegativ *n*	**colour separation negatives** *n*
Farbauszugspositive *npl*	kleurdeelpositieven *n*	färgseparationspositiv *n*	**colour separation positives** *n*
Farbensatz *nm*	kleurenset *n*	färgset *n*	**colour set** *n*
Farbmuster *nn*	kleurvlakje *n*	färgprov *n*	**colour swatch** *n*
Farbdia; Colordia *nn*	kleurendia; kleurdiapositief *n*	färgdiapositiv *n*	**colour transparency** *n*
Farbschnitte; gefärbte Buchschnitte *npl*	geverfde sneden *n*	färgade kanter *n*	**coloured edges** *n*
gefärbte Oberkanten *npl*	gekleurde zuurbestendige beelden *n*	färgad översida *n*	**coloured tops** *n*
Kolumne *nf*	vaste kolom; kolom; rubriek *n*	spalt *n*	**column** *n*
zweispaltig adj	*tweekolommig; tweekoloms-* adj	*tvåspaltig* adj	**double-column** adj
einspaltig adj	*over één kolom* adj	*enspaltig* adj	**single-column** adj
Kombi-falzautomat *nm*	combinatievouwapparaat *n*	kombinationsfals *n*	**combination folder** *n*
automatisches Zeilenklischee *nn*	auto-lijncliché; auto-lijncombinatie *n*	kombinerad streck och autotypi *adj*	**combination line and tone** *n*
hin- und hergehend adj	*heen-en-weer-gaand* adj	*hit och dit-gående* adj	**coming and going** adj
Komma *nn* ; Beistrich *nm*	komma *n*	komma *n*	**comma** *n*
Handelsrechnung *nf*	faktuur voor handelsdoeleinden *n*	faktura *n*	**commercial invoice** *n*
Provision *nf*	provisie; commissieloon *n*	beställning; uppdrag *n*	**commission** *n*
Kompaktdiskette *nf*	compact disc *n*	CD-skiva *n*	**compact disc** *n*
Firma; Gesellschaft *nf*	onderneming; bedrijf *n*	företag *n*	**company** *n*
Gesellschaft mit beschränkter Haftung *nf*	n.v. *n*	aktiebolag *n*	**limited company** *n*
Privatgesellschaft *nf*	particuliere onderneming *n*	privatföretag *n*	**private company** *n*

Section A English–all language versions

ENGLISH	FRENCH	SPANISH	ITALIAN
public company n	société anonyme nf	sociedad limitada por acciones nf	società per azioni quotata in borsa nf
compatibility n	compatibilité nf	compatibilidad nf	compatibilità nf
compatible adj	compatible adj	compatible adj	compatibile adj
complementary colour removal n	enlèvement de couleur complémentaire nm	extracción del color complementario nf	rimozione colore complementare nf
compose v	composer v	componer v	comporre v
composition n	composition nf	composición nf	composizione nf
film composition n	composition sur film nf	composición de película nf	composizione su pellicola nf
hot-metal composition n	composition à chaud nf	composición térmica nf	composizione hot metal nf
strike-on composition n	composition directe sur papier nf	composición en máquina de escribir nf	composizione a macchina da scrivere nf
typewriter composition n	composition directe sur machine à écrire nf	composición en máquina de escribir nf	composizione a macchina da scrivere nf
compositor n	compositeur nm	compositor nm	compositore nm
computer n	ordinateur nm	ordenador nm	computer nm ; calcolatore nm
analogue computer n	ordinateur analogique nm	ordenador análogo nm	calcolatore analogico nm
digital computer n	ordinateur numérique nm	ordenador digital nm	calcolatore digitale nm
mainframe computer n	unité centrale d'ordinateur nf	ordenador central nm	calcolatore centrale nm
microcomputer n	micro-ordinateur nm	microordenador nm	microcalcolatore nm
minicomputer n	mini-ordinateur nm	miniordenador nm	minicalcolatore nm
personal computer n	ordinateur personnel nm	ordenador personal nm	personal computer nm
computer-assisted typesetting n	composition assistée par ordinateur nf	composición tipográfica asistida por ordenador nf	composizione assistita da calcolatore nf
concertina fold n	pli en accordéon nm	pliegue de acordeón nm	piega a fisarmonica nf
condensed type n	caractère étroit nm	tipo condensado nm	carattere stretto nm
conditioned adj	conditionné adj	acondicionado adj	condizionato adj
conditioning n	conditionnement nm	acondicionamiento nm	condizionamento nm
configuration n	configuration nf	configuración nf	configurazione nf
console n	pupitre de commande nm ; console nf	cónsola nf ; pupitre de mandos nm	posto di comando nm ; consolle nf
constant n	papier en continu nm	papel contínuo nm	moduli a striscia continua nm
contact print n	contretype par contact nm ; épreuve nf	copia por contacto nf	copia a contatto nf
contact screen n	trame de contact nf	trama de contacto nf	retino a contatto nm

compatibility–contact screen   Section A   English–all language versions

GERMAN	DUTCH	SWEDISH	ENGLISH
Aktiengesellschaft nf	*open n.v.* n	*offentligt företag* n	**public company** n
Kompatibilität nf	*uitwisselbaarheid* n	*kompatibilitet* n	**compatibility** n
kompatibel adj	*elkaar verdragend* adj	*kompatibel* adj	**compatible** adj
Entfernung der Komplementärfarbe/ Ergänzungsfarbe nf	*het verwijderen van complementaire kleuren* n	*komplementfärgsreduktion* n	**complementary colour removal** n
setzen; umbrechen v	*zetten; letterzetten* v	*sätta* v	**compose** v
Satz nm ; *Setzen* nn	*zetsel; letterzetsel* n	*sättning* n	**composition** n
Filmsatz nm	*zetten van film* n	*fotosättning* n	**film composition** n
Maschinensatz; Bleisatz; heißer Satz nm	*zetten met heet metaal* n	*varmsättning* n	**hot-metal composition** n
Schreibsatz nm	*zetten door opslag* n	*maskinsats* n	**strike-on composition** n
Schreibsatz nm	*zetten met een typemachine* n	*skrivmaskinssättning* n	**typewriter composition** n
Schriftsetzer; Setzer nm	*letterzetter; typograaf* n	*sättare* n	**compositor** n
Computer; Rechner nm	*computer* n	*dator* n	**computer** n
Analogrechner nm	*analoge computer* n	*analog dator* n	**analogue computer** n
Digitalrechner nm	*digitale computer* n	*digital dator* n	**digital computer** n
Großrechner; Hauptrechner nm	*centraal verwerkingsorgaan* n	*stordator* n	**mainframe computer** n
Mikrocomputer nm	*microcomputer* n	*mikrodator* n	**microcomputer** n
Kleincomputer nm	*minicomputer* n	*minidator* n	**minicomputer** n
Personal-Computer nm	*p.c.* n	*persondator* n	**personal computer** n
computergestütztes/ rechnergestütztes Setzen nn	*letterzetten met behulp van een computer; computerzetten* n	*datorstödd sättning* n	**computer-assisted typesetting** n
Leporellofalz; Zickzackfalz nm	*harmonika-vouw; Leporello-vouw* n	*dragspelsfalsning* n	**concertina fold** n
schmale Schrift; schmallaufende Schrift nf	*smalle letter; smal lopende letter* n	*smalt typsnitt* n	**condensed type** n
konditioniert adj	*geconditioneerd* adj	*konditionerat* adj	**conditioned** adj
Konditionieren nn	*conditioneren; klimatiseren* n	*konditionering* n	**conditioning** n
Anordnung nf	*samenstelling; groepering* n	*konfiguration* n	**configuration** n
Konsole nf ; *Kontrollpult* nn	*console* n	*manöverbord* n	**console** n
Konstante nf	*constante* n	*konstant* n	**constant** n
Kontaktabzug nm ; *Kontaktkopie; Nutzkopie* nf	*contactafdruk* n	*kontaktkopia* n	**contact print** n
Kontaktraster; Kontaktfilter; Rasterfilm nm	*contactraster; verloopraster* n	*kontaktraster* n	**contact screen** n

Section A   English–all language versions

ENGLISH	FRENCH	SPANISH	ITALIAN
container n	container; conteneur nm	contenedor nm	contenitore nm ; container nm
containerisation n	conteneurisation nf	contenerización nf	containerizzazione nf
containerised adj	conteneurisé adj	contenerizado adj	containerizzato adj
contents n	table des matières nf	índice nm	indice nm
contents page n	page de table des matières nf	página de índice nf	pagina d'indice nf
continuous stationery n	papier en continu nm	papel contínuo nm	moduli a striscia continua nm
continuous tone adj	à teintes continues adj	tono contínuo adj	a tono continuo adj
continuous tone bromide n	bromure à teintes continues nm	bromuro de tono contínuo nm	copia patinata a tono continuo nf
contone adj	à teintes continues adj	tono contínuo adj	a tono continuo adj
contract n	contrat nm	contrato nm	contratto nm
author's contract n	contrat de l'auteur nm	contrato de autor nm	contratto d'autore nm
legal contract n	contrat légal nm	contrato legal nm	contratto legale nm
contrast n	contraste nm	contraste nm	contrasto nm
high contrast n	fort contraste nm	alto contraste nm	alto contrasto nm
low contrast n	faible contraste nm	bajo contraste nm	basso contrasto nm
contributor n	collaborateur nm	colaborador nm	contributore nm ; collaboratore nm
copier paper n	papier pour photocopieuse nm	papel de copia nm	carta per copiatrice nf
copies n	exemplaires nm	copias nf	copie nf
copy n	copie nf ; manuscrit; exemplaire nm	copia nf ; manuscrito nm	copia nf ; manoscritto nm
bad copy n	copie médiocre nf	copia mala nf	brutta copia nf
good copy n	copie de qualité nf	copia buena nf	bella copia nf
copy editing n	travail éditorial sur la copie nm	corrección de copia nf	correzione editoriale nf
copyfitting n	choix typographique nm	cálculo tipográfico nm	adattamento testo nm
copy preparation n	préparation de copie nf	preparación de copia nf	preparazione della copia nf
copyright n	copyright nm	derechos de autor nm	diritti d'autore nm ; copyright nm
copyright notice n	mention du copyright nf	aviso de derechos de autor nm	avviso di copyright nm

container–copyright notice   Section A   English–all language versions

GERMAN	DUTCH	SWEDISH	ENGLISH
Behälter; Container nm ; Gebinde nn	container; houder; bak n	container n	container n
Verpackung in Container nf	vervoeren per container n	containerisering n	containerisation n
in Containern verpackt adj	verpakt in een container adj	sänd i container; containeriserad adj	containerised adj
Inhalt nm	inhoud; inhoudsopgave n	innehåll n	contents n
Inhaltsverzeichnis nn	inhoudsopgave n	innehållsförteckning n	contents page n
Endlosformulare npl ; Endlospapier nn	kettingpapier n	kedjeblan-kettpapper n	continuous stationery n
Halbton- prefix	ongerasterd n	halvton adj	continuous tone adj
Halbtonbromidsilberdruck nm	ongerasterde bromideafdruk n	halvtons bromsilverfilm n	continuous tone bromide n
Halbton- prefix	ongerasterd adj	negativ med kontinuerlig ton adj	contone adj
Vertrag nm	contract; overeenkomst n	kontrakt; avtal n	contract n
Verlagsvertrag nm	auteurscontract n	författaravtal n	author's contract n
rechtsgültiger Vertrag nm	wettelijk contract n	juridiskt avtal n	legal contract n
Kontrast nm	contrast (werking) n	kontrast n	contrast n
starker Kontrast nm	hoog contrast n	hög kontrast n	high contrast n
geringer Kontast nm	laag contrast n	låg kontrast n	low contrast n
Mitarbeiter nm	medewerker n	medarbetare n	contributor n
Kopierpapier nn	kopieerpapier n	kopieringspapper n	copier paper n
Kopien nf ; Abzüge nm	kopieën n	kopior n	copies n
Abschrift; Durchschrift; Satzvorlage; Vorlage; Kopie nf ; Exemplar; Manuskript nn ; Text nm	kopij; manuscript n	kopia; förlaga; manuskript; exemplar; nummer n	copy n
schlechter Abzug nm ; schlechtes/unleserliches Manuskript nn	slecht leesbare kopij n	dålig kopia n	bad copy n
guter Abzug nm ; (gut)leserliches Manuskript nn	goed leesbare kopij n	bra kopia n	good copy n
Überarbeitung des Textes nf	het persklaar maken n	redigering n	copy editing n
Texteinpassen nn	berekening van de omvang; copyfitting n	omfångsberäkning n	copyfitting n
Textvorbereitung nf	kopijvoorbereiding n	färdiggörning n	copy preparation n
Urheberrecht; Autorenrecht; Copyright; Verlagsrecht; Vervielfältigungsrecht nn	auteursrecht; eigendomsrecht n	copyright; upphovsrätt n	copyright n
Angabe des Urheberrechts nf ; Copyrightvermerk; Nachdruckvermerk nm	auteursrechtaanduiding n	copyright uppgift n	copyright notice n

Section A   English–all language versions

ENGLISH	FRENCH	SPANISH	ITALIAN
correction *n*	correction *nf*	corrección *nf*	correzione *nf*
author's corrections *n*	corrections d'auteur *nf*	correcciones de autor *nf*	correzioni dell'autore *nf*
correction costs *n*	frais de correction *nm*	costes de corrección *nm*	spese di correzione *nf*
corrigenda *n*	errata *nm*	erratas *nm*	errata corrige *nm*
costs *n*	frais *nm*	costes *nm*	costi *nm* ; spese *nf*
airfreight costs *n*	frais de transport aérien *nm*	costes de envío aéreo *nm*	spese di spedizione aerea *nf*
binding costs *n*	frais de reliure *nm*	costes de encuadernación *nm*	costi di legatura *nm*
distribution costs *n*	frais de distribution *nm*	costes de distribución *nm*	costi di distribuzione *nm*
editorial costs *n*	frais éditoriaux *nm*	costes de editorial *nm*	costi di redazione *nm*
freight costs *n*	frais de fret *nm*	costes de envío *nm*	spese di spedizione *nf*
paper costs *n*	frais de papier *nm*	costes de papel *nm*	costi della carta *nm*
plant costs *n*	frais fixes *nm*	costes de fábrica *nm*	costi di fabbrica *nm*
pre-press costs *n*	frais fixes avant impression *nm*	costes de pre-prensa *nm*	costi di prestampa *nm*
press costs *n*	frais d'impression *nm*	costes de prensa *nm*	costi di stampa *nm*
printing costs *n*	frais d'impression *nm*	costes de imprenta *nm*	costi di stampa *nm*
production costs *n*	frais de fabrication *nm*	costes de producción *nm*	costi di produzione *nm*
run-on costs *n*	frais de roulage *nm*	costes de ejecución *nm*	costi di sopratiratura *nm*
transport costs *n*	frais de transport *nm*	costes de transporte *nm*	spese di trasporto *nf*
typesetting costs *n*	frais de composition *nm*	costes de tipografía *nm*	costi di composizione *nm*
cover *n*	couverture *nf*	cubierta; portada *nf*	copertina *nf*
printed cover *n*	couverture imprimée *nf*	cubierta impresa *nf*	copertina stampata *nf*
CPU *abbrev* central processing unit *n*	unité centrale *nf*	unidad central de proceso *nf*	unità centrale di elaborazione *nf*
CRC *abbrev* camera-ready copy	copie prête à la reproduction *nf*	copia dispuesta para reproducción *abbrev*	originale pronto per la riproduzione *nm*
crease *n*	pli; faux-pli *nm*	arruga *nf*	grinza; cordonatura *nf*
credit *n*	crédit *nm*	crédito *nm*	credito *nm*
extended credit *n*	crédit prolongé *nm*	crédito aplazado *nm*	credito a lungo termine *nm*
credit note *n*	avoir *nm*	nota de abono *nf*	nota di accredito *nf*
credit terms *n*	conditions de crédit *nf*	condiciones de crédito *nf*	condizioni di credito *nf*
crop *v*	cadrer *v*	recortar *v*	tagliare; rifilare; ridurre *v*
cropping *n*	cadrage *nm*	recorte *nm*	rifilatura *nf* ; taglio *nm*
cross-head *n*	sous-titre; intertitre centré *nm*	titulo a todo lo ancho *nm*	titolo centrato *nm*
cross reference *n*	renvoi *nm* ; référence *nf*	referencia *nf* ; remisión *nf*	segno di riferimento *nm*

correction–cross reference   Section A   English–all language versions

GERMAN	DUTCH	SWEDISH	ENGLISH
Korrektur *nf*	correctie; verbetering *n*	korrigering; korrektion *n*	**correction** *n*
Autorkorrektur *nf*	auteurscorrecties *n*	författarens korrigeringar *n*	**author's corrections** *n*
Korrekturkosten *npl*	correctiekosten *n*	korrigeringskostnader *n*	**correction costs** *n*
Errata *npl*; Verzeichnis der Druckfehler *nn*	drukfout; corrigenda; errata; lijst van verbeteringen *n*	(lista med) rättelser *n*	**corrigenda** *n*
Kosten *npl*	kosten *n*	kostnader *n*	**costs** *n*
Luftfrachtkosten *npl*	luchtvrachtkosten *n*	flygfraktkostnader *n*	**airfreight costs** *n*
Einbandkosten *npl*	kosten voor het binden *n*	bokbinderikostnader *n*	**binding costs** *n*
Vertriebskosten *npl*	distributiekosten *n*	distributionskostnader *n*	**distribution costs** *n*
Redaktionskosten *npl*	kosten voor het redigeren *n*	redaktionella kostnader *n*	**editorial costs** *n*
Frachtkosten *npl*	vrachtkosten *n*	fraktkostnader *n*	**freight costs** *n*
Papierkosten *npl*	kosten van papier *n*	papperskostnader *n*	**paper costs** *n*
Betriebskosten *npl*	bedrijfskosten *n*	fabrikskostnader; anläggningskostnader *n*	**plant costs** *n*
Druckvorstufenskosten *npl*	instelkosten (van de drukpers) *n*	prepress-kostnader *n*	**pre-press costs** *n*
Druckkosten *npl*	drukkosten *n*	tryckpress-kostnader *n*	**press costs** *n*
Druckkosten *npl*	drukkosten; drukprijs *n*	tryckningskostnader *n*	**printing costs** *n*
Produktionskosten *npl*	kostprijs *n*	produktionskostnader *n*	**production costs** *n*
Fortdruckkosten *npl*	doordrukprijs *n*	töljande-kostnader *n*	**run-on costs** *n*
Transportkosten *npl*	transportkosten *n*	transportkostnader *n*	**transport costs** *n*
Satzkosten *npl*	zetkosten *n*	sättningskostnader *n*	**typesetting costs** *n*
Umschlag; Einband *nm*	omslag; boekband; band *n*	omslag *n*	**cover** *n*
gedruckter Einband/ Umschlag *nm*	gedrukte omslag *n*	tryckt omslag *n*	**printed cover** *n*
Zentralrechner *nm*	centrale verwerkingseenheid *n*	central datorenhet *n*	**CPU** *abbrev* **central processing unit** *n*
reprofähige/reproreife Abschrift *nf*	opname gereed tekenwerk *n*	kamerafärdigt original	**CRC** *abbrev* **camera-ready copy**
Falte *nf*; Eselsohr *nn*	rillijn; ril; vouw; plooi *n*	veck *n*	**crease** *n*
Kredit *nm*	krediet *n*	kredit *n*	**credit** *n*
verlängerter Kredit *nm*	krediet op langere termijn *n*	förlängd kredit *n*	**extended credit** *n*
Gutschrift *nf*	creditnota; tegoedbon *n*	tillgodokvitto *n*	**credit note** *n*
Kreditbedingungen *npl*	leveringsvoorwaarden *n*	kreditvillkor *n*	**credit terms** *n*
beschneiden *v*	te kort of te veel afsnijden; afsnijden *v*	beskära *v*	**crop** *v*
Beschneiden *nn*	het afsnijden *n*	beskärning *n*	**cropping** *n*
Überschrift über der gesamte Spaltenbreite *nf*	kruiskop *n*	underrubrik *n*	**cross-head** *n*
Querverweis *nm*	kruisverwijzing; verwijzing *n*	hänvisning *n*	**cross reference** *n*

Section A English–all language versions

ENGLISH	FRENCH	SPANISH	ITALIAN
CRPU *abbrev* camera-ready paste-up	maquette prête à la reproduction *nf*	montaje dispuesto para fotografía *abbrev*	esecutivo pronto per la riproduzione *nm*
CRT *abbrev* cathode ray tube	tube à rayons cathodiques *nm*	tubo de rayos catódicos *nm*	tubo a raggi catodici *nm*
cumulative index *n*	index cumulatif *nm*	índice cumulativo *nm*	indice cumulativo *nm*
cursor *n*	curseur *nm*	cursor *nm*	cursore *nm*
customer *n*	client *nm*	cliente *nm*	cliente *nm*
customs clearance *n*	dédouanement *n*	despacho de aduana *nm*	sdoganamento *nm*
cut-and-paste *n*	massicotage et encollage *nm*	cortado y pegado *nm*	taglio e incollatura *nm nf*
cut flush *adj*	coupé à vif *adj*	cortado a nivel *adj*	tagliato al vivo *adj*
cut-off *n*	découpe du papier sur rotative *nf*	cortado *nm*	taglio *nm*; sviluppo circonferenziale *nm*
cut-out halftone *n*	détourage *nm*	recorte de medio tono *nm*	scontorno mezzatinta *nm*
cyan *adj*	cyan; bleu *adj*	cian *adj*	cyan; blu *adj*
cyan ink *n*	encre bleue *nf*	tinta cian *nf*	inchiostro cyan *nm*
cylinder *n*	cylindre; rouleau *nm*	cilindro *nm*	cilindro *nm*
blanket cylinder *n*	cylindre porte-blanchet *nm*	cilindro porta-mantilla *nm*	cilindro portacaucciù *nm*
impression cylinder *n*	cylindre d'impression *nm*	cilindro de impresión *nm*	cilindro di stampa *nm*
plate cylinder *n*	cylindre porte-plaque *nm*	cilindro de la plancha *nm*	cilindro portalastra *nm*
cylinder press *n*	presse à cylindre *nf*	prensa de cilindro *nf*	rotativa *nf*
cyrillic alphabet *n*	alphabet cyrillique *nm*	alfabeto cirílico *nm*	alfabeto cirillico *nm*
dagger *n*	croix *nf*	cruz; marca de referencia *nm*	croce *nf*; obelisco *nm*
daisy wheel *n*	marguerite *nf*	margarita *nf*	margherita *nf*
daisy wheel printer *n*	imprimante à marguerite *nf*	impresora de margarita *nf*	stampante a margherita *nf*
damper *n*	rouleau mouilleur *nm*	rodillo mojador *nm*	rullo bagnatore *nm*
dandy roll *n*	rouleau imprimant des filigrans *nm*	rodillo filigranador *nm*	rullo ballerino *nm*
dash *n*	tiret *nm*	guión *nm*	lineetta *nf*; trattino *nm*
data *n*	données *nf*	datos *nm*	dati *nm*
database *n*	base de données *nf*	base de datos *nf*	dati base *nm*
database publishing *n*	publication de bases de données *nf*	publicación de base de datos *nf*	pubblicazione di dati base *nf*
data processing *n*	informatique *nf*	informática *nf*	elaborazione dati *nf*
data transmission *n*	transmission de données *nf*	transmisión de datos *nf*	trasmissione dati *nf*
date *n*	date *nf*	fecha *nf*	data *nf*

CRPU–date — Section A — English–all language versions

GERMAN	DUTCH	SWEDISH	ENGLISH
reprofähige/reproreife Montage *nf*	opname gerede ingeplakte kopij *n*	kamerafärdig paste-up (klistrad dummy)	**CRPU** *abbrev* **camera-ready paste-up**
Kathodenstrahlröhre *nf*	elektronenstraalbuis; kathodestraalbuis; beeldbuis *n*	katodstrålerör	**CRT** *abbrev* **cathode ray tube**
kumulativer Index *nm*	cumulatieve index *n*	ackumulativt index *n*	**cumulative index** *n*
Cursor *nm*	cursor *n*	markör *n*	**cursor** *n*
Kunde *nm*	klant; client; opdrachtgever *n*	kund *n*	**customer** *n*
Zollabfertigung *nf*	douane-afhandeling *n*	tullklarering *n*	**customs clearance** *n*
Schneiden und Setzen *nn*	knippen en plakken *n*	klippa-och-klistra *n*	**cut-and-paste** *n*
in gleicher Ebene abgeschnitten *adj*	gelijk afgesneden *adj*	tvärskuren *adj*	**cut flush** *adj*
Abschnitt *nm*	afsnee *n*	avslagslängd *n*	**cut-off** *n*
freistehender Raster *nm*	uitgedekte autotypie; vrijstaande autotypie *n*	frilagd halvtonsbild *n*	**cut-out halftone** *n*
cyan *adj*	cyaan *adj*	cyan *adj*	**cyan** *adj*
Cyanfarbe *nf*	cyaan (blauw) druk-inkt *n*	cyan-färg *n*	**cyan ink** *n*
Zylinder *nm*	cilinder *n*	cylinder *n*	**cylinder** *n*
Gummituchzylinder nm	*rubberdoekcilinder n*	*gummidukscylinder n*	***blanket* cylinder** *n*
(Gegen-)Druckzylinder nm	*drukcilinder n*	*mottryckscylinder n*	***impression* cylinder** *n*
Plattenzylinder; Klischeezylinder nm	*plaatcilinder n*	*plåtcylinder n*	***plate* cylinder** *n*
Zylinder *nm*	cilinderpers; snelpers *n*	cylinderpress *n*	**cylinder press** *n*
kyrillisches Alphabet *nn*	cyrillisch alfabet *n*	kyrilliska alfabetet (alfabet) *n*	**cyrillic alphabet** *n*
Kreuz; Kreuzzeichen; Anmerkungszeichen *nn*	kruisje; overlijdenskruisje *n*	kors *n*	**dagger** *n*
Daisywheel *nn*	daisy wheel *n*	typhjul *n*	**daisy wheel** *n*
Daisywheel-Drucker *nm*	daisy wheel printer *n*	typhjulsskrivare *n*	**daisy wheel printer** *n*
Feuchtauftragswalze *nf*	vochtrollen; vochtopdraagrollen *n*	fuktvals *n*	**damper** *n*
Egoutteur *nm* ; Wasserzeichenwalze *nf*	egoutteur; dandywals; voordrukrol *n*	vattenmärkesvals *n*	**dandy roll** *n*
Gedankenstrich *nm*	kastlijntje *n*	tankstreck *n*	**dash** *n*
Daten *npl*	data; gegevens; informatie *n*	data; information *n*	**data** *n*
Datenbank *nf*	database (gestructureerde gegevensbank) *n*	databas *n*	**database** *n*
Datenbankverlag *nm*	database uitgeven *n*	databas-publicering *n*	**database publishing** *n*
Datenverarbeitung *nf*	(automatische) gegevensverwerking *n*	databehandling *n*	**data processing** *n*
Datenübermittlung; Datenübertragung *nf*	gegevenstransmissie; informatieoverdracht *n*	dataöverföring *n*	**data transmission** *n*
Datum *nn*	datumregel *n*	datum *n*	**date** *n*

Section A   English–all language versions

ENGLISH	FRENCH	SPANISH	ITALIAN
deadline *n*	date limite *nf*	fecha límite; fecha tope *nf*	scadenza *nf*
dealer *n*	négociant; fournisseur; distributeur *nm*	concesionario; comerciante *nm*	concessionario *nm*; commerciante *nm*
deckle *n*	largeur du papier *nf*	bastidor *nm*	cascio *nm*
dedication *n*	dédicace *nf*	dedicatoria *nf*	dedica *nf*; titolo di dedica *nm*
dedication page *n*	page de dédicace *nf*	página de dedicatoria *nf*	pagina di dedica *nf*
dehumidification *n*	déshumidification *nf*	deshumidificación *nf*	deumidificazione *nf*
deinking *n*	désencrage *nm*	destinte *nm*	disinchiostrazione *nf*
delamination *n*	dépelliculage *nm*	deslaminación *nf*	delaminazione *nf*
delete *v*	effacer *v*	borrar *v*	togliere *v*; cancellare *v*
deletion *n*	suppression *nf*	borrado *nm*	eliminazione *nf*; soppressione *nf*
delivery *n*	livraison *nf*	entrega *nf*	consegna *nf*
delivery date *n*	date de livraison *nf*	fecha de entrega *nf*	data di consegna *nf*
delivery destination *n*	lieu de livraison *nm*	destino de entrega *nm*	destinazione di consegna *nf*
delivery instructions *n*	directives sur la livraison *nf*	instrucciones de entrega *nf*	istruzioni di consegna *nf*
density *n*	densité *nf*	densidad *nf*	densità *nf*
highlight density *n*	densité de lumière *nf*	densidad de los claros *nf*	densità delle alte luci *nf*
shadow density *n*	densité d'ombre *nf*	densidad de sombra *nf*	densità delle ombre *nf*
department *n*	service *nm*	departamento *nm*	reparto *nm*; ufficio *nm*
copy preparation department *n*	service de préparation de copie *nm*	departamento de preparación de copia *nm*	reparto preparazione della copia *nm*
editorial department *n*	service de la rédaction *nm*	departamento de editorial *nm*	redazione *nf*
estimating department *n*	service des devis *nm*	departamento de presupuestos *nm*	ufficio preventivi *nm*
production department *n*	service de fabrication *nm*	departamento de producción *nm*	reparto produzione *nm*
sales department *n*	service des ventes *nm*	departamento de ventas *nm*	ufficio vendite *nm*
typesetting department *n*	service de composition *nm*	departamento de tipografía *nm*	reparto fotocomposizione *nm*
descender *n*	jambage descendant *nm*	trazo descendente de una letra *nm*	discendente *nm*
design *n*	conception *nf*; dessin, modèle *nm*	diseño *nm*	design *nm*; progettazione *nf*

deadline–design

GERMAN	DUTCH	SWEDISH	ENGLISH
Termin *nm*	uiterste leverdatum; (tijds)limiet; sluittijd voor de zetterij *n*	frist; deadline *n*	**deadline** *n*
Händler *nm*	handelaar *n*	handlare *n*	**dealer** *n*
Deckel *nm*	schepraam *n*	däckel *n*	**deckle** *n*
Widmung *nf*	opdracht *n*	dedikation *n*	**dedication** *n*
Widmungsseite *nf*	opdrachtpagina *n*	dedikationssida *n*	**dedication page** *n*
Feuchtigkeitsentzug *nm*	luchtvochtigheidsregeling *n*	avfuktning *n*	**dehumidification** *n*
Deinking; Entfärben *nn*	ontinkten *n*	avfärgning *n*	**deinking** *n*
Abkaschieren *nn*	delaminatie *n*	avlaminering *n*	**delamination** *n*
(aus)streichen; ausradieren *v*	schrappen; verwijderen *v*	stryka *v*	**delete** *v*
(Aus-)Streichung; Ausradierung *nf*; Löschen *nn*	geschrapte passage; coupure *n*	(bort)strykning *n*	**deletion** *n*
Lieferung *nf*	uitleg; vellenuitleg *n*	leverans *n*	**delivery** *n*
Liefertermin *nn*	afleveringsdatum *n*	leveransdatum *n*	**delivery date** *n*
Lieferaddresse *nf*	afleveringsbestemming *n*	leveransadress *n*	**delivery destination** *n*
Lieferanweisungen *nf*	afleveringsinstructies *n*	leveransföreskrifter *n*	**delivery instructions** *n*
Dichte; Schwärzung; Deckung *nf*	dichtheid; densiteit *n*	densitet; täthet *n*	**density** *n*
Lichterdichte *nf*	densiteit (zwarting) van de lichte partijen *n*	högdagerdensitet *n*	**highlight density** *n*
Schattendichte *nf*	densiteit van de schaduwpartijen *n*	skuggdagerdensitet *n*	**shadow density** *n*
Abteilung *nf*	afdeling *n*	avdelning *n*	**department** *n*
Originalvorbereitungs-abteilung *nf*	afdeling voor voorbereiding van de originelen *n*	monteringsavdelning *n*	**copy preparation department** *n*
Redaktion; Redaktionsabteilung *nf*	redactie *n*	redaktion *n*	**editorial department** *n*
Berechnungsabteilung; Vorausschlagsabteilung *nf*	afdeling 'Begroting' *n*	kalkylavdelning *n*	**estimating department** *n*
Produktionsabteilung *nf*	produktie-afdeling *n*	produktionsavdelning *n*	**production department** *n*
Verkaufsabteilung *nf*	verkoopafdeling *n*	försäljningsavdelning *n*	**sales department** *n*
Setzerei(abteilung) *nf*	zetterij *n*	sätteri *n*	**typesetting department** *n*
Unterlänge *nf*	staartletter; staart van de letter *n*	nedstapel *n*	**descender** *n*
Entwurf *nm*; Design *nn*	ontwerp; schets *n*	design; formgivning *n*	**design** *n*

Section A   English–all language versions

ENGLISH	FRENCH	SPANISH	ITALIAN
designer n	dessinateur; créateur nm	diseñador nm	designer nm ; progettista nm
desk-top publishing n	PAO abbrev publication assistée par ordinateur nf	publicación de sobremesa; autoedición nf	editoria da ufficio nf
destination n	destination nf	destino nm	destinazione nf
diacritical n	signe diacritique nm	diacrítico nm	segno diacritico nm
diagram n	diagramme; schéma nm	diagrama nm	schema nm ; diagramma nm
diaeresis n	tréma n	diéresis nm	dieresi nf
diazo print n	ozalid nm	impresión diazo nf	diazocopia nf
dictionary n	dictionnaire nm	diccionario nm	dizionario nm
dictionary publishing n	publication de dictionnaire nf	publicación de diccionario nf	pubblicazione di dizionari nf
didot point n	point Didot nm	punto cortado nm	punto Didot nm
die n	matrice nf	plancha para estampar las tapas nf ; troquel nm	fustella nf ; stampo a goffrare nm
die stamping n	timbrage; gaufrage nm	estampado en relieve nm	stampa incavorilievografica nf
diffusion transfer n	report par diffusion de lumière nm	calcamonía de difusión nf	trasporto a diffusione nm
digipad n	panneau numérique nm	teclado de dígitos nm	tastiera nf
digital computer n	ordinateur numérique nm	ordenador digital nm	calcolatore digitale nm
digital read-out n	lecture numérique nf	lectura digital nf	lettura digitale nf
digital signal n	signal numérique nm	señal digital nf	segnale digitale nm
digitise v	numériser; convertir en numérique v	digitalizar v	digitalizzare v
dimensions n	format nm	dimensiones nf	dimensioni nf
page dimensions n	format de page nm	dimensiones de página nf	dimensioni di pagina nf
diphthong n	diphtongue nf	diptongo nm	dittongo nm
direct access n	accès direct nm	acceso directo nm	accesso diretto nm
direct-entry photosetter n	photocomposeuse à entrée directe nf	fotocomposición de entrada directa nf	fotocompositrice ad entrata diretta nf
direct litho n	impression lithographique directe nf	litografía directa nf	stampa litografica diretta nf
direct mail n	mailing nm	correo directo nm	pubblicità diretta nf ; pubblicità a mezzo posta nf
directory n	répertoire; annuaire nm	guía nf	elenco nm

designer–directory   Section A   English–all language versions

GERMAN	DUTCH	SWEDISH	ENGLISH
Designer nm	ontwerper n	designer; formgivare n	**designer** n
Desktop-Publishing nn ; PC-Satz nm	desk-top publishing n	desktop publishing (förlagsverksamhet från skrivbordet) n	**desk-top publishing** n
Zielort; Bestimmungsort nm	bestemming; doel n	destination n	**destination** n
diakritisches Zeichen nn	diacritisch (uitspraak aanduidend) teken n	diakritiskt tecken n	**diacritical** n
Diagramm nn	diagram; grafiek n	diagram; teckning n	**diagram** n
Diarese nf ; Trema; Umlautzeichen nn	deelteken; trema n	trema n	**diaeresis** n
Diazodruck nm ; Blaupause; Lichtpause; Ozalidkopie nf	diazokopie n	diazotryck n	**diazo print** n
Wörterbuch nn	woordenboek n	ordbok; lexikon n	**dictionary** n
Wörterbuchverlag nm	woordenboeken uitgeven n	ordboksutgivning n	**dictionary publishing** n
Didotscher Punkt nm	Didot-punt n	didot-punkt n	**didot point** n
Matrize; Prägeplatte nf	matrijs; stempel; stansmes; stansvorm; uitkapvorm n	präglingsstämpel n	**die** n
Stahlstich; Prägedruck nm	(staal)stempeldruk; reliëfdruk n	prägling n	**die stamping** n
Diffusionsübertragung nf	diffusie-overdracht n	diffusionsöverföring n	**diffusion transfer** n
Digipad nm	digipad n	utfyllnadstecken n	**digipad** n
Digitalrechner nm	digitale computer n	digital dator n	**digital computer** n
Digitalanzeige nf	digitale aflezing n	digital utläsning n	**digital read-out** n
Digitalsignal nn	digitaal signaal n	digital signal n	**digital signal** n
digitalisieren v	digitaal weergeven; in cijfers zetten v	digitalisera v	**digitise** v
Abmessungen npl ; Format nn	afmetingen; formaat; maat n	dimensioner n	**dimensions** n
Seitenformat nn	afmetingen van pagina n	sidmått; sidformat n	**page dimensions** n
Diphtong; Doppellaut nm	diftong; tweeklank n	diftong n	**diphthong** n
Direktzugriff nm	direkte toegang; rechtstreekse toegang n	direktaccess n	**direct access** n
Fotosatzkompaktanlage nf	fotozetter met rechtstreekse invoermogelijkheid n	direktkopplad fotosättmaskin n	**direct-entry photosetter** n
Direktlitho; DiLitho nn	directe litho; directe steendruk n	direktlitografi n	**direct litho** n
Direktzustellung nf ; Direktmailings npl	verkoop via postorder n	direktreklam n	**direct mail** n
Adreßbuch; Verzeichnis nn	adressengids; naamlijst n	index; bibliotek; (telefon)katalog; adresskalender n	**directory** n

Section A   English–all language versions

ENGLISH	FRENCH	SPANISH	ITALIAN
directory publishing *n*	publication d'annuaires *nf*	publicación de guía *nf*	pubblicazione di elenchi *nf*
direct screening *n*	tramage directe *nm*	tramado directo *nm*	retinatura diretta *nf*
disc *n*	disque *nm*	disco *nm*	disco *nm*
floppy disc *n*	*disquette* *nf* ; disque souple *nm*	*disco floppy*; diskette *nm*	*dischetto floppy* *nm*
hard disc *n*	*disque dur* *nm*	*disco duro* *nm*	*disco rigido* *nm*
disc drive *n*	unité de disques *nf*	unidad de disco *nf*	unità disco *nf*
discount *n*	escompte *nm* ; remise *nf*	descuento *nm*	sconto *nm*
30% discount *n*	*remise de 30%* *nf*	*30% de descuento* *nm*	*sconto del 30%* *nm*
discretionary hyphen *n*	tiret optionnel *nm*	guión optativo *nm*	tratto d'unione facoltativo *nm*
display advertisement *n*	placard publicitaire *nm*	anuncio publicitario *nm*	annuncio pubblicitario *nm*
display face *n*	caractère à titrage *nm*	diseño de tipo para el título *nm*	caratteri pubblicitari *nm* ; caratteri per titoli *nm*
display matter *n*	composition en grand corps *nf*	composición de tipos grandes *nf nm*	composizione pubblicitaria *nf*
display size *n*	grand format *nm*	formato tipos grandes *nm*	formato titoli *nm* ; corpo di caratteri per titoli *nm*
distributer *n*	distributeur *nm*	distribuidor *nm*	distributore *nm*
distribution *n*	distribution *nf*	distribución *nf*	distribuzione *nf*
distribution centre *n*	centre de distribution *nm*	centro de distribución *nm*	centro di distribuzione *nm*
distribution costs *n*	frais de distribution *nm*	costes de distribución *nm*	costi di distribuzione *nm*
document *n*	document *nm*	documento *nm*	documento *nm*
documentation *n*	documentation *nf*	documentación *nf*	documentazione *nf*
door-to-door selling *n*	vente porte à porte *nf*	venta a domicilio *nf*	vendita a domicilio *nf*
dot *n*	point *nm*	punto *nm*	punto *nm*
highlight dot *n*	*point de haute lumière* *nm*	*punto de los blancos en la imagen* *nm*	*punto delle alte luci* *nm*
shadow dot *n*	*grande ombre* *nf*	*punto de sombra* *nm*	*punto delle ombre* *nm*
dot etching *n*	morsure de point; retouche par morsure *nf*	retoque de puntos *nm*	incisione dei punti *nf*
dot-for-dot *adj*	point sur point	punto a punto *nm*	punto per punto *nm*
dot gain *n*	amplification de point *nf*	ampliación de punto *nm*	guadagno dei punti *nm*
dot-matrix printer *n*	imprimante matricielle *nf*	impresora matricial *nf*	stampante a punti *nf*
double-burn exposure *n*	double exposition *nf*.	exposición doble *nf*	doppia esposizione *nf*
double-density disc *n*	disque à double densité *nm*	disco de doble densidad *nm*	dischetto a doppia densità *nm*
double-page spread *n*	double page *nf*	doble página *nf*	doppia pagina *nf*
double-spread *n*	double page *nf*	doble página *nf*	doppia pagina *nf*
down time *n*	heures creuses *nf*	tiempo inactivo *nm*	tempo di fermo *nm*
draft *n*	ébauche; épreuve *nf*	borrador; boceto *nm*	abbozzo *nm*

directory publishing–draft   Section A   English–all language versions

GERMAN	DUTCH	SWEDISH	ENGLISH
Verzeichnisverlag nm	uitgeven van adressengidsen (naamlijsten) n	telefonkatalog-utgivning n	directory publishing n
Direktrasterung; Direktprojizierung nf	direct indrogen n	direktrastrering n	direct screening n
Platte nf	schijf n	disk; skiva n	disc n
Floppy-Disk nf	floppy disc n	diskett	floppy disc n
Festplatte nf	harde schijf n	hårddisk n	hard disc n
Plattenlaufwerk nn	schijfaandrijving n	diskdrive; skivaggregat n	disc drive n
Preisnachlaß; Rabatt nm	korting n	rabatt n	discount n
30% Rabatt nm	30% korting n	30% rabatt n	30% discount n
Trennfuge nf	vrij afbrekingsteken n	diskret divis (godtycklig divis) n	discretionary hyphen n
gestaltene Anzeige nf	etalagereclame n	textannonsering n	display advertisement n
Titelbuchstaben nm	smoutletter; grootkorpsletter n	rubriksnitt n	display face n
Schaumanuskript nn	smoutzetsel n	rubrikmanus n	display matter n
Schaugröße nf	smoutformaat n	rubrikstorlek n	display size n
Vertriebsfirma nf; Großhändler nm	distributeur n	distributör n	distributer n
Vertrieb; Versand nm	distributie n	distribution n	distribution n
Vertriebszentrum nn	distributiecentrum n	distributionscentral n	distribution centre n
Vertriebskosten npl	distributiekosten n	distributionskostnader n	distribution costs n
Dokument nn	document n	dokument n	document n
Dokumentation nf	documentatie; bewijsmateriaal n	dokumentation n	documentation n
Hausieren nn	huis aan huis verkoop n	hemförsäljning n	door-to-door selling n
Punkt; Rasterpunkt nm	rasterpunt n	punkt n	dot n
Lichtpunkt nm	hogelicht-punt n	högdagerpunkt n	highlight dot n
Tiefenpunkt nm	schaduwpunt n	skuggdagerpunkt n	shadow dot n
Ätzung nf; Ätzen nn	puntetsing n	punktetsning n	dot etching n
punktgenau adj	punt voor punt adj	punkt-för-punkt adj	dot-for-dot adj
Punktverbreiterung; Tonwertzunahme nf; Punktzuwachs nm	puntverbreding n	punktförstoring n	dot gain n
Punktmatrix-Drucker nm	mozaïekdrukker n	punktmatris-skrivare n	dot-matrix printer n
doppelte Belichtung nf	dubbele belichting n	dubbelexponering n	double-burn exposure n
Platte mit doppelter Dichte nf	double-density disc n	dubbelsidig diskett n	double-density disc n
durchgehende Doppelseite; Panoramaseite nf	afbeelding (illustratie) over twee pagina's n	dubbelsidigt uppslag n	double-page spread n
durchgehende Doppelseite nf	afbeelding (illustratie) over twee pagina's n	uppslag n	double-spread n
Rüstzeiten npl	machinestilstandtijd n	driftstopp n	down time n
Entwurf nm	ontwerp; schets; concept n	skiss n	draft n

Section A   English–all language versions

ENGLISH	FRENCH	SPANISH	ITALIAN
first draft n	première ébauche nf	primer borrador nm	primo abbozzo nm
second draft n	deuxième ébauche nf	segundo borrador nm	secondo abbozzo nm
drawing n	dessin nm	dibujo nm	disegno nm
line drawing n	dessin au trait nm	dibujo de línea nm	disegno al tratto nm
drier n	sécheur nm	secador nm	forno nm
drilling n	perforation nf	taladrado nm	foratura nf
drop caps n	lettrines en capitals nf	mayúsculas eliminadas nf	maiuscole estese al di sotto della riga nf
dropped head n	début de chapitre nm	página de partida nf	pagina con zona bianca in testa nf
drying n	séchage nm	secado nm	essiccamento nm
infra-red drying n	séchage par infrarouge nm	secado por infrarrojos nm	essiccamento a raggi infrarossi nm
ultra-violet drying n	séchage par ultraviolet nm	secado por ultravioleta nm	essiccamento a raggi ultravioletti nm
dry offset n	offset sec nm	offset seco nm	offset a secco nm
dry-transfer lettering n	lettres à transférer nf	letrado por calcamonía seca nm	caratteri trasferibili a secco nm
dummy n	maquette nf	maqueta nf	modello; facsimile; menabò nm
duotone n	bichromie; illustration deux tons nf	reproducción en dos colores nf	riproduzione duotone nf
duplicate adj	double adj	duplicado adj	duplicato; doppiato adj
duplicate film n	contretype nm	película duplicada nf	pellicola doppiane nm
duplicate negative films n	contretypes négatifs nm	negativos duplicados de películas nm	pellicole doppioni dei negativi nf
duplicate negative films reverse-reading emulsion-side down	contretypes négatifs sens lecture inversé émulsion dessous	negativos duplicados de películas lectura en reverso emulsión hacia abajo	pellicole negative controtipo lettura inversa lato emulsionato in giù
duplicate negative films reverse-reading emulsion-side up	contretypes négatifs sens lecture inversé émulsion dessus	negativos duplicados de películas lectura en reverso emulsión hacia arriba	pellicole negative controtipo lettura inversa lato emulsionato in su
duplicate negative films right-reading emulsion-side down	contretypes négatifs sens lecture émulsion dessous	negativos duplicados de películas lectura directa emulsión hacia abajo	pellicole negative controtipo lettura giusta lato emulsionato in giù
duplicate negative films right-reading emulsion-side up	contretypes négatifs sens lecture émulsion dessus	negativos duplicados de películas lectura directa emulsión hacia arriba	pellicole negative controtipo lettura giusta lato emulsionato in su
duplicate positive films n	contretypes positifs nm	positivos duplicados de películas nm	pellicole positive controtipo nf; doppioni nm
duplicate positive films reverse-reading emulsion-side down	contretypes positifs sens lecture inversé émulsion dessous	positivos duplicados de películas lectura en reverso emulsión hacia abajo	pellicole positive controtipo lettura inversa lato emulsionato in giù
duplicate positive films reverse-reading emulsion-side up	contretypes positifs sens lecture inversé émulsion dessus	positivos duplicados de películas lectura en reverso emulsión hacia arriba	pellicole positive controtipo lettura inversa lato emulsionato in su

drawing–duplicate positive films　　　　　　　　　　　Section A　English–all language versions

GERMAN	DUTCH	SWEDISH	ENGLISH
Erstentwurf nm	eerste versie n	första skiss n	**first draft** n
Zweitentwurf nm	tweede versie n	andra skiss n	**second draft** n
Zeichnung nf	tekening n	ritning; teckning n	**drawing** n
Federzeichnung; Strichzeichnung nf	lijntekening n	streckteckning n	**line drawing** n
Trockner nm ; Trockenaggregat nn	droger; drooginstallatie n	tork n	**drier** n
Bohren nn	boren n	borrning n	**drilling** n
Anfangs nm	hoofdletters over meer regels n	anfang n	**drop caps** n
Seite mit halber Höhe nf	pagina van halve hoogte n	underrubrik n	**dropped head** n
Trocknung nf	droging n	torkning n	**drying** n
Infrarot-Trocknung nf	infrarood-droging n	IR-torkning n	**infra-red drying** n
Ultraviolett-Trocknung nf	ultraviolet-droging n	UV-torkning n	**ultra-violet drying** n
Trockenoffset nm	droge offset(druk); droog offsetprocédé n	torroffset n	**dry offset** n
Abreibeschrift; Anreibeschrift nf	plakletters n	överföringsbokstäver n	**dry-transfer lettering** n
Blindband; Probeband nm	dummy; model n	dummy; prov; förlaga n	**dummy** n
Doppelton nm	duplexreproductie n	duplex n	**duotone** n
Duplikat- adj	duplicaat- adj	duplikat adj	**duplicate** adj
Duplikatfilm nm	duplikaatfilm n	duplikatfilm n	**duplicate film** n
Duplikat-Negativfilme nm	duplikaatnegatieffilm n	negativ duplikatfilm n	**duplicate negative films** n
Duplikat-Negativfilme Kehrseitenlesung Schichtseite unten	duplikddtnegatieffilm keerzÿdelezing emulsiekant onder	omvänd duplikatfilm med emulsionssidan ner	**duplicate negative films reverse-reading emulsion-side down**
Duplikat-Negativfilme Kehrseitenlesung Schichtseite oben	duplikaatnegatieffilm keerzÿdelezing emulsiekant boven	omvänd duplikatfilm med emulsionssidan upp	**duplicate negative films reverse-reading emulsion-side up**
Duplikat-Negativfilme Vorderseitenlesung Schichtseite unten	duplikaatnegatieffilm voorzÿdelezing emulsiekant onder	negativ duplikatfilm med emulsionssidan ner	**duplicate negative films right-reading emulsion-side down**
Duplikat-Negativfilme Vorderseitenlesung Schichtseite unten	duplikaatnegatieffilm voorzÿdelezing emulsiekant boven	negativ duplikatfilm med emulsionssidan upp	**duplicate negative films right-reading emulsion-side up**
Duplikat-Positivfilme nm	duplikaatpositieffilms n	positiv duplikatfilm n	**duplicate positive films** n
Duplikat-Positivfilme Kehrseitenlesung Schichtseite unten	duplikaatpositieffilm keerzÿdelezing emulsiekant onder	omvänd positiv duplikatfilm med emulsionssidan ner	**duplicate positive films reverse-reading emulsion-side down**
Duplikat-Positivfilme Kehrseitenlesung Schichtseite oben	duplikaatpositieffilm keerzÿdelezing emulsiekant boven	omvänd positiv duplikatfilm med emulsionssidan upp	**duplicate positive films reverse-reading emulsion-side up**

Section A English–all language versions

ENGLISH	FRENCH	SPANISH	ITALIAN
duplicate positive films right-reading emulsion-side down	contretypes positifs sens lecture émulsion dessous	positivos duplicados de películas lectura directa emulsión hacia abajo	pellicole positive controtipo lettura giusta lato emulsionato in giù
duplicate positive films right-reading emulsion-side up	contretypes positifs sens lecture émulsion dessus	positivos duplicados de películas lectura directa emulsión hacia arriba	pellicole positive controtipo lettura giusta lato emulsionato in su
dye *n*	teinture *nf*; colorant *nm*	tinte *nm*	colorante *nm*
dyeline print *nf*	ozalid *nm*	copia a diazo *nf*	copia in diazotipia *nf*
edge *n*	tranche *nf*	canto *nm*	taglio *nm*; margine *nm*
coloured edges *n*	tranches couleur *nf*	cantos de color *nm*	tagli colorati *nm*
gilt edges *n*	tranches dorées *nf*	cantos dorados *nm*	tagli dorati *nm*
sprinkled edges *n*	tranches mouchetées *nf*	cantos pulverizados *nm*	tagli spruzzati
edit *v*	éditer; assurer la publication de *v*	editar *v*	correggere *v*; preparare per la stampa *v*; redarre *v*
editing *n*	rédaction; mise au point *nf*	edición *nf*	correzione *nf*; preparazione per la stampa *nf*; redazione *nf*
editing terminal *n*	terminal d'édition *nm*	terminal de edición *nm*	terminale di editing *nm*
edition *n*	édition *nf*	edición *nf*	edizione *nf*
abridged edition *n*	édition abrégée *nf*	edición abreviada *nf*	edizione ridotta *nf*
first edition *n*	première édition; édition originale *nf*	primera edición *nf*	prima edizione *nf*
limited edition *n*	édition à tirage limité *nf*	edición limitada *nf*	edizione a tiratura limitata *nf*
new edition *n*	nouvelle édition *nf*	nueva edición *nf*	nuova edizione *nf*
editor *n*	rédacteur; éditeur *nm*	editor *nm*	redattore *nm*
editorial costs *n*	frais éditoriaux *nm*	costes de edición *nm*	costi di redazione *nm*
editorial department *n*	service de la rédaction *nm*	departamento de edición *nm*	redazione *nf*
editorial director *n*	directeur littéraire *nm*	director de redacción *nm*	direttore di redazione *nm*
educational publishing *n*	publication éducative *nf*	publicación educativa *nf*	pubblicazione didattica *nf*
electronic *adj*	électronique *adj*	electrónico *adj*	elettronico *adj*
electronic composition *n*	composition électronique *nf*	composición electrónica *nf*	composizione elettronica *nf*
electronic mail *n*	courrier électronique *nm*	correo electrónico *nm*	posta elettronica *nf*
electronic publishing *n*	publication électronique *nf*	publicación electrónica *nf*	editoria elettronica *nf*
electronic scanner *n*	scanner électronique *nm*	explorador electrónico *nm*	analizzatore elettronico *nm*; scanner elettronico *nm*
electrostatic printing *n*	impression électrostatique; xérographie *nf*	impresión electrostática *nf*	stampa elettrostatica *nf*

duplicate positive films–electrostatic printing Section A English–all language versions

GERMAN	DUTCH	SWEDISH	ENGLISH
Duplikat-Positivfilme Vorderseitenlesung Schichtseite unten	duplikaatpositieffilm voorzijdelezing emulsiekant onder	positiv duplikatfilm med emulsionssidan ner	duplicate positive films right-reading emulsion-side down
Duplikat-Positivfilme Vorderseitenlesung Schichtseite oben	duplikaatpositieffilm voorzijdelezing emulsiekant boven	positiv duplikatfilm med emulsionssidan upp	duplicate positive films right-reading emulsion-side up
Farbstoff *nm* ; Färbemittel *nn*	kleurstof; verf; pigment *n*	toning; färg *n*	dye *n*
Lichtpause; Ozalidkopie *nf*	diazokopie *n*	diazo-tryck *n*	dyeline print *nf*
Schnitt *nm* ; Kante *nf*	rand; snede; snijkant *n*	snitt; kant *n*	edge *n*
Farbschnitte; gefärbte Buchschnitte npl	*gekleurde randen n*	*färgat snitt n*	*coloured edges n*
Goldschnitte npl	*verguld op snee; goud op snee n*	*förgyllt snitt n*	*gilt edges n*
Sprenkelschnitte npl	*gespikkelde sneden n*	*sprängt snitt n*	*sprinkled edges n*
redigieren; bearbeiten *v*	redigeren; voorbereiden; opmaken *v*	redigera *v*	edit *v*
Redaktion; Bearbeitung *nf*	opmaak; opmaken *n*	redigering *n*	editing *n*
Editierstation *nf* ; Korrekturbildschirm *nm*	opmaakterminal *n*	redigeringsterminal *n*	editing terminal *n*
Ausgabe; Auflage *nf*	uitgave; editie *n*	upplaga; utgåva *n*	edition *n*
gekürzte Ausgabe nf	*verkorte uitgave; kleine uitgave n*	*förkortad version n*	*abridged edition n*
Originalausgabe nf	*eerste druk n*	*förstaupplaga n*	*first edition n*
begrenzte Auflage nf	*beperkte oplage n*	*begränsad upplaga n*	*limited edition n*
Neuausgabe nf	*nieuwe druk n*	*ny upplaga n*	*new edition n*
Redakteur *nm*	redakteur *n*	redaktör *n*	editor *n*
Redaktionskosten *npl*	redaktiekosten *n*	redaktionella kostnader *n*	editorial costs *n*
Redaktionsabteilung; Redaktion *nf*	redaktie *n*	redaktion *n*	editorial department *n*
Chefredakteur *nm*		redaktionell chef; redaktionschef *n*	editorial director *n*
Schulbuchverlag *nm*	educatief uitgeven; educatieve uitgeverij *n*	läromedelsutgivning *n*	educational publishing *n*
elektronisch *adj*	elektronisch *adj*	elektronisk *adj*	electronic *adj*
elektronischer Satz *nm*	elektronisch zetten *n*	elektronisk sättning *n*	electronic composition *n*
elektronische Post *nf*	elektronische post *n*	elektronisk post *n*	electronic mail *n*
elektronische Druckvorstufe für die Verlagsproduktion *nf*	elektronisch uitgeven *n*	elektronic publishing (elektronisk publicering); förlagsverksamhet *n*	electronic publishing *n*
elektronisches Ablesegerät	elektronische scanner *n*	elektronisk scanner *n*	electronic scanner *n*
elektrostatisches Drucken *nn*	elektrostatisch drukprocédé *n*	elektrostatiskt tryck *n*	electrostatic printing *n*

41

Section A English–all language versions

ENGLISH	FRENCH	SPANISH	ITALIAN
ellipsis n	ellipse nf	elipsis nf; puntos suspensivos nm	segno d'omissione nm
em n	cicéro nm	eme nf; cuadratin nm	em nm
emboss v	frapper en relief; estamper v	gofrar v	goffrare v
embossed adj	gaufré; gravé en relief adj	gofrado adj	goffrato adj
embossing n	gaufrage nm ; impression en relief nf	estampado; realzado nm	goffratura nf
emulsion n	émulsion nf	emulsión nf	emulsione nf
emulsion-side down adj	émulsion au-dessous adj	emulsión hacia abajo adj	lato emulsionato in giù adj
emulsion-side up adj	émulsion au-dessus adj	emulsión hacia arriba adj	lato emulsionato in su adj
en n	demi-quadratin nm	ene nf; medio cuadratin nm	spessore medio dei caratteri nm
encyclopaedia n	encyclopédie nf	enciclopedia nm	enciclopedia nf
endmatter n	pages de fin nf	asunto final nm	materiale in fondo al libro nm
endpapers n	pages de garde nf	guardas nf	risguardi nm
coloured endpapers n	*pages de garde en couleur* nf	*guardas de color* nf	*risguardi colorati* nm
plain endpapers n	*pages de garde unies* nf	*guardas lisas* nf	*risguardi bianchi* nm
printed endpapers n	*pages de garde imprimées* nf	*guardas impresas* nf	*risguardi stampati* nm
enlarge v	élargir; agrandir v	ampliar v	ingrandire v
enlargement n	agrandissement nm	ampliación nf	ingrandimento nm
envelope n	enveloppe nf	sobre nm	busta nf
brown envelope n	*enveloppe marron* nf	*sobre marrón* nm	*busta di carta marrone* nf
white envelope n	*enveloppe blanche* nf	*sobre blanco* nm	*busta di carta bianca* nf
epigraph n	épigraphe nf	epígrafe nm	epigrafe nf
epilogue n	épilogue nm	epílogo nm	epilogo nm
errata slip n	placard des errata nm	nota de errata nf	foglietto degli errata corrige nm
error n	erreur; faute nf	error nm	errore nm
estimate n	devis nm ; évaluation nf	presupuesto nm	preventivo nm
estimator n	deviseur nm	estimador nm	preventivista nm
evaporation n	évaporation nf	evaporación nf	evaporazione nf
even pages n	pages paires nf	páginas pares nf	pagine pari nf
even working n	impression intégrale de la feuille grâce à un nombre pair de pages nf	trabajo par nm	lavoro ad impaginazione in multipli pari nm

ellipsis–even working Section A English–all language versions

GERMAN	DUTCH	SWEDISH	ENGLISH
Ellipse nf ; Kettenpunkt nm	ellips; beletselteken n	ellips n	ellipsis n
Geviert; Quadrätchen nn	em n	em (fyrkant) n	em n
hohlprägen; prägen v	pregen v	prägla v	emboss v
hohlgeprägt; geprägt adj	gepreegd; geperst adj	präglad adj	embossed adj
Hohlprägung; Prägung nf	preging; preeg n	prägling n	embossing n
Emulsion; Schicht nf	emulsie n	emulsion n	emulsion n
Schichtseite unten adj	emulsiezijde naar beneden adj	emulsionssidan nedåt adj	emulsion-side down adj
Schichtseite oben adj	emulsiezijde naar boven adj	emulsionssidan upp adj	emulsion-side up adj
Halbgeviert nn	gemiddelde letterbreedte n	en (halvfyrkant) n	en n
Enzyklopädie nf	encyclopedie n	encyklopedi; uppslagsverk n	encyclopaedia n
Vorsatzpapiere npl	pagina's achter in een boek n	slutmanus n	endmatter n
Vorsatz nm ; Vorsatzblätter npl	schutbladen n	försättsblad; eftersättsblad n	endpapers n
farbige Vorsatzblätter nn	gekleurde schutbladen n	färgat försättsblad (eftersätts)blad n	coloured endpapers n
leere Vorsatzblätter nn	ongekleurde schutbladen n	rent försättsblad (eftersätts)blad	plain endpapers n
gedruckte Vorsatzblätter nn	gedrukte schutbladen n	tryckt försättsblad (eftersätts)blad n	printed endpapers n
vergrößern	vergroten v	förstora v	enlarge v
Vergrößerung nf	vergroting n	förstoring n	enlargement n
Umschlag nm	enveloppe n	kuvert n	envelope n
brauner Umschlag nm	bruine enveloppe n	brunt kuvert n	brown envelope n
weißer Umschlag nm	witte enveloppe n	vitt kuvert n	white envelope n
Epigraph nn ; Inschrift nf	epigraaf; opschrift; motto (aan begin van hoofdstuk) n	förord n	epigraph n
Epilog nm ; Nachwort nn	epiloog; naschrift; nawoord n	efterskrift n	epilogue n
Druckfehlerzettel nn	errata(lijst) n	lista med rättelser n	errata slip n
Fehler nm	fout n	fel n	error n
Schätzung; Kalkulation; Berechnung nf ; Voranschlag nm	calculatie; prijsberekening n	uppskatta n	estimate n
Schätzer; Kalkulator nm	calculator n	kalkylator n	estimator n
Verdunstung nf	verdamping n	torkning n	evaporation n
gerade Seiten nf	even pagina's; linker pagina's n	jämna sidor n	even pages n
gleichmäßigerpaarweiser Druck nm	gelijke bewerking n	jämnt ark n	even working n

Section A English–all language versions

ENGLISH	FRENCH	SPANISH	ITALIAN
exception dictionary n	dictionnaire d'exceptions nm	diccionario de excepciones nm	dizionario delle eccezioni nm
exclamation mark n	point d'exclamation nm	signo de admiración nm	punto esclamativo nm
exclusive type area n	surface de page exclusive nf	área de trabajo exclusivo nf	luce di composizione esclusiva nf
expanded type n	caractère élargi nm	tipo ampliado nm	carattere largo nm
export n	exportation nf	exportación nf	esportazione nf
exporter n	exportateur nm	exportador nm	esportatore nm
export licence n	permis d'exportation nm	licencia de exportación nf	licenza d'esportazione nf
export sales n	ventes à l'exportation nf	ventas de exportación nf	vendite per esportazione nf
exposure n	pose; exposition nf	exposición nf	esposizione nf
long exposure n	long temps de pose nm	exposición larga nf	esposizione lunga nf
short exposure n	court temps de pose nm	exposición corta nf	esposizione breve nf
extent n	étendue nf	extensión nf	entità nf estensione limite nm
extract n	extrait nm	extracto nm	estratto nm
ex-warehouse adj	en magasin adj	franco almacén adj	franco magazzino adj
face n	oeil du caractère nm	diseño del tipo nm	occhio del carattere nm ; stile di carattere nm
facing pages n	pages face à face nf	páginas frontales nf	pagine a fronte nf
facsimile n	fac-similé nm	facsímil nm	facsimile nm
facsimile transmission n	télécopie nf	transmisión por fax nf	trasmissione per facsimile nf
family n	famille nf	familia nf	famiglia nf
f & g abbrev folded and gathered	plié et assemblé	plegado y alzado	piegato e raccolto
fax n	télécopie nf	fax nm	telefax nm ; fax nm
feature n	article nm	artículo nm	articolo di giornale nm
feature writer n	journaliste nm	escritor de artículos nm	articolista nm
fee n	cachet; honoraires nm	comisión nf ; honorario nm	compenso nm ; onere nm
feeder n	chargeur nm	alimentador nm	alimentatore nm ; mettifoglio nm
felt side n	côté fabrication nm	lado de fieltro nm	lato feltro nm
fibre n	fibre nf	fibra nf	fibra nf
fiction n	fiction nf	ficción nf	narrativa nf
fiction publishing n	publication de romans nf	publicación de ficción nf	pubblicazioni di narrativa nf
fiction writer n	romancier nm	escritor de ficción nm	romanziere nm ; autore di opere di narrativa nm
figs n	chiffres nm	números nm	numeri nm
figures n	chiffres nm	números nm ; cifras nf	numeri nm ; cifre nf
arabic figures n	chiffres arabes nm	cifras árabes nf	cifre arabe nf ; numeri arabi nm
lining figures n	chiffres alignés nm	cifras alineadas nf	numeri allineati nm

exception dictionary–figures   Section A   English–all language versions

GERMAN	DUTCH	SWEDISH	ENGLISH
Ausnahmelexicon *nn*	uitzonderingswoordenboek *n*	undantagslexikon *n*	exception dictionary *n*
Ausrufungszeichen *nn*	uitroepteken *n*	utropstecken *n*	exclamation mark *n*
exklusiver Satzspiegel *nm*	zetspiegel *n*	utsluten sats *n*	exclusive type area *n*
Breitbuchstabe *nm*	verbrede letter; brede letter *n*	breddad stil *n*	expanded type *n*
Export *nm* ; Ausfuhr *nf*	export *n*	export *n*	export *n*
Exporteur *nm*	exporteur *n*	exportör *n*	exporter *n*
Exportlizenz *nf*	exportvergunning *n*	exportlicens *n*	export licence *n*
Exportvertrieb *nm*	exportverkoop *n*	exportförsäljning *n*	export sales *n*
Belichtung(szeit) *nf*	belichting; opname *n*	exponering *n*	exposure *n*
lange Belichtungszeit *nf*	lange belichting *n*	lång exponering *n*	long exposure *n*
kurze Belichtungszeit *nf*	korte belichting *n*	kort exponering *n*	short exposure *n*
Ausmaß *nn*	omvang; mate; schatting *n*	omfång *n*	extent *n*
Auszug *nm*	passage; fragment *n*	utdrag *n*	extract *n*
ab Lager *adj*	af magazijn *adj*	fritt lager *adj*	ex-warehouse *adj*
Schrift(art) *nf*; Auge *nn*	lettertype; belangrijkste zijde *n*	typsnitt *n*	face *n*
gegenüberliegende Seiten *nf*	tegenover elkaar liggende bladzijden *n*	mot varandra stående sidor *n*	facing pages *n*
Faksimile *nn*	facsimile *n k*	faksimil; telefax *n*	facsimile *n*
Faksimile-Übertragung *nf*	facsimile-overbrenging *n*	telefaxöverföring *n*	facsimile transmission *n*
Buchstabensorte; Familie *nf*	letterfamilie; lettersoort *n*	familj *n*	family *n*
gefalzt und zusammengetragen	gevouwen en vergaarde vellen *n*	falsad och plockad	f & g *abbrev* folded and gathered
Fax *nn*	fax *n*	fax *n*	fax *n*
Merkmal *nn* ; (Leit-)Artikel *nm*	hoofdartikel *n*	specialartikel *n*	feature *n*
Artikelverfasser *nm*	schrijver van hoofdartikel *n*	feature-skribent *n*	feature writer *n*
Gebühr *nf*	honorarium; tarief *n*	avgift *n*	fee *n*
Anlegeapparat; Anleger *nm*	inlegapparaat; inlegmechanisme *n*	matare; iläggare *n*	feeder *n*
Filzseite *nf*	bovenzijde; viltzijde *n*	filtsida *n*	felt side *n*
Faser *nf*	vezel *n*	fiber *n*	fibre *n*
Dichtung; Belletristik *nf*	fictie; roman *n*	skönlitteratur *n*	fiction *n*
Dichtungsverlag *nm*	uitgeven van romans *n*	publicering av skönlitteratur *n*	fiction publishing *n*
Dichtungsverfasser *nm*	romanschrijver *n*	skönlitterär författare *n*	fiction writer *n*
Ziffern *npl*	cijfers *n*	figurer; siffror *n*	figs *n*
Ziffern *npl*	cijfers *n*	siffror *n*	figures *n*
arabische Ziffern *npl*	arabische cijfers *n*	arabiska siffror *n*	arabic figures *n*
Antiquaziffern; Linie haltende Ziffern *npl*	in de lijn staande cijfers; lijnende cijfers *n*	linjerande siffror *n*	lining figures *n*

Section A English–all language versions

ENGLISH	FRENCH	SPANISH	ITALIAN
non-lining figures n	chiffres non alignés nm	cifras no alineadas nf	numeri non allineati nm
roman figures n	chiffres romains nm	números romanos nm	cifre romane nf ; numeri romani nm
filler advertisement n	publicité de remplissage nf	anuncio de relleno nm	annuncio pubblicitario di riempimento nm
film n	film nm ; pellicule nf	película nf	pellicola nf
film assembly n	montage de film nm	montaje de película nm	montaggio pellicola nm
film make-up n	montage de film nm	composición de película nf	impaginazione pellicola nf
film negative n	négatif de film nm	negativo de película nm	negativo pellicola nm
film positive n	positif de film nm	positivo de película nm	positivo pellicola nm
film processor n	développeuse de film nf	procesador de película nm	sviluppatrice di pellicole nf
filmsetting n	photocomposition nf	fotocomposición nf	fotocomposizione nf
filter n	filtre; écran nm	filtro nm	filtro nm
finishing n	travail de finition; façonnage nm	acabado nm	finitura nf
finishing department n	service de façonnage nm	departamento de acabado nm	reparto di finissaggio nm
first edition n	édition originale nf	primera edición nf	prima edizione nf
fit n	approche nf	ajuste nm	spaziatura nf
letterfit n	rectification des approches nf	ajuste de letra nm	spaziatura delle lettere nf
fixing n	fixage nm	fijado nm	fissaggio nm
flap n	volet; rabat nm	solapa nf	aletta nf
jacket flap n	rabat de la jaquette nm	solapa de la cubierta nf	aletta di sovraccoperta nf
flat artwork n	maquette nf	boceto nm	bozzetto nm ; originale per riflessione nm
flat back binding n	reliure à dos carré plat nf	encuadernación lomo cuadrado nf	legatura a dorso quadro nf
flatbed printing n	impression à plat nf	impresión de prensa plana nf	stampa in piano nf
flatplan n	plan; dessin à plat nm	vista de plano nf	schema di pagina nm
flexography n	flexographie nf	flexografía nf	flessografia nf
floppy disc n	disquette nf	disco floppy nm	dischetto floppy nm
fluorescent adj	fluorescent adj	fluorescente adj	fluorescente adj
fluorescent ink n	encre fluorescente nf	tinta fluorescente nf	inchiostro fluorescente nm
flush left, flush right adj	marge à gauche, marge à droit adj	al margen izquierdo, al margen derecho adj	allineato a sinistra adj , allineato a destra
flyleaf n	encart volant nm	hoja de cortesía nf	risguardo nm
FOB abbrev **free on board**	franco à bord	franco a bordo	franco bordo
foil n	feuille métallique nf	papel metalizado nm	foglio metallizzato nm
imitation gold foil n	feuille métallique imitation or nf	papel metalizado imitación a oro nm	imitazione foglia d'oro nf
imitation silver foil n	feuille métallique imitation argent nf	papel metalizado imitación a plata nm	imitazione foglia d'argento nf

filler advertisement–foil   Section A   English–all language versions

GERMAN	DUTCH	SWEDISH	ENGLISH
Mediävalziffern npl	*niet lijnende cijfers* n	*ojämnt linjerande siffror* n	**non-lining figures** n
römische Ziffern npl	*romeinse cijfers* n	*romerska siffror* n	**roman figures** n
Lückenbüßer; Fuller nm	stopper n	utfyllnadsannons n	**filler advertisement** n
Film nm	film; laag; velletje; huidje n	film n	**film** n
Filmmontage nf	filmmontage n	filmmontering n	**film assembly** n
Filmumbruch nm	filmopmaak n	ombrytning på film n	**film make-up** n
Filmnegativ nn	negatief n	negativ film n	**film negative** n
Filmpositiv nn	positief n	positiv film n	**film positive** n
Entwicklungsgerät nn	ontwikkelmachine; ontwikkelautomaat n	filmframkallare n	**film processor** n
Fotosatz nm	fotografisch zetten n	sättning på film n	**filmsetting** n
Filter nm	filter n	filter n	**filter** n
Fertigstellung nf	afwerking n	efterbearbetning n	**finishing** n
Buchbinderei nf	sorteerzaal n	bokbinderiavdelning n	**finishing department** n
Originalausgabe nf	eerste druk n	förstaupplaga n	**first edition** n
Passung; Montage nf	passen n	mellanrum n	**fit** n
Buchstabenpassung nf	*passen van een letter* n	*teckenmellanrum* n	**letterfit** n
Fixierung nf	fixeren n	fixering n	**fixing** n
Klappe nf	flap n	flik n	**flap** n
Umschlagklappe nf	*flap van omslag* n	*omslagsflik* n	**jacket flap** n
flache Vorlage nf	werktekening n	originalmontage n	**flat artwork** n
flacher Buchrückeneinband nm	gebonden met rechte; Engelse rug n	rak (platt) bokrygg n	**flat back binding** n
Flachdruck nm	vlakke vorm-drukken n	plantryckning n	**flatbed printing** n
Flachgrundriß nm	indelingsvel n	planmetod n	**flatplan** n
Flexodruck; Gummidruck nm	flexografie; flexodruk; anilinedruk n	flexografi n	**flexography** n
Floppy-Disk nf	floppy disc n	diskett n	**floppy disc** n
fluoreszierend adj	fluorescerend adj	fluoreserande adj	**fluorescent** adj
fluoreszierende Druckfarbe; Tagesleuchtfarbe nf	fluorescerende inkt n	fluoriserande tryckfärg n	**fluorescent ink** n
linksbündig, rechtsbündig adj	rechts lijnen, links lijnen adj	vänsterkant, högerkant adj	**flush left, flush right** adj
fliegender Vorsatz nm ; Vorsatzblatt nn	schutblad n	försättsblad; eftersättsblad n	**flyleaf** n
frei an Bord	vrij aan boord; gratis vervoer	fritt ombord	**FOB** abbrev **free on board**
Folie nf	fo(e)lie n	folie n	**foil** n
Kunstgoldfolie nf	*imitatie goudfolie* n	*imiterad guldfolie* n	**imitation gold foil** n
Kunstsilberfolie nf	*imitatie zilverfolie* n	*imiterad silverfolie* n	**imitation silver foil** n

47

Section A   English–all language versions

ENGLISH	FRENCH	SPANISH	ITALIAN
foil blocking n	impression à chaud de la feuille nf	estampado con papel metalizado nm	trancia su foglio metallizzato nf
fold v	plier v	pliegue nm	piegare v
concertina fold n	pli en accordéon nm	pliegue de acordeón nm	piega a fisarmonica nf
parallel fold n	pli parallèle nm	pliegue paralelo nm	piega parallela nf
right-angle fold n	pli croisé nm	pliegue en ángulo recto nm	piega incrociata nf
folded and gathered sheets n	feuilles pliées et assemblées nf	hojas plegadas y alzadas nf	fogli piegati e raccolti nm
folder n	plieuse nf	plegadora nm	piegatrice nf
buckle folder n	plieuse à poche nf	plegadora de bolsa nm	piegatrice a tasche nf
combination folder n	plieuse mixte nf	plegadora de combinación nm	piegatrice combinata nf
knife folder n	plieuse à couteaux nf	plegadora de cuchillo nm	piegatrice a coltello nf
folding machine n	plieuse mécanique nf	máquina plegadora nf	macchina piegatrice nf
fold-out n	dépliant nm	desplegado nm	inserto pieghevole; depliant nm
folio n	folio nm	folio nm	numero di pagina nm
Arabic folio n	folio arabe nm	folio árabe nm	numero di pagina arabo nm
roman folio n	folio romain nm	folio romano nm	numero di pagina romano nm
font n	fonte; police de caractères nf	fundición nf ; fuente nf ; juego de carácteres nm	completa di caratteri; fonte; font nf
foot n	bas de page nm	pie nm	piede nm ; bianco al piede nm
foot margin n	blanc de pied nm	margen al pie nm	margine inferiore nm ; bianco al piede nm
footnote n	note en bas de page nf	nota al pie nf	nota a piè di pagina nf
forecast n	prévision nf	previsión nf	previsione nf
fore-edge n	marge extérieure; marge de grand fond nf	margen exterior nm	controdorso nm
foreign rights n	droits étrangers nm	derechos extranjeros nm	diritti per l'estero nm
foreword n	avant-propos nm	prólogo nm	prefazione nf
format n	format nm	formato nm	formato nm
forme n	forme nf	forma nf	forma nf
inner forme n	forme intérieure; du second côté nf	forma interior nf	forma interna nf
outer forme n	forme du premier côté nf	forma exterior nf	volta; forma di bianca nf
former folder n	plieuse à cône nf	plegadora de cono nf	piegatrice a cono nf
fount n	fonte; police de caractères nf	fundición nf ; fuente nf	completa di caratteri nf

foil blocking–fount　　　　　　　　　　　　　　Section A　English–all language versions

GERMAN	DUTCH	SWEDISH	ENGLISH
Folienklischee *nn*	het blokken; kleven van folie *n*	folieprägling *n*	**foil blocking** *n*
falzen *v*	vouwen *v*	falsa *v*	**fold** *v*
Zickzackfalz; Leporellofalz *nm*	harmonica-vouw; Leporello-vouw *n*	dragspelsfalsning *n*	**concertina fold** *n*
Parallelfalz *nm*	parallelgevouwen *n*	parallellfalsning *n*	**parallel fold** *n*
Kreuz(bruch)falz *nm*	kruisvouw *n*	tvärvecksfalsning *n*	**right-angle fold** *n*
gefalzte und zusammengetragene Blätter *nn*	gevouwen en vergaarde vellen *n*	falsade och plockade ark *n*	**folded and gathered sheets** *n*
Falzmaschine *nf*; Falzwerk *nn*	vouwwerk; vouwapparaat; vouwmachine *n*	fals *n*	**folder** *n*
Taschenfalzmaschine *nf*	tassenvouwmachine *n*	fickfals *n*	**buckle folder** *n*
Kombi-Falzautomat *nm*	combinatievouwmachine *n*	kombinationsfals *n*	**combination folder** *n*
Schwertfalzmaschine *nf*	messenvouwmachine *n*	knivfals *n*	**knife folder** *n*
Falzmaschine *nf*	vouwapparaat *n*	falsmaskin *n*	**folding machine** *n*
Ausschlagtafel *nf*	uitslaande plaat *n*	utvikning *n*	**fold-out** *n*
Folio *nn*; Seitenzahl; Kolumnenziffer *nf*	folioformaat; paginanummer *n*	paginering *n*	**folio** *n*
arabisches Folio *nn*	arabisch paginanummer *n*	arabisk paginering *n*	**Arabic folio** *n*
römisches Folio *nn*	romeins paginanummer *n*	romersk paginering *n*	**roman folio** *n*
vollständiger Schriftsatz *nm*; Schrift *nf*; Font *nm*	font *n*	teckensnitt *n*	**font** *n*
Fuß *nm*	voet *n*	fot *n*	**foot** *n*
unterer Seitenrand *nm*	ruimte aan voet van de bladzijde *n*	undermarginal *n*	**foot margin** *n*
Fußnote *nf*	voetnoot *n*	fotnot *n*	**footnote** *n*
Vorhersage *nf*	beraming; ontwerp; voorbereiding *n*	prognos *n*	**forecast** *n*
Vorderschnitt; äußerer Papierrand *nm*	snee; snede *n*	framsnitt *n*	**fore-edge** *n*
Auslandsrechte *npl*	buitenlandse rechten *n*	utlandsrättigheter *n*	**foreign rights** *n*
Vorwort *nn*	voorwoord *n*	förord *n*	**foreword** *n*
Format *nn*; Größe *nf*	formaat; indeling *n*	format *n*	**format** *n*
Druckform *nf*	vorm; drukvorm; lettervorm *n*	form *n*	**forme** *n*
innere Druckform *nf*	binnenvorm; weerdrukvorm *n*	innerform *n*	**inner forme** *n*
äußere Druckform *nf*	buitenvorm; schoondrukvorm *n*	ytterform *n*	**outer forme** *n*
Trichterfalzapparat *nm*	trechtervouwapparaat *n*	formfals *n*	**former folder** *n*
Guß *nm*; Matrize *nf*	font *n*	stil *n*	**fount** *n*

Section A   English–all language versions

ENGLISH	FRENCH	SPANISH	ITALIAN
four-colour films n	films en quadrichromie nm	películas cuatricolores nf	pellicole per quadricromia nf
four-colour machine n	machine quatre couleurs nf	máquina cuatricolor nf	rotativa a quattro colori nf
four-colour printing n	impression en quatre couleurs nf	impresión cuatricolor nf	stampa a quattro colori nf ; quadricromia nf
four-colour separations n	sélections en quatre couleurs nf	separaciones cuatricolores nf	selezione a quattro colori nf
fraction n	fraction nf	fracción nf	frazione nf
freelance n	free-lance nm ; indépendant nm	independiente nm	indipendente nm
freight n	fret; transport nm	flete nm	trasporto nm ; spedizione nf
airfreight n	fret aérien nm	flete aéreo nm	trasporto aereo nm
ocean freight n	fret long courrier; au long cours nm	flete marítimo nm	trasporto transoceanico nm
seafreight n	fret maritime nm	flete marítimo nm	trasporto marittimo nm
freight forwarder n	agent transitaire nm	fletador nm	spedizionere nm
freight forwarding n	affrètement nm	envío fletado nm	spedizione a destinazione nf
front-end system n	système d'entrée nm	sistema frontal nm	sistema front-end nm
frontispiece n	frontispice nm	contraportada nm	frontespizio nm
fullbound adj	en reliure pleine adj	encuadernado completo adj	a rilegatura intera nf
full point n	point nm	punto final nm	punto nm
full stop n	point nm	punto final nm	punto nm
furnish n	fourniture nf ; chargement nm	composisión nf	composizione fibrosa nf
galley proof n	épreuve en placard nf	galerada nf	bozza in colonna nf
gatefold n	encart dépliant nm	tríptico nm	pagina pieghevole nf
gather v	assembler v	alzar v	raccogliere v
gathered adj	assemblé adj	alzado adj	raccolto adj
folded and gathered sheets n	feuilles pliées et assemblées nf	hojas plegadas y alzadas nf	fogli piegati e raccolti nm
gathering n	assemblage nm	alzado nm	raccolta nf
general books n	livres pour le grand public nm	libros generales nm	libri di tipo generale nm
general publishing n	édition pour le grand public nf	publicación general nf	editoria generale nf
generic coding n	codage générique nm	código genérico nm	codificazione generica nf
gilding n	dorure nf	dorado nm	doratura nf
gilt adj	doré adj	dorado adj	dorato adj
gilt edges n	tranches dorées nf	cantos dorados nm	tagli dorati nm
gloss n	brillant nm	brillo nm	brillantezza nf ; lucido nm
gloss art n	papier couché brillant nm	papel estucado brillante nm	carta patinata lucida nf
glossary n	glossaire nm	glosario nm	glossario nm

four-colour films–glossary   Section A   English–all language versions

GERMAN	DUTCH	SWEDISH	ENGLISH
Vierfarbfilme *nm*	vierkleurenfilm *n*	fyrfärgsfilm *n*	**four-colour films** *n*
Vierfarbmaschine *nf*	vierkleurenpers *n*	fyrfärgspress *n*	**four-colour machine** *n*
Vierfarbdruck *nm*	vierkleurendruk *n*	fyrfärgstryckning *n*	**four-colour printing** *n*
Vierfarbscheidungen *npl*	vierkleurenscheiding *n*	fyrfärgsseparation *n*	**four-colour separations** *n*
Bruch; Bruchteil *nm*	breuk; breukcijfer *n*	bråktal; bråksiffra *n*	**fraction** *n*
Freiberufler *nm*	free-lance *n*	frilansare *n*	**freelance** *n*
Fracht *nf*	vracht *n*	frakt *n*	**freight** *n*
Luftfracht nf	*luchtvracht* n	*flygfrakt* n	**airfreight** *n*
Ozeanfracht nf	*zeevracht* n	*oceanfrakt* n	**ocean freight** *n*
Seefracht nf	*zeevracht* n	*sjöfrakt* n	**seafreight** *n*
Frachtunternehmen *nn*	expediteur *n*	speditör *n*	**freight forwarder** *n*
Frachtverschickung *nf*	expediëren *n*	fraktexpediering *n*	**freight forwarding** *n*
Front-End-System *nn*	front-end systeem *n*	front-end system *n*	**front-end system** *n*
Titelbild *nn* ; Titelblatt *nm*	titelplaat; frontispice *n*	frontespis; titelbild *n*	**frontispiece** *n*
volleingebunden *adj*	geheel leer of linnen gebonden *adj*	helbunden *adj*	**fullbound** *adj*
Punkt *nm*	punt *n*	full poäng *n*	**full point** *n*
Punkt *nm*	punt *n*	punkt *n*	**full stop** *n*
Ausstattung *nf*	samenstelling *n*	papperstillverkningsmaterial *n*	**furnish** *n*
Satzabzug *nm*	drukproef; strokenproef; galeiproef *n*	spaltkorrektur *n*	**galley proof** *n*
Fensterfalz *nm*	uitslaande plaat; uitklappagina *n*	utvikningsblad *n*	**gatefold** *n*
sammeln; zusammentragen *v*	vergaren *v*	plocka *v*	**gather** *v*
zusammengetragen *adj*	vergaard *adj*	plockad; upptagen *adj*	**gathered** *adj*
gefalzte und zusammengetragene Blätter	*gevouwde en vergaarde vellen* n	*falsade och plockade; upptagna ark* n	**folded and gathered sheets** *n*
Zusammentragung *nf*	vergaren *n*	plockning; upptagning *n*	**gathering** *n*
allgemeine Bücher *nn*	algemene boeken *n*	allmänlitteratur *n*	**general books** *n*
Allgemein-Verlag *nm*	uitgeven van algemene boeken *n*	allmänutgivning *n*	**general publishing** *n*
Gattungskodierung *nf*	generisch coderen *n*	generisk kodning *n*	**generic coding** *n*
Vergoldung *nf*	handvergulden *n*	förgyllning *n*	**gilding** *n*
vergoldet *adj*	verguld *adj*	förgylld *adj*	**gilt** *adj*
Goldschnitte *nm*	verguld op snee *n*	guldsnitt *n*	**gilt edges** *n*
Glanz *nm*	glans *n*	glättat *n*	**gloss** *n*
Glanzvorlage *nf*	glanzend origineel *n*	glättat konsttryckspapper *n*	**gloss art** *n*
Glossar *nn*	verklarende woordenlijst *n*	ordlista; ordbok *n*	**glossary** *n*

Section A   English–all language versions

ENGLISH	FRENCH	SPANISH	ITALIAN
glossy art n	papier couché brillant nm	papel estucado brillante nm	carta patinata lucida nf
glossy bromide n	bromure glacé nm	bromuro brillante nm	patinata nf
gold blocking n	gaufrage en feuille imitation or nm	estampación en oro nm	trancia in oro nf
gold foil n	feuille d'or nf	papel metalizado dorado nm	foglia d'oro nf
imitation gold foil n	feuille imitation or nf	papel metalizado imitatión a oro nf	imitazione foglia d'oro nf
golf ball typewriter n	machine à écrire à boule nf	máquina de escribir de bola nf	macchina da scrivere a sfera nf
grain n	fibre nf	fibra nf	fibra nf; direzione della fibra nf
against the grain adj	en sens inverse des fibres adj	a contra fibra adj	in controfibra adj
long grain n	fibre en long nm	fibra longitudinal nf	fibra longitudinale nf
short grain	sens travers aux fibres	fibra transversal	fibra latitudinale nf
with the grain adj	dans le sens des fibres adj	en la dirección de la fibra adj	in fibra; in direzione della fibra adj
grain direction n	sens machine nm	dirección de la fibra nf	direzione della fibra nf
grammage n	grammage nm	gramaje nm	grammatura nf
graphic arts n	arts graphiques nm	artes gráficas nf	arti grafiche nf
graphic design n	projet graphique nm	diseño gráfico nm	disegno grafico nm
graphic design studio n	studio de création graphique nm	estudio de diseño gráfico nm	studio grafico nm
graphics n	graphique nf	gráfica nf	grafica nf
graphics insertion n	insertion graphique nf	inserción gráfica nf	inserimento grafico nm
graphics tablet n	tablette; plaque graphique nf	placa gráfica nf	tavoletta grafica nf
graphics terminal n	terminal graphique nm	terminal gráfico nm	terminale grafico nm
grave accent n	accent grave nm	acento grave nm	accento grave nm
gravure printing n	héliogravure; impression en creux nf	impresión de huecograbado nf	rotocalco nm ; stampa rotocalco nf
grid n	quadrillage nm ; grille nf	rejilla nf; cuadricula nf	griglia; quadrettatura; gabbia nf
gripper edge n	côté prise de pinces nm	borde de pinzas nm	lato pinze nm
groundwood n	pâte de bois mécanique nf	pasta mecánica nf	pasta di legno nf
groundwood sheet n	feuille en pâte mécanique nf	hoja de pasta mecánica nf	foglio di pasta di legno nm
gsm abbrev grams per square metre	grammes par mètre carré	gramos por metro cuadrado	grammi per metro quadro

GERMAN	DUTCH	SWEDISH	ENGLISH
Glanzvorlage *nf*; Hochglanzpapier *nn*	geglansd origineel *n*	glättat konsttryckspapper *n*	**glossy art** *n*
Glanzpapierabzug *nm*	glanzende bromide opname model *n*	blank bromidfilm *n*	**glossy bromide** *n*
Golddruck *nm*; Blattvergoldung *nf*	goudstempel; gouden opdruk preeg *n*	förgyllning; förgyllningsklichéer *n*	**gold blocking** *n*
Goldfolie *nf*	goudfolie *n*	guldfolie *n*	**gold foil** *n*
Kunstgoldfolie nf	*imitatie goudfolie n*	*guldfärgad folie n*	***imitation gold foil** n*
Kugelkopf-Schreibmaschine *nf*	kogelschrijfmachine *n*	skrivmaskin med skrivkula *n*	**golf ball typewriter** *n*
Laufrichtung *nf*	vezelrichting; looprichtuig *n*	fiber *n*	**grain** *n*
gegen die Laufrichtung adj	*tegen de pool in; tegen de vleug in adj*	*mot fiberriktningen adj*	***against the grain** adj*
Schmalbahn nf	*langlopend papier n*	*långfibrig*	***long grain** n*
Breitbahn nf	*breedlopend papier n*	*kortfibrig*	***short grain***
in Laufrichtung adj	*met de looprichting mee adj*	*längs fibrerna adj*	***with the grain** adj*
Faserrichtung; Längsrichtung des Papiers *nf*	looprichting; machinerichting *n*	fiberriktning *n*	**grain direction** *n*
Flächengewicht *nn*	gramgewicht *n*	gramvikt; ytvikt *n*	**grammage** *n*
grafische Künste *npl*	grafische industrie *n*	grafisk konst; grafisk industri *n*	**graphic arts** *n*
grafische Gestaltung *nf*	grafisch ontwerp *n*	grafisk formgivning *n*	**graphic design** *n*
grafisches Gestaltungsstudio *nn*	grafisch ontwerp studio *n*	grafisk design-studio *n*	**graphic design studio** *n*
Grafik *nf*; Bild *nn*	graphics; grafisch materiaal *n*	grafisk konst; illustrationer *n*	**graphics** *n*
grafische Einfügung *nf*	invoegen van graphics (figuren) *n*	text och bildkombination; grafiska insticksblad *n*	**graphics insertion** *n*
Grafiktafel *nf*	grafisch tablet *n*	grafisk tablett; skrivblock *n*	**graphics tablet** *n*
Grafik-Bildschirm *nm*	grafisch beeldstation *n*	datagrafi-terminal *n*	**graphics terminal** *n*
Accent grave; Gravis *nm*	accent grave *n*	grav accent *n*	**grave accent** *n*
Tiefdruck *nm*	diepdruk; koperdiepdruk *n*	djuptryck *n*	**gravure printing** *n*
Gitter; Raster *nn*	letterraster; letterdrager zetspiegel *n*	grid; rutnät *n*	**grid** *n*
Greiferkante *nf*	grijperkant *n*	gripkant *n*	**gripper edge** *n*
Holzzellstoff *nm*	hout *n*	trämassa *n*	**groundwood** *n*
Holzzellstoffbogen *nm*	houten blad *n*	ark av trämassa *n*	**groundwood sheet** *n*
Quadratmetergewicht	gram per vierkante meter	gram per kvadratmeter *abbrev*	**gsm** *abbrev* **grams per square metre**

Section A English–all language versions

ENGLISH	FRENCH	SPANISH	ITALIAN
guillotine n	massicot nm	guillotina nf	taglierina a ghigliottina nf
guillotine trimmed adj	massicoté adj	recortado con guillotina adj	rifilato alla ghigliottina adj
gutter n	petit fond nm	canalón nm ; espacio entre columnas nm	bianco tipografico nm ; bianco di taglio nm
half-sheet work n	imposition en demi-feuille nf	trabajo de media página nm	imposizione bianca e volta insieme nf
half title n	faux-titre nm	medio título nm	falso frontespizio nm
half title page n	page de faux-titre nf	página de medio título nf	pagina di falso frontespizio nf
halftone n	demi-teinte nf	medio tono nm	mezzatinta nf
halftone illustration n	illustration en demi-teintes; simili nf	ilustración a medio tono nf	illustrazione a mezzatinta nf
halftone negative n	négatif tramé nm	negativo a medio tono nm	negativo retinato mezzatinta nm
halftone positive n	positif tramé nm	positivo a medio tono nm	positivo retinato mezzatinte nm
halftone screen n	trame cristal; trame de similigravure nf	trama de medio tono nf	retino autotipico nm
hand binding n	reliure manuelle nf	encuadernación manual nf	legatura a mano nf
h & j abbrev hyphenation & justification n	coupure des mots et justification nf	guión y margen nm	divisione in sillabe e giustificazione nf
hand-made paper n	papier à la cuve nm	papel hecho a mano nm	carta a mano nf
hand setting n	composition manuelle nf	ajuste manual nm	composizione a mano nf
handwriting n	écriture nf	escritura a mano nf	scrittura a mano nf
handwritten adj	écrit à la main adj	escrito a mano adj	scritto a mano adj
hardback n	livre cartonné, relié nm	libro cartoné nm	libro cartonato nm
hardbound adj	cartonné; relié adj	encuadernado en cartoné adj	cartonato adj
hard copy n	impression sur papier nf	copia final nf	copia leggibile nf ; stampato (di computer) nm
hardcover adj	cartonné; relié adj	cubierta en cartoné adj	cartonato adj
hard-dot negatives n	négatifs à points durs nm	negativos de puntos duros nm	negativi a punti duri nm
hard-dot positives n	positifs à points durs nm	positivos de puntos duros nm	positivi a punti duri nm
hardsized adj	fortement collé adj	de encolado duro adj	fortemente collato adj
hardware n	matériel informatique nm	equipo nm	componenti di computer; hardware nm

guillotine–hardware   Section A   English–all language versions

GERMAN	DUTCH	SWEDISH	ENGLISH
Guillotine; Papierschneidemaschine *nf*	papiersnijmachine *n*	skärmaskin för papper *n*	**guillotine** *n*
mit Guillotine geschnitten *adj*	op maat gesneden *adj*	skuren i skärmaskin *adj*	**guillotine trimmed** *adj*
Steg *nm*	wit (aanslagwit; kruiswit; rugwit) *n*	spaltmellanrum *n*	**gutter** *n*
Halbbogendruck *nm*	keren; keervorm; binnen- en buitenvorm in één vorm *n*	jobb i halvark *n*	**half-sheet work** *n*
Innentitel; Schmutztitel *nm*	voordehandse titel; Franse titel *n*	smutstitel *n*	**half title** *n*
Innentitelseite *nf*	voordehandse-titelpagina *n*	smutstitelsida *n*	**half title page** *n*
Rasterbild *nn*; Autotypie *nf*	halftoon; halftint *n*	halvton; autotypi *n*	**halftone** *n*
Rasterabbildung *nf*	halftoonillustratie *n*	halvtonsillustration *n*	**halftone illustration** *n*
Rasternegativ *nn*	rasternegatief *n*	halvtonsnegativ *n*	**halftone negative** *n*
Rasterpositiv *nn*	rasterpositief *n*	halvtonspositiv *n*	**halftone positive** *n*
Bildraster *nm*; Autotypieraster *nm*	raster; autotypie *n*	halvtonsraster *n*	**halftone screen** *n*
Handeinband *nm*	met de hand gebonden *n*	handbokbindning *n*	**hand binding** *n*
Worttrennung und Justierung *nf*	woordafbreking en uitvulling *n*	avdelning och radutslutning; avstavning och radutjämning *n*	**h & j** *abbrev* **hyphenation & justification** *n*
Büttenpapier; handgeschöpftes Papier *nn*	handgeschept papier *n*	handgjort papper *n*	**hand-made paper** *n*
Handsetzung *nf*	met de hand gezet *n*	handsättning *n*	**hand setting** *n*
Handschrift *nf*	handschrift *n*	handskrift *n*	**handwriting** *n*
handgeschrieben *adj*	handgeschreven *adj*	handskriven *adj*	**handwritten** *adj*
hartgebundenes Buch *nn*	gebonden boek *n*	pärmbok; inbunden bok *n*	**hardback** *n*
hartgebunden *adj*	gebonden *adj*	hårdbunden *adj*	**hardbound** *adj*
Beleg(ausdruck) *nm*; Hardcopy *nf*	gedrukte copy *n*	manuskript (på papper); pappersutskrift *n*	**hard copy** *n*
Hartdeckel- *prefix*	gebonden *adj*	inbunden bok; bok med styva pärmar *adj*	**hardcover** *adj*
autotypische Negative *npl*	harde-punt negatieven *n*	hårt negativ *n*	**hard-dot negatives** *n*
autotypische Positive *npl*	harde-punt postitieven *n*	hårt positiv *n*	**hard-dot positives** *n*
hartverleimt *adj*	hard gelijmd *adj*	hårdlimmat *adj*	**hardsized** *adj*
Hardware *nf*	hardware; apparatuur *n*	hårdvara; maskinvara *n*	**hardware** *n*

Section A   English–all language versions

ENGLISH	FRENCH	SPANISH	ITALIAN
hardwood pulp *n*	pâte de bois feuillu *nf*	pulpa de madera dura *nf*	pasta di latifoglie *nf*
head *n*	tête *nf*	cabeza *nf*	testa *nf* ; capo *nm*
headband *n*	tranchefile *nf*	cabezada *nf*	capitello di testa *nm*
headline *n*	titre courant *nm*	título *nm*	titolo corrente *nm*
heading *n*	en-tête *nm*	encabezamiento *nm*	titolo *nm* ; intestazione *nf*
chapter heading *n*	tête de chapitre *nf*	encabezamiento de capítulo *nm*	titolo di capitolo *nm*
part heading *n*	en-tête de partie *nm*	encabezamiento de parte *nm*	intestazione di fascicolo *nf*
section heading *n*	en-tête de paragraphe *nm*	encabezamiento de sección *nm*	intestazione di segnatura *nf*
head margin *n*	blanc de tête *nm*	margen de cabeza *nm*	margine di testa *nm*
heatset web printing *n*	impression rotative à sécheurs *nf*	impresión rotativa de fraguado; secado al calor *nf*	stampa da bobina a caldo *nf*
hickey *n*	pétouille *nf*	mancha; mota *nf*	mosca *nf*
highlight density *n*	densité de lumière *nf*	densidad de los blancos *nf*	densità delle alte luci *nf*
highlight dot *n*	point de haute lumière *nm*	punto en los blancos *nm*	punto delle alte luci *nm*
highlights *n*	grands blancs *nm*	blancos *nm*	alte luci *nf*
hollow *n*	creux; espace *nm*	hueco *nm*	cavità (del dorso) *nf*
hot-melt adhesive *n*	adhésif à chaud *nm*	adhesivo termosellable *nm*	adesivo *nm* ; colla a caldo *nf*
hot metal composition *n*	composition à chaud *nf*	fundición térmica *nf*	composizione hot metal *nf*
house advertisement *n*	publicité en première *nf*	anuncio interno *nm*	annuncio pubblicitario aziendale *nm*
house corrections *n*	première correction; épreuve en première *nf*	correcciones internas *nf*	correzione in prima *nf* ; correzione preliminare *nf*
house style *n*	style maison *nm*	estilo interno *nm*	stile tipografico *nm*
h/t *abbrev* halftone *n*	demi-teinte *nf* ; similigravure *nf*	medio tono *nm*	mezzatinta *nf*
humidity *n*	humidité *nf*	humedad *nf*	umidità *nf*
hyphen *n*	trait d'union; tiret *nm*	guión *nm*	tratto d'unione *nm*
discretionary hyphen *n*	tiret facultatif *nm*	guión optativo *nm*	tratto d'unione preferenziale *nm*
hyphenation *n*	division; coupure des mots *nf*	guión *nm*	divisione in sillabe *nf*
hyphenation and justification *n*	coupure des mots et justification *nf*	guión y margen *nm*	divisione in sillabe e giustificazione *nf*
hyphenation logic *n*	logique de division syllablique *nf*	lógica de guión *nf*	logica di divisione in sillabe *nf*
illustrate *v*	illustrer *v*	ilustrar *v*	illustrare *v*

hardwood pulp–illustrate Section A   English–all language versions

GERMAN	DUTCH	SWEDISH	ENGLISH
Hartholzpulpe *nf*	loofhoutcelstof; loofhoutpulp *n*	lövträmassa	hardwood pulp *n*
Seitenkopf *nm*	kopwit; paginakop; kop *n*	huvud *n*	head *n*
Kapitalband *nm*	(bovenste) kapitaalbandje; besteekbandje *n*	kapitälband *n*	headband *n*
Schlagzeile; Überschrift *nf*	kopregel *n*	rubrik; nyhetssammandrag *n*	headline *n*
Überschrift *nf*; Titelkopf *nm*	korte inleiding onder de kop *n*	rubrik; överskrift; titel *n*	heading *n*
Kapitelüberschrift nf	*hoofdstuktitel n*	*kapitelrubrik n*	*chapter heading n*
Teilüberschrift nf	*deeltitel n*	*underrubrik n*	*part heading n*
Abschnittüberschrift nf	*paragraaftitel n*	*avsnittsrubrik n*	*section heading n*
oberer Seitenrand *nm*	bovenmarge; kopmarge *n*	marginal i huvudet; överst på pappret *n*	head margin *n*
Heatset-Rollenoffset *nm*	warmdrogende rotatiedruk *n*	heatset; rull-tryckning *n*	heatset web printing *n*
Butzen *nm*	spanjolen; vlekjes *n*	fattning; noppning *n*	hickey *n*
Lichtdichte *nf*	hogelicht-dichtheid *n*	högdagerdensitet *n*	highlight density *n*
Lichtpunkt *nm*	hogelicht-punt *n*	högdagerpunkt *n*	highlight dot *n*
Spitzlichter *npl*	hogelicht-partijen; hoog-contrastrijke partijen *n*	högdagerparti *n*	highlights *n*
Hohlraum *nm*	springrug *n*	hål *n*	hollow *n*
Heißleim *nm*	heet smeltende lijm *n*	varmlim *n*	hot-melt adhesive *n*
Maschinensatz; Bleisatz *nm*	smeltlaagzetten *n*	blysättning *n*	hot metal composition *n*
Hausanzeige *nf*	advertentie in het huisorgaan *n*	husannonsering; intern annonsering *n*	house advertisement *n*
Hauskorrektur *nf*	huiscorrecties *n*	huskorrigering *n*	house corrections *n*
Hausstil *nm*	huisstijl; stijl van het huis *n*	husstil *n*	house style *n*
Rasterbild *nm*	afkorting voor halftint; halftoon *n*	halvtonsbild; autotypi *n*	h/t *abbrev* halftone *n*
Feuchtigkeit *nf*	vochtigheid *n*	fuktighet *n*	humidity *n*
Bindestrich *nm*	koppelteken; afbrekingsteken; verbindingsstreepje *n*	bindestreck; divis *n*	hyphen *n*
Trennfuge nf	*vrij afbrekingsteken n*	*diskret divis (godtycklig divis) n*	*discretionary hyphen n*
Worttrennung *nf*	woordafbreking *n*	avstavning *n*	hyphenation *n*
Worttrennung und Justierung *nf*	woordafbreking en uitvulling *n*	avstavning och justering; radutjämning *n*	hyphenation and justification *n*
Worttrennungslogik; Silbentrennlogik *nf*	afbreekprogramma (in de zetmachine) *n*	logisk avstavning *n*	hyphenation logic *n*
illustrieren *v*	illustreren *v*	illustrera *v*	illustrate *v*

Section A English–all language versions

ENGLISH	FRENCH	SPANISH	ITALIAN
illustration n	illustration nf	ilustración nf	illustrazione nf
colour illustration n	illustration en couleur nf	ilustración a color nf	illustrazione a colori nf
line illustration n	illustration au trait nf	ilustración de línea nf	illustrazione al tratto nf
monochrome illustration n	illustration monochrome nf	ilustración monocroma nf	illustrazione monocroma nf
tone illustration n	illustration nuancée nf	ilustración de tono nf	illustrazione tonale nf
image n	image nf	imagen nf	immagine nf
image area n	dimension de l'illustration nf	área de imagen nf	zona stampante nf
imitation art n	simili couché nm	imitación de arte nf	carta uso patinata nf
imitation cloth n	simili toile nm	imitación de tela nf	imitazione tela nf
imitation gold n	dorure nf	imitación de oro nf	imitazione oro nf
imitation silver n	faux argent nm	imitación de plata nf	imitazione argento nf
impact printer n	imprimante à impact nf	impresora de impacto nf	stampante a impatto nf
imperfection n	imperfection nf	imperfección nm	imperfezione nf
imperial system n	système anglais nm	sistema imperial nm	sistema britannico nm
import v	importer v	importar v	importare v
import n	importation nf	importación nf	importazione nf
importer n	importateur nm	importador nm	importatore nm
import licence n	permis d'importation nm	licencia de importación nf	licenza d'importazione nf
impose v	imposer v	imponer v	impostare v
imposed blueprint n	bleu imposé nm	copia cianográfica impuesta nf	copia cianografica d'impostazione nf
imposed proof n	épreuve imposée nf	prueba impuesta nf	bozza d'impostazione nf
imposition n	imposition nf	imposición nf	impostazione nf; imposizione nf
imposition scheme n	schéma d'imposition nm	plan de imposición nm	schema d'impostazione nm
impression n	tirage nm ; impression nf	impresión nf	tiratura nf; stampa nf
impression cylinder n	cylindre d'impression nm	cilindro de impresión nm	cilindro di pressione nm
imprint n	empreinte nf	pie de imprenta nm	marchio dell'editore nm ; marchio dello stampatore nm
inclusive type area n	surface composée incluse nf	área de trabajo inclusiva nf	luce di composizione inclusiva nf
indent v	rentrer; renfoncer	sangrar	rientrare v
indent n	retrait; renfoncement nm	sangría nf	rientranza v
index n	index nm	índice nm	indice nm
alphabetical index n	index alphabétique nm	índice alfabético nm	indice alfabetico nm
cumulative index n	index cumulatif nm	índice acumulativo nm	indice cumulativo nm
index board n	carton pour fiches nm	cartoncillo para ficheros	cartoncino per schedari nm
india paper n	papier bible nm	papel biblia nm	carta India nf
indirect screening n	trame apparente indirecte nf	tramado indirecto nm	retinatura indiretta nf

illustration–indirect screening　　　　　　　　　　　　　Section A　　English–all language versions

GERMAN	DUTCH	SWEDISH	ENGLISH
Illustration nf; Bild nn	illustratie; afbeelding n	illustration; bild n	illustration n
Farbillustration nf	illustratie in kleur n	färgillustration; färgbild n	colour illustration n
Strichabbildung nf	illustratie in lijn n	streckillustration; streckbild n	line illustration n
einfarbige Illustration nf	eenkleurige; monochrome illustratie n	enfärgsillustration; enfärgsbild n	monochrome illustration n
Tonillustration nf	toonillustratie n	tonillustration n	tone illustration n
Bild nn	beeld n	bild n	image n
Bildfläche nf	beeldpartij n	bildyta n	image area n
Imitationskunstdruck nm	natuurkunstdruk; imitatiekunstdruk n	imiterat konsttryckspapper n	imitation art n
Leinenimitation nf	imitatie linnen n	imiterat klot (band) n	imitation cloth n
Goldimitation nf	imitatie goud n	guldimitation n	imitation gold n
Silberimitation nf	imitatie zilver n	silverimitation n	imitation silver n
Ausschlagsdrucker nm	contactdrukker n	anslagsskrivare n	impact printer n
Mangel; Fehler nm	onvolkomenheid n	felaktig n	imperfection n
gesetzliches System nn (GB)	Engels systeem n	imperial-system n	imperial system n
importieren v	importeren v	importera v	import v
Import nm; Einfuhr nf	import; invoer n	import n	import n
Importeur nm	importeur n	importör n	importer n
Importlizenz nf	importvergunning n	importlicens n	import licence n
ausschießen v	inslaan v	utskjutning n	impose v
ausgeschossene Blaupause nf	inslagblauwdruk n	blåkopia av utskjutning n	imposed blueprint n
ausgeschossener Abzug nm	inslagproef n	utskjutningsprov n	imposed proof n
Formeinrichtung nf; Ausschießen nn	inslag n	utskjutning i press n	imposition n
Ausschießschema nn	inslagschema n	utskjutningsschema n	imposition scheme n
Abzug; Druck nm	oplage; oplaag; afdruk n	tryckning; avtryck; avdrag n	impression n
Druckzylinder nm	presseur n	tryckcylinder n	impression cylinder n
Impressum nn; Druckvermerk nm	uitgeversmerk; impressum n	tryckort; tryckår och boktryckarens namn påtryck; n	imprint n
inklusiver Satzspiegel nm	bladspiegel n	inberäknat typområde n	inclusive type area n
einrücken; einziehen v		göraindrag v	indent v
Einzug nm	inspringen n	indrag n	indent n
Index nm; Kartei nf; Inhaltsverzeichnis nn	index; register n	index n	index n
alphabetischer Index nm	alfabetisch register n	alfabetiskt index n	alphabetical index n
Gesamtindex nm	cumulatieve index n	ackumulativt index n	cumulative index n
Karteikarton nm	cartotheekkarton n	registerkartong n	index board n
chinesisches Papier; Dünndruckpapier; Bibeldruckpapier nn	bijbeldrukpapier; dundrukpapier n	bibelpapper n	india paper n
indirekte Rasterung nf	indirect indrogen n	indirekt rastrering n	indirect screening n

Section A   English–all language versions

ENGLISH	FRENCH	SPANISH	ITALIAN
inferior *n*	inférieur *nm*	inferior *nm*	indice inferiore *nm*
information *n*	information *nf*	información *nf*	informazione *nf*
infra-red drying *n*	séchage par infrarouge *nm*	secado por infrarrojos *nm*	essiccamento a raggi infrarossi *nm*
ink *n*	encre *nf*	tinta *nf*	inchiostro *nm*
process inks *n*	encre de copie *nf*	tintas de gama *nf*	inchiostri per policromia *nm*
ink-jet printer *n*	imprimante à jet d'encre *nf*	impresora a chorro de tinta *nf*	stampante a spruzzo d'inchiostro *nf*
ink-jet printing *n*	impression à jet d'encre *nf*	impresión a chorro de tinta *nf*	stampa a spruzzo d'inchiostro *nf*
ink rub *n*	empâtement d'encre *nm*	frote de la tinta *nm*	strofinio dell'inchiostro *nm*
ink set-off *n*	maculage à l'encre *nm*	maculatura de tinta *nf*	controstampa *nf*
inner forme *n*	côté de deux *nm*	forma interior *nf*	forma interna; volta *nf*
input *n*	entrée *nf*	entrada *nf*	ingresso *nm* ; entrata *nf*
insert *n*	encart; hors-texte *nm* ; insertion *nf*	inserto *nm*	inserto *nm*
inset *n*	encart; hors-texte *nm*	intercalación *nf*	inserto *nm* ; intercalazione *nf*
inspection copy *n*	spécimen *nm*	copia de inspección *nf*	copia di controllo *nf*
insurance *n*	assurance *nf*	seguro *nm*	assicurazione *nf*
insurance claim *n*	demande d'indemnité *nf*	reclamación del seguro *nf*	richiesta di indennizzo assicurativo *nf*
insurance policy *n*	police d'assurance *nf*	póliza de seguro *nf*	polizza di assicurazione *nf*
integrated *adj*	intégré *adj*	integrado *adj*	integrato *adj*
integrated book *n*	livre intégré *nm*	libro integrado *nm*	libro integrato *nm*
interactive *adj*	interactif *adj*	interactivo *adj*	interattivo *adj*
interactive page make-up *n*	mise en pages interactive *nf*	composición de página interactiva *nf*	impaginazione interattiva *nf*
interface *n*	interface *nf*	interface *nf* ; acoplamiento *nm*	interfaccia *nf*
interline spacing *n*	interlignage *nm*	espaciado entre renglones *nm*	interlineatura *nf*
intermediate *n*	copie intermédiaire *nf*	intermedio *nm*	copia intermedia *nf*
introduction *n*	introduction *nf*	introducción *nf*	introduzione *nf*
inverted commas *n*	guillemets *nm*	comillas *nf*	virgolette *nf*
invert halftone *n*	demi-teinte inversée *nf*	medio tono invertido *nm*	mezzatinta inversa *nf*
invoice *n*	facture *nf*	factura *nf*	fattura *nf*
commercial invoice *n*	facture commerciale *nf*	factura comercial *nf*	fattura commerciale *nf*
pro-forma invoice *n*	facture pro-forma *nf*	factura pro-forma *nf*	fattura proforma *nf*
issue *n*	publication; parution; sortie *nf*	emisión *nf*	numero (di giornale, pubblicazione) *nm*
italic *n*	italique *nf*	cursiva *nf*	corsivo *nm*
ivory board *n*	carte ivoire *nf* ; bristol *nm*	cartón marfileño *nm*	cartoncino avorio *nm*

inferior–ivory board   Section A   English–all language versions

GERMAN	DUTCH	SWEDISH	ENGLISH
tiefstehender Buchstabe *nm*	onder de regel gedrukte letter *n*	sekunda *n*	inferior *n*
Information; Nachricht *nf*	informatie *n*	information *n*	information *n*
Infrarot-Trocknung *nf*	infrarood-droging *n*	infraröd torkning (IR-torkning) *n*	infra-red drying *n*
Druckfarbe *nf*	inkt *n*	tryckfärg *n*	ink *n*
Skalenfarben *npl*	driekleureninkten; normaalinkten *n*	processfärger *n*	process inks *n*
Tintenstrahldrucker; Ink-Jet-Drucker *nm*	inkt-jet printer *n*	ink-jet printer *n*	ink-jet printer *n*
Tintenstrahldruck; Ink-Jet-Druck *nm*	inkt-jet drukken *n*	ink-jet-tryckning *n*	ink-jet printing *n*
Farbreibung *nf*	inkt slijtage *n*	färgrivning *n*	ink rub *n*
Farbkontrast *nm*	inkt overzetten *n*	färgavsättning *n*	ink set-off *n*
innere Druckform *nf*	binnenvorm; weekdrukvorm *n*	innerform *n*	inner forme *n*
Eingabe *nf*	ingang *n*	input; indata; inmatning *n*	input *n*
Einfügung *nf*	bijlage; inlas(sing) *n*	bilaga *n*	insert *n*
Einsteckbogen *nm*; Beilage *nf*	bijlage; inlegvel *n*	instick *n*	inset *n*
Kontrollexemplar *nn*	zichtexemplaar *n*	kontrollkopia *n*	inspection copy *n*
Versicherung *nf*	verzekering *n*	försäkring *n*	insurance *n*
Versicherungsanspruch *nm*	verzekeringsclaim *n*	försäkringskrav *n*	insurance claim *n*
Versicherungspolice *nf*	verzekeringspolis *n*	försäkringsbrev; polis *n*	insurance policy *n*
integriert; eingebaut *adj*	geïntegreerd *adj*	integrerad; anpassad *adj*	integrated *adj*
integriertes Buch *n*	geïntegreerd boek *n*	integrerad bok *n*	integrated book *n*
interaktiv *adj*	op elkaar inwerkend *adj*	interaktiv *adj*	interactive *adj*
interactive Seitenmontage *nf*	interactieve pagina-opmaak *n*	interaktiv sidmontering *n*	interactive page make-up *n*
Schnittstelle *nf*	schakel *n*	interface; gränssnitt *n*	interface *n*
Zeilenabstand *nm*	interlinie *n*	slå mellan typer; mellanrum mellan raderna *n*	interline spacing *n*
Zwischenkopie *nf*	tussennegatief *n*	mellanliggande *adj*	intermediate *n*
Einleitung *nf*; Geleitwort *nn*	inleiding *n*	introduktion *n*	introduction *n*
englische Anführungszeichen *npl*	aanhalingstekens *n*	anföringstecken *n*	inverted commas *n*
Umkehrrasterbild *nn*	geïnverteerde halftoon *n*	omvänd halvton *n*	invert halftone *n*
Rechnung *nf*	factuur *n*	faktura; räkning *n*	invoice *n*
Handelsrechnung *nf*	handelsfactuur *n*	kommersiell faktura *n*	commercial invoice *n*
Pro-forma-Rechnung *nf*	pro-forma factuur *n*	pro-forma-faktura *n*	pro-forma invoice *n*
Ausgabe *nf*; Heft *nn*; Nummer *nf*	uitgave; aflevering; nummer; oplage *n*	upplaga; edition *n*	issue *n*
Kursivschrift *nf*	cursieve letter *n*	kursiv *n*	italic *n*
Elfenbeinkarton; Bristolkarton *nm*	ivoorkarton; opalinekarton *n*	elfenbenskartong; elfenbensfärgad kartong *n*	ivory board *n*

Section A English–all language versions

ENGLISH	FRENCH	SPANISH	ITALIAN
jacket n	jaquette nf	sobrecubierta nf	sovraccoperta nf; sovraccopertina nf
jacket artwork n	maquette de la jaquette nf	original de sobrecubierta nm	originale di sovraccopertina nm
jacket blurb n	texte de rabat nm	propaganda de sobrecubierta nf	locandina di copertina nf
journal n	revue nf; journal nm	periódico nm	rivista nf; periodico nm
journalist n	journaliste nm	periodista nm	giornalista nm
justification n	justification nf; alignement nm	justificación nm	giustificazione nf
automatic justification n	*justification automatique* nf	*justificación automática* nf	*giustificazione automatica* nf
vertical justification n	*alignement vertical* nm	*justificación vertical* nf	*giustificazione verticale* nf
justified adj	justifié adj; aligné adj	justificado adj	giustificato adj
justify v	aligner; justifier v	justificar v	giustificare v
key n	touche nf	tecla nf	tasto nm
keyboard n	clavier nm	teclado nm	tastiera nf
keyboard operator n	claviste nm	operador de teclado nm	operatore di tastiera nm; tastierista nm
keyline n	tracé nm	linea guía nf	tracciato di guida nm
keystroke n	frappe de touche nf	pulsación nf	battuta nf
keystroking n	frappe nf	pulsación nf	battuta nf
kilobyte n	kilooctet nm	kiloocteto; kilobyte nm	kilobyte nm
knife folder n	plieuse à couteaux nf	plegador de cuchillo nm	piegatrice a coltello nf
knock up v	égaliser les feuilles v	ensamblar; gualar las hojas v	pareggiare (la carta) v
kraft n	kraft; papier kraft nm	papel kraft nm	carta kraft nf
laid paper n	papier vergé nm	papel verjurado nm	carta vergata nf
laminating n	pelliculage nm	laminación nf; plastificado nm	plastificazione nf
lamination n	pelliculage nm	laminación nf; plastificado nm	plastificazione nf
gloss lamination n	*pelliculage satiné* nm	*laminado brillante* nm	*plastificazione lucida* nf
matt lamination n	*pelliculage mat* nm	*laminado mate* nm	*plastificazione opaca* nf
landscape adj	à l'italienne adj	apaisado adj	oblungo adj
landscape format n	format à l'italienne nm	formato apaisado n	formato oblungo nm
landscape illustration n	illustration à l'italienne nf	ilustración apaisada nf	illustrazione oblunga nf
language n	langue nf; langage nm	idioma nm	lingua nf
laser n	laser nm	láser nm	laser nm
lateral reversal n	retournement de l'image nm	reverso lateral nm	rovesciamento dell'immagine nm
latin alphabet n	alphabet latin nm	alfabeto latino nm	alfabeto latino nm

jacket–latin alphabet　　　　　　　　　　　　　　　　　　　Section A　　English–all language versions

GERMAN	DUTCH	SWEDISH	ENGLISH
Schutzumschlag nm	stofomslag; boekomslag n	skyddsomslag n	**jacket** n
Schutzumschlagvorlage nf	afbeelding (ontwerp) op omslag n	omslagsoriginal n	**jacket artwork** n
Klappentext nm	tekst op omslag n	reklamtext på skyddsomslag n	**jacket blurb** n
Journal nn ; Zeitschrift nf	tijdschrift n	tidskrift n	**journal** n
Journalist nm	journalist n	journalist n	**journalist** n
Justierung nf ; Ausschluß nm	uitvullen van een regel n	radjustering; radutjämning n	**justification** n
automatische Justierung nf	*automatische uitvulling* n	*automatisk radjustering; radutjämning* n	***automatic justification*** n
vertikale Ausschluß nm	*verticale uitvulling* n	*vertikal justering; radutjämning* n	***vertical justification*** n
justiert adj	uitgevuld adj	utsluten; utjämnad adj	**justified** adj
justieren v	uitvullen v	sluta ut; jämna ut v	**justify** v
Taste nf	toets n	nyckel; tangent n	**key** n
Tastatur nf	toetsenbord n	tangentbord n	**keyboard** n
Erfasser; Taster nm	toetsenbordbewerker; tikker n	perforatör; sättare n	**keyboard operator** n
Tastenreihe nf	met de hand vervaardigen van kleurdeelplaten; contourtekening n	tangentrad n	**keyline** n
Tastenanschlag nm	toetsaanslag; aanslag n	(tangent)nedslag n	**keystroke** n
Tastenanschlag nm	toetsen aanslaan n	att räkna antalet nedslag n	**keystroking** n
Kilobyte nn	kilobyte n	kilobyte n	**kilobyte** n
Schwertfalzmaschine nf	messenvouwmachine n	knivfals; svärdfals n	**knife folder** n
aufstoßen; geradestoßen v	tornen; gelijkstoten; opstoten v	jämnstöta v	**knock up** v
Kraftpapier nn	kraftpapier; bruin pakpapier n	kraftpapper n	**kraft** n
Papier mit Wasserlinien nn	gevergeerd papier n	papper med vattenlinjer; vattenstämpel n	**laid paper** n
Kaschieren nn	lamineren n	laminering n	**laminating** n
Kaschierung nf	laminatie n	laminat n	**lamination** n
Glanzkaschierung nf	*glanslaminatie* n	*blanklaminat*	***gloss lamination*** n
Mattkaschierung nf	*matte laminatie* n	*matt laminat* n	***matt lamination*** n
querformatig adj	oblong; liggend adj	i tvärformat adj	**landscape** adj
Querformat; Langformat nn	oblong formaat; liggend formaat n	tvärformat n	**landscape format** n
querformatige Illustration nf	liggende illustratie n	illustration i tvärformat n	**landscape illustration** n
Sprache nf	taal n	språk n	**language** n
Laser nm	laser n	laser n	**laser** n
Seitenumkehr nf	omkeren; rechts; links maken n	sidvänd n	**lateral reversal** n
lateinisches Alphabet nn	latijns alfabet n	romerskt alfabet n	**latin alphabet** n

Section A   English–all language versions

ENGLISH	FRENCH	SPANISH	ITALIAN
lay n	taquet de marge nm	guía nf	squadra laterale nf
lay edge n	côté de la marge nm	margen de la guía nm	lato squadra nm
layout n	maquette nf ; tracé nm	trazado; boceto nm	bozzetto nm ; layout nm
leaded adj	interligné adj	espaciado adj	interlineato adj
3 pts leaded	interligné 3 points	espaciado de 3 puntos	interlineato da 3 punti
leading n	interlignage nm	espaciado nm	interlineatura nf
leading article n	éditorial nm	artículo de fondo nm	articolo di fondo nm
leaf n	feuillet nm ; feuille nf	hoja nf	foglio nm
leaflet n	imprimé; prospectus nm	folleto nm	volantino nm
leather binding n	reliure en cuir nf	encuadernación en piel nf	legatura in pelle nf
leatherbound adj	relié cuir adj	encuadernado en piel adj	legato in pelle adj
left-hand page n	page paire; fausse page nf	página de izquierda nf	pagina pari nf ; pagina a sinistra nf
legend n	légende nf	leyenda nf	leggenda nf ; didascalia nf
letter n	lettre nf	letra nf	lettera nf
capital letter n	*capitale* nf	*letra mayúscula* nf	*lettera maiuscola* nf
lower-case letter n	*bas de casse* nm	*letra minúscula* nf	*lettera minuscola* nf
letterhead n	en-tête nm	encabezamiento nm	intestazione nf
letter of credit n	lettre de crédit nf	carta de crédito nf	lettera di credito nf
letterpress n	typographie nf	tipografía nf	stampa tipografica nf
letterspace n	espace entre les lettres nm	espacio de letra nm	spazio (tra lettere) nm
letterspaced adj	espacé adj	espaciado adj	spaziato adj
letterspacing n	interlettrage nm	espaciado nm	spaziatura nf
librarian n	bibliothécaire nm	bibliotecario nm	bibliotecario nm
library n	bibliothèque nf	biblioteca nf	biblioteca nf
library supplier n	fournisseur de bibliothèque nm	proveedor de biblioteca nm	fornitore di biblioteche nm
licence n	licence nf ; permis nm	licencia nf	concessione nf
export licence n	*permis d'exportation* nm	*licencia de exportación* nf	*licenza d'esportazione* nf
import licence n	*permis d'importation* nm	*licencia de importación* nf	*licenza d'importazione* nf
ligature n	ligature nf	ligadura nf	legatura nf
light adj	maigre adj	ligero adj	leggero; chiaro adj
lightweight adj	léger adj	ligero adj	leggero adj
lightweight coated paper n	papier couché léger nm	papel estucado ligero nm	carta patinata leggera nf
lightweight paper n	papier mince; papier léger nm	papel ligero nm	carta leggera nf ; carta a bassa grammatura nf
limited company n	société à responsabilité limitée nf	sociedad anónima nf	società a responsabilità limitata nf

GERMAN	DUTCH	SWEDISH	ENGLISH
Anlage *nf* ; Stand *nm*	stand; indeling *n*	iläggare *n*	lay *n*
Anlegekante *nf*	aanlegkant van het vel papier *n*	iläggningskant *n*	lay edge *n*
Layout *nn* ; Entwurf *nm*	layout; indeling; opmaak *n*	layout *n*	layout *n*
zwischenliniert *adj*	geïnterlinieerd *adj*	mellanslagen *adj*	leaded *adj*
3-Punkt-zwischenliniert	*3-punts geïnterlinieerd*	*3 punkters mellanslag*	*3 pts leaded*
Zwischenlinierung *nf*	het interliniëren *n*	radavstånd *n*	leading *n*
Leitartikel *nm*	hoofdartikel *n*	ledare *n*	leading article *n*
Blatt *nn*	blad *n*	blad *n*	leaf *n*
Flugblatt *nn* ; Prospekt *nm*	blaadje; pamflet; vlugschrift *n*	folder; broschyr *n*	leaflet *n*
Ledereinband *nm*	leren band *n*	bindning med skinn *n*	leather binding *n*
in Leder (ein)gebunden	in leer gebonden *adj*	skinnbunden *adj*	leatherbound *adj*
linke Seite *nf*	linker bladzijde *n*	vänster sida *n*	left-hand page *n*
Zeichenerklärung; Legende *nf*	onderschrift; bijschrift *n*	bildtext *n*	legend *n*
Buchstabe *nm*	letter *n*	brev *n*	letter *n*
Großbuchstabe nm	*kapitaal; hoofdletter n*	*stor bokstav n*	*capital letter n*
Kleinbuchstabe nm	*onderkast n*	*liten bokstav n*	*lower-case letter n*
Briefkopf *nm*	briefkop; briefhoofd; brief papier *n*	brevhuvud *n*	letterhead *n*
Akkreditiv *nn*	kredietbrief; accreditief *n*	kreditivbrev *n*	letter of credit *n*
Buchdruckpresse *nf*	boekdruk *n*	högtryckspress; boktryck *n*	letterpress *n*
Buchstabenabstand *nm*	spatiëring *n*	bokstavsmellanrum *n*	letterspace *n*
spationiert *adj*	gespatieerd *adj*	spärrad *adj*	letterspaced *adj*
Spationieren; Sperren *nn* ; Laufweite der Schrift *nf*	spatiëring *n*	spärrning *n*	letterspacing *n*
Bibliothekar *nm*	bibliothecaris; bibliothecaresse *n*	bibliotekarie *n*	librarian *n*
Bücherei; Bibliothek *nf*	bibliotheek *n*	bibliotek *n*	library *n*
Büchereilieferant *nm*	bibliotheekleverancier *n*	biblioteksleverantör *n*	library supplier *n*
Lizenz; Genehmigung *nf*	vergunning *n*	licens *n*	licence *n*
Exportlizenz nf	*exportvergunning n*	*exportlicens n*	*export licence n*
Importlizenz nf	*importvergunning n*	*importlicens n*	*import licence n*
Ligatur *nf*	ligatuur *n*	ligatur; sammangjutna bokstavs-former *n*	ligature *n*
leicht; hell *adj*	licht *adj*	lätt *adj*	light *adj*
leicht; leichtgewichtig *adj*	dundruk *adj*	lättvikts *adj*	lightweight *adj*
leichtes gestrichenes Papier *nn*	dun kunstdrukpapier *n*	lätt bestruket papper *n*	lightweight coated paper *n*
Dünndruckpapier *nn*	dundrukpapier *n*	lättvikstpapper *n*	lightweight paper *n*
Gesellschaft mit beschränkte Haftung *nf*	b.v. *n*	aktiebolag *n*	limited company *n*

Section A   English–all language versions

ENGLISH	FRENCH	SPANISH	ITALIAN
limited edition n	édition à tirage limité nf	edición limitada nf	edizione a tiratura limitata nf
limp binding n	reliure souple nf	encuadernación en rústica nf	rilegatura flessibile nf
limp bound adj	relié souple adj	encuadernado en rústica adj	rilegato flessibilmente adj
line n	ligne nf ; trait nm	línea nf ; renglón nm	linea nf ; tratto nm ; riga nf
line and tone combination n	combinaison simili-trait nf	combinación de línea y tono nf	cliché misto al tratto e a mezzatinta nm
line artwork n	original au trait nm	original de línea nm	originale al tratto nm
line block n	cliché au trait nm	grabado de línea nm	cliché al tratto nm
line copy n	document au trait nm	original de línea nm	originale al tratto nm
line drawing n	dessin au trait nm	dibujo de línea nm	disegno al tratto nm
line for line adj	ligne à ligne adj	renglón a renglón adj	riga per riga nf
line illustration n	illustration au trait nf	ilustración de línea nf	illustrazione al tratto nf
line length n	longueur de ligne nf	longitud de renglón nf	giustezza di riga nf
line printer n	imprimante ligne par ligne nf	impresora de líneas nf	stampante in parallelo linea per linea nf
line spacing n	interlignage nm	espacio de renglón nm	spazio interlinea nm
lining figures n	chiffres alignés nm	cifras alineadas nf	cifre allineate nf
list n	liste nf ; catalogue nm	lista nf	elenco nm
listing n	listing nm	listado nm	tabulato nm ; listato nm
literal n	faute d'impression; coquille nf ; erratum nm	literal nm	errore tipografico nm
literary agent n	agent littéraire nm	agente literario nm	agente letterario nm
literature n	littérature nf	literatura nf	letteratura nf
litho n	lithographie nf	litografía nf	litografia nf
litho prep n	préparation lithographique nf	preparación de litografía nf	preparazione per litografia nf
litho printing n	impression lithographique nf	impresión de litografía nf	stampa litografica nf
logotype n	logotype nm	logotipo nm	logotipo nm
long grain adj	fibre en long adj	fibra longitudinal adj	fibra longitudinale adj
loose leaf adj	à feuillets mobiles adj	de hojas sueltas adj	foglio mobile nm
lower case n	bas de casse nm	minúsculas nf	lettere minuscole nf ; bassa cassa nf
lwc abbrev lightweight coated adj	couché léger pour impression adj	estucado ligero adj	patinato leggero adj
machine n	machine nf	máquina nf	macchina nf
machine coated adj	couché machine adj	estucado a máquina adj	patinato a macchina adj

GERMAN	DUTCH	SWEDISH	ENGLISH
beschränkte Auflage nf	beperkte oplage n	begränsad upplaga n	**limited edition** n
Schlaffeinband nm	slappe band; soepele band n	mjukt band n	**limp binding** n
schlaffgebunden adj	met slappe band; met soepele band adj	mjukbunden adj	**limp bound** adj
Linie; Zeile nf; Strich nm	lijn; streep n	rad n	**line** n
Strich- und Ton-Kombination nf	autolijncliché n	streck- och bildkombination n	**line and tone combination** n
Strichvorlage nf	afbeelding in lijn n	streckoriginal n	**line artwork** n
Strichklischee nn	lijncliché n	streckkliché n	**line block** n
Strichabzug nm	lijnmodel; lijntekening; lijnwerk n	streckoriginal n	**line copy** n
Strichzeichnung nf	lijntekening n	streckteckning n	**line drawing** n
Strich für Strich adj	letter voor letter overzetten; op identieke wijze overzetten adj	rad för rad adj	**line for line** adj
Strichabbildung nf	lijnillustratie n	streckillustration n	**line illustration** n
Satzbreite; Zeilenlänge nf	zetbreedte; regelbreedte; kolombreedte; lengte van de regel n	radlängd n	**line length** n
Zeilendrucker nm	regeldrukker n	radprinter n	**line printer** n
Zeilenabstand nm	spatiëren n	radmellanrum n	**line spacing** n
Antiquaziffern; Linie haltende Ziffern npl	in de lijn staande cijfers; lijnende cijfers n	antikvasiffror n	**lining figures** n
Liste nf	catalogus n	lista n	**list** n
Aufzählung nf	catalogiseren n	listutskrift; förteckning n	**listing** n
Druckfehler nm	zetfout n	bokstavsfel; felslag; tryckfel n	**literal** n
Agent nm	literair agent n	litteraturagent n	**literary agent** n
Literatur nf	literatuur n	litteratur n	**literature** n
Litho nn	litho; steendruk n	lito n	**litho** n
Lithovorbereitung nf	litho-voorbereiding n	litopreparering n	**litho prep** n
Lithografiedruck nm	steendrukken n	stentryck; litografiskt tryck n	**litho printing** n
Logotype nf	logo(type) n	logotyp n	**logotype** n
langfaserig adj	langlopend adj	långfibrig adj	**long grain** adj
Loseblatt- prefix	los blad adj	ring(in)bunden adj	**loose leaf** adj
Kleinbuchstabe nm	onderkast n	nedre magasin n	**lower case** n
leichtgestrichen adj	dun kunstdruk adj	lättbestruket adj	**lwc** abbrev **lightweight coated** adj
Maschine nf	machine n	maskin n	**machine** n
maschinengestrichen adj	machinegestreken papier adj	maskinbestruket adj	**machine coated** adj

Section A English–all language versions

ENGLISH	FRENCH	SPANISH	ITALIAN
machine direction n	sens machine nm	dirección de la máquina nf	direzione di macchina nf
machine finished adj	calandré; fini machine adj	calandrado a máquina adj	finito a macchina adj
machine glazed adj	satiné adj	satinado a máquina adj	satinato a macchina adj
machine minder n	machiniste nm	vigilante de máquina nm	macchinista nm ; addetto alla macchina nm
machine proof n	épreuve sur machine nf	prueba de máquina nf	bozza di macchina nf
machining n	impression nf	impresión; tirada nf	lavorazione a macchina nf
magazine n	revue nf	revista nf	rivista nf
magenta adj	magenta adj	magenta adj	magenta adj
magenta ink n	encre magenta nf	tinta magenta nf	inchiostro magenta nm
magnetic tape n	bande magnétique nf	cinta magnética nf	nastro magnetico nm
mail order n	commande par correspondance nf	pedido por correo nm	ordinazione per corrispondenza nf
mail order catalogue n	catalogue de vente par correspondance nm	catálogo de pedido por correo nm	catalogo di vendita per corrispondenza nm
mail-order selling n	vente par correspondance nf	venta por correo nf	vendita per corrispondenza nf
mailshot n	mailing nm	propaganda por correo nf	pubblicità diretta per corrispondenza nf
mainframe computer n	ordinateur de l'unité centrale nm	ordenador principal nm	calcolatore centrale nm
make-ready n	réglage; calage nm	arreglo nm	avviamento nm ; messa in macchina nf
make-up n	mise en page nf	compaginación nf	impaginazione nf
area make-up n	mise en page nf	compaginación nf	area d'impaginazione nf
automatic page make-up n	mise en page automatique nf	compaginación automática nf	impaginazione automatica nf
film make-up n	montage de film nm	compaginación película nf	impaginazione su pellicola nf
page make-up n	mise en page nf	compaginación nf	impaginazione nf
paper make-up n	empagement papier nm	compaginación papel nf	impaginazione su carta nf
make-up terminal n	terminal de mise en page nm	terminal de compaginación nm	terminale d'impaginazione nm
making n	fabrication nf	partida de fabricación nf	fabbricazione nf
managing director n	directeur général nm	director general nm	amministratore delegato nm
managing editor n	directeur de la rédaction nm	editor general nm	direttore di redazione nm
manila adj	manille adj	manila adj	carta manila nf
manual n	manuel nm	manual nm	manuale nm
manufacturing n	fabrication nf	fabricación nf	fabbricazione nf; produzione nf
manuscript n	manuscrit nm	manuscrito nm	manoscritto nm
marbled paper n	papier marbré nm	papel jaspeado nm	carta marmorizzata nf

machine direction–marbled paper   Section A   English–all language versions

GERMAN	DUTCH	SWEDISH	ENGLISH
Laufrichtung nf	looprichting; machinerichting n	löpriktning n	machine direction n
maschinenglatt adj	machineglad adj	maskinbehandlat adj	machine finished adj
maschinengeglättet adj	eenzijdig glad adj	maskinglättat adj	machine glazed adj
Maschinenführer nm	offsetdrukker n	maskinskötare; tryckare n	machine minder n
Maschinenabzug nm	machinale drukproef n	pressavdrag n	machine proof n
Druckgang nf	machinezetten n	maskinell tillverkning; tryckning n	machining n
Magazin nn ; Zeitschrift nf	tijdschrift n	tidskrift n	magazine n
magenta adj	magenta adj	magenta; processröd adj	magenta adj
Magentafarbe nf	magenta-inkt n	magenta-tryckfärg n	magenta ink n
Magnetband nn	magnetische band; magneetband n	magnetband n	magnetic tape n
Bestellung per Post nf	postorder n	postorder n	mail order n
Versandhauskatalog nm	postordercatalogus n	postorderkatalog n	mail order catalogue n
Verkauf per Postbestellung nm	postorderverkoop n	postorderförsäljning n	mail-order selling n
Wurfsendung nf	mail-shot (reclamebrief en masse verzenden) n	direkt annonseringskampanj n	mailshot n
Großrechner; Hauptrechner nm	centrale verwerkingseenheid n	stordator n	mainframe computer n
Zurichtung nf ; Einrichten nn	toestel n	färdiggörning; inställning; tillriktning n	make-ready n
Umbruch nm ; Montage nf	opmaak n	montering n	make-up n
Seitenumbruch nm	gebiedsopmaak n	textmontering n	area make-up n
automatischer Seitenumbruch nm	automatische pagina-opmaak n	automatisk sidmontering n	automatic page make-up n
Filmumbruch nm	filmopmaak n	filmmontering n	film make-up n
Seitenumbruch nm	pagina-opmaak n	sidmontering n	page make-up n
Papierumbruch nm	papieropmaak n	pappersmontering n	paper make-up n
Umbruchsterminal nn	opmaakterminal n	monteringsterminal n	make-up terminal n
Herstellung nf	aanmaak n	tillverkning n	making n
Geschäftsführer nm	directeur n	verkställande direktör n	managing director n
leitender Redakteur nm	uitgever n	redaktionschef n	managing editor n
Manila- adj	manilla adj	brunt kuvertpapper adj	manila adj
Handbuch nn	handboek n	manual; handbok n	manual n
Herstellung nf	vervaardigen n	tillverkning n	manufacturing n
Manuskript nn	manuscript n	manuskript n	manuscript n
marmoriertes Papier nn	gemarmerd papier; marmerpapier n	marmorerat papper n	marbled paper n

Section A   English–all language versions

ENGLISH	FRENCH	SPANISH	ITALIAN
margin *n*	marge *nf*	margen *nm*	margine *nm*
back margin *n*	marge intérieure; marge de petit fond *nf*	margen de cosido *nf*; margen de fondo *nf*	margine di cucitura *nm*; margine di dorso *nm*
foot margin *n*	blanc de pied *nm*	margen al pie *nm*	margine inferiore *nm*; bianco al piede *nm*
fore-edge margin *n*	marge extérieure; marge de grand fond *nf*	margen exterior *nm*	margine esterno *nm*; margine di controdorso *nm*
head margin *n*	blanc de tête *nm*	margen de cabeza *nf*	margine di testa *nm*
marketing *n*	marketing *nm*	comercialización *nf*	marketing *nm*; commercializzazione *nf*
marketing director *n*	directeur du marketing *nm*	director de márketing *nm*	direttore di marketing *nm*
mark-up *n*	préparation de copie *nf*	indicaciones *nf*	preparazione copia *nf*
mask *n*	masque; cache *nm*	máscara *nf*	maschera *nf*
masking *n*	masquage *nm*	enmascarado *nm*	mascheratura *nf*
massmarket paperback *n*	livre broché à grande distribution *nm*	libro de bolsillo *nm*	edizione tascabile popolare *nf*
materials *n*	matières *nf*; matériaux *nm*	materiales *nm*	materiali *nm*
maths *n*	mathématiques *nf*	matemáticas *nf*	matematica *nf*
matrix *n*	matrice *nf*	matriz *nf*	matrice *nf*
matt *adj*	mat *adj*	mate *adj*	opaco *adj*
matt art *n*	couché mat *nm*	papel estucado mate *nm*	carta patinata opaca *nf*
matt coated cartridge *n*	couché épais mat *nm*	cartulina estucada mate *nf*	carta patinata opaca *nf*
matt lamination *n*	pelliculage mat *nm*	laminado mate *nm*	plastificazione opaca *nm*
matt varnish *n*	vernis mat *nm*	barniz mate *nm*	verniciatura opaca *nf*
mean line *n*	ligne moyenne *nf*	línea media *nf*	linea mediana *nf*
measure *n*	justification *nf*	medida *nf*	misura *nf*; giustezza (di riga) *nf*
mechanical *n* (US)	montage *nm*	combinados *nm*	montaggio *nm*
mechanical paper *n*	papier avec bois *nm*	papel mecánico *nm*	carta da pasta meccanica *nf*; carta con pasta legno *nf*
mechanical pulp *n*	pâte mécanique *nf*	pasta mecánica *nf*	pasta meccanica *nf*
mechanical tint *n*	grisé photomécanique *nm*	tinte mecánico *nm*	retino incorporato in un tratto *nm*
media conversion *n*	conversion de formatage informatique *nf*	conversión mecánica *nf*	conversione del formato *nf*
media converter *n*	convertisseur de formatage informatique *nm*	conversor mecánico *nm*	convertitore del formato *nm*
medium *adj*	moyen *adj*	medio *adj*	medio *adj*
megabyte *n*	mégaoctet *nm*	megaocteto; megabyte *nm*	megabyte *nm*
memory *n*	mémoire *nf*	memoria *nf*	memoria *nf*
1M memory *n*	mémoire de 1M *nf*	memoria de 1M *nf*	memoria da 1M *nf*

margin–memory   Section A   English–all language versions

GERMAN	DUTCH	SWEDISH	ENGLISH
Rand *nm*	marge *n*	marginal *n*	**margin** *n*
Bund; innere Seitenrand *nm*	*rugmarge n*	*innermarginal n*	**back margin** *n*
unterer Seitenrand *nm*	*staartmarge; ondermarge n*	*fotmarginal n*	**foot margin** *n*
äußerer Papierrand *nm*	*zijmarge; voormarge n*	*framkantsmarginal n*	**fore-edge margin** *n*
oberer Seitenrand *nm*	*bovenmarge; kopmarge n*	*huvudmarginal n*	**head margin** *n*
Marketing *nn*	marktonderzoek; marketing *n*	marknadsföring *n*	**marketing** *n*
Marketingleiter *nm*	verkoopdirecteur *n*	marknadschef *n*	**marketing director** *n*
Originalvorbereitung *nf*	aanwijzingen; gegevens aanbrengen *n*	pålägg *n*	**mark-up** *n*
Aufleger *nm* ; Maske *nf*	sjabloon; masker *n*	mask *n*	**mask** *n*
Maskierung *nf*	maskeren; masker-procedé *n*	avmaskning *n*	**masking** *n*
Massenmarkt-Paperback *nn*	pocketboek *n*	pocketbok för en massmarknad *n*	**massmarket paperback** *n*
Material *nn*	materialen *n*	material *n*	**materials** *n*
Mathematik *nf*	wiskunde-tekens *n*	matematik *n*	**maths** *n*
Matrize *nf*	matrijs; matrix *n*	matris *n*	**matrix** *n*
matt *adj*	mat *adj*	matt *adj*	**matt** *adj*
Mattkunstdruck *nm*	matte kunstdruk *n*	matt konsttryckspapper *n*	**matt art** *n*
mattgestrichenes Zeichenpapier *nn*	mat gestreken kardoes *n*	mattbestruken kartong *n*	**matt coated cartridge** *n*
Mattkaschierung *nf*	matte laminatie *n*	mattlaminering *n*	**matt lamination** *n*
Mattlack *nm*	matlak; matte vernis *n*	mattlack *n*	**matt varnish** *n*
Mittellinie *nf*	middenlijn *n*	genomsnittslinje *n*	**mean line** *n*
Zeilenbreite *nf* ; Maß *nn*	zetbreedte; regelbreedte *n*	mått *n*	**measure** *n*
Montage *nf*	montage; verzamelmodel *n*	montage *n*	**mechanical** *n* (US)
holzhaltiges Papier *nn*	houthoudend papier *n*	papper av slipmassa *n*	**mechanical paper** *n*
Holzfaserstoff; Holzschliff *nm*	houtslijp; houtstof *n*	slipmassa *n*	**mechanical pulp** *n*
Einkopierraster; Filmraster *nm*	filmraster *n*	maskin-färg *n*	**mechanical tint** *n*
Medienumsetzung *nf*	conversie van het ene medium in het andere *n*	mediasamtal *n*	**media conversion** *n*
Medienumsatzeinrichtung *nf*	omzetter voor conversie van verschillende media *n*	mediakonverterare *n*	**media converter** *n*
Mittel- *adj*	medium; middelgroot *adj*	medium *adj*	**medium** *adj*
Megabyte *nn*	megabyte *n*	megabyte *n*	**megabyte** *n*
Speicher *nm*	geheugen; opslagorgaan *n*	minne *n*	**memory** *n*
1M-Speicher *nm*	*1M geheugen n*	*1M minne n*	**1M memory** *n*

Section A English–all language versions

ENGLISH	FRENCH	SPANISH	ITALIAN
menu n	menu nm	menú nm	menù nm
menu-driven adj	activé par le menu adj	gobernado por menús adj	basato su menù adj
metal plate n	plaque de métal nf	plancha de metal nf	lastra di metallo nf
metric system n	système métrique nm	sistema métrico nm	sistema metrico nm
microchip n	puce nf	microchip nm	microchip nm
microcomputer n	micro-ordinateur nm	microordenador nm	microcalcolatore nm
microfiche n	microfiche nf	microficha nf	microfiche nf
microfilm n	microfilm nm	microfilm nm	microfilm nm
microprocessor n	microprocesseur nm	microprocesador nm	microprocessore nm
middle tones n	tons moyens nm	tonos intermedios nm	toni intermedi nm
millboard n	carton-pâte; carton épais nm	cartón doble; cartón para encuadernar nm	cartone a mano nm
mill finished adj	fini machine adj	calandrado a máquina adj	finito a macchina adj
mill making n	fabrication nf	partida de fabricación nf	fabbricazione nf
minicomputer n	mini-ordinateur nm	miniordenador nm	minicalcolatore nm
mini-web n	mini-bobine nf	minibanda nf	minibobina nf
misprint n	faute d'impression; coquille nf	error de imprenta nm	errore di stampa nm
misregister n	mauvais repérage nm	error de registro nm	errore di registro nm
mock-up n	maquette (en grandeur réelle) nf	maqueta nf	menabò nm
modem n	modem nm	modem nm	modem nm
moiré patterning n	moirage; moiré nm	efecto muaré nm	moiré nm
moisture content n	teneur en eau nf	contenido de humedad nm	contenuto d'umidità nm ; percentuale d'umidità nf
monochrome adj	monochrome adj	monocromo adj	monocromo adj
mould-made adj	à la cuve adj	imitación barba adj	prodotto con stampo adj
mouse n	souris nf	ratón nm	mouse nm
multicolour adj	multicolore adj	multicolor adj	multicolore adj
multidisc reader n	lecteur à disquettes multiples nm	lector multidisco nm	lettore di dischi multipli nm
multiplexor n	multiplexeur nm	multiplexor nm	multiplatore nm ; multiplexor nm
negative n	négatif nm	negativo nm	negativo nm ; negativa nf
negative film n	film négatif nm	película negativa nf	pellicola negativa nf
negative films reverse-reading emulsion-side down	films négatifs sens de lecture inversé émulsion dessous	película negativa con la cara emulsional hacia abajo al revés	pellicole negative lettura inversa lato emulsionato in giù
negative films reverse-reading emulsion-side up	films négatifs sens de lecture inversé emulsion dessus	película negativa con la cara emulsional hacia arriba al revés	pellicole negative lettura inversa lato emulsionato in su
negative films right-reading emulsion-side down	films négatifs sens de lecture émulsion dessous	película negativa con la cara emulsional hacia abajo al derecho	pellicole negative lettura giusta lato emulsionato in giù

menu–negative films — Section A English–all language versions

GERMAN	DUTCH	SWEDISH	ENGLISH
Menü *nn*	programma *n*	meny *n*	**menu** *n*
menügesteuert *adj*	menu-gestuurd *adj*	menystyrd *adj*	**menu-driven** *adj*
Metalldruckplatte *nf*	metaalplaat *n*	metallplåt *n*	**metal plate** *n*
metrisches System *nn*	decimaal stelsel; tiendelig stelsel; metriek stelsel *n*	metriskt måttsystem *n*	**metric system** *n*
Mikrochip *nm*	microfiche *n*	mikrochip *n*	**microchip** *n*
Mikrocomputer *nm*	microcomputer *n*	mikrodator *n*	**microcomputer** *n*
Mikrofiche *nm*	microfiche *n*	microfiche *n*	**microfiche** *n*
Mikrofilm *nm*	microfilm *n*	mikrofilm *n*	**microfilm** *n*
Mikroprozessor *nm*	microprocessor *n*	mikroprocessor *n*	**microprocessor** *n*
Mitteltöne *npl*	middentonen *n*	mellantoner *n*	**middle tones** *n*
Pappdeckel; Karton *nm*; Buchbinderpappe *nf*	handbord; wikkelbord *n*	papp *n*	**millboard** *n*
maschinenglatt *adj*	machineglad *adj*	maskinglättat *adj*	**mill finished** *adj*
Maschinenherstellung *nf*	frezen *n*	maskintillverkning *n*	**mill making** *n*
Kleincomputer *nm*	minicomputer *n*	minidator *n*	**minicomputer** *n*
Mini-Rollenpresse *nf*	mini-rotatiepers *n*	mini-rulltryck *n*	**mini-web** *n*
Druckfehler; Fehldruck *nm*	drukfout; zetfout *n*	feltryck; tryckfel *n*	**misprint** *n*
Passerdifferenz *nf*	slecht passen *n*	registerfel *n*	**misregister** *n*
Klebelayout *nn*	opmaak; layout *n*	fullskalemodell *n*	**mock-up** *n*
Modem *nn*	modem *n*	modem *n*	**modem** *n*
Moiré *nn*	moirépatroon *n*	moirémönster *adj*	**moiré patterning** *n*
Feucht(igkeits)gehalt *nm*	vochtgehalte; vochtigheidsgraad *n*	fuktighetsgrad *n*	**moisture content** *n*
einfarbig; schwarzweiß *adj*	zwart-wit *adj*	enfärgad *adj*	**monochrome** *adj*
handgeschöpft *adj*; Bütten- *prefix*	machinegeschept; imitatie handgeschept *adj*	matriserad *adj*	**mould-made** *adj*
Maus *nf*	muis *n*	mus *n*	**mouse** *n*
mehrfarbig *adj*	meerkleurig; polychroom *adj*	flerfärgad *adj*	**multicolour** *adj*
Mehrfach-Diskettenlesegerät *nn*	meerschijven-leeseenheid *n*	flerdiskläsare *n*	**multidisc reader** *n*
Multiplexer *nm*	multiplexer *n*	multiplexor *n*	**multiplexor** *n*
Negativ *nn*	negatief *n*	negativ *n*	**negative** *n*
Negativfilm *nm*	negatieffilm *n*	negativfilm *n*	**negative film** *n*
Negativfilme Kehrseitenlesung Schichtseite unten	negatieffilm keerzÿdelezing emulsiekant onder	omvänd negativfilm med emulsionssidan ner	**negative films reverse-reading emulsion-side down**
Negativfilme Kehrseitenlesung Schichtseite oben	negatieffilm keerzÿdelezing emulsiekant boven	omvänd negativfilm med emulsionssidan upp	**negative films reverse-reading emulsion-side up**
Negativfilme Vorderseitenlesung Schichtseite unten	negatieffilm voorzÿdelezing emulsiekant onder	negativfilm med emulsionssidan ner	**negative films right-reading emulsion-side down**

Section A English–all language versions

ENGLISH	FRENCH	SPANISH	ITALIAN
negative films right-reading emulsion-side up	films négatifs sens de lecture émulsion dessus	película negativa con la cara emulsional hacia arriba al derecho	pellicole negative lettura giusta lato emulsionato in su
new book *n*	nouveau livre *nm*	libro nuevo *nm*	nuovo libro *nm*
new edition *n*	nouvelle édition *nf*	nueva edición *nf*	nuova edizione *nf*
newspaper *n*	journal *nm*	diario *nm* ; periódico *nm*	giornale *nm* ; quotidiano *nm*
newspaper press *n*	rotative de presse *nf*	prensa para periódicos *nf*	rotativa per giornali *nf*
newsprint *n*	papier journal *nm*	papel para periódicos *nm*	carta da giornali *nf*
non-fiction *n*	œuvre non-romanesque *nf*	literatura no novelesca *nf*	opere non di carattere narrativo *nf*
non-lining figures *n*	chiffres non-alignés *nm*	números elzevirianos *nm* ; cifras de estilo antiguo	cifre non allineate *nf*
novel *n*	roman *nm*	novela *nf*	romanzo *nm*
novelist *n*	romancier *nm* ; romancière *nf*	novelista *nm*	romanziere *nm*
number *n*	numéro *nm* ; nombre *nm*	número *nm*	numero *nm*
numbering machine *n*	machine à folioter *nf*	máquina de numeración *nf*	macchina numeratrice *nf*
numeral *n*	chiffre *nm*	cifra *nf* ; número *nm*	numero *nm*
arabic numeral *n*	chiffre arabe *nm*	cifra árabe *nf*	numero arabo *nm*
roman numeral *n*	chiffre romain *nm*	cifra romana *nf*	numero romano *nm*
oblong *adj*	oblong; allongé; rectangulaire *adj*	apaisado *adj* ; rectangular *adj*	oblungo *adj*
ocean freight *n*	fret transocéanique *nm*	flete marítimo *nm*	trasporto transoceanico *nm*
OCR *abbrev* **optical character recognition**	reconnaissance optique de caractères *nf*	reconocimiento óptico de caracteres *nm*	riconoscimento ottico di caratteri *nm*
octavo *adj*	in-octavo *nm*	libro en octavo *adj*	in ottavo *adj*
odd pages *n*	pages impaires; belles pages *nf*	páginas impares *nf*	pagine dispari *nf*
off-line *adj*	autonome *adj*	fuera de línea *adj*	fuori linea *nf*
off-machine coating *n*	couchage hors machine *nm*	estucado fuera máquina	patinatura fuori macchina *nf*
offprint *n*	tirage à part *nm*	tirada aparte *nf*	stampa a parte *nf* ; estratto *nm*
offset *n*	offset *nm* ; impression en offset *nf*	lito-offset *nm* ; offset *nm*	stampa offset *nf* ; offset *nm*
offset cartridge *n*	papier offset *nm*	papel offset *nf*	carta offset *nf*
offset litho *n*	lithographie offset *nf* ; offset *nm*	lito-offset *nm*	stampa offset *nf* ; offset *nm*
old-style figures *n*	chiffres elzéviriens; non alignés *nm*	números elzevirianos *nm* ; cifras de estilo antiguo	cifre non allineate *nf*

negative films–old-style figures   Section A   English–all language versions

GERMAN	DUTCH	SWEDISH	ENGLISH
Negativfilme Vorderseitenlesung Schichtseite oben	negatieffilm voorzÿdelezing emulsiekant boven	negativfilm med emulsionssidan upp	negative films right-reading emulsion-side up
Neudruck *nm*	eerste druk *n*	ny bok *n*	new book *n*
Neuausgabe *nf*	herdruk *n*	ny upplaga *n*	new edition *n*
Zeitung *nf*	krant; dagblad *n*	dagstidning *n*	newspaper *n*
Zeitungsrotationsmaschine *nf*	krantenrotatiepers *n*	tidningspress *n*	newspaper press *n*
Zeitungsdruckpapier *nn*	krantenpapier; courantdruk *n*	tidningspapper *n*	newsprint *n*
Sachbücher *nn*; Sachliteratur *nf*	non fictie *n*	facklitteratur *n*	non-fiction *n*
Mediävalziffern *npl*	onder de lijn uithangende cijfers; onderuithangende cijfers; mediaeval-cijfers *n*	medivalsiffror *n*	non-lining figures *n*
Roman *nm*	roman *n*	roman *n*	novel *n*
Romanschriftsteller; Romancier *nm*	romanschrijver *n*	romanförfattare *n*	novelist *n*
Nummer *nf*	nummer *n*	nummer *n*	number *n*
Numeriermaschine *nf*	nummermachine; numeroteur *n*	numreringsmaskin *n*	numbering machine *n*
Ziffer *nf*	cijfer *n*	siffra *n*	numeral *n*
arabische Ziffer *nf*	arabisch cijfer *n*	arabiska siffror *n*	arabic numeral *n*
römische Ziffer *nf*	romeins cijfer *n*	romerska siffror *n*	roman numeral *n*
quer *adj*; Lang- *prefix*	oblong; langwerpig; ellipsvormig *adj*	rektangulär; avlång *adj*	oblong *adj*
Ozeanfracht *nf*	zeevracht *n*	oceanfrakt *n*	ocean freight *n*
OCR; optische Zeichenerkennung *nf*	optisch herkennen van tekens *n*	OCR; optisk läsning	OCR *abbrev* optical character recognition
Oktav- *prefix*	octavo; octavoformaat *adj*	i oktavformat *adj*	octavo *adj*
ungerade Seiten *npl*	rechter pagina's; oneven pagina's *n*	udda sidor *n*	odd pages *n*
Offline-; Solo- *prefix*	niet gekoppeld; gescheiden; afzonderlijk *adj*	off-line; fristående; ej direktansluten *adj*	off-line *adj*
Überzug außerhalb der Maschine *nm*	klassieke strijkmethode; strijken buiten de papiermachine *n*	specialbestrykning *n*	off-machine coating *n*
Sonderdruck *nm*	overdruk *n*	särtryck *n*	offprint *n*
Offset *nm*	offset *n*	offset (metod) *n*	offset *n*
Offsetzeichenpapier *nn*	offset kardoes *n*	offsetkartong; karduspapper *n*	offset cartridge *n*
Offsetlitho; Litho *nn*	offset litho *n*	offsetlito *n*	offset litho *n*
Mediävalziffern *npl*	onder de lijn uithangende cijfers; onderuit hangende cijfers; mediaeval-cijfers *n*	medivalsiffror *n*	old-style figures *n*

Section A   English–all language versions

ENGLISH	FRENCH	SPANISH	ITALIAN
on approval *adj*	sous condition; à l'essai *adj*	sujeto a aprobación *adj*	in visione *adj*
on-demand publishing *n*	publication sur demande *nf*	publicación sobre solicitud *nf*	pubblicazione a richiesta *nf*
one-piece film *n*	film intégral *nm*	película en una pieza *nf*	pellicola monopezzo *nf*
one-piece negatives *n*	négatifs intégrals *nm*	negativos en una pieza *nm*	negativi monopezzo *nm*
one-piece positives *n*	positifs intégrals *nm*	positivos en una pieza *nf*	positivi monopezzo *nm*
one-sided art *n*	papier couché une face *nm*	papel estucado de una cara	carta monopatinata *nf*
on-line *adj*	en direct *adj*	en linea *adj*	in linea *nf*
on-machine coating *n*	couchage sur machine *nm*	estucado en máquina	patinatura in macchina *nf*
opacity *n*	opacité *nf*	opacidad *nf*	opacità *nf*
opaque *adj*	opaque *adj*	opaco *adj*	opaco *adj*
opening *n*	ouverture *nf*	apertura *nf*	apertura *nf*
open market *n*	marché libre *nm*	mercado libre *nm*	mercato libero *nm*
optical character recognition *n*	reconnaissance optique de caractères *nf*	reconocimiento óptico de caracteres *nm*	riconoscimento ottico di caratteri *nm*
order *n*	commande *nf*	orden *nm* ; pedido *nm*	ordine *nm* ; ordinazione *nf*
original *n*	original *nm*	original *nm*	originale *nm*
origination *n*	origination *nf* ; creation *nf*	originación *nf*	originazione *nf* ; preparazione dell'originale *nf*
black and white origination n	*origination en noir et blanc nf*	*originación en blanco y negro nf*	*preparazione di originale in bianco e nero nf*
colour origination n	*origination en couleurs nf*	*originación en color nf*	*preparazione di originale a colori nf*
ornamented *adj*	orné *adj*	de fantasía *adj*	ornato *adj*
outer forme *n*	côté de première *nm*	forma exterior *nf*	forma in bianca *nf*
out of print *adj*	épuisé *adj*	agotado *adj*	esaurito; fuori stampa *adj*
out of register *adj*	mal repéré; mal en registre *adj*	fuera de registro *adj*	fuori registro *adj*
out of stock *adj*	en rupture de stock *adj*	agotado *adj*	esaurito *adj*
output *n*	production *nf*	producción *nf*	produzione *nf*
out-turn sheet *n*	feuille échantillon; feuille type *nf*	muestra de fabricación *nf*	foglio campione tipo *nm*
outwork *n*	travail à l'extérieur *nm*	trabajo a domicilio *nm*	lavoro esterno *nm*
overexposed *adj*	surexposé *adj*	sobreexpuesto *adj*	sovraesposto *adj*
overmatter *n*	texte en trop *nm*	sobrecapa *nf*	composizione in eccesso *nf*

on approval–overmatter — Section A English–all language versions

GERMAN	DUTCH	SWEDISH	ENGLISH
zur Ansicht; zur Probe *adj*	op zicht *adj*	med tillstånd; till påseende; på prov *adj*	**on approval** *adj*
On-demand Publishing; Herausgeben auf Verlangen *nn*	in opdracht uitgeven *n*	tryck vid behov; vid anfordran *n*	**on-demand publishing** *n*
fester Film *nm*	film uit een stuk *n*	helfilm *n*	**one-piece film** *n*
feste Negative *nn*	negatieven uit een stuk *n*	hel negativfilm *n*	**one-piece negatives** *n*
feste Postive *nn*	positieven uit een stuk *n*	hel positivfilm *n*	**one-piece positives** *n*
einseitiger Kunstdruckpapier *nn*	eenzijdig kunstdrukpapier *n*	enbladstryck *n*	**one-sided art** *n*
Online- *prefix*	gekoppeld *adj*	on-line; direktansluten *adj*	**on-line** *adj*
Überzug innerhalb der Maschine *nm*	strijken op de machine *n*	maskinbestrykning *n*	**on-machine coating** *n*
Opazität; Undurchsichtigkeit *nf*	opaciteit; ondoorschijnendheid *n*	opacitet; ogenomskinlighet *n*	**opacity** *n*
lichtundurchlässig; deckend *adj*	ondoorschijnend; opaak *adj*	ogenomskinlig; opak *adj*	**opaque** *adj*
Eröffnung; Öffnung *nf*	opening *n*	öppning *n*	**opening** *n*
offener Markt *nm*	vrije markt *n*	öppen marknad *n*	**open market** *n*
optische Zeichenerkennung *nf*	optisch lezen; optische letterherkenning *n*	optisk läsning *n*	**optical character recognition** *n*
Bestellung *nf*; Auftrag *nm*	bestelling *n*	order *n*	**order** *n*
Original *nn*; Vorlage *nf*	origineel; model *n*	original *n*	**original** *n*
Originalherstellung *nf*	produktie; voortbrenging *n*	originalframställning *n*	**origination** *n*
Schwarzweißvorlagenherstellung nf	zwart-wit produktie *n*	*framställning av svartvit-original* n	**black and white origination** *n*
Farbvorlagenherstellung nf	kleurproduktie *n*	*framställning av färgoriginal* n	**colour origination** *n*
verziert *adj*	versierd *adj*	ornamenterad; utsmyckad *adj*	**ornamented** *adj*
äußere Druckform *nf*	buitenvorm; schoondrukvorm *n*	yttre form *n*	**outer forme** *n*
vergriffen *adj*	uitverkocht *adj*	utgången på förlaget; utsåld (från förlaget) *adj*	**out of print** *adj*
aus dem Register; nicht paßgenau *adj*	niet in register; niet passend *adj*	ej i register *adj*	**out of register** *adj*
nicht vorrätig; vergriffen *adj*	niet in voorraad; niet op magazijn *adj*	ej i lager *adj*	**out of stock** *adj*
Ausstoß *nm*; Leistung; Ausgabe *nf*	uitvoer *n*	utmatning *n*	**output** *n*
Produktionsbogen *nm*	uitvalmonster; monster uit de partij *n*	testark; utfallsark *n*	**out-turn sheet** *n*
Auswärtsvergabe; Heimarbeit *nf*	buitenwerk *n*	utlagt arbete *n*	**outwork** *n*
überbelichtet *adj*	overbelicht *adj*	överexponerad *adj*	**overexposed** *adj*
Übersatz *nm*	teveel aan zetsel *n*	överflödig sättning *n*	**overmatter** *n*

Section A   English–all language versions

ENGLISH	FRENCH	SPANISH	ITALIAN
overprint v	surimpression nf	sobreimprimir v	sovrastampare v
overs n	feuilles de passe nf	hojas sobrantes nf	copie in più nf; aggiunte nf
overstocks n	stocks en surplus nm	exceso de existencias nm	eccesso di scorte nm
oxidation n	oxydation nf	oxidación nf	ossidazione nf
ozalid n	ozalid nm	ozálico; cianotipia nm	eliografica nf; ozalid nm; cianografica nf
package n	paquet nm	embalaje nm	imballaggio nm; pacco nm
packed adj	empaqueté adj	embalado adj	imballato adj
packed in parcels adj	emballé en paquets adj	embalado en paquetes adj	imballato in pacchi adj
packing n	empaquetage; emballage nm	embalaje nm	imballo nm; imballaggio nm
packing instructions n	instructions pour l'emballage nf	instrucciones para el embalaje nf	istruzioni di finissaggio nf
page n	page nf	página nf	pagina nf
page area n	surface de la page nf	superficie de la página nf	superficie della pagina nf
page make-up n	mise en pages nf	compaginación nf	impaginazione nf
page proof n	épreuve en page nf	prueba en páginas nf	bozza impaginata nf
page size n	format de page nm	formato de página nm	formato della pagina nm
paginate v	paginer; folioter v	compaginar; foliar v	numerare le pagine
pagination n	pagination nf	compaginación nf	numerazione delle pagine nf
pallet n	palette nf	palet nf	paletta nf
on pallets n	sur palettes nf	sobre palets nf	su palette nf
palletise v	palettiser v	paletizar v	caricare su palette v
palletised adj	palettisé adj	paletizado adj	caricato su palette adj
pamphlet n	brochure nf; pamphlet nm	folleto; impreso nm	opuscolo nm
paper n	papier nm	papel nm	carta nf
acid-free paper n	*papier sans acide* nm	*papel sin ácido* nm	*carta senza acido* nf
art paper n	*papier couché* nm	*papel estucado brillante* nm	*carta patinata lucida* nf
bible paper n	*papier bible* nm	*papel biblia* nm	*carta bibbia* nf
coated paper n	*papier couché* nm	*papel estucado* nm	*carta patinata* nf
gloss art paper n	*papier couché brillant* nm	*papel estucado brillante* nm	*carta patinata lucida* nf
matt art paper n	*papier couché mat* nm	*papel estucado mate* nm	*carta patinata opaca* nf
mechanical paper nm	*papier avec bois* nm	*papel mecánico* nm	*carta con legno* nf
recycled paper n	*papier recyclé* nm	*papel reciclado* nm	*carta ricidata* nf
uncoated paper n	*papier non couché* nm	*papel no estucado* nm	*carta non patinata* nf

overprint–paper   Section A   English–all language versions

GERMAN	DUTCH	SWEDISH	ENGLISH
Überdruck; Aufdruck *nm*	opdruk *v*	trycka för många exemplar; övertryck *v*	**overprint** *v*
Überschuß; Zuschußbogen *nm*	inschietvellen; overvellen; inschiet *n*	makulatur; svinn; avgång *n*	**overs** *n*
Übervorrat *nm*	te grote voorraad *n*	för stort lager *n*	**overstocks** *n*
Oxidation *nf*	oxydatie *n*	oxidering *n*	**oxidation** *n*
Lichtpause; Ozalidkopie *nf*	ozalid *n*	osalid *n*	**ozalid** *n*
Paket *nn* ; Verpackung *nf*	pakket; verpakking *n*	förpackning *n*	**package** *n*
verpackt; gepackt *adj*	bekleed *adj*	förpackad *adj*	**packed** *adj*
in Pakete verpackt *adj*	verpakt in dozen *adj*	packeterad *adj*	**packed in parcels** *adj*
Packmaterial; Verpacken *nn*	legger; onderlegpapier; onderlegsel *n*	emballage *n*	**packing** *n*
Verpackungshinweise *npl*	aanwijzingen voor verpakking *n*	packinstruktion *n*	**packing instructions** *n*
Seite *nf*	pagina; bladzijde *n*	sida *n*	**page** *n*
Druckfläche *nf*	pagina-oppervlakte *n*	sidyta *n*	**page area** *n*
Seitenumbruch *nm*	pagina opmaak *n*	sidombrytning *n*	**page make-up** *n*
Seitenabzug *nm*	paginaproef *n*	ombrutet korrektur *n*	**page proof** *n*
Seitenformat *nf*	pagina-afmeting *n*	sidformat *n*	**page size** *n*
paginieren; umbrechen *v*	pagineren *v*	paginera *v*	**paginate** *v*
Seitenumbruch; Seitenumfang *nm*	paginering *n*	paginering *n*	**pagination** *n*
Palette *nf*	pallet *n*	pall *n*	**pallet** *n*
auf Paletten *adj*	op pallets *n*	på pall *n*	**on pallets** *n*
palettieren *v*	op pallets stapelen *v*	pallettera *v*	**palletise** *v*
palettiert *adj*	op pallets gestapeld *adj*	palleterad *adj*	**palletised** *adj*
Flugblatt *nn* ; Broschüre *nf*	pamflet; folder *n*	broschyr; (strö)skrift *n*	**pamphlet** *n*
Papier *nn*	papier *n*	papper *n*	**paper** *n*
säurefreies Papier *nn*	zuurvrij papier *n*	syrafritt papper *n*	**acid-free paper** *n*
Kunstdruckpapier *nn*	gestreken papier; gecoucheerd papier; kunstdrukpapier *n*	konsttryckpapper *n*	**art paper** *n*
Bibeldruckpapier *nn*	bijbeldrukpapier; dundrukpapier *n*	bibelpapper *n*	**bible paper** *n*
gestrichenes Papier *nn*	gestreken papier; gecoucheerd papier; kunstdrukpapier *n*	bestruket papper *n*	**coated paper** *n*
Hochglanzpapier; glanzgestrichenes Kunstdruckpapier *nn*	geglansd kunstdrukpapier *n*	glättat konsttryckpapper *n*	**gloss art paper** *n*
mattgestrichenes Kunstdruckpapier *nn*	mat kunstdrukpapier *n*	matt konsttryckpapper *n*	**matt art paper** *n*
holzhaltiges Papier *nn*	houthoudend papier *n*	papper av slipmassa *n*	**mechanical paper** *nm*
Umweltschutzpapier *nn*	opnieuw behandeld papier; gerecycled papier; kringlooppapier *n*	returpapper *n*	**recycled paper** *n*
ungestrichenes Papier *nn*	ongestreken papier *n*	obestruket papper *n*	**uncoated paper** *n*

Section A English–all language versions

ENGLISH	FRENCH	SPANISH	ITALIAN
woodfree paper *n*	papier sans bois *nm*	papel sin madera *nm*	carta senza legno *nf*
paperback *n*	livre broché; livre de poche *nm*	libro de bolsillo; libro en rustica *nm*	tascabile *nm*
massmarket paperback *n*	livre broché à grande distribution *nm*	libro de bolsillo para el mercado de gran volumen *nm*	edizione tascabile popolare *nf*
papermaking *n*	fabrication de papier *nf*	fabricación de papel *nf*	fabbricazione della carta *nf*
papermaking machine *n*	machine à papier *nf*	máquina para la fabricación de papel *nf*	macchina per la fabbricazione della carta *nf*
paper merchant *n*	marchand de papier *nm*	comerciante de papel *nm*	commerciante di carta *nm*
paper mill *n*	fabrique de papier; papeterie *nf*	fábrica de papel *nf*; papelera *nf*	cartiera *nf*
paper plate *n*	plaque de papier *nf*	plancha de papel *nf*	lastra di carta *nf*
paper tape *n*	bande de papier *nf*	cinta de papel *nf*	nastro di carta *nm*
paragraph *n*	paragraphe; alinéa *nm*	párrafo *nm*	paragrafo *nm*; capoverso *nm*
paragraph opening *n*	début de paragraphe *nm*	sangría de párrafo *nf*	inizio di capoverso *nm*; inizio di paragrafo *nm*
parallel fold *n*	pliage parallèle *nm*	plegado paralelo *nm*	piega parallela *nf*
parcel *n*	paquet *nm*	paquete *nm*	pacco *nm*
packed in parcels *adj*	emballé en paquets *adj*	embalado en paquetes *nm*	imballato in pacchi *adj*
parenthesis *n*	parenthèse *nf*	paréntesis *nm*	parentesi *nf*
passed for press *adj*	bon à tirer *adj*	aprobado para impresión *adj*	visto per la stampa *adj*; buono a stampare *adj*
paste-up *n*	montage *nm*	montaje *nm*; original montado *nm*	esecutivo *nm*; montaggio incollato *nm*
camera-ready paste-up *n*	montage prêt à la reproduction *nm*	montaje listo para la reproducción	montaggio incollato pronto per la riproduzione *nm*
rough paste-up *n*	ébauche de montage *nf*	montaje de guía *nm*	montaggio incollato di prima *nm*
payment *n*	paiement *nm*	pago *nm*	pagamento *nm*
payment terms *n*	délais de paiement *nm*	condiciones de pago *nf*	condizioni di pagamento *nf*
pc *abbrev* personal computer *n*	ordinateur personnel; pc *nm*	ordenador personal *nm*	personal computer *nm*
pe *abbrev* printer's error *n*	faute d'impression; coquille *nf*	error de imprenta *nm*	errore di stampa *nm*
penalty clause *n*	clause pénale *nf*	cláusula de penalización *nf*	penale *nf*; clausola di penalità *nf*
perfect *v*	imprimer en retiration *v*	retirar; imprimir por la segunda cara *v*	stampare in volta *v*
perfect binding *n*	façonnage sans couture *nm*	encuadernación fresada *nf*	legatura senza cucitura *nf*
perfect bound *adj*	façonné sans couture *adj*	fresado *adj*	legato a colla *adj*

paperback–perfect bound Section A English–all language versions

GERMAN	DUTCH	SWEDISH	ENGLISH
holzfreies Papier nn	*houtvrij papier* n	*träfritt papper* n	**woodfree paper** n
Paperback; Taschenbuch nn	paperback n	pocketbok n	**paperback** n
Massenmarkt-Paperback nn	*pocket* n	*pocketbok för massmarknad* n	**massmarket paperback** n
Papierherstellung nf	papierfabricage n	papperstillverkning n	**papermaking** n
Maschine zur Papierherstellung; Papiermaschine nf	papiermachine n	pappersmaskin n	**papermaking machine** n
Papierhändler nm	papiergroothandelaar n	pappershandlare n	**paper merchant** n
Papierfabrik; Papiermühle nf	papierfabriek n	pappersbruk n	**paper mill** n
Papierdruckplatte nf	papieren offsetplaat n	pappersmaster n	**paper plate** n
Papierband nn	papierbandponser; ponsbandponser n	hålremsa n	**paper tape** n
Absatz nm	alinea n	textstycke n	**paragraph** n
Absatzanfang nm	begin van alinea n	början på stycke n	**paragraph opening** n
Parallelfalz nm	parallelvouw n	parallellfals n	**parallel fold** n
Paket nn	doos n	paket n	**parcel** n
in Pakete verpackt adj	*verpakt in dozen* n	*packad som paket* n	**packed in parcels** adj
runde Klammer; Parenthese nf	parenthesen; ronde haakjes n	parentes n	**parenthesis** n
druckfertig adj	toestemming tot afdrukken geven; fiatteren adj	tryckfärdig adj	**passed for press** adj
Klebeumbruch nm ; Montage nf	ingeplakte copy n	dummy; förlaga n	**paste-up** n
reprofähiger/reproreifer Klebeumbruch nm ; reprofähige/reproreife Montage nf	*voor opname gerede ingeplakte copy* n	*kamerafärdig förlaga* n	**camera-ready paste-up** n
Rohumbruch nm	*tijdelijke versie van ingeplakte copy* n	*provisorisk skiss* n	**rough paste-up** n
Zahlung nf	betaling n	betalning n	**payment** n
Zahlungsbedingungen nf	betalingsvoorwaarden n	betalningsvillkor n	**payment terms** n
Personal-Computer; PC nm	p.c.	pc; persondator abbrev	**pc** abbrev **personal computer** n
Druckfehler nm	drukfout n	tryckfel n	**pe** abbrev **printer's error** n
Strafklausel nf	boeteclausule in contract n	skadeståndsklausul n	**penalty clause** n
schön drucken v	eerste keus; eerste kwaliteit papier v	trycka på baksidan v	**perfect** v
Klebebindung nf	garenloos gebonden n	limhäftning n	**perfect binding** n
klebegebunden adj	garenloos gebonden adj	limhäftad adj	**perfect bound** adj

Section A English–all language versions

ENGLISH	FRENCH	SPANISH	ITALIAN
perfected adj	imprimé en retiration adj	retirado adj	stampato a volta adj
perfector n	presse à retiration nf	máquina de retiración nf	macchina in bianca e volta nf
single-colour perfector n	*presse à retiration monochrome* nf	*máquina de retiración monocolor* nf	*macchina in bianca e volta monocolore* nf
perforate v	perforer v	perforar v	perforare v
perforated adj	perforé adj	perforado adj	perforato adj
perforating n	perforation nf	perforación nf	perforazione nf
period n (US)	point nm	punto nm	punto nm
periodical n	périodique nm	periódico nm	periodico nm
permissions n	permissions; autorisations nf	permisos nm	autorizzazioni nf
picture permissions n	*droit de reproduction d'images* nm	*permisos para el uso de ilustraciones* nm	*autorizzazioni per uso di materiale fotografico* nf
personal computer n	ordinateur personnel nm	ordenador personal nm	personal computer nm
pH value n	indice de pH nm	índice de acidez pH nm	valore pH nm
photocomposition n	photocomposition nf	fotocomposición nf	fotocomposizione nf
photocopy n	photocopie nf	fotocopia nf	fotocopia nf
photograph n	photographie nf	fotografía nf	fotografia nf
black and white photograph n	*photographie en noir et blanc* nf	*fotografía en blanco y negro* nf	*fotografia in bianco e nero* nf
colour photograph n	*photographie en couleur* nf	*fotografía en color* nf	*fotografia a colori* nf
photographer n	photographe nm	fotógrafo nm	fotografo nm
photomechanical transfer n	report photomécanique nm	transporte fotomecánico nm	trasporto fotomeccanico nm
photopolymer plate n	cliché polymère nm	plancha fotopolimérica nf	lastra fotopolimerica nf
photoset adj	photocomposé adj	fotocompuesto adj	fotocomposto adj
photosetter n	photocomposeuse nf	fotocompositor nm	fotocompositore nm ; macchina fotocompositrice nf
photosetting n	photocomposition nf	fotocomposición nf	fotocomposizione nf
phototypeset adj	photocomposé adj	fotocompuesto adj	fotocomposto adj
phototypesetter n	photocomposeuse nf	fotocompositora nf	fotocompositore nm
phototypesetting n	photocomposition nf	fotocomposición nf	fotocomposizione nf
photounit n	unité photographique nf	unidad fotográfica nf	unità fotografica nf
pica n	douze; cicéro nm	cícero nm ; pica nf	pica nf ; corpo 12 nm
picking n	arrachage nm	repelado del papel nm	strappo superficiale della carta nm
picture n	image nf	ilustración nf ; imagen nf	illustrazione nf ; immagine nf

perfected–picture Section A English–all language versions

GERMAN	DUTCH	SWEDISH	ENGLISH
schöngedruckt adj	aan beide zijden bedrukt adj	vidertryckt (tryckt på baksidan) adj	perfected adj
Schön- und Widerdruckmaschine nf	schoon-en weerdrukpers n	perfektor (skön- och vidertryckspress)	perfector n
einfarbige Schön- und Widerdruckmaschine nf	eenkleurige schoon- en weerdrukpers n	enfärgs-perfektor n	single-colour perfector n
perforieren v	perforeren v	perforera v	perforate v
perforiert adj	geperforeerd adj	perforerad adj	perforated adj
Perforierung nf	perforatie n	perforering n	perforating n
Punkt nm	punt; interpunctieteken n	punkt n	period n (US)
Zeitschrift nf	periodiek (tijdschrift) n	periodisk (tidskrift) n	periodical n
Freigaben; Rechte npl	toestemming (rechten) n	tillåtelse n	permissions n
Bildfreigaben npl	toestemming voor afdruk afbeeldingen n	tillåtelse att använda en bild n	picture permissions n
Personal-Computer nm	p.c. n	persondator n	personal computer n
pH-Wert nm	pH-waarde n	pH-värde n	pH value n
Fotosatz nm	fototypografie; het fotografisch zetten n	fotosättning n	photocomposition n
Fotokopie nf	fotokopie n	fotokopia n	photocopy n
Foto nn; Aufnahme nf	foto n	fotografi n	photograph n
Schwarzweißfoto nn	zwart-wit foto n	svart-vitt fotografi n	black and white photograph n
Farbfoto nn	kleurenfoto n	färgfotografi n	colour photograph n
Fotograf nm	fotograaf n	fotograf n	photographer n
fotomechanische Übertragung nf	fotomechanische overdracht n	fotomekanisk överföring n	photomechanical transfer n
Fotopolymerplatte nf	fotopolymeerplaat n	fotopolymer-tryckplåt n	photopolymer plate n
belichtet	fotogezet adj	fotosatt adj	photoset adj
Fotosetzmaschine nf; Belichter nm	fotozetter n	fotosättare n	photosetter n
Fotosatz nm; Belichtung nf	fotozetten n	fotosättning n	photosetting n
belichtet	fotogezet adj	fotosatt adj	phototypeset adj
Fotosetzmaschine nm	fotozetter n	fotosättmaskin n	phototypesetter n
Fotosatz nm	fotografisch zetten; fotozetten n	fotosättning n	phototypesetting n
Fotoeinheit nf	belichtings-unit van een zetmachine n	exponeringsenhet n	photounit n
Pica; Ciceroschrift nf	pica; corps n	pica n	pica n
Rupfen nn	plukken n	plockning n	picking n
Bild nn	afbeelding; illustratie; foto n	bild n	picture n

83

Section A English–all language versions

ENGLISH	FRENCH	SPANISH	ITALIAN
picture permissions n	droit de reproduction d'images nm	autorización para el uso de ilustraciones/fotografías nf	autorizzazione per uso di materiale fotografico nf
picture research n	recherche iconographique nf	análisis de la ilustración nm	ricerca di materiale fotografico nf
pigment n	pigment nm	pigmento nm	pigmento nm
pin register system n	système de repérage à aiguilles nm	sistema de registro de punzón nm	sistema di punzonatura nf
piracy n	contrefaçon nf	piratería nf ; plagio nm	pirateria nf
pirate n	contrefacteur nm	plagiador nm	pirata nm ; plagiatore nm
planning n	programme nm	programación nf	pianificazione nf
single-colour planning n	programme monochrome nm	programación monocolor nf	pianificazione di lavoro monocromo nf
multi-colour planning n	programme polychrome nm	programación multicolor nf	pianificazione di lavoro policromo nf
plastic n	plastique nm	plástico nm	plastica nf
plastic plate n	cliché plastique nm	plancha de plástico nf	cliché di plastica nm
plate n	plaque nf ; cliché nm	plancha nf	lastra nf
bimetal plate n	plaque bimétallique nf	plancha bimetálica nm	lastra bimetallica nf
litho plate n	plaque offset nf	plancha litográfica nm	lastra offset nf
metal plate n	plaque métallique nf	plancha metálica nf	lastra metallica nf
paper plate n	plaque de papier nf	plancha de papel nf	lastra di carta nf
photopolymer plate n	cliché polymère nm	plancha fotopolimerica nf	lastra fotopolimerica nf
presensitised plate n	plaque pré-sensibilisée nf	plancha presensibilizada nf	lastra presensibile nf
trimetal plate n	plaque trimétallique nf	plancha trimetálica nm	lastra trimetallica nf
plate cylinder n	cylindre porte-plaque nm	cilindro de la plancha nm	cilindro portalastra nm
platemaking n	clichage nm	confección de planchas nf	preparazione delle lastre nf
PMT abbrev photomechanical transfer n	report photomécanique nm	transporte fotomecánico nm	trasporto fotomeccanico nm
pocket book n	livre de poche nm	libro de bolsillo nm	libro tascabile nm
point n	point typographique nm	tipo de imprenta nm	punto tipografico nm
point size n	corps nm	cuerpo del tipo nm	corpo nm
point system n	système du point nm	sistema de tipos de imprenta nm	sistema di misura in punti nm
pop-up book n	livre à illustrations en relief nm	libro con ilustraciones en relieve nm	libro con illustrazioni a rilievo nm
portrait adj	en hauteur adj	formato vertical adj	verticale adj
portrait format n	format en hauteur; format à la française nm	formato vertical nm	formato verticale nm

picture permissions–portrait format   Section A   English–all language versions

GERMAN	DUTCH	SWEDISH	ENGLISH
Bildfreigaben *nf*	toestemming voor afdrukken afbeeldingen *n*	bildtillstånd *n*	**picture permissions** *n*
Bildforschung *nf*	het opzoeken van de afbeeldingen *n*	bildforskning *n*	**picture research** *n*
Pigment *nn* ; Farbkörper *nm*	pigment; kleurstof *n*	pigment *n*	**pigment** *n*
Registersystem mit Paßstiften *nn*	registersysteem met paspennen *n*	pinn-register-system *n*	**pin register system** *n*
Nachdruck; Raubdruck *nf*	ongeoorloofde nadruk; plagiaat *n*	pirattryck *n*	**piracy** *n*
Raubdrucker; Plagiator *nm*	plagiator *n*	pirattryckare *n*	**pirate** *n*
Planung *nf*	werkvoorbereiding; planning *n*	utkast *n*	**planning** *n*
Einfarbenplanung nf	*eenkleurplanning n*	*enfärgsutkast n*	***single-colour** planning n*
Mehrfarbenplanung nf	*meerkleurige planning n*	*flerfärgsutkast n*	***multi-colour** planning n*
Plastik *nn*	plastic *n*	plast *n*	**plastic** *n*
Plastikdruckplatte *nf*	plastic cliché; plastic styp	plastplåt *n*	**plastic plate** *n*
Druckplatte *nf*; Klischee *nn*	cliché; drukplaat *n*	tryckplåt *n*	**plate** *n*
Bimetalldruckplatte nf	*bimetaalplaat n*	*bimetallplåt n*	***bimetal** plate n*
Flachdruckplatte nf	*lithoplaat n*	*litoplåt n*	***litho** plate n*
Metalldruckplatte nf	*metaalplaat n*	*metallplåt n*	***metal** plate n*
Papierdruckplatte nf	*papieren offsetplaat n*	*pappersmaster n*	***paper** plate n*
Fotopolymerplatte nf	*fotopolymeerplaat n*	*fotpolymerplåt n*	***photopolymer** plate n*
vorsbeschichtete Druckplatte nf	*voorgesensibiliseerde drukplaat n*	*ljuskänslig tryckplåt n*	***presensitised** plate n*
Trimetalldruckplatte nf	*trimetaalplaat n*	*trimetallplåt n*	***trimetal** plate n*
Plattenzylinder *nm*	plaatcylinder *n*	formcylinder; plåtcylinder *n*	**plate cylinder** *n*
Plattenkopie; Druckplattenherstellung *nf*	plaatvervaardiging *n*	plåtframställning *n*	**platemaking** *n*
fotomechanisches Druckverfahren *nn*	fotomechanische overdracht *n*	fotomekanisk överföring *n*	**PMT** *abbrev* **photomechanical transfer** *n*
Taschenbuch *nn*	pocket *n*	pocketbok *n*	**pocket book** *n*
Punkt *nm*	punt *n*	punkt *n*	**point** *n*
Punktgröße *nf*	corps; lettercorps; lettergrootte *n*	punktstorlek *n*	**point size** *n*
Punktsystem *nn*	(typografisch) puntenstelsel *n*	punktsystem *n*	**point system** *n*
aufklappbares Buch *nn*	uitklapboek *n*	upp-poppningsbok *n*	**pop-up book** *n*
hochformatig *adj*	staand *adj*	porträttera *adj*	**portrait** *adj*
Hochformat *nn*	staand formaat *n*	höjdformat *n*	**portrait format** *n*

Section A   English–all language versions

ENGLISH	FRENCH	SPANISH	ITALIAN
portrait illustration n	illustration en hauteur nf	ilustración vertical nf	illustrazione verticale nf
positive adj	positif adj	positivo adj	positivo adj
positive film n	film positif nm	película positiva nf	pellicola positiva nf
positive films reverse-reading emulsion-side down	films positifs sens de lecture inversé émulsion dessous	película positiva con la cara emulsional hacia abajo al revés	pellicole positive lettura inversa lato emulsionato in giù
positive films reverse-reading emulsion-side up	films positifs sens de lecture inversé émulsion dessus	película positiva con la cara emulsional hacia arriba al revés	pellicole positive lettura inversa lato emulsionato in su
positive films right-reading emulsion-side down	films positifs sens de lecture émulsion dessous	película positiva con la cara emulsional hacia abajo al derecho	pellicole positive lettura giusta lato emulsionato in giù
positive films right-reading emulsion side-up	films positifs sens de lecture émulsion dessus	película positiva con la cara emulsional hacia arriba al derecho	pellicole positive lettura giusta lato emulsionato in su
postage costs n	frais de port nm	franqueo nm	spese postali nf
poster paper n	papier pour affiches nm	papel para carteles nm	carta per manifesti nf
preface n	préface nf	prefacio nm ; prólogo nm	prefazione nf
prelims n	préliminaires nm ; pages de début nf	principios del libro nm	preliminari nm
pre-press n	mise en train nf	pre-prensa nf	prestampa nf
pre-press costs n	frais fixes avant impression nm	gastos de pre-prensa nm	costi di preparazione nm
presensitised plate n	plaque pré-sensibilisée nf	plancha presensibilizada nf	lastra presensibile nf
presentation copy n	spécimen; exemplaire envoyé à titre gracieux nm	ejemplar de regalo nm	esemplare gratuito nm
press n	presse nf	prensa nf	macchina da stampa nf
printing press n	presse à imprimer nf	prensa de imprimir nf	macchina da stampa nf
press costs n	frais d'impression nm	gastos de impresión nm	costi di stampa nm
press cutting n	coupure de presse/de journal nf	recorte de prensa nm	ritaglio di giornale nm
press proof n	épreuve en bon à tirer nf	pruebas de prensa nf	prove di stampa nf
price n	prix nm	precio nm	prezzo nm
primary colours n	couleurs primaires nf	colores primarios nm	colori primari nm
print v	imprimer v	imprimir v	stampare v
print broker n	agent de sous-traitance en imprimerie nm	contratista de imprenta nm	agente di stampa nm
printer n	imprimante nf ; imprimeur nm	impresora nf	stampatore nm ; stampante nf
daisywheel printer n	imprimante à marguerite nf	impresora de margarita nf	stampante a margherita nf
dot matrix printer n	imprimante matricielle nf	impresora matricial nf	stampante a punti nf
ink-jet printer n	imprimante à jet d'encre nf	impresora a chorro de tinta nf	stampante a spruzzo d'inchiostro nf

portrait illustration–printer Section A English–all language versions

GERMAN	DUTCH	SWEDISH	ENGLISH
Illustration im Hochformat nf	staande illustratie n	porträttillustration n	**portrait illustration** n
positiv adj	positief adj	positiv adj	**positive** adj
Positivfilm nm	positieffilm n	positiv film n	**positive film** n
Positivfilme Kehrseitenlesung Schichtseite unten	positieffilm keerzijdelezing emulsiekant onder	omvänd positivfilm med emulsionssidan ner	**positive films reverse-reading emulsion-side down**
Positivfilme Kehrseitenlesung Schichtseite oben	positieffilm keerzijdelezing emulsiekant boven	omvänd positivfilm med emulsionssidan upp	**positive films reverse-reading emulsion-side up**
Positivfilme Vorderseitenlesung Schichtseite unten	positieffilm voorzijdelezing emulsiekant onder	positivfilm med emulsionssidan ner	**positive films right-reading emulsion-side down**
Positivfilme Vorderseitenlesung Schichtseite oben	positieffilm voorzijdelezing emulsiekant boven	positivfilm med emulsionssidan upp	**positive films right-reading emulsion side-up**
Portokosten npl	porto n	portokostnader n	**postage costs** n
Plakatpapier nn	affichepapier; aanplakbiljettenpapier n	affischpapper n	**poster paper** n
Geleitwort; Vorwort nn	voorwoord; introductie n	förord n	**preface** n
Titelbogen nm	voorwerk n	titelark n	**prelims** n
Druckvorstufen npl	vóór het drukken adj	pre-press; förtryckning n	**pre-press** n
Druckvorstufenkosten npl	instelkosten (van de drukpers) n	prepress-kostnader; förtryckningskostnader n	**pre-press costs** n
vorbeschichtete Druckplatte nf	voorgesensibiliseerde drukplaat n	förpreparerad tryckplåt n	**presensitised plate** n
Dedikationsexemplar nn	zichtexemplaar n	provexemplar n	**presentation copy** n
Presse; Druckmaschine nf	pers n	press n	**press** n
Druckpresse nf	drukpers n	tryckpress n	*printing press* n
Druckkosten npl	drukkosten n	presskostnader n	**press costs** n
Zeitungsausschnitt nm	(krante)knipsel n	pressklipp; urklipp n	**press cutting** n
Andruckbogen nm	drukproef n	tryckprov n	**press proof** n
Preis nm	prijs n	pris n	**price** n
Primärfarben nf	primaire kleuren n	primärfärger n	**primary colours** n
drucken v	drukken; afdrukken v	trycka v	**print** v
Druckmakler nm	drukwerkmakelaar n	trycksakskonsult n	**print broker** n
Drucker nm; Druckmaschine nf	afdrukmachine; drukker n	skrivare n	**printer** n
Daisywheel-Drucker nm	daisywheel printer n	typhjulsskrivare n	*daisywheel printer* n
Punktmatrixdrucker nm	mozaïekdrukker n	matrisskrivare; punktmatrisskrivare n	*dot matrix printer* n
Tintenstrahldrucker; Ink-Jet-Drucker nm	inkt-jet printer n	ink-jet-skrivare n	*ink-jet printer* n

Section A English–all language versions

ENGLISH	FRENCH	SPANISH	ITALIAN
printer's error n	faute d'impression; coquille nf	error de imprenta nm	errore di stampa nm
print farmer n	agent de sous-traitance en imprimerie nm	contratista de imprenta nm	agente di stampa nm
printing n	impression; imprimerie nf	impresión nf	stampa nf
printing industry n	industrie graphique nf	industria gráfica nf	industria grafica nf
printing machine n	machine à imprimer nf	máquina impresora nf	macchina da stampa nf
printing processes n	procédés d'impression nm	procedimientos de impresión nm	procedimenti di stampa nm
printing sequence n	séquence d'impression nf	secuencia de impresión nf	sequenza di stampa nf
printing works n	imprimerie nf	taller de artes gráficas nm	stabilimento grafico nm
print run n	tirage nm	tirada nf	tiratura nf
print works n	imprimerie nf	taller de artes gráficas nm	stabilimento grafico nm
process camera n	banc de reproduction nm	cámara de reproducción nm	reprocamera nf
process colour n	polychromie; quadrichromie nf	color para policromía nm	colore per policromia nm
process engraving n	photogravure nf	fotograbado nm	fotoincisione nf
process inks n	encres normalisées nf	tintas para policromía nf	inchiostri per policromia nm
production n	production; fabrication nf	producción nf	produzione nf
production department n	service de fabrication nm	departamento de producción nm	reparto di produzione nm
production director n	directeur de production/de fabrication nm	director de producción nm	direttore di produzione nm
pro forma invoice n	facture pro-forma nf	factura proforma nf	fattura proforma nf
program n	programme nm	programa nm	programma nm
progressive proofs n	épreuves progressives nf	pruebas progresivas nf	prove progressive nf
promotion n	promotion; publicité nf	promoción nf	promozione nf
promotion campaign n	campagne publicitaire nf	campaña de promoción nf	campagna promozionale nf
proof n	épreuve nf	prueba nf	bozza nf; prova nf
galley proof n	épreuve en placard nf	galerada nf	bozza in colonna nf
imposed proof n	épreuve imposée nf	prueba impuesta nf	bozza impostata nf
page proof n	épreuve en page nf	prueba de página nf	bozza impaginata nf
proof correction marks n	signes de correction nm	indicaciones de la corrección de pruebas nf	segni di correzione nm
proof reader n	correcteur d'épreuves nm	corrector de pruebas nm	correttore di bozze nm
proof reader's mark n	signe de correction nm	indicación del corrector de pruebas nf	segno di correzione nm
proof reading n	correction des épreuves nf	corrección de pruebas	correzione di bozze nf
proprietor n	propriétaire nm, nf	propietario nm	proprietario nm

printer's error–proprietor   Section A   English–all language versions

GERMAN	DUTCH	SWEDISH	ENGLISH
Druckfehler nm	drukfout; zetfout n	tryckfel n	**printer's error** n
Druckakkordant nm	drukwerkuitbesteder n	tryckarrendator n	**print farmer** n
Druck nm ; Drucken nn	drukken; druk n	tryckning n	**printing** n
Druckindustrie nf	grafische industrie n	grafisk industri n	**printing industry** n
Druckmaschine nf	drukpers n	tryckpress n	**printing machine** n
Druckvorgänge npl ; Druckverfahren nn	drukprocedé; druktechniek n	tryckprocesser n	**printing processes** n
Druckfolge nf	volgorde van drukken n	trycksekvens n	**printing sequence** n
Druckerei nf	drukkerij n	tryckeri n	**printing works** n
Druckauflage nf	oplage; aantal gedrukte exemplaren n	upplaga n	**print run** n
Druckerei nf	drukkerij n	tryckeri n	**print works** n
Reprokamera nf	reproductiecamera n	ateljékamera n	**process camera** n
Skalenfarben npl	driekleureninkten; normaalinkten n	processfärg n	**process colour** n
Autotypieverfahren nn	clichéfabricage n	etsning n	**process engraving** n
Skalenfarben npl	driekleureninkten; normaalinkten n	processfärg n	**process inks** n
Produktion nf	productie n	produktion n	**production** n
Produktionsabteilung nf	productieafdeling n	produktionsavdelning n	**production department** n
Produktionsleiter; Betriebsleiter nm	productieleider n	produktionschef n	**production director** n
Pro-forma-Rechnung nf	pro-forma factuur n	proforma-faktura n	**pro forma invoice** n
Programm nn	programma n	program n	**program** n
Andruckskala; Farbskala nf ; Skalendrucke npl	scala-drukken; deeldrukken n	färgprovtryck n	**progressive proofs** n
Werbung nf	promotie; reclame n	marknadsföring; avancemang n	**promotion** n
Werbekampagne; Einführung anf dem Markt nf	promotiecampagne n	säljkampanj n	**promotion campaign** n
Abzug nm	proef; drukproef n	prov; avdrag; korrektur n	**proof** n
Satzabzug nm	*drukproef* n	*spaltavdrag* n	*galley proof* n
ausgeschossener Abzug nm	*inslagproef* n	*pressprovtryck* n	*imposed proof* n
Seitenabzug nm	*proeven van opgemaakte pagina's; opgemaakte proeven* n	*ombrutet korrektur* n	*page proof* n
Korrektur nf ; Korrekturzeichen nn	correctietekens n	korrekturtecken n	**proof correction marks** n
Korrektor nm	corrector n	korrekturläsare n	**proof reader** n
Korrekturzeichen; Korrektorenzeichen nn	correctietekens van de corrector n	korrekturläsarens tecken n	**proof reader's mark** n
Korrekturlesen nn	corrigeren n	korrekturläsning n	**proof reading** n
Besitzer nm	eigenaar n	innehavare n	**proprietor** n

89

Section A English–all language versions

ENGLISH	FRENCH	SPANISH	ITALIAN
publication n	édition; publication nf	publicación nf	pubblicazione nf
publication date n	date de parution/de publication nf	fecha de publicación nf	data di pubblicazione nf
publication programme n	programme de publication nm	programa de publicación nm	programma di pubblicazione nm
publicity n	publicité nf	publicidad nf	pubblicità nf
publicity campaign n	campagne publicitaire nf	campaña de publicidad nf	campagna pubblicitaria nf
publicity director n	directeur de la publicité nm	director de publicidad nm	direttore pubblicità nm
publish v	éditer; publier v	publicar v	pubblicare v
publisher n	éditeur nm ; éditrice nf	editor nm	editore nm
publishing n	édition; publication nf	edición; publicación nf	editoria nf ; pubblicazione nf
academic publishing n	édition/publication universitaire nf	edición académica nf	pubblicazioni accademiche nf
book publishing n	édition/publication de livres nf	edición de libros nf	pubblicazione di libri nf
educational publishing n	édition/publication scolaire/pédagogique nf	edición de material didáctico nfpl	pubblicazioni didattiche nf
magazine publishing n	édition/publication de revues/de périodiques nf	edición de revistas nf	pubblicazione di riviste nf
trade publishing n	édition/publication générale nf	edición general nf	pubblicazioni commerciali nf
publishing company n	maison d'édition nf	casa editora nf	società editrice nf
publishing director n	éditeur; directeur littéraire nm	director de publicaciones nm	direttore editoriale nm
pulp n	pâte nf	pasta nf	pasta nf
chemical pulp n	pâte chimique nf	pasta química nf	pasta chimica nf
mechanical pulp n	pâte mécanique nf	pasta mecánica nf	pasta meccanica nf
sulphate pulp n	pâte au sulfate nf	pasta al sulfato nf	pasta chimica al solfato nf
sulphite pulp n	pâte au bisulfite nf	pasta al bisulfito nf	pasta chimica al bisolfito nf
thermo-mechanical pulp n	pâte thermomécanique nf	pasta termomecánica nf	pasta termomeccanica nf
woodfree pulp n	pâte sans bois nf	pasta sin madera nf	pasta senza legno nf
punctuation n	ponctuation nf	puntuación nf	interpunzione nf ; punteggiatura nf
punctuation mark n	signe de ponctuation nm	signo de puntuación nm	segno di interpunzione nm

publication–punctuation mark — Section A English–all language versions

GERMAN	DUTCH	SWEDISH	ENGLISH
Veröffentlichung; Publikation; Druckschrift nf	uitgave; publicatie n	publikation n	**publication** n
Erscheinungsdatum nn	datum van uitgave n	publiceringsdag n	**publication date** n
Veröffentlichungsprogramm nn	uitgaveprogramma n	utgivningsprogram n	**publication programme** n
Werbung; Publizität nf	publiciteit n	publicitet n	**publicity** n
Werbekampagne nf	publiciteitscampagne n	PR-kampanj n	**publicity campaign** n
Werbeleiter nm	publiciteitsdirecteur n	PR-chef n	**publicity director** n
veröffentlichen; herausgeben; verlegen v	publiceren; uitgeven v	utge; publicera v	**publish** v
Verleger; Herausgeber; Verlag nm	uitgever n	förläggare n	**publisher** n
Verlagswesen nn	uitgeven n	utgivning n	**publishing** n
wissenschaftlicher Verlag nm	*wetenschappelijk uitgeven* n	*akademisk utgivning* n	**academic** *publishing* n
Buchverlag nm	*boek uitgeven* n	*bokutgivning* n	**book** *publishing* n
Schulbuchverlag nm	*educatief uitgeven* n	*läromedelsutgivning* n	**educational** *publishing* n
Zeitschriftenverlag nm	*tijdschrift uitgeven* n	*tidskriftsutgivning* n	**magazine** *publishing* n
Allgemeinverlag nm	*algemeen uitgeven* n	*fackboksutgivning* n	**trade** *publishing* n
Verlagshaus nn	uitgeverij n	förlag n	**publishing company** n
Verlagsleiter nm	uitgever n	förlagschef n	**publishing director** n
Stoff; Papierstoff; Papierbrei nm	pulp; halfstof n	massa n	**pulp** n
Zellstoff nm	*celstof; houtcelstof* n	*kemisk massa* n	**chemical** *pulp* n
Holzfaserstoff; Holzschliff nm	*houtslijp; houtstof* n	*slipmassa* n	**mechanical** *pulp* n
Natronzellstoff nm	*sulfaatcelstof* n	*sulfatmassa* n	**sulphate** *pulp* n
Sulphitpulpe nf	*sulfietcelstof* n	*sulfitmassa* n	**sulphite** *pulp* n
warmgeschliffener Holzschliff nm	*door hitteproces verkregen houtslijp* n	*termomekanisk massa* n	**thermo-mechanical** *pulp* n
holzfreier Papierstoff nm	*houtvrije celstof* n	*träfri massa* n	**woodfree** *pulp* n
Zeichensetzung; Interpunktion nf	interpunctie n	interpunktion; kommatering n	**punctuation** n
Satzzeichen; Interpunktionszeichen nn	leesteken n	interpunktionstecken n	**punctuation mark** n

Section A English–all language versions

ENGLISH	FRENCH	SPANISH	ITALIAN
quality control n	contrôle de qualité nm	control de calidad nm	controllo di qualità nm
quantity n	quantité nf	cantidad nf	quantità nf
quarter-bound adj	relié en demi-cuir adj	encuadernado a media piel adj	legato in mezza pelle adj
quarto n	in-quarto nm	en cuarto nm	in quarto nm
question mark n	point d'interrogation nm	signo de interrogación nm	punto interrogativo nm
quotation marks n	guillemets nm	comillas nf	virgolette nf
quotes n	guillemets nm	comillas nf	virgolette nf
ragged right adj	composé en drapeau; non justifié adj	composición sin justificar por la derecha nf	non giustificato adj
random access n	accès sélectif nm	acceso aleatorio nm	accesso casuale nm
range v	aligner v	alinear v	allineare v
ranged centre adj	alignement centré nm	alineado en el centro adj	allineato al centro adj
ranged left adj	au fer à gauche adj	alineado a la izquierda adj	allineato a sinistra adj
ranged right adj	au fer à droite adj	alineado a la derecha adj	allineato a destra adj
raster n	trame nf	cuadriculado nm ; trama nf	trama nf ; percorso di scansione nm ; raster nm
reader n	lecteur nm ; lecteur optique	corrector nm ; lector nm	lettore nm ; correttore di bozze nm
read only-memory n	mémoire fixe; mémoire morte nf	memoria magnética de sólo lectura; memoria muerta nf	memoria a sola lettura nf
read-write capability n	capacité de lecture-écriture nf	capacidad de lectura-escritura nf	capacità di lettura-scrittura nf
real-time adj	en temps réel adj	de tiempo real adj	in tempo reale nm
ream n	rame de papier nf	resma nf	risma nf
recto n	recto nm ; belle page; page impaire nf	página impar nf	pagina di destra nf ; recto nm
recycled paper n	papier recyclé nm	papel reciclado nm	carta riciclata nf
reduce v	réduire v	reducir v	ridurre v
reduced adj	réduit adj	reducido adj	ridotto nf
reduction n	réduction nf	reducción nf	riduzione nf
reel n	bobine nf	bobina nf	bobina nf
reference n	signe de renvoi nm ; référence nf	referencia nf	riferimento nm ; referenza nf
reference book n	ouvrage de référence nm	libro de referencia nm	libro di consultazione nm
reflection copy n	document opaque nf	original opaco nm	originale per riflessione nm
register n	registre nm	registro nm	registro nm
in register adj	en registre adj	a registro	in registro nm

quality control–register — Section A — English–all language versions

GERMAN	DUTCH	SWEDISH	ENGLISH
Qualitätskontrolle; Qualitätsüberwachung *nf*	kwaliteitscontrole *n*	kvalitetskontroll *n*	**quality control** *n*
Menge; Quantität *nf*	hoeveelheid *n*	kvantitet *n*	**quantity** *n*
(Buchband) mit engem Lederrücken *adj*	halfleer gebonden; in halfleren band *adj*	band med olika material i pärm och rygg *adj*	**quarter-bound** *adj*
Quart; Quartformat *nn*	kwarto; kwarto-formaat *n*	kvartsformat *n*	**quarto** *n*
Fragezeichen *nn*	vraagteken *n*	frågetecken *n*	**question mark** *n*
Anführungszeichen *nn*	aanhalingstekens *n*	anföringstecken *n*	**quotation marks** *n*
Zitate *nn*	citaten *n*	anföring; citering *n*	**quotes** *n*
rechts nicht bündig *adj*	niet uitgevuld *adj*	ojämn högerkant *adj*	**ragged right** *adj*
willkürlicher Zugriff *nm*	direkte toegang; rechstreekse toegang *n*	direktåtkomst *n*	**random access** *n*
einreihen; einordnen *v*	in de lijn brengen; plaatsen *v*	linjera *v*	**range** *v*
in der Mitte angeordnet *adj*	gecentreerd *adj*	centrerad *adj*	**ranged centre** *adj*
links angeordnet *adj*	links gelijnd *adj*	vänsterkantställd *adj*	**ranged left** *adj*
rechts angeordnet *adj*	rechts gelijnd *adj*	högerkantställd *adj*	**ranged right** *adj*
Raster *nn*	raster *n*	raster *n*	**raster** *n*
Leser *nm*; Lesegerät *nn*	lezer; lector die manuscripten voor uitgever doorleest *n*	läsare *n*	**reader** *n*
Totspeicher *nm*	dood geheugen *n*	läsminne (ROM) *n*	**read only-memory** *n*
Lese-Schreibfähigkeit *nf*	lees; schrijf geheugen *n*	läs-skrivförmåga *n*	**read-write capability** *n*
Echtzeit- *adj*	ware tijd- *adj*	realtid *adj*	**real-time** *adj*
Ries *nn*	riem; hoeveelheid papier *n*	ris *n*	**ream** *n*
Vorderseite *nf*	voorzijde; voorkant *adj*	höger(placerad) *adj*	**recto** *n*
Umweltschutzpapier *nn*	gerecycleerd papier *n*	returpapper *n*	**recycled paper** *n*
reduzieren; verringern *v*	verkleinen *v*	försvaga *v*	**reduce** *v*
reduziert; verringert *adj*	verkleind *adj*	försvagad *adj*	**reduced** *adj*
Reduzierung; Verringerung; Verkleinerung *nf*	verkleining; reductie *n*	försvagning *n*	**reduction** *n*
Rolle; Spule *nf*	rol; papierrol *n*	rulle *n*	**reel** *n*
Verweis *nm*	verwijzing *n*	referens *n*	**reference** *n*
Nachschlagewerk *nn*	naslagboek; naslagwerk *n*	uppslagsbok *n*	**reference book** *n*
Aufsichtsvorlage *nf*	opzichtmodel; model *n*	påsiktsoriginal *n*	**reflection copy** *n*
Register *nn*; Stand; Passer *nm*	register *n*	register; passning *n*	**register** *n*
passergenau; registergenau; auf stand *adj*	passend; in het register	i register; god passning *n*	**in register** *adj*

Section A English–all language versions

ENGLISH	FRENCH	SPANISH	ITALIAN
out of register *adj*	hors du registre *adj*	fuera de registro	fuori registro *nm*
register marks *n*	repères *nm*	marcas de registro *nf*	segni di registro *nm*
reissue *n*	réédition; réimpression *nf*	reimpresión *nf*	ristampa *nf*
relative humidity *n*	humidité relative *nf*	humedad relativa *nf*	umidità relativa *nf*
remainder *n*	solde d'éditeur *nf*; invendu *nm*	remanente *nm*	rimanenza *nf*
remainder merchant *n*	soldeur de livres *nm*	comerciante de remanentes *nm*	commerciante di rimanenze *nm*
reprint *v*	réimprimer *v*	reimprimir *v*	ristampare *v*
reprint *n*	réimpression *nf*	reimpresión *nf*	ristampa *nf*
repro *n*	reproduction *nf*	reproducción *nf*	riproduzione *nf*; fotolito *nf*
repro department *n*	service de reprographie *nm*	departamento de reproducción *nm*	reparto di fotolito *nm*
repro paper *n*	papier repro *nm*	papel para reproducción *nm*	carta per riproduzione *nf*
reproduction *n*	reproduction *nf*	reproducción *nf*	riproduzione *nf*
reproduction proof *n*	épreuve repro *nf*	prueba de reproducción *nf*	prova di riproduzione *nf*
reproduction rights *n*	droits de reproduction *nm*	derechos de reproducción *nm*	diritti di riproduzione *nm*
reset *v*	recomposer *v*	recomponer *v*	ricomporre *v*
resetting *n*	recomposition *nf*	recomposición *nf*	ricomposizione *nf*
response time *n*	temps de réponse *nm*	tiempo de respuesta *nm*	tempo di risposta *nm*
retailer *n*	détaillant; revendeur *nm*	concesionario *nm*; detallista *nm*	rivenditore *nm*; commerciante *nm*
retouch *v*	retoucher *v*	retocar *v*	ritoccare *v*
retouched *adj*	retouché *adj*	retocado *adj*	ritoccato *adj*
retouching *n*	retouche *nf*	retoque *nm*	ritocco *nm*
retree *n*	second choix *nm*	hojas defectuosas *nf*	seconda scelta (carta) *nf*
reversal film *n*	film inversible *nm*	película reversible *nf*	pellicola ad inversione *nf*
reverse out *v*	inverser *v*	convertir del revés *v*	scavare in bianco sul fondo *v*
reversed out *adj*	inversé; noir au blanc *adj*	del revés *adj*	invertito; scavato *adj*
reverse-reading *adj*	sens de lecture inversé *adj*	lectura al revés *adj*	lettura inversa *nf*
reverse-reading emulsion-side down *adj*	sens de lecture inversé émulsion dessous *adj*	al revés con la cara emulsional hacia abajo *adj*	lettura inversa lato emulsionato in giù
reverse-reading emulsion-side up *adj*	sens de lecture inversé émulsion dessus *adj*	al revés con la cara emulsional hacia arriba *adj*	lettura inversa lato emulsionato in su

GERMAN	DUTCH	SWEDISH	ENGLISH
aus dem *Register*; nicht *paß*genau; nicht *register*genau *adj*	niet in *register*; niet *passend*	ur *register*; misspassning	**out of *register*** *adj*
Paßkreuze; Passermarken; Paßmarken; Registermarken *npl* ; Paßzeichen *nn*	paskruizen; pasmerken; registermerken *n*	registermärken *n*	**register marks** *n*
Neuausgabe *nf*	heruitgave *n*	ny upplaga; nytryck; nyutgivning *n*	**reissue** *n*
relative Luftfeuchtigkeit *nf*	relatieve vochtigheidsgraad *n*	relativ fuktighet *n*	**relative humidity** *n*
Remittenden *npl*	ramsj; fondsresten *n*	retur *n*	**remainder** *n*
Remittendenhändler *nm*	handelaar in fondsresten *n*	returhandlare *n*	**remainder merchant** *n*
nachdrucken; neudrucken; wiederabdrucken *v*	herdrukken *v*	tilltryck; nytryck *v*	**reprint** *v*
Nachdruck; Neudruck *nm*	herdruk *n*		**reprint** *n*
Repro *nn* ; Reproduktion *nf*	reproduktie; repro *n*	repro *n*	**repro** *n*
Reproabteilung *nf*	repro-afdeling *n*	reproavdelning *n*	**repro department** *n*
Repropapier *nn*	repropapier *n*	barytpapper *n*	**repro paper** *n*
Reproduktion; Wiedergabe *nf* ; Abdruck *nm*	reproduktie *n*	reproduktion *n*	**reproduction** *n*
Reproabzug *nm*	reproduktieproef *n*	reproprov *n*	**reproduction proof** *n*
Vervielfältigungsrecht *nn*	reproduktierechten *n*	reproduktionsrättigheter *n*	**reproduction rights** *n*
neu setzen; umsetzen *v*	opnieuw zetten; overzetten *v*	sätta om *v*	**reset** *v*
Neusatz *nm* ; Umsatz *nm*	opnieuw zetten *n*	nysättning *n*	**resetting** *n*
Reaktionszeit *nf*	antwoordtijd *n*	svarstid *n*	**response time** *n*
Buchhändler *nm*	detailhandelaar; winkelier *n*	återförsäljare *n*	**retailer** *n*
retuschieren *v*	retoucheren *v*	retuschera *v*	**retouch** *v*
retuschiert *adj*	geretoucheerd *adj*	retuscherad *adj*	**retouched** *adj*
Retuschierung *nf*	retouche *n*	retusch *n*	**retouching** *n*
Papier zweiter Wahl *nn*	tweede keus; enigszins beschadigd papier *n*	defekt (papper) *n*	**retree** *n*
Umkehrfilm *nm*	omkeerfilm *n*	omvändningsfilm *n*	**reversal film** *n*
schwarzweiß umkehren *v*	uitsparen *v*	vända *v*	**reverse out** *v*
schwarzweiß umgekehrt *adj*	uitgespaard *adj*	vänd *adj*	**reversed out** *adj*
Kehrseite lesend *adj*	onleesbaar (gespiegeld) *adj*	omvänd (film) *adj*	**reverse-reading** *adj*
Kehrseite lesend Schichtseite unten *adj*	leesbaar positief voor film *adj*	omvänd med emulsionssidan ner *adj*	**reverse-reading emulsion-side down** *adj*
Kehrseite lesend Schichtseite oben *adj*	onleesbaar positief voor film *adj*	omvänd med emulsionssidan upp *adj*	**reverse-reading emulsion-side up** *adj*

Section A English–all language versions

ENGLISH	FRENCH	SPANISH	ITALIAN
review n	critique nf	crítica; revisión nf	recensione nf
review copy n	exemplaire de service de presse nm	ejemplar para revisar nm	esemplare per recensione nm
reviewer n	critique nm	crítico nm ; reseñante nm	recensore nm
right-hand page n	page impaire; belle page; page de droite nf	página impar; pagina derecha nf	pagina dispari nf ; pagina a destra nf
right-reading adj	sens de lecture adj	lectura al derecho adj	lettura giusta nf
right-reading emulsion-side down adj	sens de lecture émulsion dessous adj	lectura al derecho con la cara emulsional hacia abajo adj	lettura giusta lato emulsionato in giù
right-reading emulsion-side up adj	sens de lecture émulsion dessus adj	lectura al derecho con la cara emulsional hacia arriba adj	lettura giusta lato emulsionato in su
rights n	droits nm	derechos nm	diritti nm
foreign rights n	droits étrangers nm	derechos extranjeros nm	diritti per l'estero nm
hardback rights n	droits pour éditions reliées nm	derechos sobre los libros en cartoné nm	diritti per edizione hardback nm
paperback rights n	droits pour livres de poche nm	derechos sobre los libros de bolsillo nm	diritti per edizione paperback nm
subsidiary rights n	droits dérivés nm	derechos suplementarios nm	diritti supplementari nm
rights director n	directeur des droits nm	director de los derechos nm	direttore diritti nm
ring binder n	reliure à anneaux nf	encuadernador con anillas nm	legatrice ad anello nf
ROM abbrev read-only memory n	mémoire fixe; mémoire morte nf	memoria magnética de sólo lectura nf	memoria a sola lettura nf
Roman adj	romain adj	romano adj	romano adj
Roman figures n	chiffres romains nm	cifras romanas nf	cifre romane nf ; numeri romani nm
rotary adj	rotatif adj	rotativo adj	rotativo adj
rotary press n	rotative; presse rotative nf	prensa rotativa nf	rotativa nf
rough n	ébauche nf ; croquis nm	boceto; borrador nm	schizzo; abbozzo nm
rounded and backed adj	arrondi et roulé adj	redondeado y retirado adj	dorso tondo adj
royalty n	redevance; royalties nf	derecho nm	diritti nm ; royalty nf
author's royalty n	droits d'auteur nm	derechos de autor nm	diritti d'autore nm
royalty-exclusive agreement n	contrat excluant les droits d'auteur nm	acuerdo que excluye el pago de derechos nm	contratto con esclusione di royalties nm
royalty-inclusive agreement n	contrat incluant les droits d'auteur nm	acuerdo que incluye el pago de derechos nm	contratto con inclusione di royalties nm
rubber plate n	cliché en caoutchouc nm	clisé de caucho nm	cliché di gomma nm
running head n	titre courant nm	título repetido nm	titolo corrente nm
run-on costs n	frais de roulage nm	gastos de lo sucesivo nm	costi di copie successive nm

review–run-on costs　　　　　　　　　　　　　　　　　　　Section A　English–all language versions

GERMAN	DUTCH	SWEDISH	ENGLISH
Rezension; Kritik; Besprechung *nf*	recensie; boekbespreking *n*	recension *n*	**review** *n*
Rezensionsexemplar; Besprechungsexemplar *nm*	recensie-exemplaar *n*	recensionsexemplar *n*	**review copy** *n*
Rezensent *nm*	recensent *n*	recensent *n*	**reviewer** *n*
rechte Seite *nf*	rechter pagina *n*	högersida *n*	**right-hand page** *n*
Vorderseite lesend *adj*	leesbaar *adj*	rättvänd *adj*	**right-reading** *adj*
Vorderseite lesend Schichtseite unten *adj*	onleesbaar positief voor film *adj*	rättvänd med emulsionen nedåt *adj*	**right-reading emulsion-side down** *adj*
Vorderseite lesend Schichtseite oben *adj*	leesbaar positief voor film *adj*	rättvänd med emulsionen uppåt *adj*	**right-reading emulsion-side up** *adj*
Rechte *nn*	rechten *n*	rättigheter *n*	**rights** *n*
Auslandsrechte *nn*	buitenlandse rechten *n*	utlandsrättigheter *n*	**foreign rights** *n*
Rechte der gebundenen Ausgabe *nn*	recht tot uitgeven van gebonden uitgave *n*	pärmboksrättigheter *n*	**hardback rights** *n*
Paperback-Rechte *nn*	recht tot uitgeven van paperback-uitgave *n*	pocketboksrättigheter *n*	**paperback rights** *n*
Nebenrechte *nn*	nevenrechten *n*	tilläggsrättigheter *n*	**subsidiary rights** *n*
Rechtsleiter *nm*	hoofd van rechtenafdeling *n*	rättschef *n*	**rights director** *n*
Ringbuch *nn*; Ringordner *nm*	ringband *n*	ringbindning *n*	**ring binder** *n*
Totspeicher *nm*	dood geheugen *n*	läsminne *n*	**ROM** *abbrev* **read-only memory** *n*
römisch *adj*	romeins *adj*	antikva *adj*	**Roman** *adj*
römische Ziffern *npl*	romeinse cijfers *n*	antikvatecken *n*	**Roman figures** *n*
rotierend *adj*; Dreh-; Rotations- *prefix*	roterend *adj*	rotation *adj*	**rotary** *adj*
Rotationspresse *nf*	offset-rotatiepers; rollen-offsetpers *n*	rotationspress *n*	**rotary press** *n*
Skizze *nf*; Entwurf; Rohentwurf *nm*	schets *n*	skiss *n*	**rough** *n*
mit rundem Rücken *adj*	met rondgezette rug *adj*	rundad och falsslagen *adj*	**rounded and backed** *adj*
Honorar *nn*; Tantieme *nf*	royalty; aandeel in de opbrengst *n*	royalty *n*	**royalty** *n*
Autorhonorar *nn*	auteursroyalty *n*	författarroaylty *n*	**author's royalty** *n*
Vertrag ausschließlich Tantiemen *nm*	overeenkomst exclusief royalties *n*	avtal utan roaylty *n*	**royalty-exclusive agreement** *n*
Vertrag einschließlich Tantiemen *nm*	overeenkomst inclusief royalties *n*	avtal med roaylty *n*	**royalty-inclusive agreement** *n*
Gummiklischee *nn*; Gummiplatte *nf*	rubber cliché; rubber styp *n*	gummikliché; plastkliché *n*	**rubber plate** *n*
(lebender) Kolumnentitel *nm*	hoofdregel; kopregel *n*	kolumntitel *n*	**running head** *n*
Fortdruckkosten *npl*	doordrukkosten *n*	följandepris *n*	**run-on costs** *n*

Section A English–all language versions

ENGLISH	FRENCH	SPANISH	ITALIAN
saddle stitch *v*	piquer à cheval *v*	coser por el lomo *v*	cucire in piega *v*
saddle-stitched *adj*	piqué à cheval *adj*	cosido por el lomo *adj*	cucito in piega *adj*
saddle stitching *n*	piqûre à cheval *nf*	cosido por el lomo *nf*	cucitura in piega *nf*
sale or return *adj*	vendu ou renvoyé *adj*	venta o devolución *adj*	vendita o reso *adj*
sales *n*	ventes; soldes *nf*	ventas *nf*	vendite *nf*
sales director *n*	directeur commercial *nm*	director de ventas *nm*	direttore vendite *nm*
sales rep *n*	représentant de commerce *nm*	representante de ventas *nm*	rappresentante *nm*
same-size *adj*	de même format *adj*	del mismo tamaño *adj*	stesso formato *nm*
sans serif *n*	caractère sans empattement *nm*	carácter sin trazos terminales; tipo basto *nm*	bastoncino *nm* ; carattere sprovvisto di grazie *nm*
sc *abbrev* small caps *n*	petites capitales *nf*	versalitas *nf*	maiuscolette *nf*
scale *v*	cadrer; coter *v*	graduar *v* ; trazar a escala *v*	mettere in scala *v*
scaling *n*	cotation; échelle *nf* ; cadrage *nm*	graduación *nf* ; medición a escala *nf*	traduzione in scala *nf*
scan *v*	analyser; balayer; explorer *v*	analizar *v* ; explorar *v*	esplorare *v* ; analizzare *v* ; scandire *v*
scanned *adj*	balayé; exploré *adj*	explorado *adj*	esplorato *adj* ; analizzato *adj* ; scandito *adj*
scanner *n*	scanner; explorateur électronique *nm*	explorador electrónico *nm*	scanner *nm* ; analizzatore elettronico *nm*
scanning *n*	balayage *nm* ; exploration *nf*	exploración *nf*	esplorazione elettronica *nf* ; scansione *nf*
schedule *n*	planning; programme *nm*	programa *nm*	programma *nm* ; orario *nm*
school textbook *n*	livre scolaire *nm*	libro de texto *nm*	libro di testo scolastico *nm*
screen *n*	trame *nf*	trama *nf*	retino *nm*
screen angle *n*	inclinaison de la trame *nf*	inclinación de la trama *nf*	angolazione del retino *nf*
screened *adj*	tramé *adj*	tramado *adj*	retinato *adj*
screened bromide *n*	bromure tramé *nm*	bromuro tramado *nm*	patinata; retinata *nf*
screened negative *n*	négatif tramé *nm*	negativo tramado *nm*	negativo retinato *nm*
screened positive *n*	positif tramé *nm*	positivo tramado *nm*	positivo retinato *nm*
screened print *n*	copie tramée *nf*	copia tramada *nm*	copia retinata *nf*
screenless litho *n*	lithographie sans trame *nf*	litografía no tramada *nf*	litografia senza retino *nf*
screen printing *n*	sérigraphie *nf*	impresión serigráfica *nf*	serigrafia *nf*

saddle stitch–screen printing Section A English–all language versions

GERMAN	DUTCH	SWEDISH	ENGLISH
im Falz mit Faden/Draht heften *v*	nieten door de rug *v*	sadelhäfta *v*	**saddle stitch** *v*
Rückstich- *prefix*	geniet door de rug *adj*	sadelhäftad *adj*	**saddle-stitched** *adj*
Drahtheftung durch den Rücken; Rückstichheftung; Sattelheftung *nf*	nieten door de rug *n*	sadelhäftning *n*	**saddle stitching** *n*
auf Kommission *adj*	recht van retour; in commissie *adj*	i kommission; med returrätt *n*	**sale or return** *adj*
Verkauf; Vertrieb *nm*	verkoop *n*	försäljning *n*	**sales** *n*
Verkaufsdirektor; Vertriebsdirektor *nm*	verkoopdirecteur *n*	försäljningschef *n*	**sales director** *n*
Verkaufsvertreter; Außendienstmitarbeiter; Verkäufer; Verkaufsrepräsentant *nm*	vertegenwoordiger *n*	försäljare *n*	**sales rep** *n*
gleichgroß *adj*	van dezelfde afmetingen *adj*	lika stor *adj*	**same-size** *adj*
serifenlose (Linear-)Antiqua *nf*	schreefloze letter *n*	grotesk *n*	**sans serif** *n*
Kapitälchen *npl*	klein kapitaal *n*	kapitäler *n*	**sc** *abbrev* **small caps** *n*
Größe verändern; skalieren *v*	scherpstelling met behulp van een schaal *v*	formatbestämma *v*	**scale** *v*
Skalierung; Vermaßen; Vergrößern; Verkleinern *nn*	formaatberekening; formaatbepaling *n*	formatbestämning *n*	**scaling** *n*
abtasten; scannen *v*	scannen; aftasten *v*	scanna *v*	**scan** *v*
abgetastet; gescannt *adj*	scanned; afgetast *adj*	scannad *adj*	**scanned** *adj*
Lesegerät *nn*; Scanner *nm*	scanner; aftaster *n*	scanner *n*	**scanner** *n*
Aufzeichnung; Abtastung *nf*; Scannen *nn*	aftasten; scannen *n*	scanning *n*	**scanning** *n*
Plan; Zeitplan *nm*	schema; programma *n*	schema *n*	**schedule** *n*
Schulbuch *nn*	educatieve uitgave; schoolboek *n*	lärobok *n*	**school textbook** *n*
Raster; Sieb *nn*; Filter; Bildschirm *nm*	beeldscherm; scherm *n*	raster *n*	**screen** *n*
Rasterwinkelung *nf*	rasterhoek *n*	rastervinkel *n*	**screen angle** *n*
gerastert *adj*	gerasterd *adj*	rastrerad *adj*	**screened** *adj*
gerasterter Bromidsilberdruck *nm*	rasterbromide *n*	rastrerad bromidfilm *n*	**screened bromide** *n*
Rasternegativ *nn*	rasternegatief *n*	rastrerat negativ *n*	**screened negative** *n*
Rasterpositiv *nn*	rasterpositief *n*	rastrerat positiv *n*	**screened positive** *n*
Rasterdruck *nm*	zeefdruk *n*	rastertryckt *n*	**screened print** *n*
rasterloses Litho *nn*	ongerasterde litho *n*	rasterlös lito *n*	**screenless litho** *n*
Siebdruck; Durchdruck; Rakeldruck; Schablonendruck *nm*	zeefdrukken *n*	screentryck *n*	**screen printing** *n*

Section A English–all language versions

ENGLISH	FRENCH	SPANISH	ITALIAN
screen ruling n	densité de la trame nf	lineatura de la trama nf	lineatura del retino nf
seafreight n	transport maritime nm	flete marítimo nm	spedizione marittima nf
search and replace routine n	programme de recherche et remplacement nm	procedimiento de búsqueda y sustitución nm	programma di ricerca e sostituzione nm
section n	signature nf ; cahier nm	sección nf	segnatura nf ; impianto nm
section-sewn adj	avec cahiers cousus adj	cosido por secciones adj	cucito in segnature adj
security paper n	papier fiduciaire nm	papel para documentos de valor nm	carta di sicurezza nf ; carta per carte valori nf
security printing n	impression de sécurité nf	impresión de documentos de valor nf	stampa di carte valori nf
self-adhesive adj	autocollant adj	autoadhesivo nm ; autopegado nm	autoadesivo adj
self cover n	couverture à même l'ouvrage nf	cubierta del mismo papel que el texto nf	copertina integrale nf ; autocopertina nf
self ends n	feuilles de garde collées nf	guardas incluidas nf	autorisguardi nm
sell v	vendre v	vender v	vendere v
seller n	vendeur nm	vendedor nm	venditore nm
semi-colon n	point-virgule nm	punto y coma nm	punto e virgola nm
separation n	sélection nf	separación nf	selezione nf
achromatic separations n	sélection achromatique nf	separación acromática nf	selezioni acromatiche nf
colour separations n	sélection des couleurs nf	separación de colores nf	selezioni cromatiche nf
set of separations n	jeu de sélection de couleurs nm	conjunto de separaciones nm	serie di selezioni nf
separation negatives n	négatifs sélectionnés nm	negativos de selección nm	negativi di selezione nm
separation positives n	positifs sélectionnés nm	positivos de selección nm	positivi di selezione nm
serif n	empattement nm	remate; trazo terminal nm	grazie nf
set v	composer v	componer v	comporre v
set adj	composé adj	compuesto adj	composto adj
set-off n	maculation nf ; maculage nm	repinte nm ; maculado nm	controstampa nf
setting n	composition nf	composición nf	composizione nf
sew v	coudre v	coser v	cucire v
sewing n	couture nf	costura nf	cucitura nf
sewn adj	cousu adj	cosido adj	cucito adj
shadow density n	densité d'ombre nf	densidad de sombra nf	densità delle ombre nf
shadow dot n	grande ombre nf	punto de sombra nf	punto delle ombre nm
shadows n	ombres nf	sombras nf	ombre nf
sheet n	feuille nf ; feuillet nm	hoja nf	foglio nm
sheetfed adj	à feuilles adj	alimentado con hojas adj	alimentato a foglio adj
sheetfed machine n	machine à feuilles nf	máquina de alimentación en hojas nf	macchina a foglio nf

screen ruling–sheetfed machine

Section A English–all language versions

GERMAN	DUTCH	SWEDISH	ENGLISH
Rasterweite *nf*	rasterwijdte; rasterfijnheid *n*	rasterlinje *n*	**screen ruling** *n*
Seefracht *nf*	zeevracht *n*	sjöfrakt; ytfrakt *n*	**seafreight** *n*
Such- und Austausch-Routine *nf*	zoeken en vervangen *n*	sök och ersätt-rutin *n*	**search and replace routine** *n*
Abschnitt; Druckbogen *nm*	sectie van boek; deel; afdeling *n*	sektion *n*	**section** *n*
druckbogengeheftet *adj*	gedeeltelijk genaaid *adj*	bunden i sektioner *adj*	**section-sewn** *adj*
Sicherheitspapier *nn*	waardepapier; aandelenpapier *n*	värdepapper *n*	**security paper** *n*
Sicherheitsdruck *nm*	drukken van waardepapieren *n*	värdetryck *n*	**security printing** *n*
selbstklebend *adj*	zelfklevend *adj*	självhäftande	**self-adhesive** *adj*
Integraleinband *nm*	integraalband *n*	omslag på inlagans papper *n*	**self cover** *n*
Selbstschutzblätter *nn*	integraal-schutbladen *n*	försättsblad; eftersättsblad av inlagans papper *n*	**self ends** *n*
verkaufen *v*	verkopen *v*	sälja *v*	**sell** *v*
Verkäufer *n*	verkoper *n*	försäljare *n*	**seller** *n*
Semikolon *nn*	punt-komma; komma-punt *n*	semikolon *n*	**semi-colon** *n*
Trennung *nf*	kleurscheiding *n*	separation; mellanrum *n*	**separation** *n*
achromatische Unbuntfarbsatz *nm*	achromatische kleurscheidingen *n*	akromatisk separation *n*	**achromatic separations** *n*
Farbzerlegungen; Farbtrennungen *npl*	kleurscheidingen *n*	färgseparation *n*	**colour separations** *n*
Trennungssatz *nm*	set kleurscheidingen *n*	separationsset *n*	**set of separations** *n*
Auszugsnegative *npl*	deelnegatieven *n*	separationsnegativ *n*	**separation negatives** *n*
Auszugspositive *npl*	deelpositieven *n*	separationspositiv *n*	**separation positives** *n*
Serif *nm*	schreef *n*	serif; schattering *n*	**serif** *n*
setzen; absetzen *v*	handdroog worden; zetten *v*	sätta *v*	**set** *v*
gesetzt *adj*	gezet *adj*	satt *adj*	**set** *adj*
Abschmutzen *nn*	overzetten *n*	smetning *n*	**set-off** *n*
Satz *nm*	stellen; afstellen; regelen *n*	sättning *n*	**setting** *n*
heften *v*	naaien *v*	textilhäfta *v*	**sew** *v*
Heftung *nf*	genaaide bindwijze *n*	textilhäftning *n*	**sewing** *n*
geheftet *adj*	genaaid *adj*	textilhäftad *adj*	**sewn** *adj*
Schattendichte *nf*	densiteit van de zware partijen (schaduwen) *n*	skuggdensitet *n*	**shadow density** *n*
Schattenpunkt *nm*	schaduwpunt *n*		**shadow dot** *n*
Schatten *nm*	schaduwpartijen *n*	skuggdager *n*	**shadows** *n*
Blatt *nn*; Bogen *nm*	vel (papier) *n*	ark *n*	**sheet** *n*
Bogenoffset- *prefix*	met vellen-inleg *adj*	arkmatad *adj*	**sheetfed** *adj*
Bogenoffsetmaschine *nf*	vellenpers *n*	arkpress *n*	**sheetfed machine** *n*

Section A   English–all language versions

ENGLISH	FRENCH	SPANISH	ITALIAN
sheet size *n*	format de feuille *nm*	tamaño de la hoja *nm*	formato foglio *nm*
sheetwork *n*	imposition en feuille *nm*	imposición a blanco y retiración *nf*	imposizione con bianca separata dalla volta *nf*
shipping *n*	expédition maritime *nf*	envío *nm* ; expedición *nf*	spedizione *nf*
shipping costs *n*	frais d'expédition *nm*	gastos de envío *nm*	spese di spedizione *nf*
shipping instructions *n*	instructions d'expédition *nf*	instrucciones de envío *nf*	istruzioni per la spedizione *nf*
short grain	sens travers *adj*	fibra transversal *adj*	latocorto; fibra trasversale *adj*
shoulder head *n*	manchette *nf*	titulo a lo ancho del texto *nm*	titolo di paragrafo *nm*
show-through *n*	transparence *nf*	transparencia *nf*	trasparenza *nf*
shrink-wrapped *adj*	emballé sous film rétractable *adj*	empaquetado retractilado *adj*	imballato a termocontrazione; cellofanato *adj*
shrink-wrapping *n*	empaquetage par film rétractable *nm*	empaquetado retractilado *nm*	imballaggio a termocontrazione *nm* ; cellofanatura *nf*
side head *n*	sous-titre *nm*	titulo lateral *nm*	titolo di paragrafo *nm*
side-sew *v*	piquer à plat *v*	coser lateralmente *v*	cucire lateralmente *v*
side-sewn *adj*	piqué à plat *adj*	con cosido lateral *adj*	cucito lateralmente *adj*
side-stitch *v*	piquer à plat; agrafer *v*	coser lateralmente con grapas *v*	cucire lateralmente a punti metallici *v*
side-stitched *adj*	piqué à plat; agrafé *adj*	cosido lateralmente con grapas *adj*	cucito lateralmente a punti metallici *adj*
signature *n*	cahier *nm* ; signature *nf*	signatura *nf*	segnatura *nf*
silk-screen printing *n*	sérigraphie *nf*	serigrafía *nf*	serigrafia *nf*
single-colour *adj*	unicolore *adj*	monocromo *adj*	monocromo *adj*
size *n*	format *nm* ; taille *nf*	tamaño *nm*	formato *nm*
sizing *n*	collage *nm*	encolado *nm*	collatura *nf*
skid *n*	palette sur patins *nf*	plataforma *nf*	piattaforma *nf*
slip case *n*	étui *nm*	estuche *nm*	guaina *nf*; custodia *nf*
small caps *n*	petites capitales *nf*	versalitas *nf*	maiuscolette *nf*
small offset *n*	offset petit format *nm*	offset reducido *nm*	offset piccolo formato *nf*
smoothness *n*	poli; lissé *nm*	lisura *nf*	levigatezza *nf*; liscio *nm*
soft-dot negatives *n*	négatifs à points faibles *nm*	negativos con puntos débiles *nm*	negativi a punti morbidi *nm*

sheet size–soft-dot negatives   Section A   English–all language versions

GERMAN	DUTCH	SWEDISH	ENGLISH
Bogengröße nf; Bogenformat nn	velformaat; formaat; afmetingen van een vel papier n	arkformat n	sheet size n
Bogendruck nm	schoondruk- en weerdrukvorm apart; binnen- en buitenvorm apart n	arkjobb n	sheetwork n
Versand nm	versturen; verzenden n	transport; skeppning; sjöfart n	shipping n
Frachtkosten npl	verzendkosten n		shipping costs n
Versandanweisungen npl	verzendinstructies n	transportinstruktion n	shipping instructions n
kurzfaserig adj	breedlopend adj	kortfibrig adj	short grain
Überschrift nf	voorin gehouden kopje n	skulder-huvud n	shoulder head n
Durchscheinen; Durchschlagen nn	doorschijnen n	genomskinlig adj	show-through n
in Schrumpffolie verpackt adj	verpakt in plastic adj	krymppackad adj	shrink-wrapped adj
Schrumpffolienverpackung nf	in plastic verpakken n	krympförpackning n	shrink-wrapping n
Marginaltitel nm	voorin gehouden kopje n	sidhuvud n	side head n
seitlich heften; seitlich binden v	naaien door het plat v	platthäfta v	side-sew v
seitlich geheftet; seitlich gebunden adj	genaaid door het plat adj	platthäftad adj	side-sewn adj
quer heften v	nieten door het plat v	platthäfta v	side-stitch v
quer geheftet adj	geniet door het plat adj	platthäftad adj	side-stitched adj
Bogen; Druckbogen nm; Signatur nf	katern n	signatur n	signature n
Siebdruck nm	zeefdrukken n	screentryck n	silk-screen printing n
einfarbig adj	eenkleurig adj	enfärgad adj	single-colour adj
Format nn; Größe nf	velformaat n	format n	size n
Leimung nf	lijming; lijmen n	limning; grundering n	sizing n
Palette nf	laadbord; verlaadbord n	förgyllarstämpel n	skid n
Schuber; Schutzkarton nm	doos; hoes; huls n	bokfodral n	slip case n
Kapitälchen npl	klein kapitaal n	kapitäler n	small caps n
Kleinoffset nm	kleinoffset n	småoffset n	small offset n
Glätte nf	vlakheid n	glättning n	smoothness n
Weichpunktnegative npl	zachte-punt negatieven n	mjukt rasternegativ n	soft-dot negatives n

Section A English–all language versions

ENGLISH	FRENCH	SPANISH	ITALIAN
soft-dot positives n	positifs à points faibles nm	positivos con puntos débiles nm	positivi a punti morbidi nm
software n	logiciel nm	software nm	software nm ; programmi nm
applications software n	progiciel nm	software de aplicaciones nm	software applicativo nm
softwood pulp n	pâte de bois résineux/de conifères nf	pasta de coníferas nf	pasta di conifere nf
sort n	police nf	carácter nm	carattere nm
special sort n	police spéciale nf	carácter especial nm	carattere di matrice speciale nm
space n	espace nm	espacio nm	spazio nm
special colour n	couleur spéciale nf	color especial nm	colore speciale nm
special sort n	police spéciale nf	carácter especial nm	carattere di matrice speciale nm
specification n	spécification nf	especificación nf	specifica nf
specimen n	spécimen; échantillon nm	ejemplar nm ; muestra nf	campione nm
spine n	dos nm	lomo nm	dorso nm
spine lettering n	lettrage du dos du livre nm	título del lomo nm	scrittura sul dorso nf
spiral binding n	reliure à spirales nf	encuadernación con espiral nf	legatura a spirale nf
spoilage n	déchets nm ; passe nf	maculaturas nf	scarti nm ; sprechi nm
spot colour n	couleur secondaire nf	color adicional nm	colore localizzato nm
spotting n	retouche nf ; bouchage nm	retoque nm	ritocco dei negativi nm
spread n	double page nf	página doble enfrentada nf	doppia pagina nf
double-page spread n	double page nf	página doble enfrentada nf	doppia pagina nf
sprinkled edges n	tranches mouchetées nf	cantos jaspeados nm	tagli spruzzati nm
square back n	dos carré nm	lomo cuadrado nm	dorso piatto nm
square bracket n	crochet nm	corchete nm	parentesi quadra nf
s/s abbrev same-size	format similaire; tel	del mismo tamaño	dello stesso formato
stamp v	frapper; gaufrer; estamper v	estampar v	tranciare v
stamped adj	imprimé en relief; gaufré adj	estampado adj	tranciato adj
stamping n	estampage; gaufrage nm ; impression en relief nf	estampado nm	trancia nf
stand-alone adj	isolé; autonome adj	autónomo adj	autonomo adj
stationery n	papeterie nf	papelería nf	cancelleria nf
commercial stationery n	papeterie pour usage commerciale nf	papelería comercial nf	cancelleria commerciale nf

GERMAN	DUTCH	SWEDISH	ENGLISH
Weichpunktpositive *npl*	zachte-punt positieven *n*	mjukt rasterpositiv *n*	**soft-dot positives** *n*
Software *nf*	software; programma *n*	programvara *n*	**software** *n*
Anwendungs-Software *nf*	*toepassingsprogramma n*	*tillämpningsprogram n*	**applications software** *n*
Weichholzschliff *nm*	sol *n*	barrträmassa *n*	**softwood pulp** *n*
Sortierung *nf*	sortering *n*	matris *n*	**sort** *n*
Sondersortierung *nf*	*speciale sortering n*	*specialmatris n*	*special sort n*
Spatium *nn* ; Zwischenraum *nm*	spatie *n*	spatie *n*	**space** *n*
Sonderfarbe *nf*	speciale kleur *n*	specialfärg *n*	**special colour** *n*
Sondersortierung *nf*	speciale sortering *n*	specialmatris *n*	**special sort** *n*
Spezifikation; genaue Angabe *nf*	specificatie *n*	specifikation *n*	**specification** *n*
Muster *nn* ; Probe *nf*	monster; monstervel *n*	prov *n*	**specimen** *n*
Buchrücken; Bund *nm*	rug; boekrug *n*	bokrygg *n*	**spine** *n*
Buchrückentitel *nm*	belettering op de rug *n*	ryggtitel på bokrygg *n*	**spine lettering** *n*
Spiralheftung *nf*	spiraalbinding *n*	spiralbindning *n*	**spiral binding** *n*
Makulatur *nf*	drukfouten *n*	makulatur *n*	**spoilage** *n*
Schmuckfarbe *nf*	steunkleur *n*	dekorfärg *n*	**spot colour** *n*
Spotretusche *nf*	uitdekken; retoucheren *n*	fläckbildning *n*	**spotting** *n*
Panoramaseite *nf*	afbeelding; illustratie over twee pagina's *n*	uppslag *n*	**spread** *n*
durchgehende Doppelseite; Panoramaseite *nf*	*afbeelding; illustratie over twee pagina's n*	*dubbelsidigt uppslag n*	**double-page spread** *n*
Sprengschnitt *nm*	gespikkelde sneden; gesprenkelde sneden *n*	krympta kanter *n*	**sprinkled edges** *n*
Flachrücken *nm*	rechte rug; Engelse rug *n*	rak rugg *n*	**square back** *n*
eckige Klammer *nf*	vierkante haakjes *n*	fyrkantig klammer; hake; parentes; klammer; hake *n*	**square bracket** *n*
gleichgroß	van dezelfde afmetingen	samma format	s/s *abbrev* **same-size**
stempeln; prägen *v*	stempelen *v*	prägla *v*	**stamp** *v*
gestempelt; geprägt *adj*	gestempeld *adj*	präglad *adj*	**stamped** *adj*
Stempeln; Prägen *nn*	stempelen; stempeling *n*	prägling *n*	**stamping** *n*
Solo- *prefix*; unabhangig *adj*	op zichzelf staand *adj*	fristående *adj*	**stand-alone** *adj*
Papierwaren *npl*	schrijfbehoeften; kantoorbenodigdheden *n*	brevpapper *n*	**stationery** *n*
handelsmäßige Papierwaren *npl*	*handelspapier n*	*kommersiellt kontorsmaterial n*	**commercial stationery** *n*

Section A English–all language versions

ENGLISH	FRENCH	SPANISH	ITALIAN
continuous stationery n	*papier en continu* nm	*papelería continua* nf	*moduli a striscia continua* nf
personal stationery n	*papeterie pour usage personnel* nf	*papelería personal* nf	*cancelleria personale* nf
stencil n	stencil; pochoir nm	patrón nm ; matriz nf	maschera nf
step-and-repeat machine n	machine à reports nf	fotoimpresora de repetición nf	macchina ripetitrice nf ; ripetitore nm
stereotype n	stéréotype nm	estereotipado nm ; clisé nm	stereotipia nf
stillage n	palette nf	palet nf	piattaforma nf
stitch v	piquer v	coser con hilo metálico v	cucire a filo metallico v
stitched adj	piqué adj	cosido con hilo metálico adj	cucito a punto metallico adj
stitching n	piqûre nf	cosido con hilo metálico nm	cucitura a punto metallico nf
stock n	pâte à papier nf	pasta refinada nf	impasto nm
storage n	stockage nm	acumulación nf ; almacenamiento nm	deposito nm
strawboard n	carton de paille nm	cartón de paja nm	cartone paglia nm
strike-on composition n	composition directe sur papier nf	composición con máquina de escribir nf	composizione a macchina da scrivere nf
strike-through n	pénétration de l'encre nf	penetración de la tinta nf	assorbenza nf
strip in v	monter v	montar v	inserire v
stripping in n	montage nm	montaje nm	montaggio nm
sub-editing n	rédaction; mise au point nf	redacción nf	redazione nf
sub-editor n	rédacteur; préparateur de copie nm	redactor nm	redattore nm
subheading n	sous-titre; intertitre nm	subtítulo nm	sottotitolo nm
subscripts n	indices nm	caracteres de menor tamaño nm ; subíndice nm	indici inferiori letterali nm
subscription n	abonnement nm	suscripción nf	abbonamento nm ; sottoscrizione nf
subsidiary rights n	droits dérivés nm	derechos suplementarios nm	diritti supplementari nm
substance n	grammage nm	gramaje nm	peso di base nm ; grammatura nf
subtitle n	sous-titre nm	subtítulo nm	sottotitolo nm
sulphate pulp n	pâte au sulfate nf	pasta al sulfato nf	pasta chimica al solfato nf
sulphite pulp n	pâte au bisulfite nf	pasta al bisulfito nf	pasta chimica al bisolfito nf
supercalendered paper n	papier supercalandré nm	papel supercalandrado nm	carta supercalandrata nf
superior adj	supérieur adj	superior adj	superiore adj
superscript n	exposant nm	carácter superior nm	carattere superiore nm
supplement n	supplément nm	suplemento nm	supplemento nm
supplier n	fournisseur nm	proveedor nm	fornitore nm

stencil–supplier   Section A   English–all language versions

GERMAN	DUTCH	SWEDISH	ENGLISH
Endlospapier nn	*kettingpapier* n	*kedjeblan-kettpapper* n	**continuous stationery** n
persönliche Papierwaren npl	*persoonlijk briefpapier* n	*personligt brevpapper* n	**personal stationery** n
Schablone nf	sjabloon n	stencil n	**stencil** n
Repetierkopiermaschine nf	kopieermachine n	step-and-repeat maskin n	**step-and-repeat machine** n
Stereotype nf	stereotype; styp n	stereotypi; stereotyp n	**stereotype** n
Palette nf	laadbord; verlaadbord n	förgyllarstämpel n	**stillage** n
heften v	brocheren v	häfta v	**stitch** v
geheftet adj	gebrocheerd adj	häftad adj	**stitched** adj
Heftung nf	brochering n	häftning n	**stitching** n
Stoff; Vorrat nm ; Papier nn	heelstof; papier; voorraad n	lager n	**stock** n
Einlagerung nf ; Lager nn	geheugen; opslag n	minne; lagring n	**storage** n
Strohkarton nm	strobord; strokarton n	halmpapp n	**strawboard** n
Schreibsatz nm	wegslaan (zetten) n	skrivmaskinssättning n	**strike-on composition** n
Durchsthlagen nn	doorslaan n	montera v	**strike-through** n
montieren v	tekst of beeld in een pagina inmonteren v	montera v	**strip in** v
Montage nf	tekst of beeld in een pagina inmonteren n	montering n	**stripping in** n
Redaktion nf	redaktie n	redigering n	**sub-editing** n
Lektor nm	redakteur n	redigerare n	**sub-editor** n
Untertitel nm ; Unterrubrik nf	tussentitel n	underrubrik n	**subheading** n
tiefstehender Index nm	inferieure letter n	prenumerera n	**subscripts** n
Abonnement nn	abonnement; intekening n	prenumeration n	**subscription** n
Nebenrechte npl	nevenrechten n	sidorättigheter n	**subsidiary rights** n
Quadratmetergewicht nn	riem-; gram-; vierkante-metergewicht n	substans n	**substance** n
Untertitel; Nebentitel nm	ondertitel n	underrubrik n	**subtitle** n
Natronzellstoff nm	sulfaatcelstof n	sulfatmassa n	**sulphate pulp** n
Sulphitpulpe nf	sulfietcelstof n	sulfitmassa n	**sulphite pulp** n
hochsatiniertes Papier nn	hooggesatineerd papier; hooggeglansd papier n	superkalandrerat papper n	**supercalendered paper** n
hochgestellt adj	superieur adj	i överkant adj	**superior** adj
hochgestellter Index nm	superieure letters; superieure tekens n	upphöjd adj	**superscript** n
Beilage nf ; Zusatz nm	supplement n	supplement n	**supplement** n
Lieferant; Händler nm	leverancier n	leverantör n	**supplier** n

Section A English–all language versions

ENGLISH	FRENCH	SPANISH	ITALIAN
surface *n*	surface *nf*	superficie *nf*	superficie *nf*
swatch *n*	échantillon *nm*	muestra *nf*	campione *nm*
synopsis *n*	résumé; synopsis *nm*	sinopsis *nf*	sinossi *nf*
system *n*	système *nm*	sistema *nm*	sistema *nm*
tab index *n*	carte à onglet *nf*	índice de tabulación *nm*	indice a linguette *nm*
tabular material *n*	tableaux; graphiques *nm*	material diagramático *nm*	materiale tabulare *nm*
tailband *n*	tranchefile intérieure *nf*	espacio del pie de página *nm*	capitello inferiore *nm*
tail margin *n*	blanc de pied *nm*	margen al pie *nm*	margine inferiore *nm* ; bianco al piede *nm*
tails *n*	bas de page *nm*	colas *nf*; estériles *nm*	margini inferiori *nm* ; bianchi al piede *nm*
tape *n*	bande *nf*	cinta *nf*	nastro *nm*
magnetic tape *n*	bande magnétique *nf*	cinta magnética *nf*	nastro magnetico *nm*
paper tape *n*	bande de papier *nf*	cinta de papel *nf*	nastro di carta *nm*
telecommunications *n*	télécommunications *nf*	telecomunicaciones *nf*	telecomunicazioni *nf*
terminal *n*	terminal *nm*	terminal *nm*	terminale *nm*
computer terminal *n*	terminal d'ordinateur *nm*	terminal de ordenador *nm*	terminale di calcolatore *nm*
editing terminal *n*	terminal de rédaction *nm*	terminal de montaje *nm*	terminale di editing *nm*
visual display terminal *n*	terminal à écran de visualisation *nm*	terminal con pantalla de visualización *nm*	terminale con schermo di visualizzazione *nm*
territory *n*	territoire *nm*	territorio *nm*	territorio *nm*
text *n*	texte *nm*	texto *nm*	testo *nm*
body text *n*	texte courant *nm*	composición del texto *nf*	composizione corrente *nf*
main text *n*	texte principal *nm*	texto principal *nm*	testo principale *nm*
subsidiary text *n*	texte supplémentaire *nm*	texto secundario *nm*	testo supplementare *nm*
text area *n*	surface composée *nf*	superficie del texto *nf*	area testo *nf*
textbook *n*	manuel scolaire *nm*	libro de texto *nm*	libro di testo *nm*
textmatter *n*	composition courante *nf*	composición del texto *nf*	testo *nm*
text pages *n*	pages de texte *nf*	páginas del texto *nf*	pagine di testo *nf*
text paper *n*	papier pour édition de livres *nm*	papel para el texto *nm*	carta del testo *nf*
thermography *n*	thermographie *nf*	termografía *nf*	termografia *nf*; stampa termografica *nf*
thermo-mechanical pulp *n*	pâte thermomécanique *nf*	pasta termomecánica *nf*	pasta termomeccanica *nf*
thumb index *n*	index à encoches *nm*	índice con uñera *nm*	indice a tacche *nm*
tightback binding *n*	façonnage dos collé *nm*	encuadernación de medianil rígido *nf*	legatura a dorso rinforzato *nf*

surface–tightback binding   Section A   English–all language versions

GERMAN	DUTCH	SWEDISH	ENGLISH
Fläche; Oberfläche; Oberseite nf	oppervlak n	sida n	surface n
Muster nn	monster n	färgprov n	swatch n
Synopse; Zusammenfassung nf	synopsis; korte inhoud n	synopsis n	synopsis n
System nn	systeem n	system n	system n
Blattweiser nm	tabkaarten n	indexband n	tab index n
Material in Tabellenform nn	tabelwerk; tabellenzetwerk n	tabellsättning n	tabular material n
Unterrandeinband nm	onderste kapitaalbandje; onderste besteekbandje n	kapitälband n	tailband n
Unterrand n	staartmarge; ondermarge n	nedre sidmarginal n	tail margin n
Unterschläge nm	sluitvignetten n	bottenmarginal n	tails n
Band nn	band; geluidsband n	tejp n	tape n
Magnetband nn	*tape; magneetband n*	*magnetisk tejp n*	*magnetic tape n*
Papierband nn	*ponsband n*	*hålremsa n*	*paper tape n*
Telekommunikation nf	telecommunicatie n	telekommunikation n	telecommunications n
Terminal nn ; Bildschirm nm	terminal n	terminal n	terminal n
Computer-Terminal nn	*computerterminal n*	*dataterminal n*	*computer terminal n*
Editierstation nf ; Korrekturbildschirm nm	*opmaakterminal n*	*redigeringsterminal n*	*editing terminal n*
Bildschirm zur visuellen Anzeige nm	*videoscherm; correctiescherm n*	*ombrytningsterminal n*	*visual display terminal n*
Territorium nn ; Gebiet nm	gebied n	territorium n	territory n
Text nm	tekst n	text n	text n
laufender Text nm	*platte tekst; plat zetsel n*	*brödtext n*	*body text n*
Haupttext nm	*hoofdtekst n*	*huvudtext n*	*main text n*
Nebentext nm	*pagina's achterin een boek n*	*sidotext n*	*subsidiary text n*
Textfläche nf	ruimte voor tekst n	textyta n	text area n
Textbuch; Lehrbuch nn	studieboek n	lärobok n	textbook n
Tetxsatz nm ; glatter Satz	plat zetsel; plat werk n	text n	textmatter n
Textseiten nf	tekstpagina's n	textsidor n	text pages n
Textpapier nn	tekstdrukpapier n	inlaga n	text paper n
Thermografie nf	thermodruk; imitatie-staalstempeldruk; imitatie-reliëfdruk n	termografi n	thermography n
warmgeschliffener Holzschliff nm	door hitteproces verkregen houtslijp n	termisk slipmassa n	thermo-mechanical pulp n
Daumenregister nn	duimindex; duimregister n	tumregister n	thumb index n
Festrückeneinband nm	met aangeplakte band binden n	hård rygg n	tightback binding n

Section A   English–all language versions

ENGLISH	FRENCH	SPANISH	ITALIAN
tip-in n	illustration rapportée nf ; hors-texte nm	ilustración encolada nf	illustrazione incollata nf
title n	titre nm	título nm	titolo nm
title page n	page de titre nf	página de título nf	pagina di titolo nf
title verso n	verso de la page de titre nm	título de página par nm	volta del titolo nf
tolerance n	tolérance nf	tolerancia nf	tolleranza nf
trade tolerance n	tolérance commerciale nf	tolerancia comercial nf	tolleranza commerciale nf
tone n	ton nm	tono nm	tono nm
top-side n	côté supérieur nm	lado superior nm	lato superiore nm
trademark n	marque de fabrique nf	marca comercial nf	marchio di fabbrica nm
transfer lettering n	lettrage à reporter nm	caracteres de calcomanía nm	trascrizione di caratteri in decalcomania nf
transparency n	diapositive nf	diapositiva nf	trasparenza nf ; diapositiva nf ; fotocolor nm
colour transparency n	diapositive couleur nf	diapositiva de color nf	diapositiva a colori nf
transport n	transport nm	transporte nm	trasporto nm
air transport n	transport aérien nm	transporte por vía aérea nm	trasporto aereo nm
road transport n	transport routier nm	transporte por carretera nm	trasporto su strada nm
sea transport n	transport maritime nm	transporte marítimo nm	trasporto marittimo nm
transpose v	transposer v	transponer v	trasporre v
trim v	massicoter; rogner au massicot v	recortar v	rifilare v
trimetal plate n	plaque trimétallique nf	plancha trimetálica nf	lastra trimetallica nf
trimmed adj	massicoté adj	recortado adj	rifilato adj
trimmed page size n	format rogné nm	tamaño de página recortado adj	formato pagina rifilato adj
trimmed bled page size n	format rogné de page à fond perdu nm	tamaño de página con márgenes recortados adj	formato pagina rifilato al vivo adj
trimmed three edges adj	rogné trois faces adj	tres bordes recortados adj	rifilato sui tre lati adj
two-colour adj	bicolore adj	bicolor adj	bicolore adj ; a due colori adj
two-colour machine n	machine deux couleurs nf	máquina de impresión bicolor nf	macchina a due colori nf
two-colour printing n	impression bicolore nf	impresión bicolor nf	stampa in bicromia nf ; stampa a due colori nf
type n	lettre nf ; caractère d'imprimerie nm	tipo nm	carattere nm ; lettera nf
type area n	surface composée nf	superficie de composición nf	area testo nf
typeface n	dessin du caractère nm	diseño del tipo nm	occhio del carattere nm ; stile di carattere nm

tip-in–typeface   Section A   English–all language versions

GERMAN	DUTCH	SWEDISH	ENGLISH
eingeklebte Illustration *nf*	ingeplakte illustratie; ingeplakte plaat *n*	inklistring *n*	**tip-in** *n*
Titel *nm*	titel *n*	titel *n*	**title** *n*
Titelseite *nf*	titelpagina *n*	titelsida *n*	**title page** *n*
Titelrückseite *nf*	achterkant titelpagina *n*	titelsida (vänster) *n*	**title verso** *n*
Toleranz *nf*	tolerantie; toegestane afwijking *n*	tolerans *n*	**tolerance** *n*
Handelstoleranz nf	*handelstolerantie n*	*branschtolerans n*	***trade tolerance*** *n*
Ton *nm* ; Schöndruckseite *nf*	toon *n*	ton *n*	**tone** *n*
Oberseite *nf*	bovenzijde; viltzijde *n*	översida *n*	**top-side** *n*
Warenzeichen *nn*	handelsmerk *n*	varumärke *n*	**trademark** *n*
Abreibeschrift; Anreibeschrift *nf*	belettering met transfers *n*	överföringbokstäver; dekaler *n*	**transfer lettering** *n*
Dia; Durchsichtsbild *nn*	lichtdoorlatendheid; transparantie *n*	diapositiv (bild) *n*	**transparency** *n*
Farbdia nn	*kleurendia; kleurdiapositief n*	*färgdia n*	***colour transparency*** *n*
Transport; Verkehr *nm*	transport *n*	transport *n*	**transport** *n*
Lufttransport nm	*luchttransport n*	*flygtransport; flygfrakt n*	***air transport*** *n*
Straßentransport nm	*wegtransport n*	*vägtransport; landtransport n*	***road transport*** *n*
Seetransport nm	*zeetransport n*	*sjötransport; ytfrakt n*	***sea transport*** *n*
umstellen *v*	verwisselen; verplaatsen *v*	flytta *v*	**transpose** *v*
schneiden; beschneiden *v*	schoonsnijden; afsnijden *v*	trimma; renskära *v*	**trim** *v*
Trimetalldruckplatte *nf*	trimetaalplaat *n*	trimetallplåt *n*	**trimetal plate** *n*
beschnitten *adj*	schoongesneden; afgesneden *adj*	renskuren *adj*	**trimmed** *adj*
beschnittenes Seitenformat *nn*	op paginaformaat afgesneden *adj*	renskuret sidformat *adj*	**trimmed page size** *n*
angeschnittenes Seitenformat *nn*	netto aflopend pagina-formaat *n*	renskuret utfallande sidformat *adj*	**trimmed bled page size** *n*
dreiseitig zugeschnitten *adj*	aan drie zijden schoongesneden *adj*	renskuren runt om *adj*	**trimmed three edges** *adj*
zweifarbig *adj* ; Zweifarben-präfix	tweekleuren-; tweekleurig *adj*	tvåfärgad *adj*	**two-colour** *adj*
Zweifarbendruckmaschine *nf*	tweekleurenpers *n*	tvåfärgspress *n*	**two-colour machine** *n*
Zweifarbendruck *nm*	tweekleurenprocédé *n*	tvåfärgstryckning *n*	**two-colour printing** *n*
Buchstabe *nm* ; Schrifttype; Schrift *nf*	letter; drukletter; schrift *n*	typ *n*	**type** *n*
Satzspiegel *nm*	zetspiegel; bladspiegel; paginaspiegel *n*	textyta *n*	**type area** *n*
Schriftbild *nn* ; Schriftart *nf*	letterbeeld; beeld; emulsiezijde *n*	textsnitt *n*	**typeface** *n*

111

Section A English–all language versions

ENGLISH	FRENCH	SPANISH	ITALIAN
type family n	famille de caractères nf	familia de caracteres de imprenta nf	famiglia di caratteri nf
type height n	hauteur de caractère nf	altura tipográfica nf	altezza del carattere nf; altezza tipografica nf
type matter n	composition nf	composición tipográfica nf	composizione nf
type metal n	métal pour caractères typographiques nm	metal tipográfico nm	lega per caratteri tipografici nf
typescript n	tapuscrit nm	texto mecanografiado nm	copia dattiloscritta nf
typeset adj	composé adj	compuesto adj	composto adj
typesetting n	composition nf	composición tipográfica nf	composizione nf
typesize n	corps d'un caractère nm	tamaño del tipo de imprenta nm	corpo del carattere nm
typewriter n	machine à écrire nf	máquina de escribir nf	macchina da scrivere nf
typewriter composition n	composition par machine à écrire nf	composición con máquina de escribir nf	composizione a macchina da scrivere nf
typewritten adj	dactylographié adj	mecanografiado adj	dattiloscritto adj
typography n	typographie nf	tipografía nf	tipografia nf
UCR abbrev **undercolour removal** n	élimination des sous couleurs nf	reducción del color de fondo nf	rimozione del sottocolore nf
ulc abbrev **upper and lower case** n	bas de casse et capitales nm	mayúsculas y minúsculas nf	maiuscole e minuscole nf
ultra-violet drying n	séchage par ultra-violet nm	secado con rayos ultravioletas nm	essiccamento a raggi ultravioletti nm
uncoated paper n	papier non couché nm	papel no estucado nm	carta non patinata nf
undercolour removal n	élimination des sous couleurs nf	remoción de áreas sin la debida intensidad de color nf	rimozione del sottocolore nf
underexposed adj	sous-exposé adj	expuesto insuficientemente adj	sottoesposto adj
underline v	souligner v	subrayar v	sottolineare v
unjustified adj	non justifié; non aligné adj	sin justificar adj	non giustificato adj
unsewn adj	sans couture adj	no cosido adj	non cucito adj
unsewn binding n	façonnage sans couture nm	encuadernación no cosida nf	legatura senza cucitura nf
untrimmed size n	format non rogné nm	tamaño no recortado nm	formato non rifilato nm
upper case n	capitale nf	caja alta; mayúsculas nf	cassa alta nf
upright adj	vertical adj	vertical adj	verticale adj
validity n	validité nf	validez nf	validità nf
variation n	variation nf	variación nf	variazione nf
colour variation n	variation de couleur nf	variación del color nf	variazione cromatica nf
varnish n	vernis nm	barniz nm	vernice nf; lacca nf
gloss varnish v	vernis brillant nm	barniz con brillo nm	vernice brillante nf
matt varnish n	vernis mat nm	barniz mate nm	vernice opaca nf

type family–varnish   Section A   English–all language versions

GERMAN	DUTCH	SWEDISH	ENGLISH
Schriftfamilie *nf*	letterfamilie; lettersoort *n*	teckenfamilj *n*	**type family** *n*
Schrifthöhe *nf*	letterhoogte *n*	teckenhöjd *n*	**type height** *n*
Schriftsatz *nm*	zetsel; letterzetsel *n*	typmaterial *n*	**type matter** *n*
Letternmetall *nn*	lettermetaal; letterspijs *n*	stilmetall *n*	**type metal** *n*
Typoskript *nn*	getypte kopij; getypt manuscript *n*	stilprov *n*	**typescript** *n*
schriftgesetzt *adj*	gezet *adj*	satt *adj*	**typeset** *adj*
Setzen *nn* ; Satz *nm*	zetten *n*	sättning *n*	**typesetting** *n*
Schriftgröße *nf*	corps; lettercorps; lettergrootte *n*	teckenstorlek *n*	**typesize** *n*
Schreibmaschine *nf*	schrijfmachine *n*	skrivmaskin *n*	**typewriter** *n*
Schreibsatz *nm*	schrijfmachinezetten *n*	skrivmaskinssättning *n*	**typewriter composition** *n*
maschinengeschrieben *adj*	getypt *adj*	maskinskriven *adj*	**typewritten** *adj*
Typografie; Schriftkunst *nf*	typografie *n*	typografi *n*	**typography** *n*
Unterfarbenbeseitigung *nf*	onderkleur-retouche; onderkleur-correctie; menggrijsverwijdering *n*	UCR; underfärgsborttagning *n*	**UCR** *abbrev* **undercolour removal** *n*
Groß- und Kleinbuchstaben *npl*	onderkast en bovenkast *n*	(övre och nedre magasin) versaler och gemener; stor och liten bokstav *n*	**ulc** *abbrev* **upper and lower case** *n*
Ultraviolett-Trocknung *nf*	ultra-violet drogen *n*	ultraviolet torkning (UV-torkning) *n*	**ultra-violet drying** *n*
ungestrichenes Papier *nn*	ongestreken; ongecoucheerd papier *n*	obestruket papper *n*	**uncoated paper** *n*
Unterfarbenbeseitigung *nf*	onderkleur-retouche; onderkleur-correctie; menggrijsverwijdering *n*	underfärgsborttagning *n*	**undercolour removal** *n*
unterbelichtet *adj*	onderbelicht *adj*	underexponerad *adj*	**underexposed** *adj*
unterstreichen *v*	onderschrift; bijschrift *v*	understryka *v*	**underline** *v*
nicht ausgerichtet *adj*	niet uitgevuld *adj*	icke utsluten (ojusterad); icke utjämnad *adj*	**unjustified** *adj*
ungeheftet *adj*	garenloos *adj*	häftad *adj*	**unsewn** *adj*
ungeheftete Bindung *nf*	garenloos gebonden *n*	häftning *n*	**unsewn binding** *n*
unbeschnittenes Format *nn*	onafgesneden formaat *n*	oskuret format *n*	**untrimmed size** *n*
Großbuchstabe *nm* ; Versalien *npl*	bovenkast *n*	övre magasin *n*	**upper case** *n*
senkrecht *adj*	staand *adj*	(på) högkant *adj*	**upright** *adj*
Gültigkeit *nf*	(rechts)geldigheid *n*	giltighet *n*	**validity** *n*
Schwankungen *npl*	variantie *n*	nyans; variation; förändring *n*	**variation** *n*
Farbschwankungen *npl*	kleurvariantie *n*	färgvariation *n*	*colour variation* *n*
Lack *nm*	vernis *n*	lackering *n*	**varnish** *n*
Glanzlack *nm*	glansvernis *n*	glans lackering *n*	*gloss varnish* *v*
Mattlack *nm*	matte vernis *n*	matt lackering *n*	*matt varnish* *n*

Section A English–all language versions

ENGLISH	FRENCH	SPANISH	ITALIAN
VDT abbrev visual display terminal n	terminal de visualisation nm	terminal de visualización abbrev	terminale con schermo di visualizzazione nm
VDU abbrev visual display unit n	console de visualisation nf	unidad de visualización abbrev	unità di visualizzazione nf
verso n	verso nm	página par nf	volta nf; lato in volta nm
vertical justification n	justification verticale nf	justificación vertical nf	giustificazione verticale nf
video n	vidéo nf	video nm	video nm
video cassette n	vidéocassette nf	casete de vídeo nm	vidoecassetta nf
visual n	support visuel nm	visual nm	materiale visivo nm
visual display terminal n	terminal de visualisation nm	terminal de visualización nm	terminale con schermo di visualizzazione nm
visual display unit n	clavier-écran nm	unidad de visualización nf	unità di visualizzazione nf
vocabulary n	vocabulaire; lexique; glossaire nm	vocabulario nm	vocabolario nm
voice input n	transfert de données vocales nm	entrada vocal nf	immissione vocale nf
volume n	volume; tome nm	volumen nm	volume nm
warehouse n	magasin; entrepôt nm	almacén nm	magazzino nm
ex-warehouse adj	en magasin adj	franco almacén adj	franco magazzino adj
wash-up n	lavage nm	lavado de la máquina nm	lavaggio nm
watermark n	filigrane; pontuseau nm	filigrana nf	filigrana nf
web n	bobine nf	banda; bobina de papel nf	bobina nf; nastro nm
web-fed adj	alimenté par bobine adj	alimentado por bobina de papel adj	alimentato a bobina adj
web offset n	rotative offset nf	offset de bobina nm	roto-offset nm; offset a bobina nm
web press n	presse rotative nf	prensa rotativa nf	rotativa per roto-offset nf; macchina offset a bobina nf
weight n	poids; grammage nm; graisse nf	gramaje nm; peso nm	peso nm
wf abbrev **wrong fount**	coquille nf	carácter tipográfico equivocado	letter errota nf
white adj	blanc; blanche adj	blanco adj	bianco adj
black and white adj	noir et blanc adj	blanco y negro adj	bianco e nero adj
wholesaler n	grossiste nm	mayorista nm	grossista nm
widow n	ligne creuse nf	línea corta nf	righino ladro nm
wire side n	côté toile; envers nm	lado de la tela nm	lato tela nm
wire-stitched adj	piqué avec fil métallique adj	cosido con alambre adj	cucito a filo metallico adj
wire-stitching n	piqûre avec fil métallique nf	abrochado con alambre nm	cucitura a filo metallico nf

VDT–wire-stitching

Section A   English–all language versions

GERMAN	DUTCH	SWEDISH	ENGLISH
Bildschirm nm ; Videobildschirmgerät nn	videoscherm; beeldscherm	bildskärmsterminal n	**VDT** abbrev **visual display terminal** n
Bildschirm nm ; Videobildschirmgerät nn	videoscherm; beeldscherm	bildskärmsenhet n	**VDU** abbrev **visual display unit** n
Rückseite; Widerdruckseite nf	achterkant; achterzijde n	vänstersida i bokuppslag n	**verso** n
vertikale Ausschluß nm	verticale uitvulling n	vertikal justering n	**vertical justification** n
Video nn	video n	video n	**video** n
Videokassette nf	videocassette n	videokassett n	**video cassette** n
Sichthilfe nf	visueel element n	visuell n	**visual** n
Bildschirm nm ; Videobildschirmgerät nn	videoscherm; beeldscherm n	bildskärmsterminal n	**visual display terminal** n
Bildschirm nm ; Videobildschirmgerät nn	videoscherm; beeldscherm n	bildskärmsenhet n	**visual display unit** n
Wortschatz nm ; Vokabular nn	vocabulaire n	vokabulär n	**vocabulary** n
Stimmeneingabe nf	spraakinvoer; vocale invoer n	röstinmatning n	**voice input** n
Band nm	volume n	volym n	**volume** n
Lager nn	magazijn n	lager n	**warehouse** n
ab Lager adj	af magazijn adj	fritt lager adj	**ex-warehouse** adj
Reinigungsvorgang nm	wassen n	vaska n	**wash-up** n
Wasserzeichen nn	watermerk n	vattenmärke n	**watermark** n
Papierbahn nf	papierbaan n	pappersbana n	**web** n
Rollen- prefix	van de rol gedrukt adj	rullmatad adj	**web-fed** adj
Rollenoffset nm	rotatiemachine; rotatiepers n	rulloffset n	**web offset** n
Rollendruckmaschine; Rollenrotation(smaschine); Rotationsdruckmaschine nf	(rollen)rotatiemachine; rollenpers n	rullpress n	**web press** n
Schriftschnitt nm ; Strichstärke nf	gewicht n	vikt n	**weight** n
Fisch nm	kastfout; verkeerde letter; valfout n	fel stil n	**wf** abbrev **wrong fount**
weiß adj	wit adj	vit adj	**white** adj
schwarzweiß adj	zwart-wit adj	svart och vit adj	**black and white** adj
Großbuchhändler nm	distributeur; groothandelaar n	partiförsäljare n	**wholesaler** n
Ausgangszeile nf	weeskind; weesjongen (hoerenjongen) n	horunge n	**widow** n
Siebseite; Unterseite nf	zeefzijde; onderzijde; doekzijde n	virasidan n	**wire side** n
drahtgeheftet adj	geniet; gehecht adj	klammerhäftad adj	**wire-stitched** adj
Drahtheftung nf	nieten; hechten n	klammerhäftning n	**wire-stitching** n

Section A English–all language versions

ENGLISH	FRENCH	SPANISH	ITALIAN
with the grain adj	dans le sens des fibres adj	en dirección de la fibra adj	in fibra adj
woodfree paper n	papier sans bois nm	papel sin pasta mecánica nm	carta senza legno nf
woodfree pulp n	pâte sans bois nf	pasta quimica nf	pasta senza legno nf
word n	mot nm	palabra nf	parola nf
word processor n	machine de traitement de texte nf	procesador de texto nm	word processor nm
wordspace n	espace; intervalle entre les mots nm	espacio nm	spaziatura nf
wove n	papier vélin nm	papel avitelado nm	carta velina nf
wrapping n	emballage nm	envoltorio nm	involucro nm ; imballo nm
writing paper n	papier à lettre nm	papel de carta nm	carta da scrivere nf
wrong fount n	coquille nf	carácter tipográfico equivocado nm	lettera errata nf
wrong-reading adj	sens lecture inversé adj	falsa lectura adj	lettura sbagliata nf ; lettura inversa nf
yearbook n	annuaire nm	anuario nm	annuario nm
yellow adj	jaune adj	amarillo adj	giallo adj
yellow ink n	encre jaune nf	tinta amarilla nf	inchiostro giallo nm
zinco n	cliché de zinc nm	clisé de zinc nm	cliché di zinco nm
zoom lens n	zoom nm ; lentille à focale variable nf	objetivo de foco variable nm	zoom nm ; lente a distanza focale variabile nf

with the grain–zoom lens   Section A   English–all language versions

GERMAN	DUTCH	SWEDISH	ENGLISH
in Laufrichtung *adj*	met de vezelrichting mee *adj*	i fiberriktningen *adj*	**with the grain** *adj*
holzfreies Papier *nn*	houtvrij papier *n*	träfritt papper *n*	**woodfree paper** *n*
holzfreier Stoff *nm*	houtvrije celstof *n*	träfri massa *n*	**woodfree pulp** *n*
Wort *nn*	woord *n*	ord *n*	**word** *n*
Textverarbeitungsanlage *nf*	tekstverwerker *n*	ordbehandlare *n*	**word processor** *n*
Wortzwischenraum *nm*	woordlengte; machine woordlengte; ruimte tussen woorden *n*	ordmellanrum *n*	**wordspace** *n*
Velinpapier *nn*	velijn *n*	veläng papper *n*	**wove** *n*
Verpackung *nf* ; Verpacken *nn*	verpakking van de papierrol; rolverpakking *n*	omslag *n*	**wrapping** *n*
Schreibpapier; Briefpapier *nn*	schrijfpapier *n*	skrivpapper *n*	**writing paper** *n*
Fisch *nm*	kastfout; verkeerde letter; valfout *n*	fisk *n*	**wrong fount** *n*
seitenverkehrt *adj*	onleesbaar *adj*	omvändning *adj*	**wrong-reading** *adj*
Jahrbuch *nn*	jaarboek *n*	årsbok *n*	**yearbook** *n*
gelb *adj*	geel *adj*	gul *adj*	**yellow** *adj*
gelbe Druckfarbe *nf*	gele inkt *n*	gul färg *n*	**yellow ink** *n*
Zinkätzung *nf* ; Zinkklischee *nn*	etsen van zink *n*	zink *n*	**zinco** *n*
Zoom(objektiv) *nn*	zoomlens *n*	zoomlins *n*	**zoom lens** *n*

Section B

FRENCH–English

Section B French–English

French	English
à feuilles *adj*	sheetfed *adj*
à feuillets mobiles *adj*	loose leaf *adj*
à la cuve *adj*	mould-made *adj*
à l'essai *adj*	on approval *adj*
à l'italienne *adj*	landscape *adj*
à teintes continues *adj*	continuous tone *adj*; contone *adj*
abonnement *nm*	subscription *n*
abrasion *nf*	abrasion *n*
abréviation *nf*	abbreviation *n*
accent *nm*	accent *n*
accent aigu *nm*	acute accent *n*
accent circonflexe *nm*	circumflex accent *n*
accent grave *nm*	grave accent *n*
accès *nm*	access *n*
accès direct *nm*	direct access *n*
accès sélectif *nm*	random access *n*
accord *nm*	agreement *n*
accord de l'auteur *nm*	author's agreement *n*
acétate *nm*	acetate *n*
acheter *v*	buy *v*
acquéreur *nm*	buyer *n*
acrylique *adj*	acrylic *adj*
activé par le menu *adj*	menu-driven *adj*
addendum *nm*	addendum *n*
adhésif à chaud *nm*	hot-melt adhesive *n*
adhésif à froid *nm*	cold melt adhesive *n*
aérographe *nm*	airbrush *n*
affrètement *nm*	freight forwarding *n*
agence de publicité *nf*	advertising agency *n*
agent *nm*	agent *n*
agent d'auteur *nm*	author's agent *n*
agent de sous-traitance en imprimerie *nm*	print broker *n*; print farmer *n*
agent littéraire *nm*	literary agent *n*
agent transitaire *nm*	freight forwarder *n*
agrafé *adj*	side-stitched *adj*
agrafer *v*	side-stitch *v*
agrandir *v*	blow up *v*; enlarge *v*
agrandissement *nm*	blow-up *n*; enlargement *n*
aligné *adj*	justified *adj*
alignement *nm*	alignment *n*; justification *n*
alignement centré *nm*	ranged centre *adj*
alignement de base *nm*	base alignment *n*
aligner *v*	align *v*; justify *v*; range *v*
alimenté par bobine *adj*	web-fed *adj*
alinéa *nm*	paragraph *n*
allongé	oblong *adj*
alphabet *nm*	alphabet *n*
alphabet cyrillique *nm*	cyrillic alphabet *n*
alphabet latin *nm*	latin alphabet *n*
alphanumérique *adj*	alphanumeric *adj*
amplification de point *nf*	dot gain *n*
analyser *v*	scan *v*
annonce *nf*	advertisement *n*
annuaire *nm*	directory *n*; yearbook *n*
apostrophe *nf*	apostrophe *n*
appareil *nm*	appliance *n*
appendice *nm*	appendix *n*
application *nf*	application *n*
approche *nf*	fit *n*
archivage *nm*	archiving *n*
archive *nf*	archive *n*
arrachage *nm*	picking *n*
arrondi et roulé *adj*	rounded and backed *adj*
article *nm*	feature *n*
arts graphiques *nm*	graphic arts *n*
assemblage *nm*	gathering *n*
assemblé *adj*	gathered
assembler *v*	collate *v*; gather *v*
assurance *nf*	insurance *n*
assurer la publication de *v*	edit *v*
astérisque *nm*	asterisk *n*
atelier de reliure *nm*	bindery *n*; book bindery *n*
au fer à droite *adj*	ranged right *adj*
au fer à gauche *adj*	ranged left *adj*
audionumérique *nm*	compact disc *n*
auteur *nm*	author *n*
autobiographie *nf*	autobiography *n*
autocollant *adj*	self-adhesive *adj*
automatique *adj*	automatic *adj*
autonome *adj*	off-line *adj*; stand-alone *adj*
autorisations *nf*	permissions *n*
avance *nf*	advance *n*
avance sur les droits d'auteur *nf*	advance against royalties *n*
avant-propos *nm*	foreword *n*
avec cahiers cousus *adj*	section-sewn *adj*
avoir *nm*	credit note *n*
ayant du corps	bulky *adj*
balayage *nm*	scanning *n*
balayé	scanned *adj*

balayer v	scan v
banc de reproduction nm	camera n; process camera n
bande nf	tape n
bande de papier nf	paper tape n
bande magnétique nf	magnetic tape n
bande publicitaire nf	blurb n
barres chromatiques nf	colour bars n
bas de casse nm	lower case n
bas de casse et capitales nf	ulc abbrev
bas de page nm	foot n; tails n
base de données nf	database n
beau livre nm	coffee-table book n
belle page nf	recto n; right-hand page n
belles pages nf	odd pages n
bibliographie nf	bibliography n
bibliothécaire nm	librarian n
bibliothèque nf	library n
bichromie nf	duotone n
bicolore adj	two-colour adj
binaire adj	binary adj
biographie nf	biography n
bit nm	bit n
blanc adj	white adj
blanc de pied nm	foot margin n; tail margin n
blanc de tête nm	head margin n
blanche adj	white adj
blanchet nm	blanket n
blancheur nf	brightness n
bleu adj	cyan adj
bleu imposé nm	imposed blueprint n
bobine nf	reel n; web n
boîte noire nf	black box n
bon à tirer adj	passed for press adj
bordereau d'expédition par avion nm	air waybill n
bordure nf	border n
bouchage nm	spotting n
bouffant adj	bulky adj
bougran nm	buckram n
brillance nf	brightness n
brillant nm	gloss n
bristol nm	ivory board n
brochure nf	booklet n; brochure n; pamphlet n
bromure nm	bromide n
bromure à teintes continues nm	continuous tone bromide n
bromure glacé nm	glossy bromide n
bromure tramé nm	screened bromide n
budget nm	budget n
cache nm	mask n
cachet nm	fee n
cadrage nm	cropping n; scaling n
cadrer v	crop v; scale v
cahier nm	section n; signature n
calage nm	make-ready n
calandré	machine finished adj
calculateur analogique nm	analogue computer n
calibrage nm	cast off n; character count n
calligraphie nf	calligraphy n
campagne publicitaire nf	promotion campaign n; publicity campaign n
capacité d'absorption nf	absorbency n
capacité de lecture-écriture nf	read-write capability n
capitale nf	capital letter n; upper case n
capitales nf	caps n
capitales et petites capitales nf	c & sc abbrev
caractère nm	character n
caractère à titrage nm	display face n
caractère d'imprimerie nm	type n
caractère élargi nm	expanded type n
caractère étroit nm	condensed type n
caractère gras nm	bold face n
caractère sans empattement nm	sans serif n
carte nf	board n
carte à onglet nf	tab index n
carte coucheé nf	artboard n
carte ivoire nf	ivory board n
carton nm	board n; cardboard n; carton n
carton épais nm	millboard n
carton de paille nm	strawboard n
carton de reliure nm	binding board n
carton gris nm	chipboard n
carton pour couverture nm	case board n
carton pour fiches nm	index board n

Section B French–English cartonné–contraste

French	English
cartonné	hardbound adj; hardcover adj
carton-pâte nm	millboard n
cassette nf	cassette tape n
catalogue nm	catalogue n; list n
catalogue de vente par correspondance nm	mail order catalogue n
centré adj	centred adj
centre de distribution nm	distribution centre n
centrer v	centre v
certificat d'origine nm	certificate of origin n
chapitre nm	chapter n
chargement nm	furnish n
chargeur nm	feeder n
chiffre nm	numeral n
chiffre de contrôle nm	check digit n
chiffres nm	figs n; figures n
chiffres alignés nm	lining figures n
chiffres arabes nm	arabic figures n
chiffres elzéviriens nm	old-style figures n
chiffres non-alignés nm	non-lining figures n
chiffres romains nm	Roman figures n
choix typographique nm	copyfitting n
cicéro nm	cicero n; em n; pica n
clause pénale nf	penalty clause n
clavier nm	keyboard n
clavier-écran nm	visual display unit n
claviste nm	keyboard operator n
clichage nm	platemaking n
cliché nm	block n; plate n
cliché au trait nm	line block n
cliché de zinc nm	zinco n
cliché en caoutchouc nm	rubber plate n
cliché plastique nm	plastic plate n
cliché polymère nm	photopolymer plate n
client nm	client n; customer n
club du livre nm	book club n
codage générique nm	generic coding n
code nm	code n
code-barres nm	bar code n
coédition nf	co-edition n
cœfficient de brillance nm	brightness factor n
collaborateur nm	contributor n
collage nm	sizing n
collationner v	collate v
collection en coffret nf	boxed set n
colonne nf	column n
colorant nm	dye n
combinaison simili-trait nf	combination line and tone n; line and tone combination n
"coming and going"	coming and going adj
commande nf	order n
commande par correspondance nf	mail order n
commission nf	commission n
compagnie nf	company n
compatibilité nf	compatibility n
compatible adj	compatible adj
composé adj	set adj; typeset adj
composé en drapeau adj	ragged right adj
composer v	compose v; set v
compositeur nm	compositor n
composition nf	composition n; setting n; type matter n; typesetting n
composition à chaud nf	hot metal composition n
composition assistée par ordinateur nf	computer-assisted typesetting n
composition courante nf	textmatter n
composition directe sur papier nf	strike-on composition n
composition électronique nf	electronic composition n
composition en grand corps nf	display matter n
composition manuelle nf	hand setting n
composition par machine à écrire nf	typewriter composition n
conception nf	design n
conditionné adj	conditioned adj
conditionnement nm	conditioning n
conditions de crédit nf	credit terms n
configuration nf	configuration n
connaissement nm	bill of lading n
console nf	console n
console de visualisation nf	VDU abbrev
container nm	container n
conteneur nm	container n
conteneurisation nf	containerisation n
conteneurisé adj	containerised adj
contraste nm	contrast n

French	English
contrat nm	contract n
contrat d'auteur nm	author's contract n
contrat excluant les droits d'auteur nm	royalty-exclusive agreement n
contrat incluant les droits d'auteur nm	royalty-inclusive agreement n
contrefaçon nf	piracy n
contrefacteur nm	pirate n
contretype nm	duplicate film n
contretype par contact nm	contact print n
contretypes négatifs nm	duplicate negative films n
contretypes négatifs sens lecture émulsion dessous	duplicate negative films right-reading emulsion-side down
contretypes négatifs sens lecture émulsion dessus	duplicate negative films right-reading emulsion-side up
contretypes négatifs sens lecture inversé émulsion dessous	duplicate negative films reverse-reading emulsion-side down
contretypes négatifs sens lecture inversé émulsion dessus	duplicate negative films reverse-reading emulsion-side up
contretypes positifs nm	duplicate positive films n
contretypes positifs sens lecture émulsion dessous	duplicate positive films right-reading emulsion-side down
contretypes positifs sens lecture émulsion dessus	duplicate positive films right-reading emulsion-side up
contretypes positifs sens lecture inversé émulsion dessous	duplicate positive films reverse-reading emulsion-side down
contretypes positifs sens lecture inversé émulsion dessus	duplicate positive films reverse-reading emulsion-side up
contrôle de qualité nm	quality control n
conversion de code nf	code conversion n
conversion de formatage informatique nf	media conversion n
convertir en numérique v	digitise v
convertisseur de code nm	code converter n
convertisseur de formatage informatique nm	media converter n
copie nf	copy n
copie intermédiaire nf	intermediate n
copie prête à la reproduction nf	camera-ready copy n
copie tramée nf	screened print n
copyright nm	copyright n
coquille nf	misprint n; printer's error n; wrong fount n; literal n
corps nm	body n; point size n
corps d'un caractère nm	body size n; typesize n
correcteur d'épreuves nm	proof reader n
correction nf	alteration n; correction n
correction d'auteur nf	AA abbrev
correction des couleurs nf	colour correction n
correction des épreuves nf	proof reading n
corrections d'auteur nf	author's alterations n; author's corrections n
cotation nm	scaling n
côté de deux nm	inner forme n
côté de la marge nm	lay edge n
côté de première nm	outer forme n
côté fabrication nm	felt side n
côté prise de pinces nm	gripper edge n
côté supérieur nm	top-side n
côté toile nm	wire side n
coter v	scale v
couchage nm	coating n
couchage à la lame nm	blade-coating n
couchage hors machine nm	off-machine coating n
couchage sur machine nm	on-machine coating n
couché épais mat nm	matt coated cartridge n
couché léger pour impression adj	lwc abbrev
couché machine adj	machine coated adj
couché mat nm	matt art n
coudre v	sew v
couleur nf	colour n
couleur secondaire nf	spot colour n
couleur spéciale nf	special colour n
couleurs primaires nf	primary colours n
coupé à vif adj	cut flush adj

Section B French–English coupleur acoustique–directeur de fabrication

French	English
coupleur acoustique *nm*	acoustic coupler *n*
coupure automatique des mots *nf*	automatic hyphenation *n*
coupure de journal *nf*	press cutting *n*
coupure de presse *nf*	press cutting *n*
coupure des mots *nf*	hyphenation *n*
coupure des mots et justification *nf*	hyphenation and justification *n*
coupure inappropriée *nf*	bad break *n*
courrier électronique *nm*	electronic mail *n*
cousu *adj*	sewn *adj*
couture *nf*	sewing *n*
couverture *nf*	case *n*; cover *n*
couverture à même l'ouvrage *nf*	self cover *n*
couvre-livre *nm*	book jacket *n*
créateur *nm*	designer *n*
creation *nf*	origination *n*
crédit *nm*	credit *n*
creux *nm*	hollow *n*
critique *nf*	review *n*
critique *nm*	reviewer *n*
crochet *nm*	square bracket *n*
croix *nf*	dagger *n*
croquis *nm*	rough *n*
cuivre *nm*	brass *n*
curseur *nm*	cursor *n*
cyan *adj*	cyan *adj*
cylindre *nm*	cylinder *n*
cylindre d'impression *nm*	impression cylinder *n*
cylindre porte-blanchet *nm*	blanket cylinder *n*
cylindre porte-plaque *nm*	plate cylinder *n*
dactylographié *adj*	typewritten *adj*
dans le sens des fibres *adj*	with the grain *adj*
date *nf*	date *n*
date de livraison *nf*	delivery date *n*
date de parution *nf*	publication date *n*
date de publication *nf*	publication date *n*
date limite *nf*	deadline *n*
de même format *adj*	same-size *adj*
début de chapitre *nm*	dropped head *n*
début de paragraphe *nm*	paragraph opening *n*
déchets *nm*	spoilage *n*
découpe du papier sur rotative *nf*	cut-off *n*
dédicace *nf*	dedication *n*
dédouanement *n*	customs clearance *n*
délais de paiement *nm*	payment terms *n*
demande d'indemnité *nf*	insurance claim *n*
demi-quadratin *nm*	en *n*
demi-teinte *nf*	halftone *n*
demi-teinte en noir *nf*	black halftone *n*
demi-teinte inversée *nf*	invert halftone *n*
densité *nf*	density *n*
densité de la trame *nf*	screen ruling *n*
densité de lumière *nf*	highlight density *n*
densité d'ombre *nf*	shadow density *n*
dépelliculage *nm*	delamination *n*
dépliant *nm*	brochure *n*; fold-out *n*
désencrage *nm*	deinking *n*
déshumidification *nf*	dehumidification *n*
dessin *nm*	design *n*; drawing *n*
dessin à plat *nm*	flatplan *n*
dessin au trait *nm*	line drawing *n*
dessin du caractère *nm*	typeface *n*
dessinateur *nm*	designer *n*
destination *nf*	destination *n*
détaillant *nm*	retailer *n*
détourage *nm*	cut-out halftone *n*
deux-points *nm*	colon *n*
développeuse de film *nf*	film processor *n*
devis *nm*	estimate *n*
deviseur *nm*	estimator *n*
diagramme *nm*	diagram *n*
diapositive *nf*	transparency *n*
diapositive en couleurs *nf*	colour transparency *n*
dictionnaire *nm*	dictionary *n*
dictionnaire d'exceptions *nm*	exception dictionary *n*
diffusion *nf*	circulation *n*
diffusion de la couleur selon le fond *nf*	colour cast *n*
dimension de l'illustration *nf*	image area *n*
diphtongue *nf*	diphthong *n*
directeur commercial *nm*	sales director *n*
directeur de fabrication *nm*	production director *n*

directeur de la publicité nm	publicity director n
directeur de la rédaction nm	managing editor n
directeur de production nm	production director n
directeur des droits nm	rights director n
directeur du marketing nm	marketing director n
directeur général nm	managing director n
directeur littéraire nm	editorial director n; publishing director n
directives sur la livraison nf	delivery instructions n
disque nm	disc n
disque à double densité nm	double-density disc n
disque compact nm	compact disc n
disquette nf	floppy disc n
distributeur nm	dealer n; distributer n
distribution nf	distribution n
division nf	hyphenation n
document nm	document n
document au trait nm	line copy n
document opaque nf	reflection copy n
document prêt à la reproduction nm	camera-ready artwork n
documentation nf	documentation n
données nf	data n
doré adj	gilt adj
dorure nf	gilding n; imitation gold n
dos nm	back n; spine n
dos carré nm	square back n
double adj	duplicate adj
double exposition nf	double-burn exposure n
double page nf	double-page spread n; double-spread n; spread n
douze nm	pica n
droit de reproduction d'images nm	picture permissions n
droits nm	rights n
droits d'auteur nm	author's royalties n
droits de reproduction nm	reproduction rights n
droits dérivés nm	subsidiary rights n
droits étrangers nm	foreign rights n
ébauche nf	draft n; rough n
échantillon nm	specimen n
échantillon nm	swatch n
échelle nf	scaling n
écran nm	filter n
écrit à la main adj	handwritten adj
écriture nf	handwriting n
éditer v	edit v
éditer v	publish v
éditeur nm	editor n; publisher n; publishing director n
édition nf	edition n; publication n; publishing n
édition à tirage limité nf	limited edition n
édition abrégée nf	abridged edition n
édition originale nf	first edition n
édition pour le grand public nf	general publishing n
éditions universitaires nf	academic publishing n
éditorial nm	leading article n
éditrice nf	publisher n
effacer v	delete v
égaliser les feuilles v	knock up v
élargir v	enlarge v
électronique adj	electronic adj
élimination des sous couleurs nf	undercolour removal n
ellipse nf	ellipsis n
emballage nm	packing n; wrapping n
emballé en paquets adj	packed in parcels adj
emballé sous film rétractable adj	shrink-wrapped adj
empagement nm	area make-up n
empaquetage nm	bundling n; packing n
empaquetage par film rétractable nm	shrink-wrapping n
empaqueté adj	packed adj
empâtement d'encre nm	ink rub n
empattement nm	serif n
empreinte nf	imprint n
émulsion nf	emulsion n
émulsion au-dessous adj	emulsion-side down adj
émulsion au-dessus adj	emulsion-side up adj
en direct adj	on-line adj
en hauteur adj	portrait adj
en magasin adj	ex-warehouse adj
en reliure pleine adj	fullbound adj
en rupture de stock adj	out of stock adj

125

French	English
en sens inverse des fibres	against the grain
en temps réel *adj*	real-time *adj*
encart *nm*	insert *n*; inset *n*
encart dépliant *nm*	gatefold *n*
encart volant *nm*	flyleaf *n*
encre *nf*	ink *n*
encre bleue *nf*	cyan ink *n*
encre fluorescente *nf*	fluorescent ink *n*
encre jaune *nf*	yellow ink *n*
encre magenta *nf*	magenta ink *n*
encre noire *nf*	black ink *n*
encres normalisées *nf*	process inks *n*
encyclopédie *nf*	encyclopaedia *n*
enlèvement de couleur complémentaire *nm*	complementary colour removal *n*
en-tête *nm*	heading *n*; letterhead *n*
entrée *nf*	input *n*
entrepôt *nm*	warehouse *n*
enveloppe *nf*	envelope *n*
envers *nm*	wire side *n*
épaisseur du papier *nf*	caliper *n*
épaisseur d'un livre *nf*	bulk *n*
épaisseur entre les cartons *nf*	bulk between boards *n*
épigraphe *nf*	epigraph *n*
épilogue *nm*	epilogue *n*
épreuve *nf*	contact print *n*; draft *n*; proof *n*
épreuve de livre *nf*	book proof *n*
épreuve en bon à tirer *nf*	press proof *n*
épreuve en page *nf*	page proof *n*
épreuve en placard *nf*	galley proof *n*
épreuve en première *nf*	house corrections *n*
épreuve imposée *nf*	imposed proof *n*
épreuve repro *nf*	reproduction proof *n*
épreuve sur machine *nf*	machine proof *n*
épreuves progressives *nf*	progressive proofs *n*
épuisé *adj*	out of print *adj*
errata *nm*	corrigenda *n*
erratum *nm*	literal
erreur *nf*	error *n*
escompte *nm*	discount *n*
espace *nm*	hollow *n*; space *n*; wordspace *n*
espacé *adj*	letterspaced *adj*
espace entre les lettres *nm*	letterspace *n*
estampage *nf*	stamping *n*
estamper *v*	emboss *v*; stamp *v*
étendue *nf*	extent *n*
étui *nm*	slip case *n*
évaluation *nf*	estimate *n*
évaporation *nf*	evaporation *n*
exemplaire *nm*	copy *n*
exemplaire de lancement *nm*	advance copy *n*
exemplaire de service de presse *nm*	review copy *n*
exemplaire envoyé à titre gracieux *nm*	presentation copy *n*
expédition maritime *nf*	shipping *n*
explorateur électronique *nm*	scanner *n*
exploration *nf*	scanning *n*
exploré *adj*	scanned *adj*
explorer *v*	scan *v*
exportateur *nm*	exporter *n*
exportation *nf*	export *n*
exposant *nm*	superscript *n*
exposition *nf*	exposure *n*
extrait *nm*	extract *n*
fabrication *nf*	making *n*; manufacturing *n*; mill making *n*; production *n*
fabrication de papier *nf*	papermaking *n*
fabrique de papier *nf*	paper mill *n*
façonnage *nm*	binding *n*; finishing *n*
façonnage dos collé *nm*	tightback binding *n*
façonnage sans couture *nm*	perfect binding *n*; unsewn binding *n*
façonné sans couture *adj*	perfect bound *adj*
fac-similé *nm*	facsimile *n*
facture *nf*	invoice *n*
facture commerciale *nf*	commercial invoice *n*
facture pro-forma *nf*	pro forma invoice *n*
famille *nf*	family *n*
famille de caractères *nf*	type family *n*
fausse page *nf*	left-hand page *n*
faute *nf*	error *n*
faute d'impression *nf*	literal *n*; misprint *n*; printer's error *n*
faux argent *nm*	imitation silver *n*
faux-pli *nm*	crease *n*
faux-titre *nm*	half title *n*
fer à dorer *nm*	brass *n*; chemac *n*

feuille *nf*	leaf *n*; sheet *n*	films positifs sens de lecture inversé émulsion dessus	positive films reverse-reading emulsion-side up
feuille d'or *nf*	gold foil *n*		
feuille échantillon *nf*	out-turn sheet *n*	filtre *nm*	filter *n*
feuille en pâte mécanique *nf*	groundwood sheet *n*	fini machine *adj*	machine finished *adj*; mill finished *adj*
feuille métallique *nf*	foil *n*		
feuille type *nf*	out-turn sheet *n*	fixage *nm*	fixing *n*
feuilles de garde collées *nf*	self ends *n*	flexographie *nf*	flexography *n*
		fluorescent *adj*	fluorescent *adj*
feuilles de passe *nf*	overs *n*	foire du livre *nf*	book fair *n*
feuilles pliées et assemblées *nf*	folded and gathered sheets *n*	folio *nm*	folio *n*
		folioter *v*	paginate *v*
feuillet *nm*	leaf *n*; sheet *n*	fonte *nf*	font *n*; fount *n*
feuillet refait *nm*	cancel *n*	format *nm*	dimensions *n*; format *n*; size *n*
fibre *nf*	fibre *n*; grain *n*		
fibre en long *adj*	long grain *adj*	format à la française *nm*	portrait format *n*
fiction *nf*	fiction *n*		
filigrane *nm*	watermark *n*	format à l'italienne *nm*	landscape format *n*
film *nm*	film *n*	format de feuille *nm*	sheet size *n*
film autopositif *nm*	autopositive film *n*	format de page *nm*	page size *n*
film auto-reversible *nm*	autoreversal film *n*	format de page à fond perdu *nm*	bled page size *n*
film intégral *nm*	one-piece film *n*		
film inversible *nm*	reversal film *n*	format en hauteur *nm*	portrait format *n*
film négatif *nm*	negative film *n*	format non rogné *nm*	untrimmed size *n*
film positif *nm*	positive film *n*	format rogné *nm*	trimmed page size *n*
films en quadrichromie *nm*	four-colour films *n*	format rogné de page à fond perdu *nm*	trimmed bled page size *n*
films négatifs sens de lecture émulsion dessous	negative films right-reading emulsion-side down	format similaire	s/s *abbrev*
		forme *nf*	forme *n*
		fortement collé *adj*	hardsized *adj*
films négatifs sens de lecture émulsion dessus	negative films right-reading emulsion-side up	fournisseur *nm*	dealer *n*; supplier *n*
		fournisseur de bibliothèque *nm*	library supplier *n*
films négatifs sens de lecture inversé émulsion dessous	negative films reverse-reading emulsion-side down	fourniture *nf*	furnish *n*
		fraction *nf*	fraction *n*
		frais *nm*	charge *n*; costs *n*
		frais de correction *nm*	correction costs *n*
films négatifs sens de lecture inversé emulsion dessus	negative films reverse-reading emulsion-side up	frais de distribution *nm*	distribution costs *n*
		frais de port *nm*	postage costs *n*
films positifs sens de lecture émulsion dessous	positive films right-reading emulsion-side down	frais de roulage *nm*	run-on costs *n*
		frais de transport aérien *nm*	airfreight costs *n*
films positifs sens de lecture émulsion dessus	positive films right-reading emulsion side-up	frais d'expédition *nm*	shipping costs *n*
		frais d'impression *nm*	press costs *n*
films positifs sens de lecture inversé émulsion dessous	positive films reverse-reading emulsion-side down	frais éditoriaux *nm*	editorial costs *n*
		frais fixes avant impression *nm*	pre-press costs *n*

Section B French–English

French	English
franco à bord	FOB *abbrev*
frappe *nf*	blocking *n*; keystroking *n*
frappe de touche *nf*	keystroke *n*
frapper *v*	stamp *v*
frapper en relief *v*	emboss *v*
free-lance *nm*	freelance *n*
fret *nm*	airfreight *n*; freight *n*
fret transocéanique *nm*	ocean freight *n*
frontispice *nm*	frontispiece *n*
gaufrage *nm*	blind blocking *n*; blind embossing *n*; blocking *n*; embossing *n*; stamping *n*; die stamping *n*
gaufrage en feuille imitation or *nm*	gold blocking *n*
gaufré	embossed *adj*
gaufré *adj*	stamped *adj*
gaufrer *v*	stamp *v*
glossaire *nm*	glossary *n*; vocabulary *n*
graisse *nf*	weight *n*
grammage *nm*	grammage *n*; substance *n*; weight *n*
grammes par mètre carré	gsm *abbrev*
grand format *nm*	display size *n*
grande ombre *nf*	shadow dot *n*
grands blancs *nm*	highlights *n*
graphique *nf*	graphics *n*
graphiques *nm*	tabular material *n*
gras *adj*	bold *adj*
gravé en relief *adj*	embossed *adj*
grille *nf*	grid *n*
grisé photomécanique *nm*	mechanical tint *n*
grossiste *nm*	wholesaler *n*
guillemets *nm*	inverted commas *n*; quotation marks *n*; quotes *n*
hauteur de caractère *nf*	type height *n*
hauteur de la capitale *nf*	cap height *n*
hauteur de page *nf*	appearing size *n*
héliogravure *nf*	gravure printing *n*
heures creuses *nf*	down time *n*
honoraires *nm*	fee *n*
hors-texte *nm*	insert *n*; inset *n*; tip-in *n*
humidité *nf*	humidity *n*
humidité relative *nf*	relative humidity *n*
identification de caractères *nf*	character recognition *n*
illustration *nf*	illustration *n*
illustration à l'italienne *nf*	landscape illustration *n*
illustration au trait *nf*	line illustration *n*
illustration deux tons *nf*	duotone *n*
illustration en demi-teintes *nf*	halftone illustration *n*
illustration en hauteur *nf*	portrait illustration *n*
illustration en noir et blanc *nf*	black and white illustration *n*
illustration rapportée *nf*	tip-in *n*
illustrer *v*	illustrate *v*
image *nf*	image *n*; picture *n*
imperfection *nf*	imperfection *n*
importateur *nm*	importer *n*
importation *nf*	import *n*
importer *v*	import *v*
imposer *v*	impose *v*
imposition *nf*	imposition *n*
imposition en demi-feuille *nf*	half-sheet work *n*
imposition en feuille *nm*	sheetwork *n*
impression *nf*	impression *n*; machining *n*; printing *n*
impression à bobines sauf séchage *nf*	cold-set web printing *n*
impression à chaud de la feuille *nf*	foil blocking *n*
impression à jet d'encre *nf*	ink-jet printing *n*
impression à plat *nf*	flatbed printing *n*
impression bicolore *nf*	two-colour printing *n*
impression blanchet contre blanchet *nf*	blanket-to-blanket perfecting *n*
impression de sécurité *nf*	security printing *n*
impression électrostatique *nf*	electrostatic printing *n*
impression en creux *nf*	blind blocking *n*; gravure printing *n*
impression en offset *nf*	offset *n*
impression en quatre couleurs *nf*	four-colour printing *n*

impression en relief *nf*	blind embossing *n*; embossing *n*; stamping *n*	inférieur *nm*	inferior *n*
		information *nf*	information *n*
		informatique *nf*	data processing *n*
impression intégrale de la feuille grâce à un nombre pair de pages *nf*	even working *n*	in-octavo *nm*	octavo *adj*
		in-quarto *nm*	quarto *n*
		insertion *nf*	insert *n*
		insertion graphique *nf*	graphics insertion *n*
impression lithographique *nf*	litho printing *n*	instructions d'expédition *nf*	shipping instructions *n*
impression lithographique directe *nf*	direct litho *n*	instructions pour l'emballage *nf*	packing instructions *n*
		intégré *adj*	integrated *adj*
impression rotative à sécheurs *nf*	heatset web printing *n*	interactif *adj*	interactive *adj*
		interface *nf*	interface *n*
impression sur papier *nf*	hard copy *n*	interlettrage *nm*	letterspacing *n*
		interlignage *nm*	interline spacing *n*; leading *n*; line spacing *n*
imprimante *nf*	printer *n*		
imprimante à impact *nf*	impact printer *n*		
		interligné *adj*	leaded *adj*
imprimante à jet d'encre *nf*	ink-jet printer *n*	intertitre *nm*	subheading *n*
		intertitre centré *nm*	cross-head *n*
imprimante à marguerite *nf*	daisy wheel printer *n*	intervalle entre les mots *nm*	wordspace *n*
imprimante ligne par ligne *nf*	line printer *n*	introduction *nf*	introduction *n*
		invendu *nm*	remainder *n*
imprimante matricielle *nf*	dot-matrix printer *n*	inversé	reversed out *adj*
		inverser *v*	reverse out *v*
imprimé	leaflet *n*	isolé	stand-alone *adj*
imprimé en relief *adj*	stamped *adj*	italique *nf*	italic *n*
imprimé en retiration *adj*	perfected *adj*	jambage ascendant *nm*	ascender *n*
		jambage descendant *nm*	descender *n*
imprimer *v*	print *v*		
imprimer en retiration *v*	perfect *v*	jaquette *nf*	book jacket *n*; jacket *n*
		jaune *adj*	yellow *adj*
imprimerie *nf*	print works *n*; printing *n*; printing works *n*	jeu de caractères *nm*	character set *n*
		jeu de couleurs *nm*	colour set *n*
imprimeur *nm*	printer *n*	journal *nm*	journal *n*; newspaper *n*
inclinaison de la trame *nf*	screen angle *n*	journaliste *nm*	feature writer *n*; journalist *n*
indépendant *nm*	freelance *n*	justification *nf*	justification *n*; measure *n*
index *nm*	index *n*	justification verticale *nf*	vertical justification *n*
index à encoches *nm*	thumb index *n*	justifié *adj*	justified *adj*
index cumulatif *nm*	cumulative index *n*	justifier *v*	justify *v*
indice de pH *nm*	pH value *n*	kaolin *nm*	china clay *n*
indices *nm*	subscripts *n*	kilooctet *nm*	kilobyte *n*
indices de collationnement *nm*	black-step collation marks *n*; collating marks *n*	kraft *nm*	kraft *n*
		laiton *nm*	brass *n*
		langage *nm*	language *n*
industrie du livre *nf*	book trade *n*	langue *nf*	language *n*
industrie graphique *nf*	printing industry *n*	largeur du papier *nf*	deckle *n*

129

Section B French–English   laser–manuscrit

laser nm	laser n	livre objet nm	coffee-table book n
lavage nm	wash-up n	livre relié nm	bound book n
lecteur nm	reader n	livre scolaire nm	school textbook n
lecteur à disquettes multiples nm	multidisc reader n	livres d'enseignement supérieur nm	college textbooks n
lecteur optique	reader n	livres pour enfants nm	children's books n
lecture numérique nf	digital read-out n	livres pour le grand public nm	general books n
légende nf	caption n; legend n	livres universitaires nm	academic books n
léger adj	lightweight adj	livret nm	booklet n
lentille à focale variable nf	zoom lens n	logiciel nm	software n
lettrage à reporter nm	transfer lettering n	logique de division syllablique nf	hyphenation logic n
lettrage du dos du livre nm	spine lettering n	logotype nm	logotype n
lettre nf	character n; letter n; type n	longueur de ligne nf	line length n
		machine nf	machine n
lettre de change nf	bill of exchange n	machine à écrire nf	typewriter n
lettre de crédit nf	letter of credit n	machine à écrire à boule nf	golf ball typewriter n
lettres à transférer nf	dry-transfer lettering n	machine à feuilles nf	sheetfed machine n
lettrines en capitals nf	drop caps n	machine à folioter nf	numbering machine n
lexique nm	vocabulary n	machine à imprimer nf	printing machine n
libraire nm	bookseller n	machine à papier nf	papermaking machine n
librairie nf	bookshop n	machine à reports nf	step-and-repeat machine n
licence nf	licence n		
lieu de livraison nm	delivery destination n	machine de traitement de texte nf	word processor n
ligature nf	ligature n		
ligne nf	line n	machine deux couleurs nf	two-colour machine n
ligne à ligne adj	line for line adj		
ligne creuse nf	widow n	machine quatre couleurs nf	four-colour machine n
ligne de base nf	base line n		
ligne moyenne nf	mean line n	machiniste nm	machine minder n
lissé nm	smoothness n	maculage nm	set-off n
liste nf	list n	maculage à l'encre nm	ink set-off n
listing nm	listing n	maculation nf	set-off n
lithographie nf	litho n	magasin nm	warehouse n
lithographie offset nf	offset litho n	magenta adj	magenta adj
lithographie sans trame nf	screenless litho n	maigre adj	light adj
		mailing nm	direct mail n; mailshot n
littérature nf	literature n	main d'un papier nf	bulk n
livraison nf	delivery n	maison d'édition nf	publishing company n
livre nm	book n	majuscule nf	capital letter n
livre à illustrations en relief nm	pop-up book n	mal en registre adj	out of register adj
		mal repéré	out of register adj
livre broché	paperback n	manchette nf	shoulder head n
livre broché à grande distribution nm	massmarket paperback n	manille adj	manila adj
		manuel nm	manual n
livre cartonné, relié nm	hardback n	manuel scolaire nm	textbook n
livre de poche nm	paperback n; pocket book n	manuscrit nm	copy n; manuscript n
livre intégré nm	integrated book n		

maquette nf	art n (US); artwork n; dummy n; flat artwork n; layout n	métal pour caractères typographiques nm	type metal n
maquette de la jaquette nf	jacket artwork n	microfiche nf	microfiche n
		microfilm nm	microfilm n
		micro-ordinateur nm	microcomputer n
maquette d'épaisseur nf	bulking dummy n	microprocesseur nm	microprocessor n
		mi-gras adj	bold adj
maquette (en grandeur réelle) nf	mock-up n	mini-bobine nf	mini-web n
		mini-ordinateur nm	minicomputer n
maquette prête à la reproduction nf	CRPU abbrev	mise au point nf	editing n; sub-editing n
		mise en page nf	area make-up n; make-up n
marchand de papier nm	paper merchant n		
		mise en pages nf	page make-up n
marché libre nm	open market n	mise en pages interactive nf	interactive page make-up n
marge nf	margin n		
marge à gauche, marge à droit adj	flush left, flush right adj	mise en train nf	pre-press n
		mode en arrière-plan nm	background mode n
marge brute d'autofinancement nf	cashflow n		
		modem nm	modem n
marge de grand fond nf	fore-edge n	moirage nm	moiré patterning n
		moiré nm	moiré patterning n
marge de petit fond nf	back margin n	monochrome adj	monochrome adj
marge extérieure nf	fore-edge n	montage nm	assembly n; mechanical n (US); paste-up n; stripping in n
marge intérieure nf	back margin n		
marguerite nf	daisy wheel n		
marketing nm	marketing n	montage de film nm	film assembly n; film make-up n
marque de fabrique nf	trademark n		
masquage nm	masking n	montage prêt à la reproduction nm	camera-ready paste-up n
masque nm	mask n		
massicot nm	guillotine n	monter v	strip in v
massicotage et encollage nm	cut-and-paste n	morsure de point nf	dot etching n
		mot nm	word n
massicoté adj	guillotine trimmed adj; trimmed adj	moyen adj	medium adj
		multicolore adj	multicolour adj
massicoter v	trim v	multiplexeur nm	multiplexor n
mat adj	matt adj	négatif nm	negative n
matériaux nm	materials n	négatif de film nm	film negative n
matériel informatique nm	hardware n	négatif tramé nm	halftone negative n; screened negative n
mathématiques nf	maths n	négatifs à points durs nm	hard-dot negatives n
matières nf	materials n		
matrice nf	die n; matrix n	négatifs à points faibles nm	soft-dot negatives n
mauvais repérage nm	misregister n		
mégaoctet nm	megabyte n	négatifs intégrals nm	one-piece negatives n
mémoire nf	memory n	négatifs sélectionnés nm	colour separation negatives n; separation negatives n
mémoire fixe nf	read only-memory n		
mémoire morte nf	read only-memory n		
mention du copyright nf	copyright notice n	négociant nm	dealer n
		noir adj	black adj
menu nm	menu n	noir au blanc adj	reversed out adj

Section B French–English noir et blanc–papier couché léger

French	English
noir et blanc adj	black and white adj
nombre nm	number n
non aligné adj	unjustified adj
non alignés nm	old-style figures n
non justifié adj	unjustified adj; ragged right adj
note en bas de page nf	footnote n
nouveau livre nm	new book n
nouvelle édition nf	new edition n
numériser v	digitise v
numéro nm	number n
oblong adj	oblong adj
octet nm	byte n
oeil du caractère nm	face n
œuvre non-romanesque nf	non-fiction n
offset nm	offset n; offset litho n
offset petit format nm	small offset n
offset sec nm	dry offset n
ombres nf	shadows n
opacité nf	opacity n
opaque adj	opaque adj
ordinateur nm	computer n
ordinateur de l'unité centrale nm	mainframe computer n
ordinateur numérique nm	digital computer n
ordinateur personnel nm	personal computer n
original nm	artwork n; original n
original au trait nm	line artwork n
origination nf	origination n
orné adj	ornamented adj
ouverture nf	aperture n; opening n
ouvrage de référence nm	reference book n
oxydation nf	oxidation n
ozalid nm	blueprint n; diazo print n; dyeline print nf; ozalid n
page nf	page n
page à fond perdu nf	bled page n
page bibliographique nf	bibliography page n
page blanche nf	blank page n
page de dédicace nf	dedication page n
page de droite nf	right-hand page n
page de faux-titre nf	half title page n
page de remerciements nf	acknowledgements page n
page de table des matières nf	contents page n
page de titre nf	title page n
page impaire nf	recto n; right-hand page n
page paire nf	left-hand page n
pages de début nf	prelims n
pages de fin nf	endmatter n
pages de garde nf	endpapers n
pages de texte nf	text pages n
pages face à face nf	facing pages n
pages impaires nf	odd pages n
pages paires nf	even pages n
pagination nf	pagination n
pagination automatique nf	automatic pagination n
paginer v	paginate v
paiement nm	payment n
palette nf	pallet n; stillage n
palette sur patins nf	skid n
palettisé adj	palletised adj
palettiser v	palletise v
pamphlet nm	pamphlet n
panneau numérique nm	digipad n
PAO abbrev publication assistée par ordinateur nf	desk-top publishing n
papeterie nf	paper mill n; stationery n
papier nm	paper n
papier à la cuve nm	hand-made paper n
papier à lettre nm	writing paper n
papier avec bois nm	mechanical paper n
papier bible nm	bible paper n; india paper n
papier bouffant avec bois nm	bulky mechanical n
papier calandré nm	calendered paper n
papier carbone nm	carbon paper n
papier couché nm	art paper n; coated cartridge n; coated paper n
papier couché à haute brillance nm	cast coated paper n
papier couché brillant nm	gloss art n; glossy art n
papier couché léger nm	lightweight coated paper n

132

papier couché une face nm	one-sided art n	pâte thermomécanique nf	thermo-mechanical pulp n
papier de base nm	base paper n	pc nm	pc abbrev
papier de rebut nm	broke n	pelliculage nm	laminating n; lamination n
papier en continu nm	constat n; continuous stationery n	pelliculage mat nm	matt lamination n
papier épais nf	cartridge n	pellicule nf	film n
papier fiduciaire nm	security paper n	pénétration de l'encre nf	strike-through n
papier journal nm	newsprint n	perforation nf	drilling n; perforating n
papier kraft nm	kraft n	perforé adj	perforated adj
papier léger nm	lightweight paper n	perforer v	perforate v
papier marbré nm	marbled paper n	périodique nm	periodical n
papier mince nm	lightweight paper n	permis nm	licence n
papier non couché nm	uncoated paper n	permis d'exportation nm	export licence n
papier offset nm	offset cartridge n	permis d'importation nm	import licence n
papier pour affiches nm	poster paper n	permissions nf	permissions n
papier pour édition de livres nm	text paper n	petit fond nm	gutter n
papier pour photocopieuse nm	copier paper n	petites annonces nf	classified ads n
papier recyclé nm	recycled paper n	petites capitales nf	small caps n
papier repro nm	repro paper n	pétouille nf	hickey n
papier sans acide nm	acid-free paper n	photocalque nm	blueprint n
papier sans bois nm	woodfree paper n	photocomposé adj	photoset adj; phototypeset adj
papier supercalandré nm	supercalendered paper n	photocomposeuse nf	photosetter n; phototypesetter n
papier vélin nm	wove n	photocomposeuse à entrée directe nf	direct-entry photosetter n
papier vélin antique nm	antique wove n	photocomposition nf	filmsetting n; photocomposition n; photosetting n; phototypesetting n
papier vergé nm	laid paper n		
paquet nm	package n; parcel n		
paragraphe nm	paragraph n		
parenthèse nf	parenthesis n		
parenthèses nf	brackets n	photocopie nf	photocopy n
parution nf	issue n	photographe nm	photographer n
passe nf	spoilage n	photographie nf	photograph n
pâte nf	pulp n	photogravure nf	process engraving n
pâte à papier nf	stock n	phototypie nf	collotype n
pâte au bisulfite nf	sulphite pulp n	pigment nm	pigment n
pâte au sulfate nf	sulphate pulp n	piqué adj	stitched adj
pâte chimique nf	chemical pulp n	piqué à cheval adj	saddle-stitched adj
pâte de bois feuillu nf	hardwood pulp n	piqué à plat adj	side-sewn adj; side-stitched adj
pâte de bois mécanique nf	groundwood n	piqué avec fil métallique adj	wire-stitched adj
pâte de bois résineux/ de conifères nf	softwood pulp n	piquer v	stitch v
pâte mécanique nf	mechanical pulp n	piquer à cheval v	saddle stitch v
pâte sans bois nf	woodfree pulp n	piquer à plat v	side-sew v; side-stitch v
		piqûre nf	stitching n

Section B French–English

piqûre à cheval *nf*	saddle stitching *n*
piqûre avec fil métallique *nf*	wire-stitching *n*
placard des errata *nm*	errata slip *n*
placard publicitaire *nm*	display advertisement *n*
plan *nm*	flatplan *n*
planning *nm*	schedule *n*
plaque *nf*	plate *n*
plaque bimétallique *nf*	bimetal plate *n*
plaque de métal *nf*	metal plate *n*
plaque de papier *nf*	paper plate *n*
plaque du noir *nf*	black printer *n*
plaque graphique *nf*	graphics tablet *n*
plaque pré-sensibilisée *nf*	presensitised plate *n*
plaque trimétallique *nf*	trimetal plate *n*
plastique *nm*	plastic *n*
pli *nm*	crease *n*
pli en accordéon *nm*	concertina fold *n*
pliage parallèle *nm*	parallel fold *n*
plié et assemblé	f & g *abbrev*
plier *v*	fold *v*
plieuse *nf*	folder *n*
plieuse à cône *nf*	former folder *n*
plieuse à couteaux *nf*	knife folder *n*
plieuse à poches *nf*	buckle folder *n*
plieuse mécanique *nf*	folding machine *n*
plieuse mixte *nf*	combination folder *n*
pochoir *nm*	stencil *n*
poids *nf*	weight *n*
point *nm*	dot *n*; full point *n*; full stop *n*; period *n* (US)
point de haute lumière *nm*	highlight dot *n*
point d'exclamation *nm*	exclamation mark *n*
point Didot *nm*	didot point *n*
point d'interrogation *nm*	question mark *n*
point sur point	dot-for-dot *adj*
point typographique *nm*	point *n*
point-virgule *nm*	semi-colon *n*
poli *nm*	smoothness *n*
police *nf*	sort *n*
police d'assurance *nf*	insurance policy *n*
police de caractères *nf*	font *n*; fount *n*
police spéciale *nf*	special sort *n*
polychromie *nf*	process colour *n*
ponctuation *nf*	punctuation *n*
pontuseau *nm*	watermark *n*
port, assurance, fret	cif *abbrev*
port payé *nm*	carriage paid *adj*
pose *nf*	exposure *n*
positif *adj*	positive *adj*
positif de film *nm*	film positive *n*
positif tramé *nm*	halftone positive *n*; screened positive *n*
positifs à points durs *nm*	hard-dot positives *n*
positifs à points faibles *nm*	soft-dot positives *n*
positifs intégrals *nm*	one-piece positives *n*
positifs sélectionnés *nm*	colour separation positives *n*; separation positives *n*
poste aérienne *nf*	airmail *n*
préface *nf*	preface *n*
préliminaires *nm*	prelims *n*
première correction *nf*	house corrections *n*
préparateur de copie *nm*	sub-editor *n*
préparation de copie *nf*	copy preparation *n*; mark-up *n*
préparation lithographique *nf*	litho prep *n*
presse *nf*	press *n*
presse à cylindre *nf*	cylinder press *n*
presse à retiration *nf*	perfector *n*
presse rotative *nf*	rotary press *n*; web press *n*
prévision *nf*	forecast *n*
prix *nm*	charge *n*; price *n*
procédés d'impression *nm*	printing processes *n*
production *nf*	output *n*; production *n*
progiciel *nm*	applications software *n*
programme *nm*	planning *n*; program *n*; schedule *n*
programme de publication *nm*	publication programme *n*
programme de recherche et remplacement *nm*	search and replace routine *n*
projet graphique *nm*	graphic design *n*
promotion *nf*	promotion *n*
propriétaire *nm, nf*	proprietor *n*
prospectus *nm*	leaflet *n*
publication *nf*	issue *n*; publication *n*; publishing *n*

French	English
publication d'annuaires nf	directory publishing n
publication de bases de données nf	database publishing n
publication de dictionnaire nf	dictionary publishing n
publication de romans nf	fiction publishing n
publication éducative nf	educational publishing n
publication électronique nf	electronic publishing n
publication sur demande nf	on-demand publishing n
publicité nf	advertising n; promotion n; publicity n
publicité de remplissage nf	filler advertisement n
publicité en première nf	house advertisement n
publier v	publish v
puce nf	microchip n
pupitre de commande nm	console n
quadrichromie nf	process colour n
quadrillage nm	grid n
quantité nf	quantity n
rabat nm	flap n
raffinage nm	beating n
rame de papier nf	ream n
rapprocher v	close up v
recherche iconographique nf	picture research n
réclame nf	advertisement n
recomposer v	reset v
recomposition nf	resetting n
reconnaissance optique de caractères nf	optical character recognition n
rectangulaire adj	oblong adj
recto nm	recto n
rédacteur nm	editor n; sub-editor n
rédaction nf	editing n; sub-editing n
redevance nf	royalty n
réduction nf	reduction n
réduire v	reduce v
réduit adj	reduced adj
réédition nf	reissue n
référence nf	cross reference n; reference n
registre nm	register n
réglage nm	make-ready n
réimpression nf	reissue n; reprint n
réimprimer v	reprint v
relié adj	casebound adj; hardbound adj; hardcover adj
relié cuir adj	leatherbound adj
relié en demi-cuir adj	quarter-bound adj
relié en pleine toile adj	cloth bound adj
relié sans couture adj	adhesive bound adj
relié souple adj	limp bound adj
relier v	bind v
relieur nm	binder n; book binder n
reliure nf	binding n; book binding n
reliure à anneaux nf	ring binder n
reliure à dos carré plat nf	flat back binding n
reliure à spirales nf	spiral binding n
reliure cartonnée nf	case binding n
reliure en cuir nf	leather binding n
reliure en pleine toile nf	cloth binding n
reliure manuelle nf	hand binding n
reliure sans couture nf	adhesive binding n
reliure souple nf	limp binding n
remerciements nm	acknowledgements n
remise nf	discount n
renfoncement nm	indent n
renfoncer	indent v
renforcé sur dos adj	backlined adj
renforcement du dos nm	backlining n
rentrer	indent v
renvoi nm	cross reference n
repères nm	register marks n
répertoire nm	directory n
report par diffusion de lumière nm	diffusion transfer n
report photomécanique nm	photomechanical transfer n
représentant de commerce nm	sales rep n
reproduction nf	repro n; reproduction n
résistance à l'arrachage nm	bursting strength n
résumé	synopsis n
retouche nf	alteration n; retouching n; spotting n
retouché adj	retouched adj

135

French	English
retouche par morsure nf	dot etching n
retoucher v	retouch v
retournement de l'image nm	lateral reversal n
retrait nm	indent n
revendeur nm	retailer n
revue nf	journal n; magazine n
rogné trois faces adj	trimmed three edges adj
rogner au massicot v	trim v
romain adj	Roman adj
roman nm	novel n
romancier nm	fiction writer n; novelist n
romancière nf	novelist n
rotatif adj	rotary adj
rotative nf	rotary press n
rotative de presse nf	newspaper press n
rotative offset nf	web offset n
rouleau nm	cylinder n
rouleau imprimant des filigrans nm	dandy roll n
rouleau mouilleur nm	damper n
royalties nf	royalty n
sans couture adj	unsewn adj
satiné adj	machine glazed adj
scanner nm	scanner n
scanner électronique nm	electronic scanner n
schéma nm	diagram n
schéma d'imposition nm	imposition scheme n
séchage nm	drying n
séchage par infrarouge nm	infra-red drying n
séchage par ultra-violet nm	ultra-violet drying n
sécheur nm	drier n
second choix nm	retree n
sélection nf	separation n
sélection achromatique nf	achromatic separation n
sélection des couleurs nf	colour separation n
sélection photographique nf	camera separation n
sélections en quatre couleurs nf	four-colour separations n
sens de lecture adj	right-reading adj
sens de lecture émulsion dessous adj	right-reading emulsion-side down adj
sens de lecture émulsion dessus adj	right-reading emulsion-side up adj
sens de lecture inversé adj	reverse-reading adj
sens de lecture inversé émulsion dessous adj	reverse-reading emulsion-side down adj
sens de lecture inversé émulsion dessus adj	reverse-reading emulsion-side up adj
sens machine nm	grain direction n; machine direction n
sens travers adj	short grain
séquence d'impression nf	printing sequence n
sérigraphie nf	screen printing n; silk-screen printing n
service nm	department n
service de fabrication nm	production department n
service de façonnage nm	finishing department n
service de la rédaction nm	editorial department n
service de reprographie nm	repro department n
signal numérique nm	digital signal n
signature nf	section n; signature n
signe & nm	ampersand n
signe de correction nm	proof reader's mark n
signe de ponctuation nm	punctuation mark n
signe de renvoi nm	reference n
signe diacritique nm	diacritical n
signes de correction nm	proof correction marks n
signet nm	book mark n
simili nf	halftone illustration
simili couché nm	imitation art n
simili toile nm	imitation cloth n
similigravure nf	h/t abbrev
société	company n
société à responsabilité limitée nf	limited company n
solde d'éditeur nf	remainder n
soldes nf	sales n
soldeur de livres nm	remainder merchant n
sortie nf	issue n
souligner v	underline v
souris nf	mouse n

sous condition *adj*	on approval *adj*
sous-exposé *adj*	underexposed *adj*
sous-titre *nm*	cross-head *n*; side head *n*; subheading *n*; subtitle *n*
spécification *nf*	specification *n*
spécimen *nm*	inspection copy *n*; presentation copy *n*; specimen *n*
spray anti-maculage *nm*	anti set-off spray *n*
stencil *nm*	stencil *n*
stéréotype *nm*	stereotype *n*
stockage *nm*	storage *n*
stocks en surplus *nm*	overstocks *n*
studio de création graphique *nm*	graphic design studio *n*
style maison *nm*	house style *n*
supérieur *adj*	superior *adj*
supplément *nm*	addendum *n*; supplement *n*
support visuel *nm*	visual *n*
suppression *nf*	deletion *n*
surexposé *adj*	overexposed *adj*
surface *nf*	area *n*; surface *n*
surface composée *nf*	text area *n*; type area *n*
surface composée incluse *nf*	inclusive type area *n*
surface de la page *nf*	page area *n*
surface de page exclusive *nf*	exclusive type area *n*
surimpression *nf*	overprint *v*
synopsis *nm*	synopsis *n*
système *nm*	system *n*
système anglais *nm*	imperial system *n*
système de codage *nm*	coding system *n*
système de repérage à aiguilles *nm*	pin register system *n*
système d'entrée *nm*	front-end system *n*
système du point *nm*	point system *n*
système métrique *nm*	metric system *n*
table des matières *nf*	contents *n*
tableaux *nm*	tabular material *n*
tablette *nf*	graphics tablet *n*
taille *nf*	size *n*
tapuscrit *nm*	typescript *n*
taquet de marge *nm*	lay *n*
tarifs publicitaires *nm*	advertising rates *n*
teinture *nf*	dye *n*
tel	s/s *abbrev*
télécommunications *nf*	telecommunications *n*
télécopie *nf*	facsimile transmission *n*; fax *n*
témoin de couleur *nm*	colour swatch *n*
temps de réponse *nm*	response time *n*
teneur en cendres *nf*	ash content *n*
teneur en eau *nf*	moisture content *n*
terminal *nm*	terminal *n*
terminal de mise en page *nm*	area make-up terminal *n*; make-up terminal *n*
terminal de visualisation *nm*	visual display terminal *n*
terminal d'édition *nm*	editing terminal *n*
terminal graphique *nm*	graphics terminal *n*
territoire *nm*	territory *n*
tête *nf*	head *n*
tête de chapitre *nf*	chapter head *n*
texte *nm*	text *n*
texte courant *nm*	body matter *n*
texte de rabat *nm*	jacket blurb *n*
texte en trop *nm*	overmatter *n*
thermographie *nf*	thermography *n*
timbrage *nm*	die stamping *n*
tirage *nm*	circulation *n*; impression *n*; print run *n*
tirage à part *nm*	offprint *n*
tiret *nm*	dash *n*; hyphen *n*
tiret optionnel *nm*	discretionary hyphen *n*
titre *nm*	title *n*
titre courant *nm*	headline *n*; running head *n*
toile *nf*	cloth *n*
tolérance *nf*	tolerance *n*
tome *nm*	volume *n*
ton *nm*	tone *n*
tons moyens *nm*	middle tones *n*
touche *nf*	key *n*
tous droits réservés	all rights reserved
tracé *nm*	keyline *n*; layout *n*
trait *nm*	line *n*
trait d'union *nm*	hyphen *n*
tramage directe *nm*	direct screening *n*
trame *nf*	raster *n*; screen *n*
tramé *adj*	screened *adj*
trame apparente indirecte *nf*	indirect screening *n*
trame cristal *nf*	halftone screen *n*
trame de contact *nf*	contact screen *n*
trame de similigravure *nf*	halftone screen *n*

French	English
tranche nf	edge n
tranchefile nf	headband n
tranchefile intérieure nf	tailband n
tranches de tête en couleurs nf	coloured tops n
tranches dorées nf	gilt edges n
tranches en couleurs nf	coloured edges n
tranches mouchetées nf	sprinkled edges n
transfert de données vocales nm	voice input n
transmission de données nf	data transmission n
transparence nf	show-through n
transport nm	freight n; transport n
transport aérien nm	airfreight n
transport maritime nm	seafreight n
transposer v	transpose v
travail à l'extérieur nm	outwork n
travail de finition nm	finishing n
travail éditorial sur la copie nm	copy editing n
travaux d'édition nm	book work n
tréma n	diaeresis n
tri alphanumérique nm	alphanumeric sort n
tube à rayons cathodiques nm	CRT abbrev
tube cathodique nm	cathode ray tube n
type de façonnage nm	binding style n
typographie nf	letterpress n; typography n
unicolore adj	single-colour adj
unité centrale nf	CPU abbrev
unité de disques nf	disc drive n
unité photographique nf	photounit n
validité nf	validity n
variation nf	variation n
veau nm	calf n
vendeur nm	seller n
vendre v	sell v
vendu ou renvoyé adj	sale or return adj
vente par correspondance nf	mail-order selling n
vente porte à porte nf	door-to-door selling n
ventes nf	sales n
ventes à l'exportation nf	export sales n
vernis nm	varnish n
vernis mat nm	matt varnish n
verso nm	verso n
verso de la page de titre nm	title verso n
vertical adj	upright adj
vidéo nf	video n
vidéocassette nf	video cassette n
vierge nf	blank page n
vignette nf	border n
virgule nf	comma n
vocabulaire nm	vocabulary n
volet nm	flap n
volume nm	volume n
vraie double page nf	centrespread n
xérographie nf	electrostatic printing n
zoom nm	zoom lens n

Section B *cont*

SPANISH–English

Section B Spanish–English — a contrafibra–apéndice

a contrafibra	against the grain
abrasión *nf*	abrasion *n*
abreviatura *nf*	abbreviation *n*
abrochado con alambre *nm*	wire-stitching *n*
absorbencia *nf*	absorbency *n*
acabado *nm*	finishing *n*
acceso *nm*	access *n*
acceso aleatorio *nm*	random access *n*
acceso directo *nm*	direct access *n*
acento *nm*	accent *n*
acento agudo *nm*	acute accent *n*
acento circunflejo *nm*	circumflex accent *n*
acento grave *nm*	grave accent *n*
acercar *v*	close up *v*
acetato *nm*	acetate *n*
acondicionado *adj*	conditioned *adj*
acondicionamiento *nm*	conditioning *n*
acoplamiento *nm*	interface *n*
acrílico *adj*	acrylic *adj*
acuerdo de autor *nm*	author's agreement *n*
acuerdo que excluye el pago de derechos *nm*	royalty-exclusive agreement *n*
acuerdo que incluye el pago de derechos *nm*	royalty-inclusive agreement *n*
acumulación *nf*	storage *n*
adelanto *nm*	advance *n*
adelanto contra derechos de autor *nm*	advance against royalties *n*
adhesivo frío *nm*	cold melt adhesive *n*
adhesivo termosellable *nm*	hot-melt *n*
adición *nf*	addendum *n*
aerógrafo *nm*	airbrush *n*
agencia de publicidad *nf*	advertising agency *n*
agente *nm*	agent *n*
agente de autor *nm*	author's agent *n*
agente literario *nm*	literary agent *n*
agotado *adj*	out of print *adj*; out of stock *adj*
ajuste *nm*	fit *n*
ajuste manual *nm*	hand setting *n*
al margen izquierdo, al margen derecho *adj*	flush left, flush right *adj*
al revés con la cara emulsional hacia abajo *adj*	reverse-reading emulsion-side down *adj*
al revés con la cara emulsional hacia arriba *adj*	reverse-reading emulsion-side up *adj*
alfabeto *nm*	alphabet *n*
alfabeto cirílico *nm*	Cyrillic alphabet *n*
alfabeto latino *nm*	latin alphabet *n*
alfanumérico *adj*	alphanumeric *adj*
alimentado con hojas *adj*	sheetfed *adj*
alimentado por bobina de papel *adj*	web-fed *adj*
alimentador *nm*	feeder *n*
alineación *nf*	alignment *n*
alineación de base *nf*	base alignment *n*
alineado a la derecha *adj*	ranged right *adj*
alineado a la izquierda *adj*	ranged left *adj*
alineado en el centro *adj*	ranged centre *adj*
alinear *v*	align *v*; range *v*
almacén *nm*	warehouse *n*
almacenamiento *nm*	storage *n*
altura de mayúsculas *nf*	cap height *n*
altura tipográfica *nf*	type height *n*
alzado *adj*	gathered
alzado *nm*	gathering *n*
alzar *v*	collate *v*; gather *v*
amarillo *adj*	yellow *adj*
ampliación *nf*	enlargement *n*
ampliación de punto *nm*	dot gain *n*
ampliado *nm*	blow-up *n*
ampliar *v*	blow up *v*; enlarge *v*
análisis de la ilustración *nm*	picture research *n*
analizar *v*	scan *v*
anuario *nm*	yearbook *n*
anulación *nf*	cancel *n*
anuncio *nm*	advertisement *n*
anuncio de relleno *nm*	filler advertisement *n*
anuncio interno *nm*	house advertisement *n*
anuncio publicitario *nm*	display advertisement *n*
anuncios por palabras *nm*	classified ads *n*
apaisado *adj*	landscape *adj*
apaisado *adj*	oblong *adj*
aparato *nm*	appliance *n*
apéndice *nm*	appendix *n*

apertura — carácter

apertura *nf*	aperture *n*; opening *n*
aplicación *nf*	application *n*
apóstrofo *nm*	apostrophe *n*
aprobado para impresión *adj*	passed for press *adj*
archivo *nm*	archive *n*; archiving *n*
área *nm*	area *n*
área de imagen *nf*	image area *n*
área de trabajo exclusivo *nf*	exclusive type area *n*
área de trabajo inclusiva *nf*	inclusive type area *n*
arreglo *nm*	make-ready *n*
arruga *nf*	crease *n*
artes gráficas *nf*	graphic arts *n*
artículo *nm*	feature *n*
artículo de fondo *nm*	leading article *n*
asterisco *nm*	asterisk *n*
asunto final *nm*	endmatter *n*
autoadhesivo *nm*	self-adhesive *adj*
autobiografía *nf*	autobiography *n*
autoedición *nf*	desk-top publishing *n*
automático *adj*	automatic *adj*
autónomo *adj*	stand-alone *adj*
autopegado *nm*	self-adhesive *adj*
autor *nm*	author *n*
autorización para el uso de ilustraciones/ fotografías *nf*	picture permissions *n*
avance *nm*	advance copy *n*
aviso de derechos de autor *nm*	copyright notice *n*
banda *nf*	web *n*
barniz *nm*	varnish *n*
barniz mate *nm*	matt varnish *n*
base de datos *nf*	database *n*
bastidor *nm*	deckle *n*
bibliografía *nf*	bibliography *n*
biblioteca *nf*	library *n*
bibliotecario *nm*	librarian *n*
bicolor *adj*	two-colour *adj*
binario *adj*	binary *adj*
biografía *nf*	biography *n*
blanco *adj*	white *adj*
blanco y negro *adj*	black and white *adj*
blancos *nm*	highlights *n*
bobina *nf*	reel *n*
bobina de papel *nf*	web *n*
boceto *nm*	artwork *n*; draft *n*; flat artwork *n*; rough *n*; layout *n*
borde *nm*	border *n*
borde de pinzas *nm*	gripper edge *n*
borrado *nm*	deletion *n*
borrador *nm*	draft *n*; rough *n*
borrar *v*	delete *v*
brillo *nm*	brightness *n*; gloss *n*
bromuro *nm*	bromide *n*
bromuro brillante *nm*	glossy bromide *n*
bromuro de tono contínuo *nm*	continuous tone bromide *n*
bromuro tramado *nm*	screened bromide *n*
bronce *nm*	brass *n*
bucarán *nm*	buckram *n*
byte *nm*	byte *n*
cabeza *nf*	head *n*
cabeza de capítulo *nf*	chapter head *n*
cabezada *nf*	headband *n*
caja alta *nf*	upper case *n*
caja de cartón *nf*	carton *n*
caja negra *nf*	black box *n*
calandrado a máquina *adj*	machine finished *adj*; mill finished *adj*
calcamonía de difusión *nf*	diffusion transfer *n*
cálculo tipográfico *nm*	cast off *n*; copyfitting *n*
calibre *nm*	caliper *n*
caligrafía *nf*	calligraphy *n*
cámara de reproducción *nm*	process camera *n*
cámara fotográfica *nf*	camera *n*
cambios de autor *nm*	author's alterations *n*
campaña de promoción *nf*	promotion campaign *n*
campaña de publicidad *nf*	publicity campaign *n*
canalón *nm*	gutter *n*
cantidad *nf*	quantity *n*
canto *nm*	edge *n*
cantos de color *nm*	coloured edges *n*
cantos dorados *nm*	gilt edges *n*
cantos jaspeados *nm*	sprinkled edges *n*
caolin *nm*	china clay *n*
capacidad de lectura-escritura *nf*	read-write capability *n*
capas de color *nf*	coloured tops *n*
capítulo *nm*	chapter *n*
carácter *nm*	character *n*; sort *n*

141

Spanish	English
carácter especial nm	special sort n
carácter sin trazos terminales nm	sans serif n
carácter superior nm	superscript n
carácter tipográfico equivocado nm	wrong fount n
caracteres de calcomanía nm	transfer lettering n
caracteres de menor tamaño nm	subscripts n
carga aérea nf	airfreight n
cargo nm	charge n
carta de crédito nf	letter of credit n
cartón nm	board n; cardboard n
cartón de encuadernación nm	binding board n
cartón de paja nm	strawboard n
cartón de tapa nm	case board n
cartón doble nm	millboard n
cartón estucado nm	artboard n
cartón gris nm	chipboard n
cartón marfileño nm	ivory board n
cartón para encuadernar nm	millboard n
cartoncillo para ficheros	index board n
cartulina nf	cartridge n
cartulina estucada mate nf	matt coated cartridge n
casa editora nf	publishing company n
casete de vídeo nm	video cassette n
catálogo nm	catalogue n
catálogo de pedido por correo nm	mail order catalogue n
centrado adj	centred adj
centrar v	centre v
centro de distribución nm	distribution centre n
certificado de origen nm	certificate of origin n
cian adj	cyan adj
cianotipia nm	ozalid n
cicero nm	cicero n; pica n
cifra nf	numeral n
cifras nf	figures n
cifras alineadas nf	lining figures n
cifras árabes nm	arabic figures n
cifras de estilo antiguo	non-lining figures n; old-style figures n
cifras romanas nf	Roman figures n
cilindro nm	cylinder n
cilindro de impresión nm	impression cylinder n
cilindro de la plancha nm	plate cylinder n
cilindro porta-mantilla nm	blanket cylinder n
cinta nf	tape n
cinta de cassette nf	cassette tape n
cinta de papel nf	paper tape n
cinta magnética nf	magnetic tape n
cláusula de penalización nf	penalty clause n
cliente nm	client n; customer n
clisé nm	block n; stereotype n
clisé de caucho nm	rubber plate n
clisé de zinc nm	zinco n
club de bibliófilos nm	book club n
código nm	code n
código de barras nm	bar code n
código genérico nm	generic coding n
coedición nf	co-edition n
colaborador nm	contributor n
colas nf	tails n
color nm	colour n
color adicional nm	spot colour n
color especial nm	special colour n
color para policromía nm	process colour n
colores primarios nm	primary colours n
colotipia nf	collotype n
columna nf	column n
coma nf	comma n
combinación de línea y tono nf	line and tone combination n
combinados nm	mechanical n (US)
comercialización nf	marketing n
comerciante nm	dealer n
comerciante de papel nm	paper merchant n
comerciante de remanentes nm	remainder merchant n
comercio librero nm	book trade n
comillas nf	inverted commas n; quotation marks n; quotes n
comisión nf	commission n; fee n
compaginación nf	make-up n; page make-up n; pagination n
compaginar v	paginate v

compañía nf	company n	contenido de ceniza nm	ash content n
compatibilidad nf	compatibility n	contenido de humedad nm	moisture content n
compatible adj	compatible adj		
componer v	compose v; set v	contraportada nm	frontispiece n
composición nf	composition n; setting n	contraste nm	contrast n
composición con máquina de escribir nf	strike-on composition n; typewriter composition n	contratista de imprenta nm	print broker n; print farmer n
		contrato nm	agreement n; contract n
composición de página interactiva nf	interactive page make-up n	contrato de autor nm	author's contract n
		control de calidad nm	quality control n
composición de película nf	film make-up n	conversión de código nf	code conversion n
composición de tipos grandes nf nm	display matter n	conversión mecánica nf	media conversion n
		conversor de código nm	code converter n
composición del área nf	area make-up n		
		conversor mecánico nm	media converter n
composición del texto nf	body matter n; textmatter n	convertir del revés v	reverse out v
		copia nf	copy n
composición electrónica nf	electronic composition n	copia a diazo nf	dyeline print nf
		copia cianográfica nf	blueprint n
composición sin justificar por la derecha nf	ragged right adj	copia cianográfica impuesta nf	imposed blueprint n
		copia de inspección nf	inspection copy n
composición tipográfica nf	type matter n; typesetting n	copia dispuesta para fotografía nf	camera-ready copy n
composición tipográfica asistida por ordenador nf	computer-assisted typesetting n	copia dispuesta para reproducción abbrev	CRC abbrev
		copia final nf	hard copy n
composisión nf	furnish n	copia por contacto nf	contact print n
compositor nm	compositor n	copia tramada nm	screened print n
comprador nm	buyer n	corchete nm	square bracket n
comprar v	buy v	corrección nf	alteration n; correction n
compuesto adj	set adj; typeset adj	corrección de autor nf	AA abbrev
con cosido lateral adj	side-sewn adj	corrección de color nf	colour correction n
concesionario nm	retailer n	corrección de copia nf	copy editing n
concesionario nm	dealer n	corrección de pruebas	proof reading n
condiciones de crédito nf	credit terms n	correcciones de autor nf	author's corrections n
condiciones de pago nf	payment terms n	correcciones internas nf	house corrections n
conexión acústica nf	acoustic coupler n		
confección de planchas nf	platemaking n	corrector nm	reader n
		corrector de pruebas nm	proof reader n
configuración nf	configuration n		
conocimiento de embarque nm	bill of lading n	correo aéreo nm	airmail n
		correo directo nm	direct mail n
cónsola nf	console n	correo electrónico nm	electronic mail n
contenedor nm	container n	cortado nm	cut-off n
contenerización nf	containerisation n	cortado a nivel adj	cut flush adj
contenerizado adj	containerised adj	cortado y pegado nm	cut-and-paste n

143

Section B Spanish–English — coser–diptongo

Spanish	English
coser v	sew v
coser con hilo metálico v	stitch v
coser lateralmente v	side-sew v
coser lateralmente con grapas v	side-stitch v
coser por el lomo v	saddle stitch v
cosido adj	sewn adj
cosido con alambre adj	wire-stitched adj
cosido con hilo metálico adj	stitched adj
cosido con hilo metálico nm	stitching n
cosido lateralmente con grapas adj	side-stitched adj
cosido por el lomo nf	saddle stitching n
cosido por el lomo adj	saddle-stitched adj
cosido por secciones adj	section-sewn adj
costeros nm	broke n
costes nm	costs n
costes de carga aérea nm	airfreight costs n
costes de corrección nm	correction costs n
costes de distribución nm	distribution costs n
costes de edición nm	editorial costs n
costura nf	sewing n
crítica nf	review n
crítico nm	reviewer n
cruz nm	dagger n
cuadratin nm	em n
cuadricula nf	grid n
cuadriculado nm	raster n
cubierta nf	cover n
cubierta del mismo papel que el texto nf	self cover n
cubierta en cartoné adj	hardcover adj
cuerpo nm	body n
cuerpo del tipo nm	point size n
cursiva nf	italic n
cursor nm	cursor n
datos nm	data n
de encolado duro adj	hardsized adj
de fantasía adj	ornamented adj
de hojas sueltas adj	loose leaf adj
de tiempo real adj	real-time adj
dedicatoria nf	dedication n
del mismo tamaño adj	same-size adj
del revés adj	reversed out adj
densidad nf	density n
densidad de los blancos nf	highlight density n
densidad de sombra nf	shadow density n
departamento nm	department n
departamento de acabado nm	finishing department n
departamento de edición nm	editorial department n
departamento de producción nm	production department n
departamento de reproducción nm	repro department n
derecho nm	royalty n
derechos nm	rights n
derechos de autor nm	author's royalties n; copyright n
derechos de reproducción nm	reproduction rights n
derechos extranjeros nm	foreign rights n
derechos suplementarios nm	subsidiary rights n
descuento nm	discount n
deshumidificación nf	dehumidification n
deslaminación nf	delamination n
despacho de aduana nm	customs clearance n
desplegado nm	fold-out n
destino nm	destination n
destino de entrega nm	delivery destination n
destinte nm	deinking n
detallista nm	retailer n
diacrítico nm	diacritical n
diagrama nm	diagram n
diapositiva nf	transparency n
diapositiva de color nf	colour transparency n
diario nm	newspaper n
dibujo nm	drawing n
dibujo de línea nm	line drawing n
diccionario nm	dictionary n
diccionario de excepciones nm	exception dictionary n
diéresis nm	diaeresis n
digitalizar v	digitise v
dígito binario nm	bit n
dígito de prueba nm	check digit n
dimensiones nf	dimensions n
diptongo nm	diphthong n

dirección de la fibra — encuadernación manual

dirección de la fibra *nf*	grain direction *n*	ejemplar de regalo *nm*	presentation copy *n*
dirección de la máquina *nf*	machine direction *n*	ejemplar para revisar *nm*	review copy *n*
director de los derechos *nm*	rights director *n*	electrónico *adj*	electronic *adj*
		elipsis *nf*	ellipsis *n*
director de márketing *nm*	marketing director *n*	embalado *adj*	packed *adj*
		embalado en paquetes *adj*	packed in parcels *adj*
director de producción *nm*	production director *n*	embalaje *nm*	package *n*; packing *n*
director de publicaciones *nm*	publishing director *n*	eme *nf*	em *n*
		emisión *nf*	issue *n*
director de publicidad *nm*	publicity director *n*	empaquetado *nm*	bundling *n*
		empaquetado retractilado *adj*	shrink-wrapped *adj*
director de redacción *nm*	editorial director *n*	empaquetado retractilado *nm*	shrink-wrapping *n*
director de ventas *nm*	sales director *n*		
director general *nm*	managing director *n*	emulsión *nf*	emulsion *n*
disco *nm*	disc *n*	emulsión hacia abajo *adj*	emulsion-side down *adj*
disco compacto *nm*	compact disc *n*		
disco de doble densidad *nm*	double-density disc *n*	emulsión hacia arriba *adj*	emulsion-side up *adj*
disco floppy *nm*	floppy disc *n*	en cuarto *nm*	quarto *n*
diseñador *nm*	designer *n*	en dirección de la fibra *adj*	with the grain *adj*
diseño *nm*	design *n*		
diseño de tipo para el título *nm*	display face *n*	en línea *adj*	on-line *adj*
		encabezamiento *nm*	heading *n*; letterhead *n*
diseño del tipo *nm*	face *n*; typeface *n*	enciclopedia *nm*	encyclopaedia *n*
diseño gráfico *nm*	graphic design *n*	encolado *nm*	sizing *n*
distribución *nf*	distribution *n*	encuadernación *nf*	binding *n*; book binding *n*
distribuidor *nm*	distributer *n*		
doble página *nf*	double-page spread *n*; double-spread *n*	encuadernación adhesiva *nf*	adhesive binding *n*
documentación *nf*	documentation *n*	encuadernación con espiral *nf*	spiral binding *n*
documento *nm*	document *n*		
dorado *nm*	gilding *n*	encuadernación con tapa *nf*	case binding *n*
dorado *adj*	gilt *adj*		
dorso *nm*	back *n*	encuadernación de medianil rígido *nf*	tightback binding *n*
dos puntos *nm*	colon *n*		
duplicado *adj*	duplicate *adj*	encuadernación en piel *nf*	leather binding *n*
edición *nf*	editing *n*; edition *n*; publishing *n*		
		encuadernación en rústica *nf*	limp binding *n*
edición abreviada *nf*	abridged edition *n*		
edición limitada *nf*	limited edition *n*	encuadernación en tela *nf*	cloth binding *n*
editar *v*	edit *v*		
editor *nm*	editor *n*; publisher *n*	encuadernación fresada *nf*	perfect binding *n*
editor general *nm*	managing editor *n*		
efecto muaré *nm*	moiré patterning *n*	encuadernación lomo cuadrado *nf*	flat back binding *n*
ejemplar *nm*	specimen *n*		
ejemplar adelantado *nm*	advance copy *n*	encuadernación manual *nf*	hand binding *n*

145

Spanish	English
encuadernación no cosida *nf*	unsewn binding *n*
encuadernado a media piel *adj*	quarter-bound *adj*
encuadernado completo *adj*	fullbound *adj*
encuadernado con adhesivo *adj*	adhesive bound *adj*
encuadernado en cartoné *adj*	casebound *adj*
encuadernado en cartoné *adj*	hardbound *adj*; leatherbound *adj*
encuadernado en rústica *adj*	limp bound *adj*
encuadernado en tela *adj*	cloth bound *adj*
encuadernador *nm*	binder *n*; book binder *n*
encuadernador con anillas *nm*	ring binder *n*
encuadernadora *nf*	bindery *n*
encuadernadora de libros *nf*	book bindery *n*
encuadernar *v*	bind *v*
ene *nf*	en *n*
enmascarado *nm*	masking *n*
ensamblar *v*	knock up *v*
entrada *nf*	input *n*
entrada vocal *nf*	voice input *n*
entrega *nf*	delivery *n*
envío *nm*	shipping *n*
envío fletado *nm*	freight forwarding *n*
envío pagado *adj*	carriage paid *adj*
envoltorio *nm*	wrapping *n*
epígrafe *nm*	epigraph *n*
epílogo *nm*	epilogue *n*
equipo *nm*	hardware *n*
erratas *nm*	corrigenda *n*
error *nm*	error *n*
error de imprenta *nm*	misprint *n*; printer's error *n*
error de registro *nm*	misregister *n*
escrito a mano *adj*	handwritten *adj*
escritor de artículos *nm*	feature writer *n*
escritor de ficción *nm*	fiction writer *n*
escritura a mano *nf*	handwriting *n*
espaciado *adj*	leaded *adj*
espaciado *nm*	leading *n*; letterspacing *n*
espaciado *adj*	letterspaced *adj*
espaciado entre renglones *nm*	interline spacing *n*
espacio *nm*	space *n*; wordspace *n*
espacio de letra *nm*	letterspace *n*
espacio de renglón *nm*	line spacing *n*
espacio del pie de página *nm*	tailband *n*
espacio entre columnas *nm*	gutter *n*
especificación *nf*	specification *n*
espesor *nm*	caliper *n*
estampación en oro *nm*	gold blocking *n*
estampación en relieve *nf*	blind embossing *n*
estampación en seco *nf*	blind blocking *n*
estampado *nm*	blocking *n*; stamping *n*; embossing *n*
estampado *adj*	stamped *adj*
estampado con papel metalizado *nm*	foil blocking *n*
estampado en relieve *nm*	die stamping *n*
estampar *v*	stamp *v*
estereotipado *nm*	stereotype *n*
estériles *nm*	tails *n*
estilo de encuadernación *nm*	binding style *n*
estilo interno *nm*	house style *n*
estimador *nm*	estimator *n*
estucado a cuchilla *nm*	blade-coating *n*
estucado a máquina *adj*	machine coated *adj*
estucado en máquina	on-machine coating *n*
estucado fuera máquina	off-machine coating *n*
estucado ligero *adj*	lwc *abbrev*
estuche *nm*	slip case *n*
estuco *nm*	coating *n*
estudio de diseño gráfico *nm*	graphic design studio *n*
evaporación *nf*	evaporation *n*
exceso de existencias *nm*	overstocks *n*
expedición *nf*	shipping *n*
exploración *nf*	scanning *n*
explorado *adj*	scanned *adj*
explorador electrónico *nm*	electronic scanner *n*; scanner *n*
explorar *v*	scan *v*
exportación *nf*	export *n*
exportador *nm*	exporter *n*

exposición		grabado de línea

Spanish	English	Spanish	English
exposición nf	exposure n	formato de página nm	page size n
exposición doble nf	double-burn exposure n	formato tipos grandes nm	display size n
expuesto insuficientemente adj	underexposed adj	formato vertical adj	portrait adj
extensión nf	extent n	formato vertical nm	portrait format n
extracción del color complementario nf	complementary colour removal n	forrado adj	backlined adj
extracto nm	extract n	forro nm	backlining n
fábrica de papel nf	paper mill n	fotocomposición nf	filmsetting n; photocomposition n; photosetting n; phototypesetting n
fabricación nf	manufacturing n		
fabricación de papel nf	papermaking n		
facsímil nm	facsimile n	fotocomposición de entrada directa nf	direct-entry photosetter n
factor de brillo nm	brightness factor n		
factura nf	invoice n	fotocompositor nm	photosetter n
factura comercial nf	commercial invoice n	fotocompositora nf	phototypesetter n
factura proforma nf	pro forma invoice n	fotocompuesto adj	photoset adj; phototypeset adj
falsa lectura adj	wrong-reading adj		
familia nf	family n	fotocopia nf	photocopy n
familia de caracteres de imprenta nf	type family n	fotograbado nm	process engraving n
		fotografía nf	photograph n
fax nm	fax n	fotógrafo nm	photographer n
fecha nf	date n	fotoimpresora de repetición nf	step-and-repeat machine n
fecha de entrega nf	delivery date n		
fecha de publicación nf	publication date n	fracción nf	fraction n
fecha límite nf	deadline n	franco a bordo	FOB abbrev
fecha tope nf	deadline n	franco almacén adj	ex-warehouse adj
feria del libro nf	book fair n	franjas de color nf	colour bars n
fibra nf	fibre n; grain n	franqueo nm	postage costs n
fibra longitudinal adj	long grain adj	fresado adj	perfect bound adj
fibra transversal adj	short grain	frote de la tinta nm	ink rub n
ficción nf	fiction n	fuente nf	font n; fount n
fijado nm	fixing n	fuera de línea adj	off-line adj
filigrana nf	watermark n	fuera de registro adj	out of register adj
filtro nm	filter n	fundición nf	font n; fount n
fletador nm	freight forwarder n	fundición de color nf	colour cast n
flete nm	freight n	fundición térmica nf	hot metal composition n
flete marítimo nm	ocean freight n; seafreight n	galerada nf	galley proof n
		gastos de envío nm	shipping costs n
flexografía nf	flexography n	gastos de impresión nm	press costs n
flujo de fondos nm	cashflow n		
fluorescente adj	fluorescent adj	gastos de lo sucesivo nm	run-on costs n
foliar v	paginate v		
folio nm	folio n	gastos de pre-prensa nm	pre-press costs n
folleto nm	booklet n; brochure n; leaflet n; pamphlet n		
		glosario nm	glossary n
forma nf	forme n	gobernado por menús adj	menu-driven adj
forma exterior nf	outer forme n		
forma interior nf	inner forme n	gofrado adj	embossed adj
formato nm	format n	gofrar v	emboss v
formato apaisado n	landscape format n	grabado de línea nm	line block n

147

Section B Spanish–English

graduación nf	scaling n
graduar v	scale v
gráfica nf	graphics n
gramaje nm	grammage n; substance n; weight n
gramos por metro cuadrado	gsm abbrev
gualar las hojas v	knock up v
guardas nf	endpapers n
guardas incluidas nf	self ends n
guía nf	directory n; lay n
guillotina nf	guillotine n
guión nm	dash n; hyphen n; hyphenation n
guión optativo nm	discretionary hyphen n
guión y margen nm	hyphenation and justification n
hoja nf	leaf n; sheet n
hoja de cortesía nf	flyleaf n
hoja de pasta mecánica nf	groundwood sheet n
hoja de ruta aérea nf	air waybill n
hojas defectuosas nf	retree n
hojas plegadas y alzadas nf	folded and gathered sheets n
hojas sobrantes nf	overs n
honorario nm	fee n
hueco nm	hollow n
humedad nf	humidity n
humedad relativa nf	relative humidity n
idioma nm	language n
ilustración nf	illustration n; picture n
ilustración a medio tono nf	halftone illustration n
ilustración apaisada nf	landscape illustration n
ilustración de línea nf	line illustration n
ilustración en blanco y negro nf	black and white illustration n
ilustración encolada nf	tip-in n
ilustración vertical nf	portrait illustration n
ilustrar v	illustrate v
imagen nf	image n; picture n
imitación barba adj	mould-made adj
imitación de arte nf	imitation art n
imitación de oro nf	imitation gold n
imitación de plata nf	imitation silver n
imitación de tela nf	imitation cloth n
imperfección nm	imperfection n
imponer v	impose v
importación nf	import n
importador nm	importer n
importar v	import v
imposición nf	imposition n
imposición a blanco y retiración nf	sheetwork n
impresión nf	impression n; machining n; printing n
impresión a chorro de tinta nf	ink-jet printing n
impresión bicolor nf	two-colour printing n
impresión caucho contra caucho nm	blanket-to-blanket perfecting n
impresión cuatricolor nf	four-colour printing n
impresión de documentos de valor nf	security printing n
impresión de huecograbado nf	gravure printing n
impresión de litografía nf	litho printing n
impresión de prensa plana nf	flatbed printing n
impresión diazo nf	diazo print n
impresión electrostática nf	electrostatic printing n
impresión rotativa de fraguado nf	cold-set web printing n; heatset web printing n
impresión serigráfica nf	screen printing n
impreso nm	pamphlet n
impresora nf	printer n
impresora a chorro de tinta nf	ink-jet printer n
impresora de impacto nf	impact printer n
impresora de líneas nf	line printer n
impresora de margarita nf	daisy wheel printer n
impresora matricial nf	dot-matrix printer n
impresora negra nf	black printer n
imprimir v	print v
imprimir por la segunda cara v	perfect v
inclinación de la trama nf	screen angle n
independiente nm	freelance n
indicación del corrector de pruebas nf	proof reader's mark n
indicaciones nf	mark-up n

indicaciones de la corrección de pruebas nf	proof correction marks n
índice nm	contents n; index n
índice con uñera nm	thumb index n
índice cumulativo nm	cumulative index n
índice de acidez pH nm	pH value n
índice de tabulación nm	tab index n
indice de volumen entre cartones nm	bulk between boards n
industria gráfica nf	printing industry n
inferior nm	inferior n
información nf	information n
informática nf	data processing n
inserción gráfica nf	graphics insertion n
inserto nm	insert n
instrucciones de entrega nf	delivery instructions n
instrucciones de envío nf	shipping instructions n
instrucciones para el embalaje nf	packing instructions n
integrado adj	integrated adj
interactivo adj	interactive adj
intercalación nf	inset n
intercalar v	collate v
interface nf	interface n
intermedio nm	intermediate n
introducción nf	introduction n
juego de carácteres nm	character set n; font n
juego de colores nm	colour set n
juego en caja nm	boxed set n
justificación nm	justification n
justificación vertical nf	vertical justification n
justificado adj	justified adj
justificar v	justify v
kilobyte nm	kilobyte n
kiloocteto nm	kilobyte n
lado de fieltro nm	felt side n
lado de la tela nm	wire side n
lado superior nm	top-side n
laminación nf	laminating n; lamination n
laminado mate nm	matt lamination n
láser nm	laser n
latón nm	chemac n
lavado de la máquina nm	wash-up n
lector nm	reader n
lector multidisco nm	multidisc reader n
lectura al derecho adj	right-reading adj
lectura al derecho con la cara emulsional hacia abajo adj	right-reading emulsion-side down adj
lectura al derecho con la cara emulsional hacia arriba adj	right-reading emulsion-side up adj
lectura al revés adj	reverse-reading adj
lectura digital nf	digital read-out n
letra nf	letter n
letra de cambio nf	bill of exchange n
letra negrilla nf	bold face n
letrado por calcamonía seca nm	dry-transfer lettering n
leyenda nf	legend n
librería nf	bookshop n
librero nm	bookseller n
librito nm	booklet n
libro nm	book n
libro cartoné nm	hardback n
libro con ilustraciones en relieve nm	pop-up book n
libro de bolsillo nm	massmarket paperback n; paperback n; pocket book n
libro de referencia nm	reference book n
libro de texto nm	school textbook n
libro de texto nm	textbook n
libro en gran formato nm	coffee-table book n
libro en octavo adj	octavo adj
libro en rustica nm	paperback n
libro encuadernado nm	bound book n
libro integrado nm	integrated book n
libro nuevo nm	new book n
libros académicos nm	academic books n
libros de texto nm	college textbooks n
libros generales nm	general books n
libros infantiles nm	children's books n
licencia nf	licence n
licencia de exportación nf	export licence n
licencia de importación nf	import licence n
ligadura nf	ligature n
ligero adj	light adj; lightweight adj
línea nf	line n

149

Section B Spanish–English

Spanish	English
línea corta *nf*	widow *n*
línea de base *nf*	base line *n*
linea guía *nf*	keyline *n*
línea media *nf*	mean line *n*
línea y tono combinado *adj*	combination line and tone *n*
lineatura de la trama *nf*	screen ruling *n*
lista *nf*	list *n*
listado *nm*	listing *n*
lisura *nf*	smoothness *n*
literal *nm*	literal *n*
literatura *nf*	literature *n*
literatura no novelesca *nf*	non-fiction *n*
litografía *nf*	litho *n*
litografía directa *nf*	direct litho *n*
litografía no tramada *nf*	screenless litho *n*
lito-offset *nm*	offset *n*; offset litho *n*
lógica de guión *nf*	hyphenation logic *n*
logotipo *nm*	logotype *n*
lomo *nm*	spine *n*
lomo cuadrado *nm*	square back *n*
longitud de renglón *nf*	line length *n*
maculado *nm*	set-off *n*
maculatura de tinta *nf*	ink set-off *n*
maculaturas *nf*	spoilage *n*
magenta *adj*	magenta *adj*
mancha *nf*	hickey *n*
manila *adj*	manila *adj*
mantilla *nf*	blanket *n*
manual *nm*	manual *n*
manuscrito *nm*	copy *n*; manuscript *n*
maqueta *nf*	bulking dummy *n*; dummy *n*; mock-up *n*
máquina *nf*	machine *n*
máquina cuatricolor *nf*	four-colour machine *n*
máquina de alimentación en hojas *nf*	sheetfed machine *n*
máquina de escribir *nf*	typewriter *n*
máquina de escribir de bola *nf*	golf ball typewriter *n*
máquina de impresión bicolor *nf*	two-colour machine *n*
máquina de numeración *nf*	numbering machine *n*
máquina de retiración *nf*	perfector *n*
máquina impresora *nf*	printing machine *n*
máquina para la fabricación de papel *nf*	papermaking machine *n*
máquina plegadora *nf*	folding machine *n*
marca *nf*	book mark *n*
marca comercial *nf*	trademark *n*
marcas de cotejo *nf*	black-step collation marks *n*
marca de referencia *nm*	dagger *n*
marcas de registro *nf*	register marks *n*
margarita *nf*	daisy wheel *n*
margen *nm*	margin *n*
margen al pie *nm*	foot margin *n*; tail margin *n*
margen de cabeza *nm*	head margin *n*
margen de cosido *nm*	back margin *n*
margen de la guía *nm*	lay edge *n*
margen exterior *nm*	fore-edge *n*
máscara *nf*	mask *n*
mate *adj*	matt *adj*
matemáticas *nf*	maths *n*
material diagramático *nm*	tabular material *n*
materiales *nm*	materials *n*
matriz *nf*	matrix *n*; stencil *n*
mayorista *nm*	wholesaler *n*
mayúscula *nf*	capital letter *n*; caps *n*
mayúsculas *nf*	upper case *n*
mayúsculas eliminadas *nf*	drop caps *n*
mayúsculas y minúsculas *nf*	ulc *abbrev*
mayúsculas y pequeñas mayúsculas *nf*	c & sc *abbrev*
mecánica con volumen *nf*	bulky mechanical *n*
mecanografiado *adj*	typewritten *adj*
medición a escala *nf*	scaling *n*
medida *nf*	measure *n*
medio *adj*	medium *adj*
medio cuadratin *nm*	en *n*
medio título *nm*	half title *n*
medio tono *nm*	halftone *n*; h/t *abbrev*
medio tono invertido *nm*	invert halftone *n*
medio tono negro *nm*	black halftone *n*
megabyte *nm*	megabyte *n*
megaocteto *nm*	megabyte *n*
memoria *nf*	memory *n*

memoria magnética de sólo lectura *nf*	ROM *abbrev*	negativos duplicados de películas lectura directa emulsión hacia abajo	duplicate negative films right-reading emulsion-side down
memoria muerta *nf*	read only-memory *n*		
menú *nm*	menu *n*		
mercado libre *nm*	open market *n*	negativos duplicados de películas lectura directa emulsión hacia arriba	duplicate negative films right-reading emulsion-side up
metal tipográfico *nm*	type metal *n*		
microchip *nm*	microchip *n*		
microficha *nf*	microfiche *n*		
microfilm *nm*	microfilm *n*	negativos duplicados de películas lectura en reverso emulsión hacia abajo	duplicate negative films reverse-reading emulsion-side down
microordenador *nm*	microcomputer *n*		
microprocesador *nm*	microprocessor *n*		
minibanda *nf*	mini-web *n*		
miniordenador *nm*	minicomputer *n*	negativos duplicados de películas lectura en reverso emulsión hacia arriba	duplicate negative films reverse-reading emulsion-side up
minúsculas *nf*	lower case *n*		
modem *nm*	modem *n*		
modo de fondo *nm*	background mode *n*		
monocromo *adj*	monochrome *adj*; single-colour *adj*	negativos en una pieza *nm*	one-piece negatives *n*
montaje *nm*	assembly *n*; paste-up *n*; stripping in *n*	negrilla *nf*	bf *abbrev*
		negrilla *adj*	bold *adj*
montaje de película *nm*	film assembly *n*	negro *adj*	black *adj*
montaje dispuesto para fotografía *nm*	camera-ready paste-up *n*	no cosido *adj*	unsewn *adj*
		nota al pie *nf*	footnote *n*
		nota de abono *nf*	credit note *n*
montar *v*	strip in *v*	nota de errata *nf*	errata slip *n*
mota *nf*	hickey *n*	novela *nf*	novel *n*
muestra *nf*	specimen *n*; swatch *n*	novelista *nm*	novelist *n*
muestra de color *nf*	colour swatch *n*	nueva edición *nf*	new edition *n*
muestra de fabricación *nf*	out-turn sheet *n*	número *nm*	number *n*; numeral *n*
		números *nm*	figs *n*; figures *n*
multicolor *adj*	multicolour *adj*	números elzevirianos *nm*	non-lining figures *n*; old-style figures *n*
multiplexor *nm*	multiplexor *n*		
negativo *nm*	negative *n*	objetivo de foco variable *nm*	zoom lens *n*
negativo a medio tono *nm*	halftone negative *n*		
		octeto *nm*	byte *n*
negativo de película *nm*	film negative *n*	offset *nm*	offset *n*
		offset de bobina *nm*	web offset *n*
negativo tramado *nm*	screened negative *n*	offset reducido *nm*	small offset *n*
negativos con puntos débiles *nm*	soft-dot negatives *n*	offset seco *nm*	dry offset *n*
		opacidad *nf*	opacity *n*
negativos de puntos duros *nm*	hard-dot negatives *n*	opaco *adj*	opaque *adj*
		operador de teclado *nm*	keyboard operator *n*
negativos de selección *nm*	separation negatives *n*		
		orden *nm*	order *n*
negativos de selección de color *nm*	colour separation negatives *n*	orden alfanumérico *nm*	alphanumeric sort *n*
		ordenador *nm*	computer *n*
negativos duplicados de películas *nm*	duplicate negative films *n*	ordenador análogo *nm*	analogue computer *n*
		ordenador digital *nm*	digital computer *n*
		ordenador personal *nm*	personal computer *n*

Spanish	English
ordenador principal nm	mainframe computer n
originación nf	origination n
original nm	art n (US); artwork n; original n
original de línea nm	line artwork n; line copy n
original de sobrecubierta nm	jacket artwork n
original dispuesto para fotografía nf	camera-ready artwork n
original montado nm	paste-up n
original opaco nm	reflection copy n
oxidación nf	oxidation n
ozálico nm	ozalid n
página nf	page n
página centrada nf	centrespread n
página de bibliografía nf	bibliography page n
página de dedicatoria nf	dedication page n
página de índice nf	contents page n
página de izquierda nf	left-hand page n
página de medio título nf	half title page n
página de partida nf	dropped head n
página de relación de colaboradores nf	acknowledgements page n
página de título nf	title page n
pagina derecha nf	right-hand page n
página doble enfrentada nf	spread n
página en blanco nf	blank page n
página impar nf	recto n; right-hand page n
página par nf	verso n
página sangrada nf	bled page n
paginación automática nf	automatic pagination n
páginas del texto nf	text pages n
páginas frontales nf	facing pages n
páginas impares nf	odd pages n
páginas pares nf	even pages n
pago nm	payment n
palabra nf	word n
palet nf	pallet n; stillage n
paletizado adj	palletised adj
paletizar v	palletise v
papel nm	paper n
papel áspero nm	antique wove n
papel avitelado nm	wove n
papel base nm	base paper n
papel biblia nm	bible paper n; india paper n
papel calandrado nm	calendered paper n
papel carbón nm	carbon paper n
papel contínuo nm	constat n; continuous stationery n
papel de carta nm	writing paper n
papel de copia nm	copier paper n
papel electrotipado nm	cast coated paper n
papel estucado nm	art paper n; coated cartridge n; coated paper n
papel estucado brillante nm	gloss art n; glossy art n
papel estucado de una cara	one-sided art n
papel estucado ligero nm	lightweight coated paper n
papel estucado mate nm	matt art n
papel hecho a mano nm	hand-made paper n
papel jaspeado nm	marbled paper n
papel kraft nm	kraft n
papel ligero nm	lightweight paper n
papel mecánico nm	mechanical paper n
papel metalizado nm	foil n
papel metalizado dorado nm	gold foil n
papel no estucado nm	uncoated paper n
papel offset nf	offset cartridge n
papel para carteles nm	poster paper n
papel para documentos de valor nm	security paper n
papel para el texto nm	text paper n
papel para periódicos nm	newsprint n
papel para reproducción nm	repro paper n
papel reciclado nm	recycled paper n
papel sin ácido nm	acid-free paper n
papel sin pasta mecánica nm	woodfree paper n
papel supercalandrado nm	supercalendered paper n
papel verjurado nm	laid paper n
papelera nf	paper mill n
papelería nf	stationery n

paquete nm	parcel n
paréntesis nm	brackets n; parenthesis n
párrafo nm	paragraph n
partida de fabricación nf	making n; mill making n
pasta nf	pulp n
pasta al bisulfito nf	sulphite pulp n
pasta al sulfato nf	sulphate pulp n
pasta de coníferas nf	softwood pulp n
pasta mecánica nf	groundwood n; mechanical pulp n
pasta química nf	chemical pulp n; woodfree pulp n
pasta refinada nf	stock n
pasta termomecánica nf	thermo-mechanical pulp n
patrón nm	stencil n
pedido nm	order n
pedido por correo nm	mail order n
película nf	film n
película autopositiva nf	autopositive film n
película de inversión nf	autoreversal film n
película duplicada nf	duplicate film n
película en una pieza nf	one-piece film n
película negativa nf	negative film n
película negativa con la cara emulsional hacia abajo al derecho	negative films right-reading emulsion-side down
película negativa con la cara emulsional hacia abajo al revés	negative films reverse-reading emulsion-side down
película negativa con la cara emulsional hacia arriba al derecho	negative films right-reading emulsion-side up
película negativa con la cara emulsional hacia arriba al revés	negative films reverse-reading emulsion-side up
película positiva nf	positive film n
película positiva con la cara emulsional hacia abajo al derecho	positive films right-reading emulsion-side down
película positiva con la cara emulsional hacia abajo al revés	positive films reverse-reading emulsion-side down
película positiva con la cara emulsional hacia arriba al derecho	positive films right-reading emulsion side-up
película positiva con la cara emulsional hacia arriba al revés	positive films reverse-reading emulsion-side up
película reversible nf	reversal film n
películas cuatricolores nf	four-colour films n
penetración de la tinta nf	strike-through n
perforación nf	perforating n
perforado adj	perforated adj
perforar v	perforate v
periódico nm	journal n; newspaper n; periodical n
periodista nm	journalist n
permisos nm	permissions n
peso nm	weight n
pica nf	pica n
pie nm	foot n
pie de imprenta nm	imprint n
piel de ternera nf	calf n
pigmento nm	pigment n
piratería nf	piracy n
placa gráfica nf	graphics tablet n
plagiador nm	pirate n
plagio nm	piracy n
plan de imposición nm	imposition scheme n
plancha nf	plate n
plancha bimetálica nf	bimetal plate n
plancha de metal nf	metal plate n
plancha de papel nf	paper plate n
plancha de plástico nf	plastic plate n
plancha fotopolimérica nf	photopolymer plate n
plancha para estampar las tapas nf	die n
plancha presensibilizada nf	presensitised plate n
plancha trimetálica nf	trimetal plate n
plástico nm	plastic n
plastificado nm	laminating n; lamination n
plataforma nf	skid n
plegado paralelo nm	parallel fold n
plegado y alzado	f & g abbrev
plegador de combinación nf	combination folder n
plegador de cuchillo nm	knife folder n
plegador por aplastamiento nm	buckle folder n

Spanish	English
plegadora *nm*	folder *n*
plegadora de cono *nf*	former folder *n*
pliegue *nm*	fold *v*
pliegue de acordeón *nm*	concertina fold *n*
póliza de seguro *nf*	insurance policy *n*
polvo antimaculador *nm*	anti set-off spray *n*
portada *nf*	cover *n*
positivo *adj*	positive *adj*
positivo a medio tono *nm*	halftone positive *n*
positivo de película *nm*	film positive *n*
positivo tramado *nm*	screened positive *n*
positivos con puntos débiles *nm*	soft-dot positives *n*
positivos de puntos duros *nm*	hard-dot positives *n*
positivos de selección *nm*	separation positives *n*
positivos de selección de color *nm*	colour separation positives *n*
positivos duplicados de películas *nm*	duplicate positive films *n*
positivos duplicados de películas lectura directa emulsión hacia abajo	duplicate positive films right-reading emulsion-side down
positivos duplicados de películas lectura directa emulsión hacia arriba	duplicate positive films right-reading emulsion-side up
positivos duplicados de películas lectura en reverso emulsión hacia abajo	duplicate positive films reverse-reading emulsion-side down
positivos duplicados de películas lectura en reverso emulsión hacia arriba	duplicate positive films reverse-reading emulsion-side up
positivos en una pieza *nf*	one-piece positives *n*
precio *nm*	price *n*
prefacio *nm*	preface *n*
prensa *nf*	press *n*
prensa de cilindro *nf*	cylinder press *n*
prensa para periódicos *nf*	newspaper press *n*
prensa rotativa *nf*	rotary press *n*; web press *n*
preparación de copia *nf*	copy preparation *n*
preparación de litografía *nf*	litho prep *n*
pre-prensa *nf*	pre-press *n*
presupuesto *nm*	budget *n*; estimate *n*
previsión *nf*	forecast *n*
primera edición *nf*	first edition *n*
principios del libro *nm*	prelims *n*
procedimiento de búsqueda y sustitución *nm*	search and replace routine *n*
procedimientos de impresión *nm*	printing processes *n*
procesador de película *nm*	film processor *n*
procesador de texto *nm*	word processor *n*
producción *nf*	output *n*; production *n*
producción de libros *nf*	book work *n*
programa *nm*	program *n*; schedule *n*
programa de publicación *nm*	publication programme *n*
programación *nf*	planning *n*
prólogo *nm*	foreword *n*; preface *n*
promoción *nf*	promotion *n*
propaganda *nf*	blurb *n*
propaganda de sobrecubierta *nf*	jacket blurb *n*
propaganda por correo *nf*	mailshot *n*
propietario *nm*	proprietor *n*
proveedor *nm*	supplier *n*
proveedor de biblioteca *nm*	library supplier *n*
prueba *nf*	proof *n*
prueba de libro *nf*	book proof *n*
prueba de máquina *nf*	machine proof *n*
prueba de reproducción *nf*	reproduction proof *n*
prueba en páginas *nf*	page proof *n*
prueba impuesta *nf*	imposed proof *n*
pruebas de prensa *nf*	press proof *n*
pruebas progresivas *nf*	progressive proofs *n*
publicación *nf*	publication *n*; publishing *n*
publicación académica *nf*	academic publishing *n*
publicación de base de datos *nf*	database publishing *n*
publicación de diccionario *nf*	dictionary publishing *n*

Spanish	English
publicación de ficción nf	fiction publishing n
publicación de guía nf	directory publishing n
publicación de sobremesa nf	desk-top publishing n
publicación educativa nf	educational publishing n
publicación electrónica nf	electronic publishing n
publicación general nf	general publishing n
publicación sobre solicitud nf	on-demand publishing n
publicar v	publish v
publicidad nf	advertising n; publicity n
pulpa de madera dura nf	hardwood pulp n
pulsación nf	keystroke n; keystroking n
punto nm	dot n; period n (US)
punto a punto nm	dot-for-dot adj
punto cortado nm	didot point n
punto de sombra nf	shadow dot n
punto en los blancos nm	highlight dot n
punto final nm	full point n; full stop n
punto y coma nm	semi-colon n
puntos suspensivos nm	ellipsis n
puntuación nf	punctuation n
pupitre de mandos nm	console n
rasgo ascendente (de una letra) nm	ascender n
ratón nm	mouse n
realzado nm	embossing n
reclamación del seguro nf	insurance claim n
recomponer v	reset v
recomposición nf	resetting n
reconocimiento de caracteres nm	character recognition n
reconocimiento óptico de caracteres nm	optical character recognition n
recortado adj	trimmed adj
recortado con guillotina adj	guillotine trimmed adj
recortar v	crop v; trim v
recorte nm	broke n; cropping n
recorte de medio tono nm	cut-out halftone n
recorte de prensa nm	press cutting n
rectangular adj	oblong adj
recuento de caracteres nm	character count n
redacción nf	sub-editing n
redactor nm	sub-editor n
redondeado y retirado adj	rounded and backed adj
reducción nf	reduction n
reducción del color de fondo nf	UCR abbrev
reducido adj	reduced adj
reducir v	reduce v
referencia nf	cross reference n; reference n
refinado nm	beating n
registro nm	register n
reimpresión nf	reissue n; reprint n
reimprimir v	reprint v
rejilla nf	grid n
relación de colaboradores nf	acknowledgements n
remanente nm	remainder n
remate nm	serif n
remisión nf	cross reference n
remoción de áreas sin la debida intensidad de color nf	undercolour removal n
renglón nm	line n
renglón a renglón adj	line for line adj
repelado del papel nm	picking n
repinte nm	set-off n
representante de ventas nm	sales rep n
reproducción nf	repro n; reproduction n
reproducción en dos colores nf	duotone n
reseña nf	blurb n
reseñante nm	reviewer n
resistencia a la rotura nf	bursting strength n
resma nf	ream n
retirado adj	perfected adj
retirar v	perfect v
retocado adj	retouched adj
retocar v	retouch v
retoque nm	retouching n; spotting n
retoque de puntos nm	dot etching n
reverso lateral nm	lateral reversal n
revestimiento nm	coating n
revisión nf	review n

Section B Spanish–English

Spanish	English
revista nf	magazine n
rodillo filigranador nm	dandy roll n
rodillo mojador nm	damper n
romano adj	Roman adj
rotativo adj	rotary adj
sangrar	indent v
sangría nf	indent n
sangría de párrafo nf	paragraph opening n
satinado a máquina adj	machine glazed adj
se reservan todos los derechos	all rights reserved
secado nm	drying n
secado al calor nf	heatset web printing n
secado al frío nf	cold-set web printing n
secado con rayos ultravioletas nm	ultra-violet drying n
secado por infrarrojos nm	infra-red drying n
secador nm	drier n
sección nf	section n
secuencia de impresión nf	printing sequence n
seguro nm	insurance n
selección de color nf	colour separation n
selección fotográfica nf	camera separation n
señal digital nf	digital signal n
señal para el alzado nf	collating marks n
separación nf	separation n
separación acromática nf	achromatic separation n
separación con guión automática nf	automatic hyphenation n
separación incorrecta nf	bad break n
separaciones cuatricolores nf	four-colour separations n
serigrafía nf	silk-screen printing n
signatura nf	signature n
signo & nm	ampersand n
signo de admiración nm	exclamation mark n
signo de interrogación nm	question mark n
signo de puntuación nm	punctuation mark n
sin justificar adj	unjustified adj
sinopsis nf	synopsis n
sistema nm	system n
sistema de codificación nm	coding system n
sistema de registro de punzón nm	pin register system n
sistema de tipos de imprenta nm	point system n
sistema frontal nm	front-end system n
sistema imperial nm	imperial system n
sistema métrico nm	metric system n
sobre nm	envelope n
sobrecapa nf	overmatter n
sobrecubierta nf	jacket n
sobrecubierta del libro nf	book jacket n
sobreexpuesto adj	overexposed adj
sobreimprimir v	overprint v
sociedad nf	company n
sociedad anónima nf	limited company n
software nm	software n
software de aplicaciones nm	applications software n
solapa nf	flap n
sombras nf	shadows n
subíndice nm	subscripts n
subrayar v	underline v
subtítulo nm	subheading n; subtitle n
sujeto a aprobación adj	on approval adj
superficie nf	area n; surface n
superficie de composición nf	type area n
superficie de la página nf	page area n
superficie del texto nf	text area n
superior adj	superior adj
suplemento nm	supplement n
suscripción nf	subscription n
taladrado nm	drilling n
taller de artes gráficas nm	print works n; printing works n
tamaño nm	size n
tamaño aparente nm	appearing size n
tamaño de la hoja nm	sheet size n
tamaño de letra nm	body size n
tamaño de página con márgenes recortados adj	trimmed bled page size n
tamaño de página recortado adj	trimmed page size n
tamaño de página sangrada nm	bled page size n
tamaño del tipo de imprenta nm	typesize n

Spanish	English
tamaño no recortado nm	untrimmed size n
tapa nf	case n
tarifas de publicidad nf	advertising rates n
tecla nf	key n
teclado nm	keyboard n
teclado de dígitos nm	digipad n
tela nf	cloth n
telecomunicaciones nf	telecommunications n
terminal nm	terminal n
terminal de compaginación nm	make-up terminal n
terminal de composición del área nm	area make-up terminal n
terminal de edición nm	editing terminal n
terminal de visualización nm	visual display terminal n
terminal gráfico nm	graphics terminal n
termografía nf	thermography n
territorio nm	territory n
texto nm	text n
texto mecanografiado nm	typescript n
tiempo de respuesta nm	response time n
tiempo inactivo nm	down time n
tinta nf	ink n
tinta amarilla nf	yellow ink n
tinta cian nf	cyan ink n
tinta fluorescente nf	fluorescent ink n
tinta magenta nf	magenta ink n
tinta negra nf	black ink n
tintas para policromía nf	process inks n
tinte nm	dye n
tinte mecánico nm	mechanical tint n
tipo nm	type n
tipo ampliado nm	expanded type n
tipo basto nm	sans serif n
tipo condensado nm	condensed type n
tipo de imprenta nm	point n
tipografía nf	letterpress n; typography n
tirada nf	circulation n; machining n; print run n
tirada aparte nf	offprint n
título nm	caption n; headline n; title n
título a lo ancho del texto nm	shoulder head n
título a todo lo ancho nm	cross-head n
título de página par nm	title verso n
título del lomo nm	spine lettering n
titulo lateral nm	side head n
título repetido nm	running head n
tolerancia nf	tolerance n
tono nm	tone n
tono contínuo adj	continuous tone adj; contone adj
tonos intermedios nm	middle tones n
trabajo a domicilio nm	outwork n
trabajo de media página nm	half-sheet work n
trabajo par nm	even working n
trama nf	raster n; screen n
trama de contacto nf	contact screen n
trama de medio tono nf	halftone screen n
tramado adj	screened adj
tramado directo nm	direct screening n
tramado indirecto nm	indirect screening n
transmisión de datos nf	data transmission n
transmisión por fax nf	facsimile transmission n
transparencia nf	show-through n
transponer v	transpose v
transporte nm	transport n
transporte fotomecánico nm	PMT abbrev
transporte, seguro, embarque	cif abbrev
trazado nm	layout n
trazar a escala v	scale v
trazo descendente de una letra nm	descender n
trazo terminal nm	serif n
tres bordes recortados adj	trimmed three edges adj
tríptico nm	gatefold n
troquel nm	die n
tubo de rayos catódicos nm	CRT abbrev
unidad central de proceso nf	CPU abbrev
unidad de disco nf	disc drive n
unidad de visualización nf	visual display unit n

157

unidad fotográfica *nf*	photounit *n*	ventas de exportación *nf*	export sales *n*
utilización *nf*	application *n*	versalitas *nf*	small caps *n*
vaivén *adj*	coming and going *adj*	vertical *adj*	upright *adj*
validez *nf*	validity *n*	video *nm*	video *n*
variación *nf*	variation *n*	vigilante de máquina *nm*	machine minder *n*
vendedor *nm*	seller *n*		
vender *v*	sell *v*	vista de plano *nf*	flatplan *n*
venta a domicilio *nf*	door-to-door selling *n*	visual *nm*	visual *n*
venta o devolución *adj*	sale or return *adj*	vocabulario *nm*	vocabulary *n*
venta por correo *nf*	mail-order selling *n*	volumen *nm*	bulk *n*; volume *n*
ventas *nf*	sales *n*	voluminoso *adj*	bulky *adj*

Section B *cont*

ITALIAN–English

Section B Italian–English   a due colori–autocopertina

Italian	English
a due colori *adj*	two-colour *adj*
a rilegatura intera *nf*	fullbound *adj*
a tono continuo *adj*	continuous tone *adj*; contone *adj*
a va e vieni *adj*	coming and going *adj*
abbonamento *nm*	subscription *n*
abbozzo *nm*	draft *n*; rough *n*
abbreviazione *nf*	abbreviation *n*
abrasione *nf*	abrasion *n*
accento *nm*	accent *n*
accento acuto *nm*	acute accent *n*
accento circonflesso *nm*	circumflex accent *n*
accento grave *nm*	grave accent *n*
accesso *nm*	access *n*
accesso casuale *nm*	random access *n*
accesso diretto *nm*	direct access *n*
accoppiatore acustico *nm*	acoustic coupler *n*
acetato *nm*	acetate *n*
acrilico *adj*	acrylic *adj*
adattamento testo *nm*	copyfitting *n*
addebito *nm*	charge *n*
addendo *nm*	addendum *n*
addetto alla macchina *nm*	machine minder *n*
adesivo *nm*	hot-melt *n*
aerografo *nm*	airbrush *n*
agente *nm*	agent *n*
agente dell'autore *nm*	author's agent *n*
agente di stampa *nm*	print broker *n*; print farmer *n*
agente letterario *nm*	literary agent *n*
agenzia pubblicitaria *nf*	advertising agency *n*
aggiunte *nf*	overs *n*
aletta *nf*	flap *n*
alfabeto *nm*	alphabet *n*
alfabeto cirillico *nm*	Cyrillic alphabet *n*
alfabeto latino *nm*	latin alphabet *n*
alfanumerico *adj*	alphanumeric *adj*
alimentato a bobina *adj*	web-fed *adj*
alimentato a foglio *adj*	sheetfed *adj*
alimentatore *nm*	feeder *n*
allineamento *nm*	alignment *n*
allineamento alla base *nm*	base alignment *n*
allineare *v*	align *v*; range *v*
allineato a destra *adj*	ranged right *adj*
allineato a sinistra *adj*	ranged left *adj*
allineato a sinistra, allineato a destra *adj*	flush left, flush right *adj*
allineato al centro *adj*	ranged centre *adj*
alte luci *nf*	highlights *n*
altezza del carattere *nf*	type height *n*
altezza della pagina *nf*	appearing size *n*
altezza delle maiuscole *nf*	cap height *n*
altezza tipografica *nf*	type height *n*
amministratore delegato *nm*	managing director *n*
analizzare *v*	scan *v*
analizzato *adj*	scanned *adj*
analizzatore elettronico *nm*	electronic scanner *n*; scanner *n*
angolazione del retino *nf*	screen angle *n*
annuario *nm*	yearbook *n*
annunci economici *nm*	classified ads *n*
annuncio pubblicitario *nm*	advertisement *n*; display advertisement *n*
annuncio pubblicitario aziendale *nm*	house advertisement *n*
annuncio pubblicitario di riempimento *nm*	filler advertisement *n*
anticipo *nm*	advance *n*
anticipo sui diritti d'autore *nm*	advance against royalties *n*
apertura *nf*	aperture *n*; opening *n*
apostrofo *nm*	apostrophe *n*
appendice *nf*	addendum *n*; appendix *n*
applicazione *nf*	application *n*
archiviazione *nf*	archiving *n*
archivio *nm*	archive *n*
area *nf*	area *n*
area di impaginazione *nf*	area make-up *n*
area terminale d'impaginazione *nf*	area make-up terminal *n*
area testo *nf*	text area *n*; type area *n*
arti grafiche *nf*	graphic arts *n*
articolista *nm*	feature writer *n*
articolo di fondo *nm*	leading article *n*
articolo di giornale *nm*	feature *n*
ascendente *nf*	ascender *n*
assicurazione *nf*	insurance *n*
assorbenza *nf*	absorbency *n*; strike-through *n*
asterisco *nm*	asterisk *n*
autoadesivo *adj*	self-adhesive *adj*
autobiografia *nf*	autobiography *n*
autocopertina *nf*	self cover *n*

automatico *adj*	automatic *adj*	buono a stampare *adj*	passed for press *adj*
autonomo *adj*	stand-alone *adj*	busta *nf*	envelope *n*
autore *nm*	author *n*	byte *nm*	byte *n*
autore di opere di narrativa *nm*	fiction writer *n*	calcolatore *nm*	computer *n*
autorisguardi *nm*	self ends *n*	calcolatore analogico *nm*	analogue computer *n*
autorizzazione per uso di materiale fotografico *nf*	picture permissions *n*	calcolatore centrale *nm*	mainframe computer *n*
		calcolatore digitale *nm*	digital computer *n*
		calcolo del manoscritto *nm*	cast off *n*
autorizzazioni *nf*	permissions *n*	calibro di spessore *nm*	caliper *n*
avviamento *nm*	make-ready *n*	calligrafia *nf*	calligraphy *n*
avvicinare *v*	close up *v*	cambiale *nf*	bill of exchange *n*
avviso di copyright *nm*	copyright notice *n*	campagna promozionale *nf*	promotion campaign *n*
barre cromatiche *nf*	colour bars *n*		
basato su menù *adj*	menu-driven *adj*	campagna pubblicitaria *nf*	publicity campaign *n*
bassa cassa *nf*	lower case *n*		
bastoncino *nm*	sans serif *n*	campione *nm*	specimen *n*; swatch *n*
battuta *nf*	keystroke *n*; keystroking *n*	campione di colore *nm*	colour swatch *n*
		campione spessore *nm*	bulking dummy *n*
bianchi al piede *nm*	tails *n*	cancellare *v*	delete *v*
bianco *adj*	white *adj*	cancellazione *nf*	cancel *n*
bianco al piede *nm*	foot *n*; foot margin *n*; tail margin *n*	cancelleria *nf*	stationery *n*
		caolino *nm*	china clay *n*
bianco di taglio *nm*	gutter *n*	capacità di lettura-scrittura *nf*	read-write capability *n*
bianco e nero *nm*	black and white *adj*		
bianco tipografico *nm*	gutter *n*	capitello di testa *nm*	headband *n*
bibliografia *nf*	bibliography *n*	capitello inferiore *nm*	tailband *n*
biblioteca *nf*	library *n*	capitolo *nm*	chapter *n*
bibliotecario *nm*	librarian *n*	capo *nm*	head *n*
bicolore *adj*	two-colour *adj*	capoverso *nm*	paragraph *n*
binario *adj*	binary *adj*	carattere *nm*	character *n*; sort *n*; type *n*
biografia *nf*	biography *n*		
bit *nm*	bit *n*	carattere di matrice speciale *nm*	special sort *n*
blocco testo *nm*	body matter *n*		
blu *adj*	cyan *adj*	carattere largo *nm*	expanded type *n*
blurb *nm*	blurb *n*	carattere neretto *nm*	bold face *n*
bobina *nf*	reel *n*; web *n*	carattere sprovvisto di grazie *nm*	sans serif *n*
bordo *nm*	border *n*		
bozza *nf*	proof *n*	carattere stretto *nm*	condensed type *n*
bozza di libro *nf*	book proof *n*	carattere superiore *nm*	superscript *n*
bozza di macchina *nf*	machine proof *n*	caratteri per titoli *nm*	display face *n*
bozza d'impostazione *nf*	imposed proof *n*	caratteri pubblicitari *nm*	display face *n*
bozza impaginata *nf*	page proof *n*		
bozza in colonna *nf*	galley proof *n*	caratteri trasferibili a secco *nm*	dry-transfer lettering *n*
bozzetto *nm*	artwork *n*; flat artwork *n*; layout *n*		
		caricare su palette *v*	palletise *v*
brillantezza *nf*	brightness *n*; gloss *n*	caricato su palette *adj*	palletised *adj*
bronzo *nm*	brass *n*	carta *nf*	cartridge *n*; paper *n*
budget *nm*	budget *n*		

161

Italian	English
carta a bassa grammatura nf	lightweight paper n
carta a mano nf	hand-made paper n
carta bibbia nf	bible paper n
carta calandrata nf	calendered paper n
carta carbone nf	carbon paper n
carta con pasta legno nf	mechanical paper n
carta con pasta legno voluminosa nf	bulky mechanical n
carta con patinatura per colata nf	cast coated paper n
carta da giornali nf	newsprint n
carta da pasta meccanica nf	mechanical paper n
carta da scrivere nf	writing paper n
carta del testo nf	text paper n
carta di sicurezza nf	security paper n
carta India nf	india paper n
carta kraft nf	kraft n
carta leggera nf	lightweight paper n
carta manila nf	manila adj
carta marmorizzata nf	marbled paper n
carta monopatinata nf	one-sided art n
carta non patinata nf	uncoated paper n
carta offset nf	offset cartridge n
carta patinata nf	coated cartridge n; coated paper n
carta patinata leggera nf	lightweight coated paper n
carta patinata lucida nf	art paper n; gloss art n; glossy art n
carta patinata opaca nf	matt art n; matt coated cartridge n
carta per carte valori nf	security paper n
carta per copiatrice nf	copier paper n
carta per manifesti nf	poster paper n
carta per riproduzione nf	repro paper n
carta riciclata nf	recycled paper n
carta senza acido nf	acid-free paper n
carta senza legno nf	woodfree paper n
carta supercalandrata nf	supercalendered paper n
carta supporto nf	base paper n
carta tipo antico nf	antique wove n
carta uso patinata nf	imitation art n
carta velina nf	wove n
carta vergata nf	laid paper n
cartiera nf	paper mill n
cartonato adj	hardbound adj; hardcover adj
cartoncino nm	board n
cartoncino avorio nm	ivory board n
cartoncino patinato nm	artboard n
cartoncino per copertine nm	case board n
cartoncino per schedari nm	index board n
cartone nm	board n; cardboard n; carton n
cartone a mano nm	millboard n
cartone grigio nm	chipboard n
cartone paglia nm	strawboard n
cartone per copertine nm	case board n
cartone per legatura nm	binding board n
cascio nm	deckle n
cassa alta nf	upper case n
catalogo nm	catalogue n
catalogo di vendita per corrispondenza nm	mail order catalogue n
cauccìù (offset) nm	blanket n
cavità (del dorso) nf	hollow n
cellofanato adj	shrink-wrapped adj
cellofanatura nf	shrink-wrapping n
centrare v	centre v
centrato adj	centred adj
centro di distribuzione nm	distribution centre n
certificato di origine nm	certificate of origin n
chemac nm	chemac n
chiaro adj	light adj
cianografica nf	ozalid n
cicero nm	cicero n
cifre nf	figures n
cifre allineate nf	lining figures n
cifre arabe nf	arabic figures n
cifre non allineate nf	non-lining figures n; old-style figures n
cifre romane nf	Roman figures n
cilindro nm	cylinder n
cilindro di pressione nm	impression cylinder n
cilindro portacauccìù nm	blanket cylinder n
cilindro portalastra nm	plate cylinder n
clausola di penalità nf	penalty clause n

Italian	English
cliché nm	block n
cliché al tratto nm	line block n
cliché di gomma nm	rubber plate n
cliché di plastica nm	plastic plate n
cliché di zinco nm	zinco n
cliché misto al tratto e a mezzatinta nm	line and tone combination n; combination line and a tone n
cliente nm	client n; customer n
club degli editori nm	book club n
codice nm	code n
codice a barre nm	bar code n
codificazione generica nf	generic coding n
coedizione nf	co-edition n
colla a caldo nf	hot-melt n
colla a freddo nf	cold melt adhesive n
collaboratore nm	contributor n
collatura nf	sizing n
collazionare v	collate v
colonna nf	column n
colorante nm	dye n
colore nm	colour n
colore di fondo nm	colour cast n
colore localizzato nm	spot colour n
colore per policromia nm	process colour n
colore speciale nm	special colour n
colori primari nm	primary colours n
commercializzazione nf	marketing n
commerciante nm	dealer n; retailer n
commerciante di carta nm	paper merchant n
commerciante di rimanenze nm	remainder merchant n
commercio dei libri nm	book trade n
commissione nf	commission n
compact disc nm	compact disc n
compatibile adj	compatible adj
compatibilità nf	compatibility n
compenso nm	fee n
completa di caratteri nf	font n; fount n
componenti di computer nm	hardware n
comporre v	compose v; set v
compositore nm	compositor n
composizione nf	composition n; setting n; type matter n; typesetting n
composizione a macchina da scrivere nf	strike-on composition n; typewriter composition n
composizione a mano nf	hand setting n
composizione assistita da calcolatore nf	computer-assisted typesetting n
composizione elettronica nf	electronic composition n
composizione fibrosa nf	furnish n
composizione hot metal nf	hot metal composition n
composizione in eccesso nf	overmatter n
composizione pubblicitaria nf	display matter n
composto adj	set adj; typeset adj
comprare v	buy v
compratore nm	buyer n
computer nm	computer n
concessionario nm	dealer n
concessione nf	licence n
condizionamento nm	conditioning n
condizionato adj	conditioned adj
condizioni di credito nf	credit terms n
condizioni di pagamento nf	payment terms n
configurazione nf	configuration n
congiunzione commerciale nf	ampersand n
consegna nf	delivery n
consolle nf	console n
container nm	container n
containerizzato adj	containerised adj
containerizzazione nf	containerisation n
conteggio dei caratteri nm	character count n
contenitore nm	container n
contenuto di ceneri nm	ash content n
contenuto d'umidità nm	moisture content n
contrassegni di raccolta nm	black-step collation marks n; collating marks n
contrasto nm	contrast n
contratto nm	agreement n; contract n
contratto con esclusione di royalties nm	royalty-exclusive agreement n

163

Italian	English
contratto con inclusione di royalties nm	royalty-inclusive agreement n
contratto d'autore nm	author's agreement n; author's contract n
contributore nm	contributor n
controdorso nm	fore-edge n
controllo di qualità nm	quality control n
controstampa nf	ink set-off n; set-off n
conversione del formato nf	media conversion n
conversione di codice nf	code conversion n
convertitore del formato nm	media converter n
convertitore di codice nm	code converter n
copertina nf	case n; cover n
copertina integrale nf	self cover n
copia nf	copy n
copia a contatto nf	contact print n
copia cianografica nf	blueprint n
copia cianografica d'impostazione nf	imposed blueprint n
copia dattiloscritta nf	typescript n
copia di controllo nf	inspection copy n
copia in diazotipia nf	dyeline print nf
copia intermedia nf	intermediate n
copia leggibile nf	hard copy n
copia patinata a tono continuo nf	continuous tone bromide n
copia retinata nf	screened print n
copia staffetta nf	advance copy n
copie in più nf	overs n
copyright nm	copyright n
cordonatura nf	crease n
cornice nf	border n
corpo nm	body n; point size n
corpo 12 nm	pica n
corpo del carattere nm	body size n; typesize n
corpo di caratteri per titoli nm	display size n
correggere v	edit v
correttore di bozze nm	proof reader n; reader n
correzione nf	alteration n; correction n; editing n
correzione cromatica nf	colour correction n
correzione d'autore nf	AA abbrev
correzione di bozze nf	proof reading n
correzione editoriale nf	copy editing n
correzione in prima nf	house corrections n
correzione preliminare nf	house corrections n
correzioni d'autore nf	author's alterations n; author's corrections n
corsivo nm	italic n
costi nm	costs n
costi di copie successive nm	run-on costs n
costi di distribuzione nm	distribution costs n
costi di preparazione nm	pre-press costs n
costi di redazione nm	editorial costs n
costi di spedizione aerea nm	airfreight costs n
costi di stampa nm	press costs n
costo, assicurazione, nolo nf	cif abbrev
credito nm	credit n
croce nf	dagger n
cucire v	sew v
cucire a filo metallico v	stitch v
cucire in piega v	saddle stitch v
cucire lateralmente v	side-sew v
cucire lateralmente a punti metallici v	side-stitch v
cucito adj	sewn adj
cucito a filo metallico adj	wire-stitched adj
cucito a punto metallico adj	stitched adj
cucito in piega adj	saddle-stitched adj
cucito in segnature adj	section-sewn adj
cucito lateralmente adj	side-sewn adj
cucito lateralmente a punti metallici adj	side-stitched adj
cucitura nf	sewing n
cucitura a filo metallico nf	wire-stitching n
cucitura a punto metallico nf	stitching n
cucitura in piega nf	saddle stitching n
cursore nm	cursor n
custodia nf	slip case n
cyan adj	cyan adj
data nf	date n
data di consegna nf	delivery date n

data di pubblicazione nf	publication date n	diritti supplementari nm	subsidiary rights n
dati nm	data n	discendente nm	descender n
dati base nm	database n	dischetto a doppia densità nm	double-density disc n
dattiloscritto adj	typewritten adj		
dedica nf	dedication n	dischetto floppy nm	floppy disc n
delaminazione nf	delamination n	disco nm	disc n
dello stesso formato	s/s abbrev	disegno nm	drawing n
densità nf	density n	disegno al tratto nm	line drawing n
densità delle alte luci nf	highlight density n	disegno grafico nm	graphic design n
		disinchiostrazione nf	deinking n
densità delle ombre nf	shadow density n	dispositivo nm	appliance n
depliant nm	fold-out n	distributore nm	distributer n
deposito nm	storage n	distribuzione nf	distribution n
design nm	design n	dittongo nm	diphthong n
designer nm	designer n	divisione in sillabe nf	hyphenation n
destinazione nf	destination n	divisione in sillabe e giustificazione nf	hyphenation and justification n
destinazione di consegna nf	delivery destination n		
		divisione sillabica automatica nf	automatic hyphenation n
deumidificazione nf	dehumidification n		
diagramma nm	diagram n	divisione sillabica errata nf	bad break n
diapositiva nf	transparency n		
diapositiva a colori nf	colour transparency n	dizionario nm	dictionary n
diazocopia nf	diazo print n	dizionario delle eccezioni nm	exception dictionary n
didascalia nf	caption n; legend n		
dieresi nf	diaeresis n	documentazione nf	documentation n
diffusione del colore sullo sfondo nf	colour cast n	documento nm	document n
		doppia esposizione nf	double-burn exposure n
digitalizzare v	digitise v	doppia pagina nf	double-page spread n; double-spread n; spread n
dimensioni nf	dimensions n		
direttore di marketing nm	marketing director n		
		doppiato adj	duplicate adj
direttore di produzione nm	production director n	doppioni nm	duplicate positive films n
		dorato adj	gilt adj
direttore di redazione nm	managing editor n; editorial director n	doratura nf	gilding n
		dorso nm	back n; spine n
direttore diritti nm	rights director n	dorso piatto nm	square back n
direttore editoriale nm	publishing director n	dorso tondo adj	rounded and backed adj
direttore pubblicità nm	publicity director n	due punti nm	colon n
direttore vendite nm	sales director n	duplicato adj	duplicate adj
direzione della fibra nf	grain n; grain direction n	eccesso di scorte nm	overstocks n
		editore nm	publisher n
direzione di macchina nf	machine direction n	editoria nf	publishing n
		editoria da ufficio nf	desk-top publishing n
diritti nm	rights n; royalty n	editoria elettronica nf	electronic publishing n
diritti d'autore nm	author's royalties n; copyright n	editoria generale nf	general publishing n
		edizione nf	edition n
diritti di riproduzione nm	reproduction rights n	edizione a tiratura limitata nf	limited edition n
diritti per l'estero nm	foreign rights n	edizione ridotta nf	abridged edition n

165

Section B Italian–English edizione tascabile popolare–formato pagina al vivo

Italian	English
edizione tascabile popolare *nf*	massmarket paperback *n*
elaborazione dati *nf*	data processing *n*
elenco *nm*	directory *n*; list *n*
elettronico *adj*	electronic *adj*
eliminazione *nf*	deletion *n*
eliografica *nf*	blueprint *n*; ozalid *n*
eliotipia *nf*	collotype *n*
em *nm*	em *n*
emulsione *nf*	emulsion *n*
enciclopedia *nf*	encyclopaedia *n*
entità *nf* estensione limite *nm*	extent *n*
entrata *nf*	input *n*
epigrafe *nf*	epigraph *n*
epilogo *nm*	epilogue *n*
errata corrige *nm*	corrigenda *n*
errore *nm*	error *n*
errore di registro *nm*	misregister *n*
errore di stampa *nm*	misprint *n*; pe *abbrev*
errore tipografico *nm*	literal *n*
esaurito *adj*	out of print *adj*; out of stock *adj*
esecutivo *nm*	paste-up *n*
esecutivo pronto per la riproduzione *nm*	CRPU *abbrev*
esemplare gratuito *nm*	presentation copy *n*
esemplare per recensione *nm*	review copy *n*
esplorare *v*	scan *v*
esplorato *adj*	scanned *adj*
esplorazione elettronica *nf*	scanning *n*
esportatore *nm*	exporter *n*
esportazione *nf*	export *n*
esposizione *nf*	exposure *n*
essiccamento *nm*	drying *n*
essiccamento a raggi infrarossi *nm*	infra-red drying *n*
essiccamento a raggi ultravioletti *nm*	ultra-violet drying *n*
estratto *nm*	extract *n*; offprint *n*
evaporazione *nf*	evaporation *n*
fabbricazione *nf*	making *n*; manufacturing *n*; mill making *n*
fabbricazione della carta *nf*	papermaking *n*
facsimile *nm*	bulking dummy *n*; dummy *n*; facsimile *n*
falso frontespizio *nm*	half title *n*
famiglia *nf*	family *n*
famiglia di caratteri *nf*	type family *n*
fattore di brillantezza *nf*	brightness factor *n*
fattura *nf*	invoice *n*
fattura commerciale *nf*	commercial invoice *n*
fattura proforma *nf*	pro forma invoice *n*
fax *nm*	fax *n*
feltro asciugante *nm*	blanket *n*
fibra *nf*	fibre *n*; grain *n*
fibra longitudinale *adj*	long grain *adj*
fibra trasversale *adj*	short grain
fiera del libro *nf*	book fair *n*
filigrana *nf*	watermark *n*
filtro *nm*	filter *n*
finito a macchina *adj*	machine finished *adj*; mill finished *adj*
finitura *nf*	finishing *n*
fissaggio *nm*	fixing *n*
flessografia *nf*	flexography *n*
fluorescente *adj*	fluorescent *adj*
flusso di cassa *nm*	cashflow *n*
fogli piegati e raccolti *nm*	folded and gathered sheets *n*
foglia d'oro *nf*	gold foil *n*
foglietto degli errata corrige *nm*	errata slip *n*
foglio *nm*	leaf *n*; sheet *n*
foglio campione tipo *nm*	out-turn sheet *n*
foglio di pasta di legno *nm*	groundwood sheet *n*
foglio metallizzato *nm*	foil *n*
foglio mobile *nm*	loose leaf *adj*
font *nf*	font *n*
fonte *nf*	font *n*
foratura *nf*	drilling *n*
forma *nf*	forme *n*
forma in bianca *nf*	outer forme *n*
forma interna *nf*	inner forme *n*
formato *nm*	format *n*; size *n*
formato della pagina *nm*	page size *n*
formato foglio *nm*	sheet size *n*
formato non rifilato *nm*	untrimmed size *n*
formato oblungo *nm*	landscape format *n*
formato pagina al vivo *nm*	bled page size *n*

166

Italian	English
formato pagina rifilato *adj*	trimmed page size *n*
formato pagina rifilato al vivo *adj*	trimmed bled page size *n*
formato titoli *nm*	display size *n*
formato verticale *nm*	portrait format *n*
fornitore *nm*	supplier *n*
fornitore di biblioteche *nm*	library supplier *n*
forno *nm*	drier *n*
fortemente collato *adj*	hardsized *adj*
fotocolor *nm*	colour transparency *n*; transparency *n*
fotocompositore *nm*	photosetter *n*; phototypesetter *n*
fotocompositrice ad entrata diretta *nf*	direct-entry photosetter *n*
fotocomposizione *nf*	filmsetting *n*; photocomposition *n*; photosetting *n*; phototypesetting *n*
fotocomposto *adj*	photoset *adj*; phototypeset *adj*
fotocopia *nf*	photocopy *n*
fotografia *nf*	photograph *n*
fotografo *nm*	photographer *n*
fotoincisione *nf*	process engraving *n*
fotolito *nf*	repro *n*
fototipia *nf*	collotype *n*
franco bordo	FOB *abbrev*
franco magazzino *adj*	ex-warehouse *adj*
frazione *nf*	fraction *n*
frontespizio *nm*	frontispiece *n*
fuori linea *nf*	off-line *adj*
fuori registro *adj*	out of register *adj*
fuori stampa *adj*	out of print *adj*
fustella *nf*	die *n*
gabbia *nf*	grid *n*
giallo *adj*	yellow *adj*
giornale *nm*	newspaper *n*
giornalista *nm*	journalist *n*
giustezza di riga *nf*	line length *n*
giustezza (di riga) *nf*	measure *n*
giustificare *v*	justify *v*
giustificato *adj*	justified *adj*
giustificazione *nf*	justification *n*
giustificazione verticale *nf*	vertical justification *n*
glossario *nm*	glossary *n*
goffrare *v*	emboss *v*
goffrato *adj*	embossed *adj*
goffratura *nf*	blind embossing *n*; embossing *n*
grafica *nf*	graphics *n*
grammatura *nf*	grammage *n*; substance *n*
grammi per metro quadro	gsm *abbrev*
grazie *nf*	serif *n*
griglia *nf*	grid *n*
grinza *nf*	crease *n*
grossista *nm*	wholesaler *n*
guadagno dei punti *nm*	dot gain *n*
guaina *nf*	slip case *n*
hardware *nm*	hardware *n*
illustrare *v*	illustrate *v*
illustrazione *nf*	illustration *n*; picture *n*
illustrazione a mezzatinta *nf*	halftone illustration *n*
illustrazione al tratto *nf*	line illustration *n*
illustrazione in bianco e nero *nf*	black and white illustration *n*
illustrazione incollata *nf*	tip-in *n*
illustrazione oblunga *nf*	landscape illustration *n*
illustrazione verticale *nf*	portrait illustration *n*
imballaggio *nm*	package *n*; packing *n*
imballaggio a termocontrazione *nm*	shrink-wrapping *n*
imballato *adj*	packed *adj*
imballato a termocontrazione *adj*	shrink-wrapped *adj*
imballato in pacchi *adj*	packed in parcels *adj*
imballo *nm*	packing *n*; wrapping *n*
imitazione argento *nf*	imitation silver *n*
imitazione oro *nf*	imitation gold *n*
imitazione tela *nf*	imitation cloth *n*
immagine *nf*	image *n*; picture *n*
immissione vocale *nf*	voice input *n*
impaccatura *nf*	bundling *n*
impaginazione *nf*	make-up *n*; page make-up *n*
impaginazione automatica *nf*	automatic pagination *n*
impaginazione interattiva *nf*	interactive page make-up *n*
impaginazione pellicola *nf*	film make-up *n*
impasto *nm*	stock *n*
imperfezione *nf*	imperfection *n*

Section B Italian–English

Italian	English
impianto nm	section n
importare v	import v
importatore nm	importer n
importazione nf	import n
imposizione nf	imposition n
imposizione bianca e volta insieme nf	half-sheet work n
imposizione con bianca separata dalla volta nf	sheetwork n
impostare v	impose v
impostazione nf	imposition n
in controfibra	against the grain
in fibra adj	with the grain adj
in linea nf	on-line adj
in ottavo adj	octavo adj
in quarto nm	quarto n
in tempo reale nm	real-time adj
in visione adj	on approval adj
incassato adj	casebound adj
inchiostri per policromia nm	process inks n
inchiostro nm	ink n
inchiostro cyan nm	cyan ink n
inchiostro fluorescente nm	fluorescent ink n
inchiostro giallo nm	yellow ink n
inchiostro magenta nm	magenta ink n
inchiostro nero nm	black ink n
incisione dei punti nf	dot etching n
indice nm	contents n; index n
indice a linguette nm	tab index n
indice a tacche nm	thumb index n
indice cumulativo nm	cumulative index n
indice inferiore nm	inferior n
indici inferiori letterali nm	subscripts n
indipendente nm	freelance n
industria grafica nf	printing industry n
informazione nf	information n
ingrandimento nm	blow-up n; enlargement n
ingrandire v	blow up v; enlarge v
ingresso nm	input n
inizio di capoverso nm	paragraph opening n
inizio di paragrafo nm	paragraph opening n
inserimento grafico nm	graphics insertion n
inserire v	strip in v
inserto nm	insert n; inset n
inserto pieghevole nm	fold-out n
inserzione nf	advertisement n
integrato adj	integrated adj
interattivo adj	interactive adj
intercalazione nf	inset n
interfaccia nf	interface n
interlineato adj	leaded adj
interlineatura nf	interline spacing n; leading n
interpunzione nf	punctuation n
intestazione nf	heading n; letterhead n
introduzione nf	introduction n
invertito adj	reversed out adj
involucro nm	wrapping n
istruzioni di consegna nf	delivery instructions n
istruzioni di finissaggio nf	packing instructions n
istruzioni per la spedizione nf	shipping instructions n
kilobyte nm	kilobyte n
lacca nf	varnish n
laser nm	laser n
lastra nf	plate n
lastra bimetallica nf	bimetal plate n
lastra del nero nf	black printer n
lastra di carta nf	paper plate n
lastra di metallo nf	metal plate n
lastra fotopolimerica nf	photopolymer plate n
lastra presensibile nf	presensitised plate n
lastra trimetallica nf	trimetal plate n
lato emulsionato in giù adj	emulsion-side down adj
lato emulsionato in su adj	emulsion-side up adj
lato feltro nm	felt side n
lato in volta nm	verso n
lato pinze nm	gripper edge n
lato squadra nm	lay edge n
lato superiore nm	top-side n
lato tela nm	wire side n
latocorto adj	short grain
lavaggio nm	wash-up n
lavorazione a macchina nf	machining n
lavoro ad impaginazione in multipli pari nm	even working n
lavoro esterno nm	outwork n
layout nm	layout n
lega per caratteri tipografici nf	type metal n

Italian	English
legare v	bind v
legato a colla adj	adhesive bound adj; perfect bound adj
legato in mezza pelle adj	quarter-bound adj
legato in pelle adj	leatherbound adj
legato in tela adj	cloth bound adj
legatoria nf	bindery n
legatoria di libri nf	book bindery n
legatrice ad anello nf	ring binder n
legatura nf	binding n; ligature n
legatura a colla nf	adhesive binding n
legatura a dorso quadro nf	flat back binding n
legatura a dorso rinforzato nf	tightback binding n
legatura a mano nf	hand binding n
legatura a spirale nf	spiral binding n
legatura cartonata nf	case binding n
legatura in pelle nf	leather binding n
legatura in tela nf	cloth binding n
legatura senza cucitura nf	perfect binding n; unsewn binding n
leggenda nf	legend n
leggero adj	light adj; lightweight adj
lente a distanza focale variabile nf	zoom lens n
letter errota nf	wf abbrev
lettera nf	letter n; type n
lettera di credito nf	letter of credit n
lettera di vettura aerea nf	air waybill n
lettera errata nf	wrong fount n
lettera maiuscola nf	capital letter n
letteratura nf	literature n
lettere minuscole nf	lower case n
lettore nm	reader n
lettore di dischi multipli nm	multidisc reader n
lettura digitale nf	digital read-out n
lettura giusta nf	right-reading adj
lettura giusta lato emulsionato in giù	right-reading emulsion-side down adj
lettura giusta lato emulsionato in su	right-reading emulsion-side up adj
lettura inversa nf	reverse-reading adj; wrong-reading adj
lettura inversa lato emulsionato in giù	reverse-reading emulsion-side down adj
lettura inversa lato emulsionato in su	reverse-reading emulsion-side up adj
lettura sbagliata nf	wrong-reading adj
levigatezza nf	smoothness n
libraio nm	bookseller n
libreria nf	bookshop n
libretto nm	booklet n
libri di testo scolastici nm	college textbooks n
libri di tipo generale nm	general books n
libri per l'infanzia nm	children's books n
libro nm	book n
libro cartonato nm	hardback n
libro con illustrazioni a rilievo nm	pop-up book n
libro di consultazione nm	reference book n
libro di testo nm	textbook n
libro di testo scolastico nm	school textbook n
libro grande formato nm	coffee-table book n
libro integrato nm	integrated book n
libro rilegato nm	bound book n
libro tascabile nm	pocket book n
licenza d'esportazione nf	export licence n
licenza d'importazione nf	import licence n
linea nf	line n
linea di base nf	base line n
linea mediana nf	mean line n
lineatura del retino nf	screen ruling n
lineetta nf	dash n
lingua nf	language n
liscio nm	smoothness n
listato nm	listing n
litografia nf	litho n
litografia senza retino nf	screenless litho n
locandina di copertina nf	jacket blurb n
logica di divisione in sillabe nf	hyphenation logic n
logotipo nm	logotype n
luce di composizione esclusiva nf	exclusive type area n
luce di composizione inclusiva nf	inclusive type area n

169

Section B Italian–English — lucido–multicolore

Italian	English
lucido *nm*	gloss *n*
macchina *nf*	machine *n*
macchina a due colori *nf*	two-colour machine *n*
macchina a foglio *nf*	sheetfed machine *n*
macchina da scrivere *nf*	typewriter *n*
macchina da scrivere a sfera *nf*	golf ball typewriter *n*
macchina da stampa *nf*	press *n*; printing machine *n*
macchina fotocompositrice *nf*	photosetter *n*
macchina fotografica *nf*	camera *n*
macchina in bianca e volta *nf*	perfector *n*
macchina numeratrice *nf*	numbering machine *n*
macchina offset a bobina *nf*	web press *n*
macchina per la fabbricazione della carta *nf*	papermaking machine *n*
macchina piegatrice *nf*	folding machine *n*
macchina ripetitrice *nf*	step-and-repeat machine *n*
macchinista *nm*	machine minder *n*
magazzino *nm*	warehouse *n*
magenta *adj*	magenta *adj*
maiuscole *nf*	caps *n*
maiuscole e maiuscolette *nf*	c & sc *abbrev*
maiuscole e minuscole *nf*	ulc *abbrev*
maiuscole estese al di sotto della riga *nf*	drop caps *n*
maiuscolette *nf*	small caps *n*
manoscritto *nm*	copy *n*; manuscript *n*
manuale *nm*	manual *n*
marchio dell'editore *nm*	imprint *n*
marchio dello stampatore *nm*	imprint *n*
marchio di fabbrica *nm*	trademark *n*
margherita *nf*	daisy wheel *n*
margine *nm*	edge *n*; margin *n*
margine di dorso *nm*	back margin *n*
margine di testa *nm*	head margin *n*
margine inferiore *nm*	foot margin *n*; tail margin *n*
margine interno *nm*	back margin *n*
margini inferiori *nm*	tails *n*
marketing *nm*	marketing *n*
maschera *nf*	mask *n*; stencil *n*
mascheratura *nf*	masking *n*
matematica *nf*	maths *n*
materiale in fondo al libro *nm*	endmatter *n*
materiale tabulare *nm*	tabular material *n*
materiale visivo *nm*	visual *n*
materiali *nm*	materials *n*
matrice *nf*	matrix *n*
medio *adj*	medium *adj*
megabyte *nm*	megabyte *n*
memoria *nf*	memory *n*
memoria a sola lettura *nf*	ROM *abbrev*
menabò *nm*	dummy *n*; mock-up *n*
menù *nm*	menu *n*
mercato libero *nm*	open market *n*
messa in macchina *nf*	make-ready *n*
mettere in scala *v*	scale *v*
mettifoglio *nm*	feeder *n*
mezzatinta *nf*	h/t *abbrev*
mezzatinta inversa *nf*	invert halftone *n*
mezzatinta nera *nf*	black halftone *n*
microcalcolatore *nm*	microcomputer *n*
microchip *nm*	microchip *n*
microfiche *nf*	microfiche *n*
microfilm *nm*	microfilm *n*
microprocessore *nm*	microprocessor *n*
minibobina *nf*	mini-web *n*
minicalcolatore *nm*	minicomputer *n*
misura *nf*	measure *n*
modello *nm*	dummy *n*
modem *nm*	modem *n*
modo non prioritario *nm*	background mode *n*
moduli a striscia continua *nm*	continuous stationery *n*
moiré *nm*	moiré patterning *n*
monocromo *adj*	monochrome *adj*; single-colour *adj*
montaggio *nm*	assembly *n*; mechanical *n* (US); stripping in *n*
montaggio incollato *nm*	paste-up *n*
montaggio pellicola *nm*	film assembly *n*
mosca *nf*	hickey *n*
mouse *nm*	mouse *n*
multicolore *adj*	multicolour *adj*

170

multiplatore nm	multiplexor n
multiplexor nm	multiplexor n
narrativa nf	fiction n
nastro nm	tape n; web n
nastro di carta nm	paper tape n
nastro magnetico nm	magnetic tape n
nastro per registrazione nm	cassette tape n
negativa nf	negative n
negativi a punti duri nm	hard-dot negatives n
negativi a punti morbidi nm	soft-dot negatives n
negativi di selezione nm	separation negatives n
negativi di selezione a quattro colori nm	colour separation negatives n
negativi monopezzo nm	one-piece negatives n
negativo nm	negative n
negativo pellicola nm	film negative n
negativo retinato nm	screened negative n
negativo retinato mezzatinta nm	halftone negative n
neretto adj	bold adj
nero adj	black adj
non cucito adj	unsewn adj
non giustificato adj	ragged right adj; unjustified adj
nota a piè di pagina nf	footnote n
nota di accredito nf	credit note n
numerare le pagine	paginate v
numerazione delle pagine nf	pagination n
numeri nm	figs n; figures n
numeri arabi nm	arabic figures n
numeri romani nm	Roman figures n
numero nm	number n; numeral n
numero di controllo nf	check digit n
numero (di giornale, pubblicazione) nm	issue n
numero di pagina nm	folio n
nuova edizione nf	new edition n
nuovo libro nm	new book n
obelisco nm	dagger n
oblungo adj	landscape adj; oblong adj
occhio del carattere nm	face n; typeface n
offset nm	offset n; offset litho n
offset a bobina nm	web offset n
offset a secco nm	dry offset n
offset piccolo formato nf	small offset n
ombre nf	shadows n
onere nm	fee n
opacità nf	opacity n
opaco adj	matt adj; opaque adj
operatore di tastiera nm	keyboard operator n
opere non di carattere narrativo nf	non-fiction n
opuscolo nm	booklet n; brochure n; pamphlet n
orario nm	schedule n
ordinamento alfanumerico nm	alphanumeric sort n
ordinazione nf	order n
ordinazione per corrispondenza nf	mail order n
ordine nm	order n
originale nm	art n (US); artwork n; original n
originale al tratto nm	line artwork n
originale al tratto nm	line copy n
originale di sovraccopertina nm	jacket artwork n
originale per riflessione nm	flat artwork n; reflection copy n
originale pronto per la riproduzione nm	camera-ready artwork n; CRC abbrev
originazione nf	origination n
ornato adj	ornamented adj
ossidazione nf	oxidation n
ozalid nm	ozalid n
pacco nm	package n; parcel n
pagamento nm	payment n
pagina nf	page n
pagina a destra nf	right-hand page n
pagina a sinistra nf	left-hand page n
pagina al vivo nf	bled page n
pagina bianca nf	blank page n
pagina bibliografica nf	bibliography page n
pagina con zona bianca in testa nf	dropped head n
pagina dei ringraziamenti	acknowledgements page n
pagina di dedica nf	dedication page n
pagina di destra nf	recto n
pagina di falso frontespizio nf	half title page n
pagina di titolo nf	title page n

Section B Italian–English   pagina d'indice–pellicole positive

pagina d'indice nf	contents page n	pellicola monopezzo nf	one-piece film n
pagina dispari nf	right-hand page n	pellicola negativa nf	negative film n
pagina doppia centrale nf	centrespread n	pellicola positiva nf	positive film n
		pellicole doppioni dei negativi nf	duplicate negative films n
pagina pari nf	left-hand page n		
pagina pieghevole nf	gatefold n	pellicole negative controtipo lettura giusta lato emulsionato in giù	duplicate negative films right-reading emulsion-side down
pagine a fronte nf	facing pages n		
pagine di testo nf	text pages n		
pagine dispari nf	odd pages n		
pagine pari nf	even pages n	pellicole negative controtipo lettura giusta lato emulsionato in su	duplicate negative films right-reading emulsion-side up
paletta nf	pallet n		
paragrafo nm	paragraph n		
pareggiare (la carta) v	knock up v		
parentesi nf	brackets n; parenthesis n	pellicole negative controtipo lettura inversa lato emulsionato in su	duplicate negative films reverse-reading emulsion-side up
parentesi quadra nf	square bracket n		
parola nf	word n		
pasta nf	pulp n		
pasta chimica nf	chemical pulp n	pellicole negative lettura giusta lato emulsionato in giù	negative films right-reading emulsion-side down
pasta chimica al bisolfito nf	sulphite pulp n		
pasta chimica al solfato nf	sulphate pulp n	pellicole negative lettura giusta lato emulsionato in su	negative films right-reading emulsion-side up
pasta di conifere nf	softwood pulp n		
pasta di latifoglie nf	hardwood pulp n	pellicole negative lettura inversa lato emulsionato in giù	negative films reverse-reading emulsion-side down
pasta di legno nf	groundwood n		
pasta meccanica nf	mechanical pulp n		
pasta senza legno nf	woodfree pulp n	pellicole negative lettura inversa lato emulsionato in su	negative films reverse-reading emulsion-side up
pasta termomeccanica nf	thermo-mechanical pulp n		
patina a racla nf	blade-coating n	pellicole per quadricromia nf	four-colour films n
patinata nf	bromide n; glossy bromide n; screened bromide n	pellicole positive controtipo nf	duplicate positive films n
patinato a macchina adj	machine coated adj	pellicole positive controtipo lettura giusta lato emulsionato in giù	duplicate positive films right-reading emulsion-side down
patinato leggero adj	lwc abbrev		
patinatura nf nm	coating n		
patinatura fuori macchina nf	off-machine coating n	pellicole positive controtipo lettura giusta lato emulsionato in su	duplicate positive films right-reading emulsion-side up
patinatura in macchina nf	on-machine coating n		
pelle di vitello nf	calf n	pellicole positive controtipo lettura inversa lato emulsionato in giù	duplicate positive films reverse-reading emulsion-side down
pellicola nf	film n		
pellicola ad autoinversione nf	autoreversal film n		
pellicola ad inversione nf	reversal film n	pellicole positive controtipo lettura inversa lato emulsionato in su	duplicate positive films reverse-reading emulsion-side up
pellicola autopositiva nf	autopositive film n		
pellicola doppiane nm	duplicate film n		

pellicole positive lettura giusta lato emulsionato in giù	positive films right-reading emulsion-side down
pellicole positive lettura giusta lato emulsionato in su	positive films right-reading emulsion side-up
pellicole positive lettura inversa lato emulsionato in giù	positive films reverse-reading emulsion-side down
pellicole positive lettura inversa lato emulsionato in su	positive films reverse-reading emulsion-side up
penale *nf*	penalty clause *n*
percentuale d'umidità *nf*	moisture content *n*
percorso di scansione *nm*	raster *n*
perforare *v*	perforate *v*
perforato *adj*	perforated *adj*
perforazione *nf*	perforating *n*
periodico *nm*	journal *n*; periodical *n*
personal computer *nm*	personal computer *n*
peso *nm*	weight *n*
peso di base *nm*	substance *n*
pianificazione *nf*	planning *n*
piattaforma *nf*	skid *n*; stillage *n*
pica *nf*	pica *n*
piede *nm*	foot *n*
piega a fisarmonica *nf*	concertina fold *n*
piega parallela *nf*	parallel fold *n*
piegare *v*	fold *v*
piegato e raccolto	f & g *abbrev*
piegatrice *nf*	folder *n*
piegatrice a coltello *nf*	knife folder *n*
piegatrice a cono *nf*	former folder *n*
piegatrice a tasche *nf*	buckle folder *n*
piegatrice combinata *nf*	combination folder *n*
pigmento *nm*	pigment *n*
pirata *nm*	pirate *n*
pirateria *nf*	piracy *n*
plagiatore *nm*	pirate *n*
plastica *nf*	plastic *n*
plastificazione *nf*	laminating *n*; lamination *n*
plastificazione opaca *nm*	matt lamination *n*
polizza di assicurazione *nf*	insurance policy *n*
polizza di carico *nf*	bill of lading *n*
polvere antiscartino *nf*	anti set-off spray *n*
porto pagato *nm*	carriage paid *adj*
positivi a punti duri *nm*	hard-dot positives *n*
positivi a punti morbidi *nm*	soft-dot positives *n*
positivi di selezione *nm*	separation positives *n*
positivi di selezione a colori *nm*	colour separation positives *n*
positivi monopezzo *nm*	one-piece positives *n*
positivo *adj*	positive *adj*
positivo pellicola *nm*	film positive *n*
positivo retinato *nm*	screened positive *n*
positivo retinato mezzatinte *nm*	halftone positive *n*
posta aerea *nf*	airmail *n*
posta elettronica *nf*	electronic mail *n*
posto di comando *nm*	console *n*
prefazione *nf*	foreword *n*; preface *n*
preliminari *nm*	prelims *n*
preparare per la stampa *v*	edit *v*
preparazione copia *nf*	mark-up *n*
preparazione della copia *nf*	copy preparation *n*
preparazione delle lastre *nf*	platemaking *n*
preparazione dell'originale *nf*	origination *n*
preparazione per la stampa *nf*	editing *n*
preparazione per litografia *nf*	litho prep *n*
prestampa *nf*	pre-press *n*
preventivista *nm*	estimator *n*
preventivo *nm*	estimate *n*
previsione *nf*	forecast *n*
prezzo *nm*	price *n*
prima edizione *nf*	first edition *n*
procedimenti di stampa *nm*	printing processes *n*
prodotto con stampo *adj*	mould-made *adj*
produzione *nf*	manufacturing *n*; output *n*; production *n*
progettazione *nf*	design *n*
progettista *nm*	designer *n*
programma *nm*	program *n*; schedule *n*
programma di pubblicazione *nm*	publication programme *n*

Italian	English
programma di ricerca e sostituzione *nm*	search and replace routine *n*
programmi *nm*	software *n*
promozione *nf*	promotion *n*
proprietario *nm*	proprietor *n*
prova *nf*	proof *n*
prova di riproduzione *nf*	reproduction proof *n*
prove di stampa *nf*	press proof *n*
prove progressive *nf*	progressive proofs *n*
pubblicare *v*	publish *v*
pubblicazione *nf*	publication *n*; publishing *n*
pubblicazione a richiesta *nf*	on-demand publishing *n*
pubblicazione di dati base *nf*	database publishing *n*
pubblicazione di dizionari *nf*	dictionary publishing *n*
pubblicazione di elenchi *nf*	directory publishing *n*
pubblicazione didattica *nf*	educational publishing *n*
pubblicazioni accademiche *nf*	academic publishing *n*
pubblicazioni di narrativa *nf*	fiction publishing *n*
pubblicità *nf*	advertising *n*; publicity *n*
pubblicità a mezzo posta *nf*	direct mail *n*
pubblicità diretta *nf*	direct mail *n*
pubblicità diretta per corrispondenza *nf*	mailshot *n*
punteggiatura *nf*	punctuation *n*
punto *nm*	dot *n*; full point *n*; full stop *n*; period *n* (US)
punto delle alte luci *nm*	highlight dot *n*
punto delle ombre *nm*	shadow dot *n*
punto Didot *nm*	didot point *n*
punto e virgola *nm*	semi-colon *n*
punto esclamativo *nm*	exclamation mark *n*
punto interrogativo *nm*	question mark *n*
punto per punto *nm*	dot-for-dot *adj*
punto tipografico *nm*	point *n*
quadrettatura *nf*	grid *n*
quadricromia *nf*	four-colour printing *n*
quantità *nf*	quantity *n*
quotidiano *nm*	newspaper *n*
raccogliere *v*	collate *v*; gather *v*
raccolta *nf*	gathering *n*
raccolto *adj*	gathered *adj*
raffinazione *nf*	beating *n*
rappresentante *nm*	sales rep *n*
raster *nm*	raster *n*
recensione *nf*	review *n*
recensore *nm*	reviewer *n*
recto *nm*	recto *n*
redarre *v*	edit *v*
redattore *nm*	editor *n*; sub-editor *n*
redazione *nf*	editing *n*; editorial department *n*; sub-editing *n*
referenza *nf*	reference *n*
registro *nm*	register *n*
reparto *nm*	department *n*
reparto di finissaggio *nm*	finishing department *n*
reparto di fotolito *nm*	repro department *n*
reparto di produzione *nm*	production department *n*
reprocamera *nf*	camera *n*; process camera *n*
resistenza effettiva allo scoppio *nf*	bursting strength *n*
retinata *nf*	screened bromide *n*
retinato *adj*	screened *adj*
retinatura diretta *nf*	direct screening *n*
retinatura indiretta *nf*	indirect screening *n*
retino *nm*	screen *n*
retino a contatto *nm*	contact screen *n*
retino autotipico *nm*	halftone screen *n*
retino incorporato in un tratto *nm*	mechanical tint *n*
ricerca di materiale fotografico *nf*	picture research *n*
richiesta di indennizzo assicurativo *nf*	insurance claim *n*
ricomporre *v*	reset *v*
ricomposizione *nf*	resetting *n*
riconoscimenti *nm*	acknowledgements *n*
riconoscimento di caratteri *nm*	character recognition *n*
riconoscimento ottico di caratteri *nm*	OCR *abbrev*
riconoscimento ottico di caratteri *nm*	optical character recognition *n*
ridotto *nf*	reduced *adj*
ridurre *v*	crop *v*; reduce *v*

italiano	inglese	italiano	inglese
riduzione *nf*	reduction *n*	romanzo *nm*	novel *n*
rientranza *v*	indent *n*	rotativa *nf*	cylinder press *n*; rotary press *n*
rientrare *v*	indent *v*		
riferimento *nm*	reference *n*	rotativa a quattro colori *nf*	four-colour machine *n*
rifilare *v*	crop *v*; trim *v*		
rifilato *adj*	trimmed *adj*	rotativa per giornali *nf*	newspaper press *n*
rifilato alla ghigliottina *adj*	guillotine trimmed *adj*	rotativa per roto-offset *nf*	web press *n*
rifilato sui tre lati *adj*	trimmed three edges *adj*	rotativo *adj*	rotary *adj*
rifilatura *nf*	cropping *n*	rotocalco *nm*	gravure printing *n*
riga *nf*	line *n*	roto-offset *nm*	web offset *n*
riga per riga *nf*	line for line *adj*	rovesciamento dell'immagine *nm*	lateral reversal *n*
righino *nm*	bad break *n*		
righino ladro *nm*	widow *n*	royalty *nf*	royalty *n*
rilegare *v*	bind *v*	rullo bagnatore *nm*	damper *n*
rilegato flessibilmente *adj*	limp bound *adj*	rullo ballerino *nm*	dandy roll *n*
		satinato a macchina *adj*	machine glazed *adj*
rilegatore *nm*	binder *n*	scadenza *nf*	deadline *n*
rilegatore di libri *nm*	book binder *n*	scandire *v*	scan *v*
rilegatura *nf*	binding *n*	scandito *adj*	scanned *adj*
rilegatura di libri *nf*	book binding *n*	scanner *nm*	scanner *n*
rilegatura flessibile *nf*	limp binding *n*	scanner elettronico *nm*	electronic scanner *n*
rimanenza *nf*	remainder *n*	scansione *nf*	scanning *n*
rimozione colore complementare *nf*	complementary colour removal *n*	scarti *nm*	spoilage *n*
		scarto *nm*	broke *n*
rimozione del sottocolore *nf*	undercolour removal *n*	scatola di cartone *nf*	carton *n*
		scavare in bianco sul fondo *v*	reverse out *v*
rinforzato sul dorso *adj*	backlined *adj*		
rinforzo sul dorso *nf*	backlining *n*	scavato *adj*	reversed out *adj*
ringraziamenti *nm*	acknowledgements *n*	schema *nm*	diagram *n*
ripetitore *nm*	step-and-repeat machine *n*	schema di pagina *nm*	flatplan *n*
		schema d'impostazione *nm*	imposition scheme *n*
riproduzione *nf*	repro *n*; reproduction *n*		
riproduzione duotone *nf*	duotone *n*	schizzo *nm*	rough *n*
		sconto *nm*	discount *n*
risguardi *nm*	endpapers *n*	scontorno mezzatinta *nm*	cut-out halftone *n*
risguardo *nm*	flyleaf *n*		
risma *nf*	ream *n*	scritto a mano *adj*	handwritten *adj*
ristampa *nf*	reissue *n*; reprint *n*	scrittura a mano *nf*	handwriting *n*
ristampare *v*	reprint *v*	scrittura sul dorso *nf*	spine lettering *n*
ritaglio di giornale *nm*	press cutting *n*	sdoganamento *nm*	customs clearance *n*
ritoccare *v*	retouch *v*	seconda scelta (carta) *nf*	retree *n*
ritoccato *adj*	retouched *adj*		
ritocco *nm*	retouching *n*	segnale digitale *nm*	digital signal *n*
ritocco dei negativi *nm*	spotting *n*	segnalibro *nm*	book mark *n*
rivenditore *nm*	retailer *n*	segnatura *nf*	section *n*; signature *n*
rivista *nf*	journal *n*; magazine *n*	segni di correzione *nm*	proof correction marks *n*
romano *adj*	Roman *adj*	segni di registro *nm*	register marks *n*
romanziere *nm*	fiction writer *n*; novelist *n*	segno di correzione *nm*	proof reader's mark *n*

175

Section B Italian–English

Italian	English
segno di interpunzione *nm*	punctuation mark *n*
segno di riferimento *nm*	cross reference *n*
segno diacritico *nm*	diacritical *n*
segno d'omissione *nm*	ellipsis *n*
selezione *nf*	separation *n*
selezione a quattro colori *nm*	colour set *n*
selezione a quattro colori *nf*	four-colour separations *n*
selezione dei colori *nf*	colour separation *n*
selezione fotografica *nf*	camera separation *n*
selezioni acromatiche *nf*	achromatic separation *n*
sequenza di stampa *nf*	printing sequence *n*
serie di caratteri *nm*	character set *n*
serie di libri inscatolati *nf*	boxed set *n*
serigrafia *nf*	screen printing *n*; silk-screen printing *n*
sinossi *nf*	synopsis *n*
sistema *nm*	system *n*
sistema britannico *nm*	imperial system *n*
sistema di codificazione *nm*	coding system *n*
sistema di misura in punti *nm*	point system *n*
sistema di punzonatura *nf*	pin register system *n*
sistema front-end *nm*	front-end system *n*
sistema metrico *nm*	metric system *n*
società *nf*	company *n*
società a responsabilità limitata *nf*	limited company *n*
società editrice *nf*	publishing company *n*
software *nm*	software *n*
software applicativo *nm*	applications software *n*
soppressione *nf*	deletion *n*
sottoesposto *adj*	underexposed *adj*
sottolineare *v*	underline *v*
sottoscrizione *nf*	subscription *n*
sottotitolo *nm*	subheading *n*; subtitle *n*
sovraccoperta *nf*	book jacket *n*; jacket *n*
sovraccopertina *nf*	book jacket *n*; jacket *n*
sovraesposto *adj*	overexposed *adj*
sovrastampare *v*	overprint *v*
spaziato *adj*	letterspaced *adj*
spaziatura *nf*	fit *n*; letterspacing *n*; wordspace *n*
spazio *nm*	space *n*
spazio interlinea *nm*	line spacing *n*
spazio (tra lettere) *nm*	letterspace *n*
specifica *nf*	specification *n*
spedizione *nf*	cif *abbrev*
spedizione a destinazione *nf*	freight forwarding *n*
spedizione aerea *nf*	airfreight *n*
spedizione marittima *nf*	seafreight *n*
spedizionere *nm*	freight forwarder *n*
spese *nf*	costs *n*
spese di correzione *nf*	correction costs *n*
spese di spedizione *nf*	shipping costs *n*
spese postali *nf*	postage costs *n*
spessore medio dei caratteri *nm*	en *n*
sprechi *nm*	spoilage *n*
squadra laterale *nf*	lay *n*
stabilimento grafico *nm*	print works *n*; printing works *n*
stampa *nf*	impression *n*; printing *n*
stampa a due colori *nf*	two-colour printing *n*
stampa a parte *nf*	offprint *n*
stampa a quattro colori *nf*	four-colour printing *n*
stampa a spruzzo d'inchiostro *nf*	ink-jet printing *n*
stampa caucciù contro caucciù *nf*	blanket-to-blanket perfecting *n*
stampa con bobina a freddo *nf*	cold-set web printing *n*
stampa da bobina a caldo *nf*	heatset web printing *n*
stampa di carte valori *nf*	security printing *n*
stampa di libri *nf*	book work *n*
stampa elettrostatica *nf*	electrostatic printing *n*
stampa in bicromia *nf*	two-colour printing *n*
stampa in piano *nf*	flatbed printing *n*
stampa incavorilievografica *nf*	die stamping *n*
stampa litografica *nf*	litho printing *n*
stampa litografica diretta *nf*	direct litho *n*
stampa offset *nf*	offset *n*; offset litho *n*
stampa rotocalco *nf*	gravure printing *n*
stampa termografica *nf*	thermography *n*

Italian	English
stampa tipografica nf	letterpress n
stampante nf	printer n
stampante a impatto nf	impact printer n
stampante a margherita nf	daisy wheel printer n
stampante a punti nf	dot-matrix printer n
stampante a spruzzo d'inchiostro nf	ink-jet printer n
stampante in parallelo linea per linea nf	line printer n
stampare v	print v
stampare in volta v	perfect v
stampato a volta adj	perfected adj
stampato (di computer) nm	hard copy n
stampatore nm	printer n
stampo a goffrare nm	die n
stereotipia nf	stereotype n
stesso formato nm	same-size adj
stile di carattere nm	face n; typeface n
stile di legatura nm	binding style n
stile tipografico nm	house style n
strappo superficiale della carta nm	picking n
strofinio dell'inchiostro nm	ink rub n
studio grafico nm	graphic design studio n
superficie nf	area n; surface n
superficie della pagina nf	page area n
superiore adj	superior adj
supplemento nm	supplement n
sviluppatrice di pellicole nf	film processor n
sviluppo circonferenziale nm	cut-off n
tabulato nm	listing n
tagli colorati nm	coloured edges n
tagli dorati nm	gilt edges n
tagli spruzzati nm	sprinkled edges n
tagli superiori colorati nm	coloured tops n
tagliare v	crop v
tagliato al vivo adj	cut flush adj
taglierina a ghigliottina nf	guillotine n
taglio nm	cropping n; cut-off n; edge n
taglio e incollatura nm nf	cut-and-paste n
tariffe pubblicitarie nf	advertising rates n
tascabile nm	paperback n
tastiera nf	digipad n; keyboard n
tastierista nm	keyboard operator n
tasto nm	key n
tavoletta grafica nf	graphics tablet n
tela nf	cloth n
tela buckram nf	buckram n
telecomunicazioni nf	telecommunications n
telefax nm	fax n
tempo di fermo nm	down time n
tempo di risposta nm	response time n
terminale nm	terminal n
terminale con schermo di visualizzazione nm	visual display terminal n
terminale di editing nm	editing terminal n
terminale d'impaginazione nm	make-up terminal n
terminale grafico nm	graphics terminal n
termografia nf	thermography n
territorio nm	territory n
testa nf	head n
testi accademici nm	academic books n
testo nm	text n; textmatter n
testo pronto per la riproduzione nm	camera-ready copy n
tipografia nf	typography n
tiratura nf	circulation n; impression n; print run n
titolo nm	caption n; heading n; title n
titolo centrato nm	cross-head n
titolo corrente nm	headline n; running head n
titolo di capitolo nm	chapter head n
titolo di dedica nm	dedication n
titolo di paragrafo nm	shoulder head n; side head n
togliere v	delete v
tolleranza nf	tolerance n
toni intermedi nm	middle tones n
tono nm	tone n
tracciato di guida nm	keyline n
traduzione in scala nf	scaling n
trama nf	raster n
trancia nf	blocking n; stamping n
trancia a secco nf	blind blocking n
trancia in oro nf	gold blocking n

177

Section B Italian–English

Italian	English
trancia su foglio metallizzato *nf*	foil blocking *n*
tranciare *v*	stamp *v*
tranciato *adj*	stamped *adj*
trascrizione di caratteri in decalcomania *nf*	transfer lettering *n*
trasmissione dati *nf*	data transmission *n*
trasmissione per facsimile *nf*	facsimile transmission *n*
trasparenza *nf*	show-through *n*; transparency *n*
trasporre *v*	transpose *v*
trasporto *nm*	freight *n*; transport *n*
trasporto a diffusione *nm*	diffusion transfer *n*
trasporto fotomeccanico *nm*	PMT *abbrev*
trasporto transoceanico *nm*	ocean freight *n*
tratta *nf*	bill of exchange *n*
trattino *nm*	dash *n*
tratto *nm*	line *n*
tratto d'unione *nm*	hyphen *n*
tratto d'unione facoltativo *nm*	discretionary hyphen *n*
tubo a raggi catodici *nm*	cathode ray tube *n*
tutti i diritti riservati *nm*	all rights reserved
ufficio *nm*	department *n*
umidità *nf*	humidity *n*
umidità relativa *nf*	relative humidity *n*
unità centrale di elaborazione *nf*	CPU *abbrev*
unità di controllo *nf*	black box *n*
unità di visualizzazione *nf*	visual display unit *n*
unità disco *nf*	disc drive *n*
unità fotografica *nf*	photounit *n*
validità *nf*	validity *n*
valore pH *nm*	pH value *n*
variazione *nf*	variation *n*
vendere *v*	sell *v*
vendita a domicilio *nf*	door-to-door selling *n*
vendita o reso *adj*	sale or return *adj*
vendita per corrispondenza *nf*	mail-order selling *n*
vendite *nf*	sales *n*
vendite per esportazione *nf*	export sales *n*
venditore *nm*	seller *n*
vernice *nf*	varnish *n*
verniciatura opaca *nf*	matt varnish *n*
verticale *adj*	portrait *adj*; upright *adj*
video *nm*	video *n*
vidoecassetta *nf*	video cassette *n*
virgola *nf*	comma *n*
virgolette *nf*	inverted commas *n*; quotation marks *n*; quotes *n*
visto per la stampa *adj*	passed for press *adj*
vocabolario *nm*	vocabulary *n*
volantino *nm*	leaflet *n*
volta *nf*	inner forme *n*; verso *n*
volta del titolo *nf*	title verso *n*
volume *nm*	bulk *n*; volume *n*
volume tra cartoni *nf*	bulk between boards *n*
voluminoso *adj*	bulky *adj*
word processor *nm*	word processor *n*
zona stampante *nf*	image area *n*
zoom *nm*	zoom lens *n*

Section B *cont*

GERMAN–English

Section B German–English

German	English
ab Lager *adj*	ex-warehouse *adj*
Abdruck *nm*	reproduction *n*
abgetastet *adj*	scanned *adj*
Abkaschieren *nn*	delamination *n*
Abkürzung *nf*	abbreviation *n*
Abmessungen *npl*	dimensions *n*
Abonnement *nn*	subscription *n*
Abreibeschrift *nf*	dry-transfer lettering *n*; transfer lettering *n*
Abrieb *nm*	abrasion *n*
Absatz *nm*	paragraph *n*
Absatzanfang *nm*	paragraph opening *n*
Abschlag *nm*	cast off *n*
Abschmutzen *nn*	set-off *n*
Abschnitt *nm*	chapter *n*; cut-off *n*; section *n*
Abschrift *nf*	copy *n*
absetzen *v*	set *v*
abtasten *v*	scan *v*
Abtastung *nf*	scanning *n*
Abteilung *nf*	department *n*
Abzug *nm*	impression *n*; proof *n*
Abzüge *nm*	copies *n*
Accent aigu *nm*	acute accent *n*
Accent grave *nm*	grave accent *n*
achromatische Trennungen *nf*	achromatic separation *n*
Acryl- *prefix*	acrylic *adj*
Adreßbuch *nn*	directory *n*
Aerograf *nm*	airbrush *n*
Agent *nm*	agent *n*; author's agent *n*; literary agent *n*
Akkreditiv *nn*	letter of credit *n*
Akustikkoppler *nm*	acoustic coupler *n*
Akut *nm*	acute accent *n*
Akzent *nm*	accent *n*
alle Rechte vorbehalten	all rights reserved
allgemeine Bücher *nn*	general books *n*
Allgemein-Verlag *nm*	general publishing *n*
Alphabet *nn*	alphabet *n*
alphanumerisch *adj*	alphanumeric *adj*
alphanumerische Sortierung *nf*	alphanumeric sort *n*
Analogrechner *nm*	analogue computer *n*
Andruckbogen *nm*	press proof *n*
Andruckskala *npl*	progressive proofs *n*
Anfangs *nm*	drop caps *n*
Anführungszeichen *nn*	quotation marks *n*
Angabe des Urheberrechts *nf nm*	copyright notice *n*
angeschnittene Seite *nf*	bled page *n*
angeschnittenes Seitenformat *nn*	bled page size *n*; trimmed bled page size *n*
Anhaltekopie *nf*	blueprint *n*
Anhang *nm*	appendix *n*
Anlage *nf*	lay *n*
Anlegeapparat *nm*	feeder *n*
Anlegekante *nf*	lay edge *n*
Anleger *nm*	feeder *n*
Anmerkungszeichen *nn*	dagger *n*
Anordnung *nf*	configuration *n*
Anreibeschrift *nf*	dry-transfer lettering *n*; transfer lettering *n*
Antikvelinpapier *nn*	antique wove *n*
Antiquaziffern *npl*	lining figures *n*
Anwendung *nf*	application *n*
Anwendungsprogramm *nn*	applications software *n*
Anzeige *nf*	advertisement *n*
Anzeigentarife *npl*	advertising rates *n*
Apostroph *nm*	apostrophe *n*
Apparat *nm*	appliance *n*
Appendix *nm*	appendix *n*
arabische Ziffern *npl*	arabic figures *n*
Archiv *nn*	archive *n*
Archivierung *nf*	archiving *n*
Artikelverfasser *nm*	feature writer *n*
Aschengehalt *nm*	ash content *n*
Asteriskus *nm*	asterisk *n*
Ätzen *nn*	dot etching *n*
Ätzung *nf*	block *n*; dot etching *n*
auf Kommission *adj*	sale or return *adj*
auf Mitte stellen *v*	centre *v*
Aufdruck *nm*	overprint *v*
aufklappbares Buch *nn*	pop-up book *n*
Auflage *nf*	circulation *n*; edition *n*
Auflagenhöhe *nf*	circulation *n*
Aufleger *nm*	mask *n*
Aufnahme *nf*	photograph *n*
Aufsichtsvorlage *nf*	reflection copy *n*
aufstoßen *v*	knock up *v*
Auftrag *nm*	application *n*; order *n*
Auftraggeber *nm*	client *n*
Auftragung *nf*	application *n*
Aufzählung *nf*	listing *n*
Aufzeichnung *nn*	scanning *n*
Auge *nn*	face *n*
aus dem Register *adj*	out of register *adj*
Ausfuhr *nf*	export *n*

Ausgabe *nf*	edition *n*; issue *n*; output *n*	Autorkorrektur *nf*	AA *abbrev*
Ausgangszeile *nf*	widow *n*	Autotypie *nf*	halftone *n*
ausgeschossene Blaupause *nf*	imposed blueprint *n*	Autotypieraster *nm*	halftone screen *n*
		Autotypieverfahren *nn*	process engraving *n*
ausgeschossener Abzug *nm*	imposed proof *n*	autotypische Negative *npl*	hard-dot negatives *n*
Auslandsrechte *npl*	foreign rights *n*	autotypische Positive *npl*	hard-dot positives *n*
Auslassungszeichen *nn*	apostrophe *n*		
Ausmaß *nn*	extent *n*	Azetat *nn*	acetate *n*
Ausnahmelexicon *nn*	exception dictionary *n*	Balkenkode *nm*	bar code *n*
ausradieren *v*	delete *v*	Band *nn*	tape *n*; volume *n*
Ausradierung *nf*	deletion *n*	bauschig *adj*	bulky *adj*
ausrichten *v*	align *v*	bearbeiten *v*	edit *v*
Ausrichtung *nf*	alignment *n*	Bearbeitung *nf*	editing *n*
Ausrufungszeichen *nn*	exclamation mark *n*	Begleitpapiere *npl*	bill of lading *n*
ausschießen *v*	impose *v*	Behälter *nn*	container *n*
Ausschießen *nn*	imposition *n*	Beilage *nf*	inset *n*; supplement *n*
Ausschießschema *nn*	imposition scheme *n*	Beistrich *nm*	comma *n*
Ausschlagsdrucker *nm*	impact printer *n*	Beleg(ausdruck) *nm*	hard copy *n*
Ausschlagtafel *nf*	fold-out *n*	Belichter *nm*	photosetter *n*
Außendienstmitarbeiter *nm*	sales rep *n*	belichtet	photoset *adj*
		belichtet	phototypeset *adj*
äußere Druckform *nf*	outer forme *n*	Belichtung *nf*	photosetting *n*
äußerer Papierrand *nm*	fore-edge *n*	Belichtung(szeit) *nf*	exposure *n*
Ausstattung *nf*	furnish *n*	Belletristik *nf*	fiction *n*
Ausstoß *nm*	output *n*	Berechnung *nf*	estimate *n*
(aus)streichen *v*	delete *v*	Beschneiden *nn*	cropping *n*
(Aus-)Streichung *nn*	deletion *n*	beschneiden *v*	crop *v*; trim *v*
Auswärtsvergabe *nf*	outwork *n*	beschnitten *adj*	trimmed *adj*
Auszug *nm*	camera separation *n*; extract *n*	beschnittenes Seitenformat *nn*	trimmed page size *n*
		beschränkte Auflage *nf*	limited edition *n*
Auszugsnegative *npl*	separation negatives *n*	Besitzer *nm*	proprietor *n*
Auszugspositive *npl*	separation positives *n*	Besprechung *nf*	review *n*
Autobiographie *nf*	autobiography *n*	Besprechungsexemplar *nm*	review copy *n*
automatisch *adj*	automatic *adj*		
automatische Paginierung *nf*	automatic pagination *n*	Bestellung *nf*	order *n*
		Bestellung per Post *nf*	mail order *n*
automatische Seitennumerierung *nf*	automatic pagination *n*	Bestimmungsort *nm*	destination *n*
		Betriebsleiter *nm*	production director *n*
automatische Worttrennung *nf*	automatic hyphenation *n*	Bibeldruckpapier *nn*	bible paper *n*; india paper *n*
automatischer Umkehrfilm *nm*	autoreversal film *n*	Bibliographie *nf*	bibliography *n*
		Bibliographie-Seite *nf*	bibliography page *n*
automatisches Zeilenklischee *nn*	combination line and tone *n*	Bibliothek *nf*	library *n*
		Bibliothekar *nm*	librarian *n*
autopositiver Film *nm*	autopositive film *n*	Bild *nn*	graphics *n*; illustration *n*; image *n*; picture *n*
Autor *nm*	author *n*		
Autorenrecht *nn*	copyright *n*		
Autorhonorar *nn*	author's royalties *n*	Bildband *nm*	coffee-table book *n*

Section B German–English

German	English
Bildertext nm	caption n
Bildfläche nf	image area n
Bildforschung nf	picture research n
Bildfreigaben nf	picture permissions n
Bildraster nm	halftone screen n
Bildschirm nm	screen n; terminal n; VDT abbrev
Bildunterschrift nf	caption n
Bimetallplatte nf	bimetal plate n
binär adj	binary adj
Binärzahl nf	bit n
Bindeart nf	binding style n
Bindemethode nf	binding style n
binden v	bind v
Binder nm	binder n
Bindestrich nm	hyphen n
Bindung nf	binding n
Biographie nf	biography n
Bit nn	bit n
Black-box nf	black box n
Blatt nn	leaf n; sheet n
Blattvergoldung nf	gold blocking n
Blattweiser nm	tab index n
Blaupause nf	blueprint n; diazo print n
Bleisatz nm	hot metal composition n
Blende(nöffnung) nf	aperture n
Blindband nm	bulking dummy n; dummy n
Blinddruck nm	blind blocking n; blind embossing n
Blindprägung nm	blind embossing n
Block nn	block n
Bogen nm	sheet n
Bogendruck nm	sheetwork n
Bogenformat nn	sheet size n
Bogengröße nf	sheet size n
Bogenoffset- prefix	sheetfed adj
Bogenoffsetmaschine nf	sheetfed machine n
Bohren nn	drilling n
Bordüre nf	border n
Breitbuchstabe nm	expanded type n
Briefkopf nm	letterhead n
Briefpapier nn	writing paper n
Bristolkarton nm	ivory board n
Bromidsilberdruck nm	bromide n
Broschüre nf	booklet n; brochure n; pamphlet n
Bruch nm	fraction n
Bruchteil nm	fraction n
Bruttoertragslage nf	cashflow n
Bruttoertragsziffer nf	cashflow n
Buch nn	book n
Buchausstellung nf	book fair n
(Buchband) mit engem Lederrücken adj	quarter-bound adj
Buchbinden nn	book binding n
Buchbinder nm	book binder n
Buchbinderei nf	bindery n; book bindery n; finishing department n
Buchbinderpappe nf	millboard n
Buchclub nm	book club n
Buchdecke nf	case n
Buchdruckpresse nf	letterpress n
Bucherdruck nm	book work n
Bücherei nf	library n
Büchereilieferant nm	library supplier n
Büchergilde nf	book club n
Buchhandel nm	book trade n
Buchhändler nm	bookseller n; retailer n
Buchhandlung nf	bookshop n
Buchladen nm	bookshop n
Buchmesse nf	book fair n
Buchrücken nm	spine n
Buchrückentitel nm	spine lettering n
Buchstabe nm	character n; letter n; type n
Buchstabenabstand nm	letterspace n
Buchstabensorte nf	family n
Buchumschlag nm	book jacket n
Buckram nn	buckram n
Budget nn	budget n
Bund nm	back margin n; spine n
Bündeln nn	bundling n
Bütten- prefix	mould-made adj
Büttenpapier nn	hand-made paper n
Butzen nm	hickey n
Byte nn	byte n
Chefredakteur nm	editorial director n
chinesisches Papier nn	india paper n
Cicero nn	cicero n
Ciceroschrift nf	pica n
Colordia nn	colour transparency n
Computer nm	computer n
computergestütztes/ rechnergestütztes Setzen nn	computer-assisted typesetting n
Container nm	container n

Copyright *nn*	copyright *n*	Direktlitho *nn*	direct litho *n*
Copyrightvermerk *nm*	copyright notice *n*	Direktmailings *npl*	direct mail *n*
Cursor *nm*	cursor *n*	Direktprojizierung *nf*	direct screening *n*
cyan *adj*	cyan *adj*	Direktrasterung *nf*	direct screening *n*
Cyanfarbe *nf*	cyan ink *n*	Direktzugriff *nm*	direct access *n*
Daisywheel *nn*	daisy wheel *n*	Direktzustellung *nf*	direct mail *n*
Daisywheel-Drucker *nm*	daisy wheel printer *n*	Dokument *nn*	document *n*
		Dokumentation *nf*	documentation *n*
Dank *nm*	acknowledgements *n*	Doppellaut *nm*	diphthong *n*
Dankesseite *nf*	acknowledgements page *n*	Doppelpunkt *nm*	colon *n*
		doppelte Belichtung *nf*	double-burn exposure *n*
Daten *npl*	data *n*	Doppelton *nm*	duotone *n*
Datenbank *nf*	database *n*	drahtgeheftet *adj*	wire-stitched *adj*
Datenbankverlag *nm*	database publishing *n*	Drahtheftung *nf*	wire-stitching *n*
Datenübermittlung *nf*	data transmission *n*	Drahtheftung durch den Rücken *nf*	saddle stitching *n*
Datenübertragung *nf*	data transmission *n*		
Datenverarbeitung *nf*	data processing *n*	Dreh-	rotary *adj*
Datum *nn*	date *n*	dreiseitig zugeschnitten *adj*	trimmed three edges *adj*
Daumenregister *nn*	thumb index *n*		
Deckel *nm*	deckle *n*	Druck *nm*	impression *n*; printing *n*
Deckelpappe *nf*	binding board *n*	Druckakkordant *nm*	print farmer *n*
deckend *adj*	opaque *adj*	Druckauflage *nf*	print run *n*
Deckung *nf*	density *n*	Druckbestäubungsspray *nm*	anti set-off spray *n*
Dedikationsexemplar *nn*	presentation copy *n*		
		Druckbogen *nm*	section *n*; signature *n*
Deinking *nn*	deinking *n*	druckbogengeheftet *adj*	section-sewn *adj*
Design *nn*	design *n*	drucken *v*	print *v*
Designer *nm*	designer *n*	Drucken *nn*	printing *n*
Desktop-Publishing *nn*	desk-top publishing *n*	Drucker *nm*	printer *n*
Dia *nn*	transparency *n*	Druckerei *nf*	print works *n*; printing works *n*
Diagramm *nn*	diagram *n*		
diakritisches Zeichen *nn*	diacritical *n*	Druckfarbe *nf*	ink *n*
		Druckfehler *nm*	literal *n*; misprint *n*; pe *abbrev*
Diarese *nf*	diaeresis *n*		
Diazodruck *nm*	diazo print *n*	Druckfehlerzettel *nn*	errata slip *n*
Dichte *nf*	density *n*	druckfertig *adj*	passed for press *adj*
Dichtung *nf*	fiction *n*	Druckfläche *nf*	page area *n*
Dichtungsverfasser *nm*	fiction writer *n*	Druckfolge *nf*	printing sequence *n*
Dichtungsverlag *nm*	fiction publishing *n*	Druckform *nf*	forme *n*
Dickenmesser *nm*	caliper *n*	Druckgang *nf*	machining *n*
Didotscher Punkt *nm*	didot point *n*	Druckindustrie *nf*	printing industry *n*
Diffusionsübertragung *nf*	diffusion transfer *n*	Druckkosten *npl*	press costs *n*
		Druckmakler *nm*	print broker *n*
Digipad *nm*	digipad *n*	Druckmaschine *nf*	press *n*; printer *n*; printing machine *n*
Digitalanzeige *nf*	digital read-out *n*		
digitalisieren *v*	digitise *v*	Druckplatte *nf*	plate *n*
Digitalrechner *nm*	digital computer *n*	Druckplattenherstellung *nf*	platemaking *n*
Digitalsignal *nn*	digital signal *n*		
DiLitho *nn*	direct litho *n*	Druckschrift *nf*	publication *n*
Diphtong *nm*	diphthong *n*	Druckstock *nm*	block *n*

183

Section B German–English

German	English
Drucktuch nn	blanket n
Druckverfahren nn	printing processes n
Druckvermerk nm	imprint n
Druckvorgänge npl	printing processes n
Druckvorstufen npl	pre-press n
Druckvorstufenkosten npl	pre-press costs n
Druckzylinder nm	impression cylinder n
Dünndruckpapier nn	india paper n; lightweight paper n
Duplikat- adj	duplicate adj
Duplikatfilm nm	duplicate film n
Duplikat-Negativfilme nm	duplicate negative films n
Duplikat-Negativfilme Kehrseitenlesung Schichtseite oben	duplicate negative films reverse-reading emulsion-side up
Duplikat-Negativfilme Kehrseitenlesung Schichtseite unten	duplicate negative films reverse-reading emulsion-side down
Duplikat-Negativfilme Vorderseitenlesung Schichtseite unten	duplicate negative films right-reading emulsion-side down
Duplikat-Negativfilme Vorderseitenlesung Schichtseite unten	duplicate negative films right-reading emulsion-side up
Duplikat-Positivfilme nm	duplicate positive films n
Duplikat-Positivfilme Kehrseitenlesung Schichtseite oben	duplicate positive films reverse-reading emulsion-side up
Duplikat-Positivfilme Kehrseitenlesung Schichtseite unten	duplicate positive films reverse-reading emulsion-side down
Duplikat-Positivfilme Vorderseitenlesung Schichtseite oben	duplicate positive films right-reading emulsion-side up
Duplikat-Positivfilme Vorderseitenlesung Schichtseite unten	duplicate positive films right-reading emulsion-side down
Durchdruck nm	screen printing n
durchgehende Doppelseite nn	centrespread n; double-page spread n; double-spread n
Durchscheinen nn	show-through n
Durchschlagen nn	show-through n
Durchschrift nm	copy n
Durchsichtsbild nn	transparency n
Durchsthlagen nn	strike-through n
(durch)streichen v	cancel n
Echtzeit- adj	real-time adj
eckige Klammer nf	square bracket n
Editierstation nf	editing terminal n
Egoutteur nm	dandy roll n
Einband nm	binding n; cover n
Einbanddeckel nm	binding board n
Einbandkarton nm	case board n
Einbandstil nm	binding style n
einfarbig adj	monochrome adj; single-colour adj
Einfügung nf	insert n
Einfuhr nf	import n
Einführung anf dem Markt nf	promotion campaign n
Eingabe nf	input n
eingebaut adj	integrated adj
eingeklebte Illustration nf	tip-in n
Einkäufer nm	buyer n
Einkopierraster nm	mechanical tint n
Einlagerung nf	storage n
Einleitung nf	introduction n
einordnen v	range v
einreihen v	range v
Einrichten nn	make-ready n
einrücken v	indent v
einseitiger Kunstdruckpapier nn	one-sided art n
Einsteckbogen nm	inset n
einziehen v	indent v
Einzug nm	indent n
elektronisch adj	electronic adj
elektronische Druckvorstufe für die Verlagsproduktion nf	electronic publishing n
elektronische Post nf	electronic mail n
elektronischer Satz nm	electronic composition n
elektronisches Ablesegerät	electronic scanner n
elektrostatisches Drucken nn	electrostatic printing n
Elfenbeinkarton nm	ivory board n
Ellipse nf	ellipsis n
Emulsion nf	emulsion n
Endlosformulare npl	continuous stationery n
Endlospapier nn	continuous stationery n
englische Anführungszeichen npl	inverted commas n

englische Broschur — Flattermarke

englische Broschur *nf*	case binding *n*	Farbkorrektur *nf*	colour correction *n*
Entfärben *nn*	deinking *n*	Farbmuster *nn*	colour swatch *n*
Entfernung der Komplementärfarbe/Ergänzungsfarbe *nf*	complementary colour removal *n*	Farbreibung *nf*	ink rub *n*
		Farbschnitte *npl*	coloured edges *n*
		Farbskala *nf*	progressive proofs *n*
Entwicklungsgerät *nn*	film processor *n*	Farbspritzgerät *nn*	airbrush *n*
Entwurf *nm*	artwork *n*; design *n*; draft *n*; layout *n*; rough *n*	Farbstich *nm*	colour cast *n*
		Farbstoff *nm*	dye *n*
		Farbtrennung *nf*	colour separation *n*
Enzyklopädie *nf*	encyclopaedia *n*	Farbzerlegung *nm*	colour separation *n*
Epigraph *nn*	epigraph *n*	Faser *nf*	fibre *n*
Epilog *nm*	epilogue *n*	Faserrichtung *nf*	grain direction *n*
Erfasser *nm*	keyboard operator *n*	Fax *nn*	fax *n*
Eröffnung *nf*	opening *n*	Fehldruck *nm*	misprint *n*
Errata *npl*	corrigenda *n*	Fehler *nm*	error *n*; imperfection *n*
Erscheinungsdatum *nn*	publication date *n*	Fensterfalz *nm*	gatefold *n*
Erscheinungsformat *nn*	appearing size *n*	Fertigstellung *nf*	finishing *n*
Eselsohr *nn*	crease *n*	feste Negative *nn*	one-piece negatives *n*
Etat *nm*	budget *n*	feste Postive *nn*	one-piece positives *n*
Et-Zeichen *nn*	ampersand *n*	fester Film *nm*	one-piece film *n*
Exemplar *nm*	copy *n*	Festrückeneinband *nm*	tightback binding *n*
exklusiver Satzspiegel *nm*	exclusive type area *n*	Fettdruck *nm*	bold face *n*
		fette Schrift *nf*	bold face *n*
Export *nm*	export *n*	fettgedruckt *adj*	bold *adj*
Exporteur *nm*	exporter *n*	Feuchtauftragswalze *nf*	damper *n*
Exportlizenz *nf*	export licence *n*	Feuchtigkeit *nf*	humidity *n*
Exportvertrieb *nm*	export sales *n*	Feuchtigkeitsentzug *nm*	dehumidification *n*
(Fach-)Hochschullehrbücher *npl*	college textbooks *n*		
		Feucht(igkeits)gehalt *nm*	moisture content *n*
Faksimile *nn*	facsimile *n*	Film *nm*	film *n*
Faksimile-Übertragung *nf*	facsimile transmission *n*	Filmmontage *nf*	film assembly *n*
		Filmnegativ *nn*	film negative *n*
Falte *nf*	crease *n*	Filmpositiv *nn*	film positive *n*
falzen *v*	fold *v*	Filmraster *nm*	mechanical tint *n*
Falzmaschine *nf*	folder *n*; folding machine *n*	Filmumbruch *nm*	film make-up *n*
		Filter *nm*	filter *n*; screen *n*
Falzwerk *nn*	folder *n*	Filzseite *nf*	felt side *n*
Familie *nf*	family *n*	Firma *nf*	company *n*
Farbauszug *nm*	colour separation *n*	Fisch *nm*	wrong fount *n*
Farbauszugsnegative *npl*	colour separation negatives *n*	Fixierung *nf*	fixing *n*
		Flachdruck *nm*	flatbed printing *n*
Farbauszugspositive *npl*	colour separation positives *n*	Fläche *nf*	area *n*; surface *n*
		flache Vorlage *nf*	flat artwork *n*
Farbbalken *nm*	colour bars *n*	Flächengewicht *nn*	grammage *n*
Farbdia *nn*	colour transparency *n*	flacher Buchrückeneinband *nm*	flat back binding *n*
Farbe *nf*	colour *n*		
Färbemittel *nn*	dye *n*	Flachgrundriß *nm*	flatplan *n*
Farbensatz *nm*	colour set *n*	Flachrücken *nm*	square back *n*
Farbkontrast *nm*	ink set-off *n*	Flattermarke *nf*	collating marks *n*
Farbkörper *nm*	pigment *n*		

Section B German–English

German	English
Flexodruck *nm*	flexography *n*
fliegender Vorsatz *nm*	flyleaf *n*
Fließanzeigen *npl*	classified ads *n*
Floppy-Disk *nf*	floppy disc *n*
Flugblatt *nn*	leaflet *n*; pamphlet *n*
fluoreszierend *adj*	fluorescent *adj*
fluoreszierende Druckfarbe *nf*	fluorescent ink *n*
Folie *nf*	foil *n*
Folienklischee *nn*	foil blocking *n*
Folio *nn*	folio *n*
Font *nm*	font *n*
Format *nn*	dimensions *n*; format *n*; size *n*
Formeinrichtung *nf*	imposition *n*
Fortdruckkosten *npl*	run-on costs *n*
Foto *nn*	photograph *n*
Fotoeinheit *nf*	photounit *n*
Fotograf *nm*	photographer *n*
Fotokopie *nf*	photocopy *n*
fotomechanische Übertragung *nf*	photomechanical transfer *n*
fotomechanisches Druckverfahren *nn*	PMT *abbrev*
Fotopolymerplatte *nf*	photopolymer plate *n*
Fotosatz *nm*	filmsetting *n*; photocomposition *n*; photosetting *n*; phototypesetting *n*
Fotosatzkompaktanlage *nf*	direct-entry photosetter *n*
Fotosetzmaschine *nf*	photosetter *n*; phototypesetter *n*
Fototypie *nf*	collotype *n*
Fracht *nf*	freight *n*
Frachtbrief *npl*	bill of lading *n*
frachtfrei *adj*	carriage paid *adj*
Frachtkosten *npl*	shipping costs *n*
Frachtunternehmen *nn*	freight forwarder *n*
Frachtverschickung *nf*	freight forwarding *n*
Fragezeichen *nn*	question mark *n*
franko *adj*	carriage paid *adj*
frei an Bord	FOB *abbrev*
Freiberufler *nm*	freelance *n*
Freigaben *npl*	permissions *n*
freistehender Raster *nm*	cut-out halftone *n*
Front-End-System *nn*	front-end system *n*
Fuller *nm*	filler advertisement *n*
Fuß *nm*	foot *n*
Fußnote *nf*	footnote *n*
Ganzleinenband *nm*	cloth binding *n*
Gattungskodierung *nf*	generic coding *n*
Gebiet *nm*	territory *n*
Gebinde *nn*	container *n*
Gebühr *nf*	fee *n*
Gebühr bezahlt *adj*	carriage paid *adj*
gebundenes Buch *nn*	bound book *n*
Gedankenstrich *nm*	dash *n*
gefalzt und zusammengetragen	f & g *abbrev*
gefalzte und zusammengetragene Blätter *nn*	folded and gathered sheets *n*
gefärbte Buchschnitte *npl*	coloured edges *n*
gefärbte Oberkanten *npl*	coloured tops *n*
gegen die Laufrichtung	against the grain
gegenüberliegende Seiten *nf*	facing pages *n*
geheftet *adj*	sewn *adj*; stitched *adj*
gelb *adj*	yellow *adj*
gelbe Druckfarbe *nf*	yellow ink *n*
Geleitwort *nn*	introduction *n*; preface *n*
gemeinsame Ausgabe *nf*	co-edition *n*
genaue Angabe *nf*	specification *n*
Genehmigung *nf*	licence *n*
gepackt *adj*	packed *adj*
geprägt *adj*	embossed *adj*; stamped *adj*
gerade Seiten *nf*	even pages *n*
geradestoßen *v*	knock up *v*
gerastert *adj*	screened *adj*
gerasterter Bromidsilberdruck *nm*	screened bromide *n*
Gerät *nn*	appliance *n*
gescannt *adj*	scanned *adj*
Geschäftsführer *nm*	managing director *n*
Gesellschaft *nf*	company *n*
Gesellschaft mit beschränkte Haftung *nf*	limited company *n*
gesetzliches System *nn* (GB)	imperial system *n*
gesetzt *adj*	set *adj*
gestaltene Anzeige *nf*	display advertisement *n*
gestempelt *adj*	stamped *adj*

gestrichenes Papier nn	coated paper n
gestrichenes Zeichenpapier nn	coated cartridge n
Geviert nn	em n
Gitter nn	grid n
Glanz nm	gloss n
Glanzpapierabzug nm	glossy bromide n
Glanzvorlage nf	gloss art n; glossy art n
Glätte nf	smoothness n
glatter Satz nm	textmatter n; body matter n
gleichgroß adj	same-size adj
gleichmäßigerpaarweiser Druck nm	even working n
Glossar nn	glossary n
Golddruck nm	gold blocking n
Goldfolie nf	gold foil n
Goldimitation nf	imitation gold n
Goldschnitte nm	gilt edges n
Grafik nf	graphics n
Grafik-Bildschirm nm	graphics terminal n
Grafiktafel nf	graphics tablet n
grafische Einfügung nf	graphics insertion n
grafische Gestaltung nf	graphic design n
grafische Künste npl	graphic arts n
grafisches Gestaltungsstudio nn	graphic design studio n
Gravis nm	grave accent n
Greiferkante nf	gripper edge n
Groß- und Kleinbuchstaben npl	ulc abbrev
Großbuchhändler nm	wholesaler n
Großbuchstabe nm	capital letter n; upper case n
Größe nf	format n; size n
Größe verändern v	scale v
Großhändler nm	distributer n
Großrechner nm	mainframe computer n
Grundausrichtung nf	base alignment n
Grundlinie nf	base line n
Guillotine nf	guillotine n
Gültigkeit nf	validity n
Gummidruck nm	flexography n
Gummi/Gummi-Widerdruck nm	blanket-to-blanket perfecting n
Gummiklischee nn	rubber plate n
Gummiplatte nf	rubber plate n
Gummituch nn	blanket n
Gummituchzylinder nm	blanket cylinder n
Guß nm	fount n
gußgestrichenes Papier nn	cast coated paper n
Gutschrift nf	credit note n
Halbbogendruck nm	half-sheet work n
Halbgeviert nn	en n
Halbton- prefix	continuous tone adj; contone adj
Halbtonbromidsilberdruck nm	continuous tone bromide n
Handbuch nn	manual n
Handeinband nm	hand binding n
Handelsrechnung nf	commercial invoice n
handgeschöpft adj	mould-made adj
handgeschöpftes Papier nn	hand-made paper n
handgeschrieben adj	handwritten adj
Händler nm	dealer n; supplier n
Handschrift nf	handwriting n
Handsetzung nf	hand setting n
Hardcopy nf	hard copy n
Hardware nf	hardware n
Hartdeckel- prefix	hardcover adj
hartgebunden adj	casebound adj; hardbound adj
hartgebundenes Buch nn	hardback n
Hartholzpulpe nf	hardwood pulp n
hartverleimt adj	hardsized adj
Hauptrechner nm	mainframe computer n
Hausanzeige nf	house advertisement n
Hausieren nn	door-to-door selling n
Hauskorrektur nf	house corrections n
Hausstil nm	house style n
Heatset-Rollenoffset nm	heatset web printing n
Heft nn	issue n
heften v	sew v; stitch v
Heftung nf	sewing n; stitching n
Heimarbeit nf	outwork n
Heißleim nm	hot-melt n
hell adj	light adj
Helligkeit nf	brightness n
Helligkeitsfaktor nm	brightness factor n
herausgeben v	publish v
Herausgeben auf Verlangen nn	on-demand publishing n
Herausgeber nm	publisher n
Herkunftsbescheinigung nf	certificate of origin n

Section B German–English — Herstellung–Kapitel

Herstellung nf	making n; manufacturing n	in Pakete verpackt adj	packed in parcels adj
hin- und hergehend adj	coming and going adj	in Schrumpffolie verpackt adj	shrink-wrapped adj
Hintergrundmodus nm	background mode n	Index nm	index n
Hochformat nn	portrait format n	indirekte Rasterung nf	indirect screening n
hochformatig adj	portrait adj	Information nf	information n
hochgestellt adj	superior adj	Infrarot-Trocknung nf	infra-red drying n
hochgestellter Index nm	superscript n	Inhalt nm	body n; contents n
Hochglanzpapier nn	glossy art n; art paper n	Inhaltsverzeichnis nn	contents page n; index n
hochsatiniertes Papier nn	supercalendered paper n	Ink-Jet-Druck nm	ink-jet printing n
		Ink-Jet-Drucker nm	ink-jet printer n
hohlgeprägt adj	embossed adj	inklusiver Satzspiegel nm	inclusive type area n
hohlprägen v	emboss v	Innentitel nm	half title n
Hohlprägung nf	embossing n	Innentitelseite nf	half title page n
Hohlraum nm	hollow n	innere Druckform nf	inner forme n
Holzfaserstoff nm	mechanical pulp n	innerer Seitenrand nm	back margin n
holzfreier Stoff nm	woodfree pulp n	Inschrift nf	epigraph n
holzfreies Papier nn	woodfree paper n	Inserat nn	advertisement n
holzhaltiges Dickdruckpapier nn	bulky mechanical n	Inseratkosten npl	advertising rates n
		Integraleinband nm	self cover n
holzhaltiges Papier nn	mechanical paper n	integriert adj	integrated adj
Holzschliff nm	mechanical pulp n	integriertes Buch n	integrated book n
Holzzellstoff nm	groundwood n	interactive Seitenmontage nf	interactive page make-up n
Holzzellstoffbogen nm	groundwood sheet n	interaktiv adj	interactive adj
Honorar nn	royalty n	Interpunktion nf	punctuation n
Illustration nf	illustration n	Interpunktionszeichen nn	punctuation mark n
Illustration im Hochformat nf	portrait illustration n	Jahrbuch nn	yearbook n
illustrieren v	illustrate v	Journal nn	journal n
im Falz mit Faden/ Draht heften v	saddle stitch v	Journalist nm	journalist n
Imitationskunstdruck nm	imitation art n	justieren v	justify v
		justiert adj	justified adj
Import nm	import n	Justierung nf	justification n
Importeur nm	importer n	Kalbsleder nn	calf n
importieren v	import v	Kalkulation nm	estimate n
Importlizenz nf	import licence n	Kalkulator nm	estimator n
Impressum nn	imprint n	Kalligraphie nf	calligraphy n
in Containern verpackt adj	containerised adj	kaltschmelzender Klebstoff nm	cold melt adhesive n
in der Mitte angeordnet adj	ranged centre adj	Kamera nf	camera n
		Kante nf	edge n
in gleicher Ebene abgeschnitten adj	cut flush adj	Kaolin nm	china clay n
		Kapitalband nm	headband n
in Laufrichtung adj	with the grain adj	Kapitälchen npl	small caps n
in Leder (ein)gebunden	leatherbound adj	Kapitälchen mit großen Anfangs- buchstaben npl	c & sc abbrev
in Leinen (ein)gebunden adj	cloth bound adj		
in Linie bringen v	align v	Kapitel nn	chapter n

Kapitelüberschrift			Langformat	
Kapitelüberschrift nf	chapter head n		kompatibel adj	compatible adj
karbonisiertes Durchschreibepapier nn	carbon paper n		Kompatibilität nf	compatibility n
			Konditionieren nn	conditioning n
			konditioniert adj	conditioned adj
Kartei nf	index n		Konsole nf	console n
Karteikarton nm	index board n		Konstante nf	constant n
Karton nm	board n; cardboard n; carton n; millboard n		Kontaktabzug nm	contact print n
			Kontaktfilter nm	contact screen n
Kaschieren nn	laminating n		Kontaktkopie nf	contact print n
Kaschierung nf	lamination n		Kontaktraster nm	contact screen n
Kassette nf	boxed set n; cassette tape n		Kontrast nm	contrast n
			Kontrollexemplar nn	inspection copy n
Katalog nm	catalogue n		Kontrollpult nn	console n
Kathodenstrahlröhre nf	cathode ray tube n; CRT abbrev		Kopie nf	copy n
			Kopierpapier nn	copier paper n
kaufen v	buy v		Körper nm	body n
Käufer nm	buyer n		Korrektor nm	proof reader n
Kehrseite lesend adj	reverse-reading adj		Korrektorenzeichen nn	proof reader's mark n
Kehrseite lesend Schichtseite oben adj	reverse-reading emulsion-side up adj		Korrektur nf	alteration n; correction n; proof correction marks n
Kehrseite lesend Schichtseite unten adj	reverse-reading emulsion-side down adj		Korrekturbildschirm nm	editing terminal n
Kettenpunkt nm	ellipsis n			
Kilobyte nn	kilobyte n		Korrekturkosten npl	correction costs n
Kinderbücher nn	children's books n		Korrekturlesen nn	proof reading n
Klammern npl	brackets n		Korrekturzeichen nn	proof correction marks n
Klappe nf	flap n		Korrekturzeichen nn	proof reader's mark n
Klappentext nm	blurb n; jacket blurb n		Kosten npl	charge n; costs n
Klebebindung nf	adhesive binding n; perfect binding n		Kraftpapier nn	kraft n
			Kredit nm	credit n
klebegebunden adj	perfect bound adj		Kreditbedingungen npl	credit terms n
Klebelayout nn	mock-up n		Kreuz nn	dagger n
Klebeumbruch nm	paste-up n		Kreuzzeichen nn	dagger n
Kleinanzeigen npl	classified ads n		Kritik nf	review n
Kleinbuchstabe nm	lower case n		Kugelkopf-Schreibmaschine nf	golf ball typewriter n
Kleincomputer nm	minicomputer n			
kleine Ausgabe nf	abridged edition n		kumulativer Index nm	cumulative index n
Kleinoffset nm	small offset n		Kunde nm	client n; customer n
Klischee nn	block n; plate n		Kunstdruckkarton nm	artboard n
Kode nm	code n		Kunstdruckpapier nn	art paper n
Kode-Umwandler nm	code converter n		Kursivschrift nf	italic n
Kodeumwandlung nf	code conversion n		kurzfaserig adj	short grain
Kodierungssystem nn	coding system n		kyrillisches Alphabet nn	Cyrillic alphabet n
Kohlepapier nn	carbon paper n			
Kolon nn	colon n		Lack nm	varnish n
Kolumne nf	column n		Ladeschein nm	bill of lading n
Kolumnenziffer nf	folio n		Lager nn	storage n; warehouse n
Kombi-falzautomat nm	combination folder n		Lang- prefix	oblong adj
Komma nn	comma n		langfaserig adj	long grain adj
Kompaktdiskette nf	compact disc n		Langformat nn	landscape format n

189

Section B German–English

German	English
Längsrichtung des Papiers *nf*	grain direction *n*
Lappen *nm*	cloth *n*
Laser *nm*	laser *n*
lateinisches Alphabet *nn*	latin alphabet *n*
laufender Text *nm*	body matter *n*
Laufrichtung *nf*	grain *n*; machine direction *n*
Laufweite der Schrift *nf*	letterspacing *n*
Layout *nn*	layout *n*
(lebender) Kolumnentitel *nm*	running head *n*
Ledereinband *nm*	leather binding *n*
Legende *nf*	caption *n*; legend *n*
Lehrbuch *nn*	textbook *n*
leicht *adj*	light *adj*; lightweight *adj*
leichtes gestrichenes Papier *nn*	lightweight coated paper *n*
leichtgestrichen *adj*	lwc *abbrev*
leichtgewichtig *adj*	lightweight *adj*
Leimung *nf*	sizing *n*
Leinen *nn*	cloth *n*
Leinenband *nm*	cloth binding *n*
Leineneinband *nm*	cloth binding *n*
Leinenimitation *nf*	imitation cloth *n*
Leistung *nf*	output *n*
(Leit-)Artikel *nm*	feature *n*
Leitartikel *nm*	leading article *n*
leitender Redakteur *nm*	managing editor *n*
Lektor *nm*	sub-editor *n*
Leporellofalz *nm*	concertina fold *n*
Lesegerät *nn*	reader *n*; scanner *n*
Leser *nm*	reader *n*
Lese-Schreibfähigkeit *nf*	read-write capability *n*
Lesezeichen *nn*	book mark *n*
Letternmetall *nn*	type metal *n*
Lichtdichte *nf*	highlight density *n*
Lichtdruck *nm*	collotype *n*
Lichtpause *nf*	blueprint *n*; diazo print *n*; dyeline print *nf*; ozalid *n*
Lichtpunkt *nm*	highlight dot *n*
Lichtstärke *nf*	brightness *n*
lichtundurchlässig *adj*	opaque *adj*
Lieferaddresse *nf*	delivery destination *n*
Lieferant *nm*	supplier *n*
Lieferanweisungen *nf*	delivery instructions *n*
Liefertermin *nn*	delivery date *n*
Lieferung *nf*	delivery *n*
Ligatur *nf*	ligature *n*
Linie *nm*	line *n*
Linie haltende Ziffern *npl*	lining figures *n*
Liniehalten *nm*	alignment *n*
linke Seite *nf*	left-hand page *n*
links angeordnet *adj*	ranged left *adj*
linksbündig, rechtsbündig *adj*	flush left, flush right *adj*
Liste *nf*	list *n*
Literatur *nf*	literature *n*
Literaturangabe *nf*	bibliography *n*
Litho *nn*	litho *n*; offset litho *n*
Lithografiedruck *nm*	litho printing *n*
Lithovorbereitung *nf*	litho prep *n*
Lizenz *nf*	licence *n*
Logotype *nf*	logotype *n*
löschen *v*	cancel *n*
Löschen *nn*	deletion *n*
Loseblatt- *prefix*	loose leaf *adj*
Lückenbüßer *nm*	filler advertisement *n*
Luftfracht *nf*	airfreight *n*
Luftfrachtbrief *nm*	air waybill *n*
Luftfrachtkosten *npl*	airfreight costs *n*
Luftpinsel *nm*	airbrush *n*
Luftpost *nf*	airmail *n*
Magazin *nn*	magazine *n*
magenta *adj*	magenta *adj*
Magentafarbe *nf*	magenta ink *n*
Magnetband *nn*	magnetic tape *n*
Mahlung	beating *n*
Makulatur *nf*	spoilage *n*
Mangel *nm*	imperfection *n*
Manila- *adj*	manila *adj*
Manuskript *nn*	copy *n*; manuscript *n*
Manuskriptberechnung *nf*	character count *n*
Marginaltitel *nm*	side head *n*
Marketing *nn*	marketing *n*
Marketingleiter *nm*	marketing director *n*
marmoriertes Papier *nn*	marbled paper *n*
Maschine *nf*	machine *n*
Maschine zur Papierherstellung *nf*	papermaking machine *n*
Maschinenabzug *nm*	machine proof *n*

Maschinenführer | Neusatz

Maschinenführer *nm*	machine minder *n*	Mikroprozessor *nm*	microprocessor *n*
maschinengeglättet *adj*	machine glazed *adj*	Mini-Rollenpresse *nf*	mini-web *n*
maschinengeschrieben *adj*	typewritten *adj*	mit Guillotine geschnitten *adj*	guillotine trimmed *adj*
maschinengestrichen *adj*	machine coated *adj*	mit Leim gebunden *adj*	adhesive bound *adj*
		mit Rückeneinlage *adj*	backlined *adj*
maschinenglatt *adj*	machine finished *adj*; mill finished *adj*	mit rundem Rücken *adj*	rounded and backed *adj*
Maschinenherstellung *nf*	mill making *n*	Mitarbeiter *nm*	contributor *n*
		Mittel- *adj*	medium *adj*
Maschinensatz *nm*	hot metal composition *n*	Mittellinie *nf*	mean line *n*
Maske *nf*	mask *n*	Mitteltöne *npl*	middle tones *n*
Maskierung *nf*	masking *n*	mm-System *nn*	metric system *n*
Maß *nn*	measure *n*	Modem *nn*	modem *n*
Masse *nf*	bulk *n*; bulk between boards *n*	Moiré *nn*	moiré patterning *n*
		Montage *nf*	stripping in *n*; assembly *n*; fit *n*; make-up *n*; paste-up *n*
Massenmarkt-Paperback *nn*	massmarket paperback *n*		
Material *nn*	materials *n*	montieren *v*	strip in *v*
Material in Tabellenform *nn*	tabular material *n*	Multiplexer *nm*	multiplexor *n*
		Muster *nn*	specimen *n*; swatch *n*
Mathematik *nf*	maths *n*	Nachdruck *nm*	piracy *n*; reprint *n*
Matrize *nf*	die *n*; fount *n*; matrix *n*	nachdrucken *v*	reprint *v*
matt *adj*	matt *adj*	Nachdruckvermerk *nm*	copyright notice *n*
mattgestrichenes Zeichenpapier *nn*	matt coated cartridge *n*	Nachricht *nf*	information *n*
		Nachschlagewerk *nn*	reference book *n*
Mattkaschierung *nf*	matt lamination *n*	Nachtrag *nm*	addendum *n*
Mattkunstdruck *nm*	matt art *n*	Nachwort *nn*	epilogue *n*
Mattlack *nm*	matt varnish *n*	Natronzellstoff *nm*	sulphate pulp *n*
Maus *nf*	mouse *n*	Nebenrechte *npl*	subsidiary rights *n*
Mediävalziffern *npl*	non-lining figures *n*; old-style figures *n*	Nebentitel *nm*	subtitle *n*
		Negativ *nn*	negative *n*
Medienumsatzeinrichtung *nf*	media converter *n*	Negativfilm *nm*	negative film *n*
		Negativfilme Kehrseitenlesung Schichtseite oben	negative films reverse-reading emulsion-side up
Medienumsetzung *nf*	media conversion *n*		
Megabyte *nn*	megabyte *n*	Negativfilme Kehrseitenlesung Schichtseite unten	negative films reverse-reading emulsion-side down
Mehrfach-Diskettenlesegerät *nn*	multidisc reader *n*		
mehrfarbig *adj*	multicolour *adj*	Negativfilme Vorderseitenlesung Schichtseite oben	negative films right-reading emulsion-side up
Menge *nf*	quantity *n*		
Menü *nn*	menu *n*		
menügesteuert *adj*	menu-driven *adj*	Negativfilme Vorderseitenlesung Schichtseite unten	negative films right-reading emulsion-side down
Merkmal *nn*	feature *n*		
Messingplatte *nf*	brass *n*; chemac *n*		
Metalldruckplatte *nf*	metal plate *n*	neu setzen *v*	reset *v*
metrisches System *nn*	metric system *n*	Neuausgabe *nf*	new edition *n*; reissue *n*
Mikrochip *nm*	microchip *n*	Neudruck *nm*	new book *n*; reprint *n*
Mikrocomputer *nm*	microcomputer *n*	neudrucken *v*	reprint *v*
Mikrofiche *nm*	microfiche *n*	Neusatz *nm*	resetting *n*
Mikrofilm *nm*	microfilm *n*		

German	English
nicht ausgerichtet *adj*	unjustified *adj*
nicht paßgenau *adj*	out of register *adj*
nicht vorrätig *adj*	out of stock *adj*
Numeriermaschine *nf*	numbering machine *n*
Nummer *nf*	issue *n*; number *n*
Nutzkopie *nf*	contact print *n*
oberer Seitenrand *nm*	head margin *n*
Oberfläche *nf*	surface *n*
Oberlänge eines Buchstabens *nf*	ascender *n*
Oberseite *nf*	surface *n*; top-side *n*
OCR *nf*	OCR *abbrev*
offener Markt *nm*	open market *n*
Offline-	off-line *adj*
Öffnung *nf*	opening *n*
Offset *nm*	offset *n*
Offsetlitho *nn*	offset litho *n*
Offsetzeichenpapier *nn*	offset cartridge *n*
Oktav- *prefix*	octavo *adj*
On-demand Publishing *nn*	on-demand publishing *n*
Online- *prefix*	on-line *adj*
Opazität *nf*	opacity *n*
optische Zeichenerkennung *nf*	OCR *abbrev*
Original *nn*	original *n*
Originalausgabe *nf*	first edition *n*
Originalherstellung *nf*	origination *n*
Originalvorbereitung *nf*	mark-up *n*
Originalvorbereitungsabteilung *nf*	copy preparation department *n*
Oxidation *nf*	oxidation *n*
Ozalidkopie *nf*	blueprint *n*; diazo print *n*; dyeline print *nf*; ozalid *n*
Ozeanfracht *nf*	ocean freight *n*
Packmaterial *nn*	packing *n*
paginieren *v*	paginate *v*
Paket *nn*	package *n*; parcel *n*
Palette *nf*	pallet *n*; skid *n*; stillage *n*
palettieren *v*	palletise *v*
palettiert *adj*	palletised *adj*
Panoramaseite *nf*	centrespread *n*; double-page spread *n*; spread *n*
Paperback *nn*	paperback *n*
Papier *nn*	paper *n*; stock *n*
Papier mit Wasserlinien *nn*	laid paper *n*
Papier zweiter Wahl *nn*	retree *n*
Papierbahn *nf*	web *n*
Papierband *nn*	paper tape *n*
Papierbrei *nm*	pulp *n*
Papierdicke *nf*	bulk *n*
Papierdicke zwischen den (Papp)deckeln *nf*	bulk between boards *n*
Papierdruckplatte *nf*	paper plate *n*
Papierfabrik *nf*	paper mill *n*
Papierhändler *nm*	paper merchant *n*
Papierherstellung *nf*	papermaking *n*
Papiermaschine *nf*	papermaking machine *n*
Papiermühle *nf*	paper mill *n*
Papierschneidemaschine *nf*	guillotine *n*
Papierstoff *nm*	pulp *n*
Papierwaren *npl*	stationery *n*
Pappdeckel *nm*	board *n*; millboard *n*
Pappe *nf*	board *n*
Pappe *nf*	cardboard *n*
Parallelfalz *nm*	parallel fold *n*
Parenthese *nf*	parenthesis *n*
Passer *nm*	register *n*
Passerdifferenz *nf*	misregister *n*
Passermarken *nn*	register marks *n*
Paßkreuze *nn*	register marks *n*
Paßmarken *nn*	register marks *n*
Passung *nf*	fit *n*
Paßzeichen *nn*	register marks *n*
PC *nm*	pc *abbrev*
PC-Satz *nm*	desk-top publishing *n*
perforieren *v*	perforate *v*
perforiert *adj*	perforated *adj*
Perforierung *nf*	perforating *n*
Personal-Computer *nm*	personal computer *n*
pH-Wert *nm*	pH value *n*
Pica *nf*	pica *n*
Pigment *nn*	pigment *n*
Plagiator *nm*	pirate *n*
Plakatpapier *nn*	poster paper *n*
Plan *nm*	schedule *n*
Planung *nf*	planning *n*
Plastik *nn*	plastic *n*
Plastikdruckplatte *nf*	plastic plate *n*
Platte *nf*	disc *n*
Platte mit doppelter Dichte *nf*	double-density disc *n*
Plattenkopie *nf*	platemaking *n*
Plattenlaufwerk *nn*	disc drive *n*

Plattenzylinder			
Plattenzylinder nm	plate cylinder n	Punktverbreiterung nm	dot gain n
Portokosten npl	postage costs n	Punktzuwachs nm	dot gain n
Porzellanerde nf	china clay n	Quadrätchen nn	em n
positiv adj	positive adj	Quadratmetergewicht nn	gsm abbrev
Positivfilm nm	positive film n	Qualitätskontrolle nf	quality control n
Positivfilme Kehrseitenlesung Schichtseite oben	positive films reverse-reading emulsion-side up	Qualitätsüberwachung nf	quality control n
Positivfilme Kehrseitenlesung Schichtseite unten	positive films reverse-reading emulsion-side down	Quantität nf	quantity n
		Quart nn	quarto n
		Quartformat nn	quarto n
Positivfilme Vorderseitenlesung Schichtseite oben	positive films right-reading emulsion side-up	quer adj	oblong adj
		quer geheftet adj	side-stitched adj
		quer heften v	side-stitch v
Positivfilme Vorderseitenlesung Schichtseite unten	positive films right-reading emulsion-side down	Querformat nn	landscape format n
		querformatig adj	landscape adj
		querformatige Illustration nf	landscape illustration n
Prägedruck nm	die stamping n		
Prägen nn	blocking n; stamping n	Querverweis nm	cross reference n
prägen v	emboss v; stamp v	Rabatt nm	discount n
Prägeplatte nf	die n	Rakeldruck nm	screen printing n
Prägung nf	blocking n; embossing n	Rakelstreichverfahren nn	blade-coating n
Preis nm	charge n; price n		
Preisnachlaß	discount n	Rand nm	border n; margin n
Presse nf	press n	Raster nn	grid n; raster n; screen n
Primärfarben nf	primary colours n	Rasterabbildung nf	halftone illustration n
Probe nf	specimen n	Rasterbild nn	halftone n
Probeband nm	book proof n; bulking dummy n; dummy n	Rasterdruck nm	screened print n
		Rasterfilm nm	contact screen n
Produktion nf	production n	rasterloses Litho nn	screenless litho n
Produktionsabteilung nf	production department n	Rasternegativ nn	halftone negative n; screened negative n
Produktionsbogen nm	out-turn sheet n	Rasterpositiv nn	halftone positive n; screened positive n
Produktionsleiter nm	production director n		
Pro-forma-Rechnung nf	pro forma invoice n	Rasterpunkt nm	dot n
		Rasterweite nf	screen ruling n
Programm nn	program n	Rasterwinkelung nf	screen angle n
Prospekt nm	brochure n; leaflet n	Raubdruck nf	piracy n
Provision nf	commission n	Raubdrucker nm	pirate n
Prüfziffer nf	check digit n	Reaktionszeit nf	response time n
Publikation nf	publication n	Rechner nm	computer n
Publizität nf	publicity n	Rechnung nf	invoice n
Punkt nm	dot n; full point n; full stop n; period n (US); point n	Rechte npl	permissions n; rights n
		rechte Seite nf	right-hand page n
		rechts angeordnet adj	ranged right adj
punktgenau adj	dot-for-dot adj	rechts nicht bündig adj	ragged right adj
Punktgröße nf	point size n	Rechtsleiter nm	rights director n
Punktmatrix-Drucker nm	dot-matrix printer n	Redakteur nm	editor n
		Redaktion nf	editing n; editorial department n
Punktsystem nn	point system n		

German	English
Redaktion *nf*	sub-editing *n*
Redaktionsabteilung *nf*	editorial department *n*
Redaktionskosten *npl*	editorial costs *n*
redigieren *v*	edit *v*
reduzieren *v*	reduce *v*
reduziert *adj*	reduced *adj*
Reduzierung *nf*	reduction *n*
Register *nn*	register *n*
Registermarken *npl*	register marks *n*
Registersystem mit Paßstiften *nn*	pin register system *n*
Reinigungsvorgang *nm*	wash-up *n*
Reißfestigkeit *nf*	bursting strength *n*
relative Luftfeuchtigkeit *nf*	relative humidity *n*
Reliefprägung *nf*	blind embossing *n*
Remittenden *npl*	remainder *n*
Remittendenhändler *nm*	remainder merchant *n*
Repetierkopiermaschine *nf*	step-and-repeat machine *n*
Repro *nn*	repro *n*
Reproabteilung *nf*	repro department *n*
Reproabzug *nm*	reproduction proof *n*
Reproduktion *nf*	repro *n*; reproduction *n*
reprofähige/reproreife Vorlage *nf*	camera-ready artwork *n*
reprofähige/reproreife Abschrift *nf*	CRC *abbrev*
reprofähige/reproreife Montage *nf*	camera-ready paste-up *n*
reprofähige/reproreife Montage *nf*	CRPU *abbrev*
reprofähige/reproreife Vorlage *nf*	camera-ready copy *n*
reprofähiger/reproreifer Klebeumbruch *nm*	camera-ready paste-up *n*
Reprokamera *nf*	process camera *n*
Repropapier *nn*	repro paper *n*
retuschieren *v*	retouch *v*
retuschiert *adj*	retouched *adj*
Retuschierung *nf*	retouching *n*
Rezensent *nm*	reviewer *n*
Rezension *nf*	review *n*
Rezensionsexemplar *nm*	review copy *n*
Ries *nn*	ream *n*
Ringbuch *nn*	ring binder *n*
Ringordner *nm*	ring binder *n*
Rohentwurf *nm*	rough *n*
Rohpapier *nn*	base paper *n*
Rolle *nf*	reel *n*
Rollen- *prefix*	web-fed *adj*
Rollendruckmaschine *nf*	web press *n*
Rollenoffset *nm*	web offset *n*
Rollenoffset ohne Gasflammentrocknung *nm*	cold-set web printing *n*
Rollenrotation (smaschine) *nf*	web press *n*
Roman *nm*	novel *n*
Romancier *nm*	novelist *n*
Romanschriftsteller *nm*	novelist *n*
römisch *adj*	Roman *adj*
römische Ziffern *npl*	Roman figures *n*
Rotations- *prefix*	rotary *adj*
Rotationsdruckmaschine *nf*	web press *n*
Rotationspresse *nf*	rotary press *n*
rotierend *adj*	rotary *adj*
Rücken *nm*	back *n*
Rückeneinlage *nf*	backlining *n*
rückgängig machen *v*	cancel *n*
Rückseite *nf*	verso *n*
Rückstich- *prefix*	saddle-stitched *adj*
Rückstichheftung *nf*	saddle stitching *n*
runde Klammer *nf*	parenthesis *n*
Rupfen *nn*	picking *n*
Rüstzeiten *npl*	down time *n*
Sachbücher *nn*	non-fiction *n*
Sachliteratur *nf*	non-fiction *n*
sammeln *v*	gather *v*
satiniertes Papier *nn*	calendered paper *n*
Sattelheftung *nf*	saddle stitching *n*
Satz *nm*	composition *n*; setting *n*; typesetting *n*
Satzabzug *nm*	galley proof *n*
Satzberechnung *nf*	character count *n*
Satzbreite *nf*	line length *n*
Satzspiegel *nm*	type area *n*
Satzvorlage *nm*	copy *n*
Satzzeichen *nn*	punctuation mark *n*
Saugfähigkeit *nf*	absorbency *n*
Saugvermögen *nn*	absorbency *n*
säurefreies Papier *nn*	acid-free paper *n*
Scannen *nn*	scanning *n*
scannen *v*	scan *v*

Scanner nm	scanner n	Schriftkegel nm	body n; body matter n; body size n
Schablone nf	stencil n	Schriftkunst nf	typography n
Schablonendruck nm	screen printing n	Schriftlinie nf	base line n
Schachtel nf	carton n	Schriftsatz nm	type matter n
Schatten nm	shadows n	Schriftschnitt nm	weight n
Schattendichte nf	shadow density n	Schriftsetzer nm	compositor n
Schattenpunkt nm	shadow dot n	Schrifttype nf	type n
Schätzer nm	estimator n	Schriftzeichen nn	character n
Schätzung nm	estimate n	Schrumpffolien- verpackung nf	shrink-wrapping n
Schaugröße nf	display size n	Schuber nm	slip case n
Schaumanuskript nn	display matter n	Schulbuch nn	school textbook n
Schicht nf	emulsion n	Schulbuchverlag nm	educational publishing n
Schichtseite oben adj	emulsion-side up adj	Schutzkarton nm	slip case n
Schichtseite unten adj	emulsion-side down adj	Schutzumschlag nm	book jacket n; jacket n
Schlaffeinband nm	limp binding n	Schutzumschlagvorlage nf	jacket artwork n
schlaffgebunden adj	limp bound adj	Schwankungen npl	variation n
Schlagzeile nf	headline n	schwarz adj	black adj
schlechte (Wort-) Trennung nm	bad break n	schwarze Autotypie nf	black halftone n
Schlußleiste nf	border n	schwarze Farbe nf	black ink n
schmale Schrift nf	condensed type n	schwarzes Rasterbild nn	black halftone n
schmallaufende Schrift nf	condensed type n	Schwarznegativ nn	black printer n
Schmuckfarbe nf	spot colour n	Schwarztonflattermarke nf	black-step collation marks n
Schmutztitel nm	half title n	Schwärzung nf	density n
schneiden v	trim v	schwarzweiß adj	black and white adj; monochrome adj
Schneiden und Setzen nn	cut-and-paste n	schwarzweiß umgekehrt adj	reversed out adj
Schnitt nm	edge n	schwarzweiß umkehren v	reverse out v
Schnittstelle nf	interface n	schwarzweiße Illustration nf	black and white illustration n
schön drucken v	perfect v	Schwertfalzmaschine nf	knife folder n
Schön- und Wider- druckmaschine nf	perfector n	Seefracht nf	seafreight n
Schöndruckseite nf	tone n	Seite nf	page n
schöngedruckt adj	perfected adj	Seite mit halber Höhe nf	dropped head n
Schreibmaschine nf	typewriter n	Seitenabzug nm	page proof n
Schreibpapier nn	writing paper n	Seitenformat nf	page size n
Schreibsatz nm	strike-on composition n; typewriter composition n	Seitenkopf nm	head n
Schrift nf	font n; type n	Seitenmontage nf	area make-up n
Schrift(art) nf	face n	Seitenpaar nn	centrespread n
Schriftart nf	typeface n	Seitenumbruch nm	area make-up n; page make-up n; pagination n
Schriftbild nn	typeface n	Seitenumfang nm	pagination n
Schriftfamilie nf	type family n		
schriftgesetzt adj	typeset adj		
Schriftgröße nf	typesize n		
Schrifthöhe nf	type height n		

German	English
Seitenumkehr nf	lateral reversal n
seitenverkehrt adj	wrong-reading adj
Seitenzahl nf	folio n
seitlich binden v	side-sew v
seitlich gebunden adj	side-sewn adj
seitlich geheftet adj	side-sewn adj
seitlich heften v	side-sew v
selbstklebend adj	self-adhesive adj
Selbstschutzblätter nn	self ends n
Semikolon nn	semi-colon n
senkrecht adj	upright adj
Serif nm	serif n
serifenlose (Linear-) Antiqua nf	sans serif n
setzen v	compose v
Setzen nn	composition n; typesetting n
setzen v	set v
Setzer nm	compositor n
Sicherheitsdruck nm	security printing n
Sicherheitspapier nn	security paper n
Sichthilfe nf	visual n
Sieb nn	screen n
Siebdruck nm	screen printing n; silk-screen printing n
Siebseite nf	wire side n
Signatur nf	signature n
Silbentrennlogik nf	hyphenation logic n
Silberimitation nf	imitation silver n
Skalendrucke npl	progressive proofs n
Skalenfarben npl	process colour n; process inks n
skalieren v	scale v
Skalierung nn	scaling n
Skizze nf	rough n
Software nf	software n
Solo- prefix	off-line adj; stand-alone adj
Sonderdruck nm	offprint n
Sonderfarbe nf	special colour n
Sondersortierung nf	special sort n
Sortierung nf	sort n
Spanholz nn	chipboard n
Spanplatte nf	chipboard n
Spationieren nf	letterspacing n
spationiert adj	letterspaced adj
Spatium nn	space n
Speicher nm	memory n
Sperren nn	letterspacing n
Spezifikation nf	specification n
Spiralheftung nf	spiral binding n
Spitzlichter npl	highlights n
Spotretusche nf	spotting n
Sprache nf	language n
Sprengschnitt nm	sprinkled edges n
Spule nf	reel n
Stahlstich nm	die stamping n
Stand nm	lay n; register n
Steg nm	gutter n
Steifleinen nn	buckram n
stempeln v	stamp v
Stempeln nn	stamping n
Stereotype nf	stereotype n
Sternchen nn	asterisk n
Stimmeneingabe nf	voice input n
Stoff nm	pulp n; stock n
Strafklausel nf	penalty clause n
Strich nm	coating n; line n
Strich für Strich adj	line for line adj
Strich- und Ton-Kombination nf	line and tone combination n
Strichabbildung nf	line illustration n
Strichabzug nm	line copy n
Strichklischee nn	line block n
Strichkode nm	bar code n
Strichstärke nf	weight n
Strichvorlage nf	line artwork n
Strichzeichnung nf	line drawing n
Strohkarton nm	strawboard n
Such- und Austausch-Routine nf	search and replace routine n
Sulphitpulpe nf	sulphite pulp n
Synopse nf	synopsis n
System nn	system n
Tagesleuchtfarbe nf	fluorescent ink n
Tantieme nf	royalty n
Taschenbuch nn	paperback n; pocket book n
Taschenfalzmaschine nf	buckle folder n
Tastatur nf	keyboard n
Taste nf	key n
Tastenanschlag nm	keystroke n; keystroking n
Tastenreihe nf	keyline n
Taster nm	keyboard operator n
Tastzirkel nm	caliper n
Telekommunikation nf	telecommunications n
Termin nm	deadline n

Terminal *nn*	terminal *n*	Überdruck *nm*	overprint *v*
Territorium *nn*	territory *n*	Übersatz *nm*	overmatter *n*
Tetxsatz *nm*	textmatter *n*	Überschrift *nf*	heading *n*; headline *n*; shoulder head *n*
Text *nm*	copy *n*; text *n*		
Textbuch *nn*	textbook *n*	Überschrift über der gesamte Spaltenbreite *nf*	cross-head *n*
Texteinpassen *nn*	copyfitting *n*		
Textfläche *nf*	text area *n*		
Textpapier *nn*	text paper *n*	Überschuß	overs *n*
Textsatz *nm*	body matter *n*	Übervorrat *nm*	overstocks *n*
Textseiten *nf*	text pages *n*	Überzug außerhalb der Maschine *nm*	off-machine coating *n*
Textverarbeitungsanlage *nf*	word processor *n*		
		Überzug innerhalb der Maschine *nm*	on-machine coating *n*
Textvorbereitung *nf*	copy preparation *n*		
Thermografie *nf*	thermography *n*	Ultraviolett-Trocknung *nf*	ultra-violet drying *n*
Tiefdruck *nm*	gravure printing *n*		
tiefstehender Buchstabe *nm*	inferior *n*	umbrechen *v*	compose *v*; paginate *v*
		Umbruch *nm*	make-up *n*
tiefstehender Index *nm*	subscripts *n*	Umbruchsterminal *nn*	area make-up terminal *n*; make-up terminal *n*
Tintenstrahldruck *nm*	ink-jet printing *n*		
Tintenstrahldrucker *nm*	ink-jet printer *n*	Umfangsberechnung *nf*	character count *n*
		Umkehrfilm *nm*	reversal film *n*
Titel *nm*	title *n*	Umkehrrasterbild *nn*	invert halftone *n*
Titelbild *nn*	frontispiece *n*	Umlautzeichen *nn*	diaeresis *n*
Titelblatt *nm*	frontispiece *n*	Umsatz *nm*	resetting *n*
Titelbogen *nm*	prelims *n*	Umschlag *nm*	cover *n*; envelope *n*
Titelbuchstaben *nm*	display face *n*	umsetzen *v*	reset *v*
Titelkopf *nm*	heading *n*	umstellen *v*	transpose *v*
Titelrückseite *nf*	title verso *n*	Umweltschutzpapier *nn*	recycled paper *n*
Titelseite *nf*	title page *n*		
Toleranz *nf*	tolerance *n*	unabhangig *adj*	stand-alone *adj*
Ton *nm*	tone *n*	unbedruckte Seite *nf*	blank page *n*
Tonwertzunahme *nf*	dot gain *n*	unbeschnittenes Format *nn*	untrimmed size *n*
Totspeicher *nm*	read only-memory *n*		
Transport *nm*	transport *n*	Unbuntfarbsatz *nm*	achromatic separation *n*
Transport, Versicherung, Fracht	cif *abbrev*	Undurchsichtigkeit *nf*	opacity *n*
		Und-Zeichen *nn*	ampersand *n*
Trema *nn*	diaeresis *n*	ungeheftet *adj*	unsewn *adj*
Trennfuge *nf*	discretionary hyphen *n*	ungeheftete Bindung *nf*	unsewn binding *n*
Trennung *nf*	separation *n*		
Trichterfalzapparat *nm*	former folder *n*	ungerade Seiten *npl*	odd pages *n*
Trimetalldruckplatte *nf*	trimetal plate *n*	ungestrichenes Papier *nn*	uncoated paper *n*
Trockenaggregat *nn*	drier *n*		
Trockenoffset *nm*	dry offset *n*	unterbelichtet *adj*	underexposed *adj*
Trockner *nm*	drier *n*	unterer Seitenrand *nm*	foot margin *n*
Trocknung *nf*	drying *n*	Unterfarbenbeseitigung *nf*	undercolour removal *n*
Typografie *nf*	typography *n*		
Typoskript *nn*	typescript *n*	Unterlänge *nf*	descender *n*
Überarbeitung des Textes *nf*	copy editing *n*	Unterrand *n*	tail margin *n*
		Unterrandeinband *nm*	tailband *n*
überbelichtet *adj*	overexposed *adj*	Unterrubrik *nf*	subheading *n*

German	English
Unterschläge nm	tails n
Unterseite nf	wire side n
unterstreichen v	underline v
Untertitel nm	subheading n; subtitle n
Urheberrecht nn	copyright n
Velinpapier nn	wove n
Verbreitung nf	circulation n
Verdunstung nf	evaporation n
vergoldet adj	gilt adj
Vergoldung nf	gilding n
vergriffen adj	out of print adj; out of stock adj
vergrößern v	enlarge v; blow up v
Vergroßern nn	scaling n; enlargement
Vergrößerung nf	blow-up n; enlargement n
Verkauf nm	sales n
Verkauf per Postbestellung nm	mail-order selling n
verkaufen v	sell v
Verkäufer nm	sales rep n; seller n
Verkaufsdirektor nm	sales director n
Verkaufsrepräsentant nm	sales rep n
Verkaufsvertreter nm	sales rep n
Verkehr nm	transport n
Verkleinern nn	reduction
Verkleinerung nf	reduction n
Verlag nm	publisher n
Verlagshaus nn	publishing company n
Verlagsleiter nm	publishing director n
Verlagsrecht nn	copyright n
Verlagsvertrag nm	author's agreement n; author's contract n
Verlagswesen nn	publishing n
verlegen v	publish v
Verleger nm	publisher n
Vermaßen nn	scaling n
veröffentlichen v	publish v
Veröffentlichung nf	publication n
Veröffentlichungsprogramm nn	publication programme n
Verpacken nn	packing n; wrapping n
verpackt adj	packed adj
Verpackung nf	package n; wrapping n
Verpackung in Container nf	containerisation n
Verpackungshinweise npl	packing instructions n
verringern v	reduce v
verringert adj	reduced adj
Verringerung nf	reduction n
Versalhöhe nf	cap height n
Versalien npl	caps n; upper case n
Versand nm	distribution n; shipping n
Versandanweisungen npl	shipping instructions n
Versandhauskatalog nm	mail order catalogue n
Versicherung nf	insurance n
Versicherungsanspruch nm	insurance claim n
Versicherungspolice nf	insurance policy n
vertikale Ausschluß nm	vertical justification n
Vertrag nm	agreement n; contract n
Vertrag ausschließlich Tantiemen nm	royalty-exclusive agreement n
Vertrag einschließlich Tantiemen nm	royalty-inclusive agreement n
Vertrieb nm	distribution n; sales n
Vertriebsdirektor nm	sales director n
Vertriebsfirma nf	distributer n
Vertriebskosten npl	distribution costs n
Vertriebszentrum nn	distribution centre n
Vervielfältigungsrecht nn	copyright n; reproduction rights n
Verweis nm	reference n
Verzeichnis nn	directory n
Verzeichnis der Druckfehler nn	corrigenda n
Verzeichnisverlag nm	directory publishing n
verziert adj	ornamented adj
Video nn	video n
Videobildschirmgerät nn	VDT abbrev
Videokassette nf	video cassette n
Vierfarbdruck nm	four-colour printing n
Vierfarbfilme nm	four-colour films n
Vierfarbmaschine nf	four-colour machine n
Vierfarbscheidungen npl	four-colour separations n
Vokabular nn	vocabulary n
volleingebunden adj	fullbound adj
vollständiger Schriftsatz nm	font n
voluminös adj	bulky adj
Voranschlag nm	estimate n
Vorausexemplar nn	advance copy n

vorbeschichtete Druckplatte *nf*	presensitised plate *n*
Vorderschnitt *nm*	fore-edge *n*
Vorderseite *nf*	recto *n*
Vorderseite lesend *adj*	right-reading *adj*
Vorderseite lesend Schichtseite oben *adj*	right-reading emulsion-side up *adj*
Vorderseite lesend Schichtseite unten *adj*	right-reading emulsion-side down *adj*
Vorhersage *nf*	forecast *n*
Vorlage *nf*	art *n* (US); artwork *n*; copy *n*; original *n*
Vorrat *nm*	stock *n*
Vorrichtung *nf*	appliance *n*
Vorsatz *nm*	endpapers *n*
Vorsatzblatt *nn*	flyleaf *n*
Vorsatzblätter *npl*	endpapers *n*
Vorsatzpapiere *npl*	endmatter *n*
Vorschuß *nm*	advance *n*
Vorschuß gegen Honorar *nm*	advance against royalties *n*
Vorwort *nn*	foreword *n*; preface *n*
Warenzeichen *nn*	trademark *n*
warmgeschliffener Holzschliff *nm*	thermo-mechanical pulp *n*
Wasserzeichen *nn*	watermark *n*
Wasserzeichenwalze *nf*	dandy roll *n*
Wechsel *nm*	bill of exchange *n*
Weichholzschliff *nm*	softwood pulp *n*
Weichpunktnegative *npl*	soft-dot negatives *n*
Weichpunktpositive *npl*	soft-dot positives *n*
weiß *adj*	white *adj*
Weißdruck *nm*	blind embossing *n*
Werbeagentur *nf*	advertising agency *n*
Werbekampagne *nf*	promotion campaign *n*; publicity campaign *n*
Werbeleiter *nm*	publicity director *n*
Werbung *nf*	advertising *n*; promotion *n*; publicity *n*
Werkdruck *nm*	book work *n*
Widerdruckseite *nf*	verso *n*
Widmung *nf*	dedication *n*
Widmungsseite *nf*	dedication page *n*
wiederabdrucken *v*	reprint *v*
Wiedergabe *nf*	reproduction *n*
willkürlicher Zugriff *nm*	random access *n*
wissenschaftliche Bücher *npl*	academic books *n*
wissenschaftlicher Verlag *nm*	academic publishing *n*
Wort *nn*	word *n*
Wörterbuch *nn*	dictionary *n*
Wörterbuchverlag *nm*	dictionary publishing *n*
Wortschatz *nm*	vocabulary *n*
Worttrennung *nf*	hyphenation *n*
Worttrennung und Justierung *nf*	hyphenation and justification *n*
Worttrennungslogik *nf*	hyphenation logic *n*
Wortzwischenraum *nm*	wordspace *n*
Wurfsendung *nf*	mailshot *n*
Zahlung *nf*	payment *n*
Zahlungsbedingungen *nf*	payment terms *n*
Zeichen *nm*	character *n*
Zeichenband *nn*	book mark *n*
Zeichenerkennung *nf*	character recognition *n*
Zeichenerklärung *nf*	legend *n*
Zeichenpapier *nn*	cartridge *n*
Zeichensatz *nm*	character set *n*
Zeichensetzung *nf*	punctuation *n*
Zeichnung *nf*	drawing *n*
Zeile *nf*	line *n*
Zeilenabstand *nm*	interline spacing *n*; line spacing *n*
Zeilenbreite *nf*	measure *n*
Zeilendrucker *nm*	line printer *n*
Zeilenlänge *nf*	line length *n*
Zeitplan *nm*	schedule *n*
Zeitschrift *nf*	journal *n*; magazine *n*; periodical *n*
Zeitung *nf*	newspaper *n*
Zeitungsausschnitt *nm*	press cutting *n*
Zeitungsdruckpapier *nn*	newsprint *n*
Zeitungsrotationsmaschine *nf*	newspaper press *n*
Zellstoff *nm*	chemical pulp *n*
Zentralrechner *nm*	CPU *abbrev*
zentrieren *v*	centre *v*
zentriert *adj*	centred *adj*
Zickzackfalz *nm*	concertina fold *n*
Zielort *nm*	destination *n*
Zierleiste *nf*	border *n*
Ziffer *nf*	numeral *n*
Ziffern *npl*	figs *n*; figures *n*
Zinkätzung *nf*	zinco *n*

German	English
Zinkklischee nn	zinco n
Zirkumflex(akzent) nm	circumflex accent n
Zitate nn	quotes n
Zollabfertigung nf	customs clearance n
Zoom(objektiv) nn	zoom lens n
Zugriff nm	access n
zur Ansicht adj	on approval adj
zur Probe adj	on approval adj
Zurichtung nf	make-ready n
Zusammenfassung nf	synopsis n
zusammengetragen adj	gathered
zusammenrücken v	close up v
zusammentragen v	collate v; gather v
Zusammentragung nf	gathering n
Zusatz nm	supplement n
Zuschußbogen nm	overs n
Zweifarben- prefix	two-colour adj
Zweifarbendruck nm	two-colour printing n
Zweifarbendruckmaschine nf	two-colour machine n
zweifarbig adj	two-colour adj
Zwischenkopie nf	intermediate n
zwischenliniert adj	leaded adj
Zwischenlinierung nf	leading n
Zwischenraum nm	space n
Zwischenraum herausnehmen v	close up v
Zwischentitel nm	chapter head n
Zylinder nm	cylinder n; cylinder press n

Section B *cont*

DUTCH–English

Section B Dutch–English

aan beide zijden bedrukt *adj*	perfected *adj*
aan drie zijden schoongesneden *adj*	trimmed three edges *adj*
aandeel in de opbrengst *n*	royalty *n*
aandelenpapier *n*	security paper *n*
aanhalingstekens *n*	inverted commas *n*; quotation marks *n*
aanhangsel *n*	appendix *n*
aanlegkant van het vel papier *n*	lay edge *n*
aanmaak *n*	making *n*
aanplakbiljettenpapier *n*	poster paper *n*
aanslag *n*	keystroke *n*
aantal gedrukte exemplaren *n*	print run *n*
aanwijzingen *n*	mark-up *n*
aanwijzingen voor verpakking *n*	packing instructions *n*
absorptievermogen *n*	absorbency *n*
accent aigu *n*	acute accent *n*
accent circonflexe *n*	circumflex accent *n*
accent grave *n*	grave accent *n*
accentteken *n*	accent *n*
accoladen *n*	brackets *n*
accreditief *n*	letter of credit *n*
acetaat *n*	acetate *n*
achromatische kleurscheidingen *n*	achromatic separation *n*
achterkant *n*	verso *n*
achterkant titelpagina *n*	title verso *n*
achterzijde *n*	verso *n*
acryl- *adj*	acrylic *adj*
acrylaat- *adj*	acrylic *adj*
adressengids *n*	directory *n*
advertentie *n*	advertisement *n*
advertentie in het huisorgaan *n*	house advertisement *n*
advertentietarieven *n*	advertising rates *n*
af magazijn *adj*	ex-warehouse *adj*
afbeelding *n*	illustration *n*; picture *n*; spread *n*
afbeelding (illustratie) over twee pagina's *n*	double-page spread *n*; double-spread *n*
afbeelding in lijn *n*	line artwork *n*
afbeelding (ontwerp) op omslag *n*	jacket artwork *n*
afbreekprogramma (in de zetmachine) *n*	hyphenation logic *n*
afbrekingsteken *n*	hyphen *n*
afdeling *n*	department *n*; section *n*
afdruk *n*	impression *n*
afdrukken *v*	print *v*
afdrukmachine *n*	printer *n*
affichepapier *n*	poster paper *n*
afgesneden *adj*	trimmed *adj*
afgetast *adj*	scanned *adj*
afkorting *n*	abbreviation *n*
aflevering *n*	issue *n*
afleveringsbestemming *n*	delivery destination *n*
afleveringsdatum *n*	delivery date *n*
afleveringsinstructies *n*	delivery instructions *n*
aflopende pagina *n*	bled page *n*
afmetingen *n*	dimensions *n*
afmetingen van een vel papier *n*	sheet size *n*
afnemer *n*	client *n*
afschuring *n*	abrasion *n*
afsnee *n*	cut-off *n*
afsnijden *v*	crop *v*; trim *v*
afstellen *n*	setting *n*
aftasten *v*	scan *v*
aftasten *n*	scanning *n*
aftaster *n*	scanner *n*
afwerking *n*	finishing *n*
afzonderlijk *adj*	off-line *adj*
agent *n*	agent *n*
akoestisch koppelmechanisme *n*	acoustic coupler *n*
alfabet *n*	alphabet *n*
alfanumeriek *adj*	alphanumeric *adj*
alfanumerieke sortering *n*	alphanumeric sort *n*
algemene boeken *n*	general books *n*
alinea *n*	paragraph *n*
alle rechten voorbehouden	all rights reserved
analoge computer *n*	analogue computer *n*
anilinedruk *n*	flexography *n*
antismetaspray *n*	anti set-off spray *n*
antwoordtijd *n*	response time *n*

apostrof n	apostrophe n	begin van alinea n	paragraph opening n
apparaat n	appliance n	begroting	budget n
apparatuur n	hardware n	bekleed adj	packed adj
appendix n	addendum n; appendix n	beknopte uitgave n	abridged edition n
arabische cijfers n	arabic figures n	belangrijkste zijde n	face n
archief n	archive n	beletselteken n	ellipsis n
archiveren n	archiving n	belettering met transfers n	transfer lettering n
asgehalte n	ash content n		
asterisk n	asterisk n	belettering op de rug n	spine lettering n
augustijn n	cicero n	belichting n	exposure n
auteur n	author n	belichtings-unit van een zetmachine n	photounit n
auteursagent n	author's agent n		
auteurscontract/ overeenkomst n	author's contract n	beperkte oplage n	limited edition n
		beraming n	forecast n
auteurscorrecties n	author's corrections n	berekening van de omvang n	copyfitting n
auteursovereenkomst/ contract n	author's agreement n		
		besteekbandje n	headband n
auteursrecht n	copyright n	bestelling n	order n
auteursrechtaanduiding n	copyright notice n	bestemming n	destination n
		besturingsorgaan n	black box n
auteursroyalties n	author's royalties n	betaling n	payment n
auteurswijziging n	AA abbrev	betalingsvoorwaarden n	payment terms n
auteurswijzigingen n	author's alterations n		
autobiografie n	autobiography n	bewijsmateriaal n	documentation n
auto-lijncliché n	combination line and tone n; line and tone combination n	bibliografie n	bibliography n
		bibliografische pagina n	bibliography page n
auto-lijncombinatie n	combination line and tone n	bibliothecaresse n	librarian n
		bibliothecaris n	librarian n
	automatic adj	bibliotheek n	library n
(automatische) gegevensverwerking n	data processing n	bibliotheekleverancier n	library supplier n
		bijbeldrukpapier n	india paper n
automatische paginering n	automatic pagination n	bijbelpapier n	bible paper n
		bijlage n	insert n; inset n
automatische woordafbreking n	automatic hyphenation n	bijschrift n	legend n
		bijschrift v	underline v
autopositieve film n	autopositive film n	bimetaalplaat n	bimetal plate n
autotypie n	halftone screen n	binair adj	binary adj
background modus n	background mode n	binair cijfer n	bit n
bak n	container n	binair getal n	bit n
band n	binder n; binding n; case n; cover n; tape n	binden v	bind v
		bindersbord n	binding board n
bar code n	bar code n	bindstijl n	binding style n
basispapier n	base paper n	binnen- en buitenvorm apart n	sheetwork n
bedrijf n	company n		
beeld n	image n	binnen- en buitenvorm in één vorm n	half-sheet work n
beeldbuis n	CRT abbrev		
beeldpartij n	image area n	binnenpapier n	base paper n
beeldscherm n	VDT abbrev; screen n	binnenvorm n	inner forme n

203

Section B Dutch–English

Dutch	English
biografie n	biography n
blaadje n	leaflet n
blad n	leaf n
bladspiegel n	inclusive type area n; type area n
bladwijzer n	book mark n
bladzijde n	page n
blanco pagina n	blank page n
blauwdruk n	blueprint n
blindpreging n	blind blocking n; blind embossing n
blindstempeling n	blind blocking n; blind embossing n
blok n	block n
boek n	book n
boekband n	binding n; case n; cover n
boekbespreking n	review n
boekbinden n	book binding n
boekbinder n	binder n; book binder n
boekbinderij n	bindery n; book bindery n
boekbindersbord n	binding board n
boekbinderslinnen n	buckram n; cloth n
boekdruk n	letterpress n
boeken in kassette n	boxed set n
boekenclub n	book club n
boekenmarkt n	book fair n
boekenvak n	book trade n
boekhandel n	bookshop n
boekhandelaar n	bookseller n
boekje n	booklet n
boeklinnen n	cloth n
boekomslag n	book jacket n; jacket n
boekrug n	back n; spine n
boekverkoper n	bookseller n
boekwerk n	book work n
boekwinkel n	bookshop n
boeteclausule in contract n	penalty clause n
bordpapier n	cardboard n
boren n	drilling n
bovenkast n	upper case n
bovenmarge n	head margin n
bovenschrift n	caption n
(bovenste) kapitaalbandje n	headband n
bovenzijde n	felt side n; top-side n
brede letter n	expanded type n
breedlopend adj	short grain
breuk n	fraction n
breukcijfer n	fraction n
brief papier n	letterhead n
briefhoofd n	letterhead n
briefkop n	letterhead n
brocheren v	stitch v
brochering n	stitching n
brochure n	brochure n
bromide n	bromide n
bruin pakpapier n	kraft n
buckram n	buckram n
buitenlandse rechten n	foreign rights n
buitenvorm n	outer forme n
buitenwerk n	outwork n
bundelen n	bundling n
b.v. n	limited company n
byte n	byte n
calculatie n	estimate n
calculator n	estimator n
camera n	camera n
camerascheiding n	camera separation n
carbonpapier n	carbon paper n
cartotheekkarton n	index board n
cashflow n	cashflow n
cassettebandje n	cassette tape n
catalogiseren n	listing n
catalogus n	catalogue n; list n
celstof n	chemical pulp n
centrale verwerkingseenheid n	CPU abbrev
centreren v	centre v
certificaat van oorsprong n	certificate of origin n
chemisch adj	chemac n
cicero n	cicero n
cijfer n	numeral n
cilinder n	cylinder n
cilinderpers n	cylinder press n
citaten n	quotes n
cliché n	block n; plate n
clichéfabricage n	process engraving n
client n	client n; customer n
coating n	coating n
code n	code n
code-conversie n	code conversion n
code-omvormer n	code converter n
code-omzetapparaat n	code converter n
code-omzetting n	code conversion n
coderingssysteem n	coding system n
co-editie n	co-edition n

cognossement *n*	bill of lading *n*	cursieve letter *n*	italic *n*
collationeertekens *n*	black-step collation marks *n*; collating marks *n*	cursor *n*	cursor *n*
		cyaan *adj*	cyan *adj*
		cyaan (blauw) drukinkt *n*	cyan ink *n*
collationeren *v*	collate *v*		
(college) studieboeken *n*	college textbooks *n*	cyrillisch alfabet *n*	Cyrillic alphabet *n*
		dagblad *n*	newspaper *n*
combinatievouwapparaat *n*	combination folder *n*	daisy wheel *n*	daisy wheel *n*
		daisy wheel printer *n*	daisy wheel printer *n*
commissieloon *n*	commission *n*	dandywals *n*	dandy roll *n*
compact disc *n*	compact disc *n*	dankbetuiging *n*	acknowledgements *n*
computer *n*	computer *n*	data *n*	data *n*
computerzetten *n*	computer-assisted typesetting *n*	database (gestructureerde gegevensbank) *n*	database *n*
concept *n*	draft *n*		
conditioneren *n*	conditioning *n*	database uitgeven *n*	database publishing *n*
connossement *n*	bill of lading *n*	datum van uitgave *n*	publication date *n*
consistentie *n*	body *n*	datumregel *n*	date *n*
console *n*	console *n*	decimaal stelsel *n*	metric system *n*
constante *n*	constant *n*	deel *n*	section *n*
contactafdruk *n*	contact print *n*	deeldrukken *n*	progressive proofs *n*
contactdrukker *n*	impact printer *n*	deelnegatieven *n*	separation negatives *n*
contactraster *n*	contact screen *n*	deelpositieven *n*	separation positives *n*
container *n*	container *n*	deelteken *n*	diaeresis *n*
contourtekening *n*	keyline *n*	delaminatie *n*	delamination *n*
contract *n*	contract *n*	densiteit *n*	density *n*
contrast (werking) *n*	contrast *n*	densiteit van de zware partijen (schaduwen) *n*	shadow density *n*
controlecijfer *n*	check digit *n*		
controleren *v*	collate *v*		
conversie van het ene medium in het andere *n*	media conversion *n*	desk-top publishing *n*	desk-top publishing *n*
		detailhandelaar *n*	retailer *n*
		diacritisch (uitspraak aanduidend) teken *n*	diacritical *n*
copyfitting *n*	copyfitting *n*		
corps *n*	body *n*; body size *n*; pica *n*; point size *n*; typesize *n*	diagram *n*	diagram *n*
		diazokopie *n*	diazo print *n*; dyeline print *nf*
correctie *n*	correction *n*	dichtheid *n*	density *n*
correctiekosten *n*	correction costs *n*	Didot-punt *n*	didot point *n*
correctietekens *n*	proof correction marks *n*	diepdruk *n*	gravure printing *n*
		diffusie-overdracht *n*	diffusion transfer *n*
correctietekens van de corrector *n*	proof reader's mark *n*	diftong *n*	diphthong *n*
		digipad *n*	digipad *n*
corrector *n*	proof reader *n*	digitaal signaal *n*	digital signal *n*
corrigenda *n*	corrigenda *n*	digitaal weergeven *v*	digitise *v*
corrigeren *n*	proof reading *n*	digitale aflezing *n*	digital read-out *n*
couche *n*	coating *n*	digitale computer *n*	digital computer *n*
coupure *n*	deletion *n*	dikte van het papier *n*	caliper *n*
courantdruk *n*	newsprint *n*	direct indrogen *n*	direct screening *n*
creditnota *n*	credit note *n*	direct positieve film *n*	autopositive film *n*
cumulatieve index *n*	cumulative index *n*	directe litho *n*	direct litho *n*

205

Dutch	English
directe steendruk n	direct litho n
directeur n	managing director n
direkte toegang n	direct access n; random access n
distributeur n	distributer n; wholesaler n; circulation n; distribution n
distributiecentrum n	distribution centre n
distributiekosten n	distribution costs n
document n	document n
documentatie n	documentation n
doek van de linieermachine n	blanket n
doek-op-doek pers n	blanket-to-blanket perfecting n
doekzijde n	wire side n
doel n	destination n
dood geheugen n	read only-memory n; ROM abbrev
door hitteproces verkregen houtslijp n	thermo-mechanical pulp n
doordrukkosten n	run-on costs n
doorschijnen n	show-through n
doorslaan n	strike-through n
doos n	parcel n; slip case n
douane-afhandeling n	customs clearance n
double-density disc n	double-density disc n
drager n	base paper n
driekleureninkten n	process colour n; process inks n
droge offset(druk) n	dry offset n
droger n	drier n
droging n	drying n
droog offsetprocédé n	dry offset n
drooginstallatie n	drier n
druk n	printing n
drukdoek n	blanket n
drukfout n	corrigenda n; misprint n; pe abbrev
drukfouten n	spoilage n
drukken v	print v
drukken n	printing n
drukken van boekwerken n	book work n
drukken van waardepapieren n	security printing n
drukker n	printer n
drukkerij n	print works n; printing works n
drukkosten n	press costs n
drukletter n	type n
drukpers n	printing machine n
drukplaat n	plate n
drukprocedé	printing processes n
drukproef n	galley proof n; press proof n; proof n
drukproef van boek n	book proof n
druktechniek n	printing processes n
drukvorm n	forme n
drukwerkmakelaar n	print broker n
drukwerkuitbesteder n	print farmer n
dubbele belichting n	double-burn exposure n
dubbele punt n	colon n
duimindex n	thumb index n
duimregister n	thumb index n
dummy n	bulking dummy n; dummy n
dun kunstdruk adj	lwc abbrev
dun kunstdrukpapier n	lightweight coated paper n
dundruk adj	lightweight adj
dundrukpapier n	bible paper n; india paper n; lightweight paper n
duplexreproductie n	duotone n
duplicaat- adj	duplicate adj
duplikaatfilm n	duplicate film n
duplikaatnegatieffilm n	duplicate negative films n
duplikaatnegatieffilm keerzijdelezing emulsiekant boven	duplicate negative films reverse-reading emulsion-side up
duplikaatnegatieffilm voorzijdelezing emulsiekant boven	duplicate negative films right-reading emulsion-side up
duplikaatnegatieffilm voorzijdelezing emulsiekant onder	duplicate negative films right-reading emulsion-side down
duplikaatpositieffilm keerzijdelezing emulsiekant boven	duplicate positive films reverse-reading emulsion-side up
duplikaatpositieffilm keerzijdelezing emulsiekant onder	duplicate positive films reverse-reading emulsion-side down
duplikaatpositieffilm voorzijdelezing emulsiekant boven	duplicate positive films right-reading emulsion-side up
duplikaatpositieffilm voorzijdelezing emulsiekant onder	duplicate positive films right-reading emulsion-side down

duplikaatpositieffilms n	duplicate positive films n	en-teken n	ampersand n
duplikaatnegatieffilm keerzijdelezing emulsiekant onder	duplicate negative films reverse-reading emulsion-side down	enveloppe n	envelope n
		epigraaf n	epigraph n
		epiloog n	epilogue n
dwarsstreepjescode n	bar code n	errata n	corrigenda n
editie n	edition n	errata(lijst) n	errata slip n
	editorial director n	etalagereclame n	display advertisement n
educatief uitgeven n	educational publishing n	etsen van zink n	zinco n
educatieve uitgave n	school textbook n	even pagina's n	even pages n
educatieve uitgeverij n	educational publishing n	expediëren n	freight forwarding n
eenkleurig adj	single-colour adj	expediteur n	freight forwarder n
eenzijdig glad adj	machine glazed adj	export n	export n
eenzijdig kunstdrukpapier n	one-sided art n	exporteur n	exporter n
		exportvergunning n	export licence n
eerste druk n	first edition n; new book n	exportverkoop n	export sales n
		facsimile nk	facsimile n
eerste keus v	perfect v	facsimile-overbrenging n	facsimile transmission n
eerste kwaliteit papier v	perfect v		
		factuur n	invoice n
effectieve barstdruk n	bursting strength n	faktuur voor handelsdoeleinden n	commercial invoice n
effectieve barstweerstand n	bursting strength n		
		fax n	fax n
egoutteur n	dandy roll n	fiatteren adj	passed for press adj
eigenaar n	proprietor n	fictie n	fiction n
eigendomsrecht n	copyright n	film n	film n
elektronenstraalbuis n	cathode ray tube n; CRT abbrev	film uit een stuk n	one-piece film n
		filmmontage n	film assembly n
elektronisch adj	electronic adj	filmopmaak n	film make-up n
elektronisch uitgeven n	electronic publishing n	filmraster n	mechanical tint n
elektronisch zetten n	electronic composition n	filter n	filter n
elektronische post n	electronic mail n	fixeren n	fixing n
elektronische scanner n	electronic scanner n	flap n	flap n
elektrostatisch drukprocédé n	electrostatic printing n	flaptekst n	blurb n
		flexodruk n	flexography n
elkaar verdragend adj	compatible adj	flexografie n	flexography n
ellips n	ellipsis n	floppy disc n	floppy disc n
ellipsvormig adj	oblong adj	fluorescerend adj	fluorescent adj
em n	em n	fluorescerende inkt n	fluorescent ink n
emulsie n	emulsion n	fo(e)lie n	foil n
emulsiezijde n	typeface n	folder n	brochure n; pamphlet n
emulsiezijde naar beneden adj	emulsion-side down adj	folioformaat n	folio n
		fondsresten n	remainder n
emulsiezijde naar boven adj	emulsion-side up adj	font n	font n; fount n
		formaat n	dimensions n; format n; sheet size n
encyclopedie n	encyclopaedia n		
Engels systeem n	imperial system n	formaatbepaling n	scaling n
Engelse rug n	flat back binding n; square back n	formaatberekening n	scaling n
		foto n	photograph n; picture n
enigszins beschadigd papier n	retree n	fotogezet adj	photoset adj; phototypeset adj

Section B Dutch–English

fotograaf n	photographer n
fotografisch zetten n	filmsetting n; phototypesetting n
fotografische zwartplaat n	black printer n
fotokopie n	photocopy n
fotomechanische overdracht n	photomechanical transfer n; PMT abbrev
fotopolymeerplaat n	photopolymer plate n
fototypografie n	photocomposition n
fotozetten n	photosetting n; phototypesetting n
fotozetter n	photosetter n; phototypesetter n
fotozetter met rechtstreekse invoermogelijkheid n	direct-entry photosetter n
fout n	error n
foute looprichting	against the grain
foutieve pagina's verwijderen en vervangen v	cancel n
fragment n	extract n
franco adj	carriage paid adj
Franse titel n	half title n
free-lance n	freelance n
frezen n	mill making n
front-end systeem n	front-end system n
frontispice n	frontispiece n
galeiproef n	galley proof n
garenloos adj	unsewn adj
garenloos gebonden adj	adhesive bound adj
garenloos gebonden n	perfect binding n
garenloos gebonden adj	perfect bound adj
garenloos gebonden n	unsewn binding n
garenloze binding n	adhesive binding n
gebied n	territory n
gebiedsopmaak n	area make-up n
gebiedsopmaakstation n	area make-up terminal n
geblokkeerde letter adj	black adj
gebonden adj	casebound adj; hardbound adj; hardcover adj
gebonden boek n	bound book n; hardback n
gebonden met rechte n	flat back binding n
gebrocheerd adj	stitched adj
gecentreerd adj	centred adj; ranged centre adj
geconditioneerd adj	conditioned adj
gecoucheerd papier n	coated paper n
gedeeltelijk genaaid adj	section-sewn adj
gedrukte copy n	hard copy n
geel adj	yellow adj
geel koper n	brass n
gegevens n	data n
gegevens aanbrengen n	mark-up n
gegevenstransmissie n	data transmission n
geglansd origineel n	glossy art n
gehecht adj	wire-stitched adj
geheel leer of linnen gebonden adj	fullbound adj
(geheel) linnen band n	cloth binding n
geheugen n	memory n; storage n
geïntegreerd adj	integrated adj
geïntegreerd boek n	integrated book n
geïnterlinieerd adj	leaded adj
geïnverteerde halftoon n	invert halftone n
gekleurde zuurbestendige beelden n	coloured tops n
gekoppeld adj	on-line adj
gele inkt n	yellow ink n
gelijk afgesneden adj	cut flush adj
gelijke bewerking n	even working n
gelijkstoten v	knock up v
geluidsband n	tape n
gemarmerd papier n	marbled paper n
gemiddelde letterbreedte n	en n
genaaid adj	sewn adj
genaaid door het plat adj	side-sewn adj
genaaide bindwijze n	sewing n
generisch coderen n	generic coding n
geniet adj	wire-stitched adj
geniet door de rug adj	saddle-stitched adj
geniet door het plat adj	side-stitched adj
geperforeerd adj	perforated adj
geperst adj	embossed adj
gepreegd adj	embossed adj
gerasterd adj	screened adj
gerecycleerd papier n	recycled paper n
geretoucheerd adj	retouched adj
gesatineerd papier n	calendered paper n
gescheiden adj	off-line adj
geschrapte passage n	deletion n
gespatieerd adj	letterspaced adj

gespikkelde sneden n	sprinkled edges n	handboek n	manual n
gesprenkelde sneden n	sprinkled edges n	handbord n	millboard n
gestempeld adj	stamped adj	handdroog worden v	set v
gestreken (gecoucheerd) kardoespapier n	coated cartridge n	handelaar n	dealer n
		handelaar in fondsresten n	remainder merchant n
gestreken papier n	coated paper n	handelsmerk n	trademark n
getypt adj	typewritten adj	handgeschept papier n	hand-made paper n
getypt manuscript n	typescript n	handgeschreven adj	handwritten adj
getypte kopij n	typescript n	handschrift n	handwriting n
geverfde sneden n	coloured edges n	handvergulden n	gilding n
gevergeerd papier n	laid paper n	hard gelijmd adj	hardsized adj
gevouwen en vergaarde vellen n	f & g abbrev	harde-punt negatieven n	hard-dot negatives n
gewicht n	weight n	harde-punt postitieven n	hard-dot positives n
gezet adj	set adj; typeset adj	hardware n	hardware n
glans n	gloss n	harmonika-vouw n	concertina fold n
glanzend origineel n	gloss art n	hechten n	wire-stitching n
glanzende bromide opname model n	glossy bromide n	heelstof n	stock n
		heen-en-weer-gaand adj	coming and going adj
gouden opdruk preeg n	gold blocking n	heet smeltende lijm n	hot-melt n
goudfolie n	gold foil n	helderheid n	brightness n
goudstempel n	gold blocking n	helderheidsfactor n	brightness factor n
grafiek n	diagram n	herdruk n	new edition n; reprint n
grafisch beeldstation n	graphics terminal n	herdrukken v	reprint v
grafisch materiaal n	graphics n	heruitgave n	reissue n
grafisch ontwerp n	graphic design n	het adverteren n	advertising n
grafisch ontwerp studio n	graphic design studio n	het afsnijden n	cropping n
		het blokken n	foil blocking n
grafisch tablet n	graphics tablet n	het fotografisch zetten n	photocomposition n
grafische industrie n	graphic arts n; printing industry n		
		het interliniëren n	leading n
gram- n	substance n	het opzoeken van de afbeeldingen n	picture research n
gramgewicht n	grammage n		
graphics n	graphics n	het persklaar maken n	copy editing n
gratis vervoer	FOB abbrev	het teken & n	ampersand n
grijperkant n	gripper edge n	het uitgeven van wetenschappelijke boeken n	academic publishing n
grijsbord n	binding board n		
groepering n	configuration n		
grondlijn n	base line n	het verwijderen van complementaire kleuren n	complementary colour removal n
grondpapier n	base paper n		
groothandelaar n	wholesaler n		
grootkorpsletter n	display face n	hoes n	slip case n
halfleer gebonden adj	quarter-bound adj	hoeveelheid n	quantity n
halfstof n	pulp n	hoeveelheid papier n	ream n
halftint n	black halftone n; halftone n	hogelicht-dichtheid n	highlight density n
halftoon n	halftone n; h/t abbrev	hogelicht-partijen n	highlights n
halftoonillustratie n	halftone illustration n	hogelicht-punt n	highlight dot n

209

Dutch	English
hollandermaling n	beating n
honorarium n	fee n
hoodstuktitel n	chapter head n
hoofd van rechtenafdeling n	rights director n
hoofdartikel n	feature n; leading article n
hoofdletter n	capital letter n
hoofdletters n	caps n
hoofdletters over meer regels n	drop caps n
hoofdregel n	running head n
hoofdstuk n	chapter n
hoofstuktitel n	caption n
hoog-contrastrijke partijen n	highlights n
hooggeglansd papier n	supercalendered paper n
hooggesatineerd papier n	supercalendered paper n
houder n	container n
hout n	groundwood n
houtcelstof n	chemical pulp n
houten blad n	groundwood sheet n
houthoudend papier n	mechanical paper n
houtslijp n	mechanical pulp n
houtstof n	mechanical pulp n
houtvrij papier n	woodfree paper n
houtvrije celstof n	woodfree pulp n
huidje n	film n
huis aan huis verkoop n	door-to-door selling n
huiscorrecties n	house corrections n
huisstijl n	house style n
huls n	slip case n
illustratie n	illustration n; picture n
illustratie over twee pagina's n	spread n
illustreren v	illustrate v
imitatie goud n	imitation gold n
imitatie handgeschept adj	mould-made adj
imitatie linnen n	imitation cloth n
imitatie zilver n	imitation silver n
imitatiekunstdruk n	imitation art n
imitatie-reliëfdruk n	thermography n
imitatie-staalstempeldruk n	thermography n
import n	import n
importeren v	import v
importeur n	importer n
importvergunning n	import licence n
impressum n	imprint n
in cijfers zetten v	digitise v
in commissie adj	sale or return adj
in de lijn brengen v	align v; range v
in de lijn staande cijfers n	lining figures n
in halfleren band adj	quarter-bound adj
in het midden plaatsen v	centre v
in leer gebonden adj	leatherbound adj
in lijn brengen met raster n	base alignment n
in linnen band adj	cloth bound adj
(in) linnen gebonden adj	cloth bound adj
in opdracht uitgeven n	on-demand publishing n
in plastic verpakken n	shrink-wrapping n
indeling n	format n; lay n; layout n
indelingsvel n	flatplan n
index n	index n
indirect indrogen n	indirect screening n
inferieure letter n	subscripts n
informatie n	data n; information n
informatieoverdracht n	data transmission n
infrarood-droging n	infra-red drying n
ingang n	input n
ingeplakte copy n	paste-up n
ingeplakte illustratie n	tip-in n
ingeplakte plaat n	tip-in n
inhoud n	contents n
inhoudsopgave n	contents n; contents page n
inkt n	ink n
inkt overzetten n	ink set-off n
inkt slijtage n	ink rub n
inkt-jet drukken n	ink-jet printing n
inkt-jet printer n	ink-jet printer n
inlas(sing) n	insert n
inlegapparaat n	feeder n
inlegmechanisme n	feeder n
inlegvel n	inset n
inleiding n	introduction n
inlopen v	close up v
inschiet n	overs n
inschietvellen n	overs n
inslaan v	impose v
inslag n	imposition n
inslagblauwdruk n	imposed blueprint n
inslagproef n	imposed proof n

inslagschema *n*	imposition scheme *n*
inspringen *n*	indent *n*
instelkosten (van de drukpers) *n*	pre-press costs *n*
instrument *n*	appliance *n*
integraalband *n*	self cover *n*
integraal-schutbladen *n*	self ends *n*
intekening *n*	subscription *n*
interactieve pagina-opmaak *n*	interactive page make-up *n*
interlinie *n*	interline spacing *n*
interpunctie *n*	punctuation *n*
interpunctieteken *n*	period *n* (US)
introductie *n*	preface *n*
invoegen van graphics (figuren) *n*	graphics insertion *n*
invoer *n*	import *n*
ivoorkarton *n*	ivory board *n*
jaarboek *n*	yearbook *n*
journalist *n*	journalist *n*
kader *n*	border *n*
kalfsleer *n*	calf *n*
kalligrafie *n*	calligraphy *n*
kantoorbenodigdheden *n*	stationery *n*
kaolien *n*	china clay *n*
kapitaal *n*	capital letter *n*
kapitaal met klein kapitaal	c & sc *abbrev*
kapitaalhoogte *n*	cap height *n*
kapitalen *n*	caps *n*
kardoes *n*	cartridge *n*
kardoespapier *n*	cartridge *n*
karton *n*	board *n*; cardboard *n*
(kartonnen) doos *n*	carton *n*
kas *n*	broke *n*
kas(gelden)stroom *n*	cashflow *n*
kastfout *n*	wf *abbrev*
kastlijntje *n*	dash *n*
katern *n*	signature *n*
kathodestraalbuis *n*	cathode ray tube *n*; CRT *abbrev*
keervorm *n*	half-sheet work *n*
keren *n*	half-sheet work *n*
kettingpapier *n*	continuous stationery *n*
kilobyte *n*	kilobyte *n*
kinderboeken *n*	children's books *n*
klant *n*	client *n*; customer *n*
klassieke strijkmethode *n*	off-machine coating *n*
klein kapitaal *n*	sc *abbrev*
klein kapitaal met kapitaal	c & sc *abbrev*
kleine annonces *n*	classified ads *n*
kleinoffset *n*	small offset *n*
kleur *n*	colour *n*
kleurcorrectie *n*	colour correction *n*
kleurdeelnegatieven *n*	colour separation negatives *n*
kleurdeelpositieven *n*	colour separation positives *n*
kleurdiapositief *n*	colour transparency *n*
kleurendia *n*	colour transparency *n*
kleurenset *n*	colour set *n*
kleurenstroken *n*	colour bars *n*
kleurscheiding *n*	colour separation *n*; separation *n*
kleurstof *n*	dye *n*; pigment *n*
kleurvlakje *n*	colour swatch *n*
kleurzweem *n*	colour cast *n*
kleven van folie *n*	foil blocking *n*
klimatiseren *n*	conditioning *n*
knippen en plakken *n*	cut-and-paste *n*
kogelschrijfmachine *n*	golf ball typewriter *n*
kolom *n*	column *n*
kolombreedte *n*	line length *n*
komma *n*	comma *n*
komma-punt *n*	semi-colon *n*
kop *n*	head *n*
kopen *n*	buy *v*
koper *n*	brass *n*
koperdiepdruk *n*	gravure printing *n*
kopieën *n*	copies *n*
kopieermachine *n*	step-and-repeat machine *n*
kopieerpapier *n*	copier paper *n*
kopij *n*	copy *n*
kopijvoorbereiding *n*	copy preparation *n*
kopmarge *n*	head margin *n*
koppelteken *n*	hyphen *n*
kopregel *n*	headline *n*; running head *n*
kopwit *n*	head *n*
korte inhoud *n*	synopsis *n*
korte inleiding onder de kop *n*	heading *n*
korting *n*	discount *n*
kosten *n*	charge *n*; costs *n*
kosten, verzekering, vracht *n*	cif *abbrev*

Section B Dutch–English

koudsmeltlijm n	cold melt adhesive n	letterdrager zetspiegel n	grid n
kraftpapier n	kraft n		
krant n	newspaper n	letterfamilie n	family n; type family n
(krante)knipsel n	press cutting n	lettergrootte n	body size n; point size n; typesize n
krantenpapier n	newsprint n		
krantenrotatiepers n	newspaper press n	letterhoogte n	type height n
krediet n	credit n	letterlijn n	base line n
kredietbrief n	letter of credit n	lettermetaal n	type metal n
kruisje n	dagger n	letterraster n	grid n
kruiskop n	cross-head n	lettersoort n	family n; type family n
kruisverwijzing n	cross reference n	letterspijs n	type metal n
kruiswit n	gutter n	letterteken n	character n
kunstdrukkarton n	artboard n	lettertelling n	character count n
kunstdrukpapier n	art paper n; coated paper n	lettertype n	face n
		lettervorm n	forme n
kwaliteitscontrole n	quality control n	letterzetsel n	composition n; type matter n
kwarto n	quarto n		
kwarto-formaat n	quarto n	letterzetten v	compose v
laadbord n	skid n; stillage n	letterzetten met behulp van een computer n	computer-assisted typesetting n
laag n	film n		
laminatie n	lamination n	letterzetter n	compositor n
lamineren n	laminating n	leverancier n	supplier n
langlopend adj	long grain adj	leveringsvoorwaarden n	credit terms n
langwerpig adj	oblong adj		
laser n	laser n	lezer n	reader n
latijns alfabet n	latin alphabet n	licht adj	light adj
layout n	layout n; mock-up n	lichtdoorlatendheid n	transparency n
lector die manuscripten voor uitgever doorleest n	reader n	lichtdruk n	collotype n
		ligatuur n	ligature n
		liggend adj	landscape adj
lees n	read-write capability n	liggend formaat n	landscape format n
leesbaar adj	right-reading adj	liggende illustratie n	landscape illustration n
leesbaar positief voor film adj	reverse-reading emulsion-side down adj; right-reading emulsion-side up adj	lijmen n	sizing n
		lijming n	sizing n
		lijn n	line n
		lijncliché n	line block n
leeslint n	book mark n	lijnende cijfers n	lining figures n
leesteken n	punctuation mark n	lijnillustratie n	line illustration n
legger n	packing n	lijning n	alignment n
lengte van de regel n	line length n	lijnmodel n	line copy n
lensopening n	aperture n	lijntekening n	line copy n; line drawing n
Leporello-vouw n	concertina fold n		
leren band n	leather binding n	lijnwerk n	line copy n
letter n	character n; letter n; type n	lijst van verbeteringen n	corrigenda n
letter voor letter overzetten adj	line for line adj	linker bladzijde n	left-hand page n
		linker pagina's n	even pages n
letterbeeld n	typeface n	links gelijnd adj	ranged left adj
lettercorps n	body n; body size n; point size n; typesize n	links maken n	lateral reversal n
		linnen n	cloth n

literair agent n	literary agent n	mat adj	matt adj
literatuur n	literature n	mat gestreken kardoes n	matt coated cartridge n
litho n	litho n		
litho-voorbereiding n	litho prep n	mate n	extent n
logo(type) n	logotype n	materialen n	materials n
loofhoutcelstof n	hardwood pulp n	matlak n	matt varnish n
loofhoutpulp n	hardwood pulp n	matrijs n	die n; matrix n
looprichting n	grain direction n; machine direction n	matrix n	matrix n
		matte kunstdruk n	matt art n
los blad adj	loose leaf adj	matte laminatie n	matt lamination n
luchtpost n	airmail n	matte vernis n	matt varnish n
luchtvochtigheids-regeling n	dehumidification n	mechanisch lezen n	character recognition n
		medewerker n	contributor n
luchtvracht n	airfreight n	mediaeval-cijfers n	non-lining figures n; old-style figures n
luchtvrachtbrief n	air waybill n		
luchtvrachtkosten n	airfreight costs n	medium adj	medium adj
maat n	dimensions n	meerkleurig adj	multicolour adj
maat v/d aflopende pagina n	bled page size n	meerschijven-leeseenheid n	multidisc reader n
		megabyte n	megabyte n
machinale drukproef n	machine proof n	menggrijsverwijdering n	UCR abbrev
machine n	machine n		
machine woordlengte n	wordspace n	menu-gestuurd adj	menu-driven adj
machinegeschept adj	mould-made adj	messenvouwmachine n	knife folder n
machinegestreken papier adj	machine coated adj	messing n	brass n
		met aangeplakte band binden n	tightback binding n
machineglad adj	machine finished adj; mill finished adj		
		met de hand gebonden n	hand binding n
machinerichting n	grain direction n; machine direction n		
		met de hand gezet n	hand setting n
machinestilstandtijd n	down time n	met de hand vervaardigen van kleurdeelplaten n	keyline n
machinezetten n	machining n		
magazijn n	warehouse n		
magenta adj	magenta adj	met de vezelrichting mee adj	with the grain adj
magenta-inkt n	magenta ink n		
magneetband n	magnetic tape n	met gelijmde rug adj	backlined adj
magnetische band n	magnetic tape n	met rondgezette rug adj	rounded and backed adj
mail-shot (reclamebrief en masse verzenden) n	mailshot n		
		met slappe band adj	limp bound adj
		met soepele band adj	limp bound adj
maling n	beating n	met vellen-inleg adj	sheetfed adj
manilla adj	manila adj	metaalplaat n	metal plate n
manuscript n	copy n; manuscript n	metriek stelsel n	metric system n
marge n	margin n	microcomputer n	microcomputer n
marketing n	marketing n	microfiche n	microfiche n
marktonderzoek n	marketing n	microfilm n	microfilm n
marmerpapier n	marbled paper n	microprocessor n	microprocessor n
masker n	mask n	middelgroot adj	medium adj
maskeren n	masking n		
masker-procedé n	masking n		

Dutch	English
middelste pagina's (hartpagina's) in een katern *n*	centrespread *n*
middenlijn *n*	mean line *n*
middentonen *n*	middle tones *n*
minicomputer *n*	minicomputer *n*
mini-rotatiepers *n*	mini-web *n*
model *n*	bulking dummy *n*; dummy *n*; original *n*; reflection copy *n*
modem *n*	modem *n*
moirépatroon *n*	moiré patterning *n*
monster *n*	specimen *n*; swatch *n*
monster uit de partij *n*	out-turn sheet *n*
monstervel *n*	specimen *n*
montage *n*	assembly *n*; mechanical *n* (US)
montage op opdikkend papier *n*	bulky mechanical *n*
motto (aan begin van hoofdstuk) *n*	epigraph *n*
mozaïekdrukker *n*	dot-matrix printer *n*
muis *n*	mouse *n*
multiplexer *n*	multiplexor *n*
naaien *v*	sew *v*
naaien door het plat *v*	side-sew *v*
naamlijst *n*	directory *n*
nakijken *v*	collate *v*
naschrift *n*	epilogue *n*
naslagboek *n*	reference book *n*
naslagwerk *n*	reference book *n*
natuurkunstdruk *n*	imitation art *n*
nawoord *n*	epilogue *n*
negatief *n*	film negative *n*; negative *n*
negatieffilm *n*	negative film *n*
negatieffilm keerzijdelezing emulsiekant boven	negative films reverse-reading emulsion-side up
negatieffilm keerzijdelezing emulsiekant onder	negative films reverse-reading emulsion-side down
negatieffilm voorzijdelezing emulsiekant boven	negative films right-reading emulsion-side up
negatieffilm voorzijdelezing emulsiekant onder	negative films right-reading emulsion-side down
negatieven uit een stuk *n*	one-piece negatives *n*
netto aflopend pagina-formaat *n*	trimmed bled page size *n*
nevenrechten *n*	subsidiary rights *n*
niet gekoppeld *adj*	off-line *adj*
niet in register *adj*	out of register *adj*
niet in voorraad *adj*	out of stock *adj*
niet op magazijn *adj*	out of stock *adj*
niet passend *adj*	out of register *adj*
niet uitgevuld *adj*	ragged right *adj*; unjustified *adj*
nieten *n*	wire-stitching *n*
nieten door de rug *v*	saddle stitch *v*
nieten door de rug *n*	saddle stitching *n*
nieten door het plat *v*	side-stitch *v*
non fictie *n*	non-fiction *n*
normaalinkten *n*	process colour *n*; process inks *n*
numeroteur *n*	numbering machine *n*
nummer *n*	issue *n*; number *n*
nummermachine *n*	numbering machine *n*
oblong *adj*	landscape *adj*; oblong *adj*
oblong formaat *n*	landscape format *n*
octavo *adj*	octavo *adj*
octavoformaat *adj*	octavo *adj*
offset *n*	offset *n*
offset kardoes *n*	offset cartridge *n*
offset litho *n*	offset litho *n*
offsetdrukker *n*	machine minder *n*
offset-rotatiedruk met cold-set inkt *n*	cold-set web printing *n*
offset-rotatiepers *n*	rotary press *n*
omkeerfilm *n*	autoreversal film *n*; reversal film *n*
omkeren *n*	lateral reversal *n*
omlijsting *n*	border *n*
omslag *n*	cover *n*
omslagkarton *n*	case board *n*
omvang *n*	extent *n*
omvang berekenen *v*	cast off *n*
omzetter voor conversie van verschillende media *n*	media converter *n*
onafgesneden formaat *n*	untrimmed size *n*
onder de lijn uithangende cijfers *n*	non-lining figures *n*; old-style figures *n*
onder de regel gedrukte letter *n*	inferior *n*

Dutch	English
onderbelicht adj	underexposed adj
onderkast n	lower case n
onderkast en bovenkast n	ulc abbrev
onderkleur-correctie n	UCR abbrev
onderkleur-retouche n	UCR abbrev
onderlegpapier n	packing n
onderlegsel n	packing n
onderlijn n	base line n
ondermarge n	tail margin n
onderneming n	company n
onderschrift n	legend n
onderschrift v	underline v
onderste besteekbandje n	tailband n
onderste kapitaalbandje n	tailband n
ondertitel n	subtitle n
onderuit hangende cijfers n	old-style figures n; non-lining figures n
onderzijde n	wire side n
ondoorschijnend adj	opaque adj
ondoorschijnendheid n	opacity n
oneven pagina's n	odd pages n
ongecoucheerd papier n	uncoated paper n
ongeoorloofde nadruk n	piracy n
ongerasterd n	continuous tone adj
ongerasterd adj	contone adj
ongerasterde bromideafdruk n	continuous tone bromide n
ongerasterde litho n	screenless litho n
ongestreken n	uncoated paper n
onjuiste (woord-)afbreking n	bad break n
onleesbaar adj	wrong-reading adj
onleesbaar (gespiegeld) adj	reverse-reading adj
onleesbaar positief voor film adj	reverse-reading emulsion-side up adj; right-reading emulsion-side down adj
ontinkten n	deinking n
ontwerp n	design n; draft n; forecast n
ontwerper n	designer n
ontwikkelautomaat n	film processor n
ontwikkelmachine n	film processor n
onvolkomenheid n	imperfection n
op elkaar inwerkend adj	interactive adj
op identieke wijze overzetten adj	line for line adj
op maat gesneden adj	guillotine trimmed adj
op maat voor publikatie n	appearing size n
op paginaformaat afgesneden adj	trimmed page size n
op pallets gestapeld adj	palletised adj
op pallets stapelen v	palletise v
op zicht adj	on approval adj
op zichzelf staand adj	stand-alone adj
opaak adj	opaque adj
opaciteit n	opacity n
opalinekarton n	ivory board n
opdikkend adj	bulky adj
opdikkend romandruk velijnpapier n	antique wove n
opdikking n	bulk n
opdikking tussen platten n	bulk between boards n
opdracht n	dedication n
opdrachtgever n	customer n
opdrachtpagina n	dedication page n
opdruk v	overprint v
opening n	opening n
oplaag n	circulation n; impression n; issue n; print run n
opmaak n	editing n; layout n; make-up n; mock-up n
opmaakterminal n	editing terminal n; make-up terminal n
opmaken v	edit v
opmaken n	editing n
opname n	exposure n
opname gerede ingeplakte kopij n	CRPU abbrev
opname gereed tekenwerk n	CRC abbrev
opnieuw zetten v	reset v
opnieuw zetten n	resetting n
oppervlak n	surface n
oppervlakte n	area n
opschrift n	epigraph n
opslag n	storage n
opslagorgaan n	memory n
opstoten v	knock up v
optisch herkennen van tekens n	OCR abbrev

Section B Dutch–English

optisch lezen n	optical character recognition n	papiergroothandelaar n	paper merchant n
optische letterherkenning n	optical character recognition n	papiermachine n	papermaking machine n
opzichtmodel n	art n (US); artwork n; reflection copy n	papierrol n	reel n
		papiersnijmachine n	guillotine n
origineel n	original n	parallelvouw n	parallel fold n
originele tekening n	art n (US)	parenthesen n	parenthesis n
originele tekening n	artwork n	partij n	area n
overbelicht adj	overexposed adj	paskruizen n	register marks n
overdruk n	offprint n	pasmerken n	register marks n
overeenkomst n	agreement n; contract n	passage n	extract n
overeenkomst exclusief royalties n	royalty-exclusive agreement n	passen n	fit n
		p.c. n	personal computer n
overeenkomst inclusief royalties n	royalty-inclusive agreement n	perforatie n	perforating n
		perforeren v	perforate v
overlijdenskruisje n	dagger n	periodiek (tijdschrift) n	periodical n
overlijmpapier n	backlining n	pers n	press n
overvellen n	overs n	pH-waarde n	pH value n
overzetten v	reset v	pica n	pica n
overzetten n	set-off n	pigment n	dye n; pigment n
oxydatie n	oxidation n	plaatcylinder n	plate cylinder n
ozalid n	ozalid n	plaatsen v	range v
pagina n	page n	plaatvervaardiging n	platemaking n
pagina opmaak n	page make-up n	plagiaat n	piracy n
pagina van halve hoogte n	dropped head n	plagiator n	pirate n
		plakletters n	dry-transfer lettering n
pagina-afmeting n	page size n	planning n	planning n
paginakop n	head n	plastic n	plastic n
paginanummer n	folio n	plastic cliché	plastic plate n
pagina-oppervlakte n	page area n	plastic styp	plastic plate n
paginaproef n	page proof n	plat werk n	textmatter n
pagina's achter in een boek n	endmatter n	plat zetsel n	body matter n; textmatter n
paginaspiegel n	type area n	platte tekst n	body matter n
pagineren v	paginate v	plooi n	crease n
paginering n	pagination n	plukken n	picking n
pakket n	package n	pocket n	pocket book n
pallet n	pallet n	pocketboek n	massmarket paperback n
pamflet n	leaflet n; pamphlet n	polychroom adj	multicolour adj
paperback n	paperback n	ponsbandponser n	paper tape n
papier n	paper n; stock n	porseleinaarde n	china clay n
papier met gegoten glanslaag n	cast coated paper n	porto n	postage costs n
		portvrij adj	carriage paid adj
papierbaan n	web n	positief n	film positive n
papierbandponser n	paper tape n	positief adj	positive adj
papierdikte n	caliper n	positieffilm n	positive film n
papieren offsetplaat n	paper plate n	positieffilm keerzijdelezing emulsiekant boven	positive films reverse-reading emulsion-side up
papierfabricage n	papermaking n		
papierfabriek n	paper mill n		

positieffilm keerzijdelezing emulsiekant onder	positive films reverse-reading emulsion-side down
positieffilm voorzijdelezing emulsiekant boven	positive films right-reading emulsion side-up
positieffilm voorzijdelezing emulsiekant onder	positive films right-reading emulsion-side down
positieven uit een stuk n	one-piece positives n
postorder n	mail order n
postordercatalogus n	mail order catalogue n
postorderverkoop n	mail-order selling n
prachtband n	coffee-table book n
preeg n	embossing n
pregen v	emboss v
preging n	embossing n
presseur n	impression cylinder n
prijs n	charge n; price n
prijsberekening n	estimate n
primaire kleuren n	primary colours n
productie n	production n
productieafdeling n	production department n
productieleider n	production director n
produktie n	origination n
proef n	proof n
pro-forma factuur n	pro forma invoice n
programma n	menu n; program n; schedule n; software n
promotie n	promotion n
promotiecampagne n	promotion campaign n
prospectus n	brochure n
provisie n	commission n
publicatie n	publication n
publiceren v	publish v
publiciteit n	publicity n
publiciteitscampagne n	publicity campaign n
publiciteitsdirecteur n	publicity director n
pulp n	pulp n
punt n	full point n; full stop n; period n (US); point n
punt voor punt adj	dot-for-dot adj
puntetsing n	dot etching n
punt-komma n	semi-colon n
puntverbreding n	dot gain n
rakelstrijkprocedé n	blade-coating n
ramsj n	remainder n
rand n	border n; edge n
raster n	halftone screen n; raster n
rasterbromide n	screened bromide n
rasterfijnheid n	screen ruling n
rasterhoek n	screen angle n
rasternegatief n	halftone negative n; screened negative n
rasterpositief n	halftone positive n; screened positive n
rasterpunt n	dot n
rasterwijdte n	screen ruling n
recensent n	reviewer n
recensie n	review n
recensie-exemplaar n	review copy n
rechstreekse toegang n	random access n
recht van retour adj	sale or return adj
rechte rug n	square back n
rechten n	rights n
rechter pagina's n	odd pages n
rechts n	lateral reversal n
rechts gelijnd adj	ranged right adj
rechts lijnen, links lijnen adj	flush left, flush right adj
(rechts)geldigheid n	validity n
rechtstreekse toegang n	direct access n
reclame n	advertising n; promotion n
reclamebureau n	advertising agency n
redakteur n	editor n; sub-editor n
redaktie n	editorial department n; sub-editing n
redaktiekosten n	editorial costs n
redigeren v	edit v
reductie n	reduction n
regelbreedte n	line length n; measure n
regeldrukker n	line printer n
regelen n	setting n
register n	index n; register n
registermerken n	register marks n
registersysteem met paspennen n	pin register system n
rekenmachine n	analogue computer n
relatieve vochtigheidsgraad n	relative humidity n
reliëfdruk n	die stamping n
repro n	repro n
repro-afdeling n	repro department n
reproductie naar een vergroot gerasterd model n	blow-up n

217

Section B Dutch–English

reproductiecamera n	process camera n	scala-drukken n	progressive proofs n
reproductierechten n	reproduction rights n	scanned adj	scanned adj
reproduktie n	repro n; reproduction n	scannen v	scan v
reproduktiecamera n	camera n	scannen n	scanning n
reproduktieproef n	reproduction proof n	scanner n	scanner n
repropapier n	repro paper n	schaduwpartijen n	shadows n
retouche n	retouching n	schaduwpunt n	shadow dot n
retoucheerspuit n	airbrush n	schakel n	interface n
retoucheren v	retouch v	schatting n	extent n
retoucheren n	spotting n	schema n	schedule n
riem n	ream n	schepraam n	deckle n
riem- n	substance n	scherm n	screen n
rijk geillustreerd boek n	coffee-table book n	scherpstelling met behulp van een schaal v	scale v
ril n	crease n		
rillijn n	crease n	schets n	design n; draft n; rough n
ringband n	ring binder n		
rol n	reel n	schijf n	disc n
rollen-offsetpers n	rotary press n	schijfaandrijving n	disc drive n
rollenpers n	web press n	schoolboek n	school textbook n
(rollen)rotatiemachine n	web press n	schoondruk- en weerdrukvorm apart n	sheetwork n
rolverpakking n	wrapping n		
roman n	fiction n; novel n	schoondrukvorm n	outer forme n
romanschrijver n	fiction writer n; novelist n	schoon-en weerdrukpers n	perfector n
romeins adj	Roman adj	schoongesneden adj	trimmed adj
romeinse cijfers n	Roman figures n	schoonsnijden v	trim v
ronde haakjes n	parenthesis n	schrappen v	delete v
rotatiemachine n	web offset n	schreef n	serif n
rotatiepers n	web offset n	schreefloze letter n	sans serif n
roterend adj	rotary adj	schrift n	type n
royalty n	royalty n	schriftlezen n	character recognition n
rubber cliché n	rubber plate n	schrifttekenlezen n	character recognition n
rubber styp n	rubber plate n	schrijf geheugen n	read-write capability n
rubberdoekcilinder n	blanket cylinder n	schrijfbehoeften n	stationery n
rubriek n	column n	schrijfmachine n	typewriter n
rubrieksadvertenties n	classified ads n	schrijfmachinezetten n	typewriter composition n
rug n	back n; spine n	schrijfpapier n	writing paper n
rugmarge n	back margin n	schrijver van hoofdartikel n	feature writer n
rugoverlijmpapier n	backlining n		
rugwit n	gutter n	schuld n	charge n
ruimte aan voet van de bladzijde n	foot margin n	schutblad n	flyleaf n
		schutbladen n	endpapers n
ruimte tussen woorden n	wordspace n	sectie van boek n	section n
		sjabloon n	mask n; stencil n
ruimte voor tekst n	text area n	slappe band n	limp binding n
salontafelboek n	coffee-table book n	slecht passen n	misregister n
samenstelling n	configuration n; furnish n	slijtage n	abrasion n

218

sluittijd voor de zetterij n	deadline n	steunkleur n	spot colour n
sluitvignetten n	tails n	stijl van het huis n	house style n
smal lopende letter n	condensed type n	stofomslag n	jacket n
smalle letter n	condensed type n	stok n	ascender n
smeltlaagzetten n	hot metal composition n	stokletter n	ascender n
smoutformaat n	display size n	stopper n	filler advertisement n
smoutletter n	display face n	streep n	line n
smoutzetsel n	display matter n	strijken buiten de papiermachine n	off-machine coating n
snede n	edge n; fore-edge n	strijken op de machine n	on-machine coating n
snee n	fore-edge n		
snelpers n	cylinder press n	strijklaag n	coating n
snijkant n	edge n	strobord n	strawboard n
soepele band n	limp binding n	strokarton n	strawboard n
software n	software n	strokenproef n	galley proof n
sol n	softwood pulp n	studieboek n	textbook n
sorteerzaal n	finishing department n	stuureenheid n	black box n
sortering n	sort n	stuurorgaan n	black box n
spaan(der)plaat n	chipboard n	styp n	stereotype n
spanjolen n	hickey n	sulfaatcelstof n	sulphate pulp n
spatie n	space n	sulfietcelstof n	sulphite pulp n
spatiëren n	line spacing n; letterspace n	superieur adj	superior adj
		superieure letters n	superscript n
spatiëring n	letterspacing n	superieure tekens n	superscript n
speciale kleur n	special colour n	supplement n	supplement n
speciale sortering n	special sort n	synopsis n	synopsis n
specificatie n	specification n	systeem n	system n
spiraalbinding n	spiral binding n	taal n	language n
spraakinvoer n	voice input n	tabellenzetwerk n	tabular material n
springrug n	hollow n	tabelwerk n	tabular material n
(staal)stempeldruk n	die stamping n	tabkaarten n	tab index n
staand adj	portrait adj; upright adj	tarief n	fee n
staand formaat n	portrait format n	tassenvouwapparaat n	buckle folder n
staande illustratie n	portrait illustration n	te grote voorraad n	overstocks n
staart van de letter n	descender n	te kort of te veel afsnijden v	crop v
staartletter n	descender n		
staartmarge n	tail margin n	tegen de vezelrichting	against the grain
stand n	lay n	tegenover elkaar liggende bladzijden n	facing pages n
stansmes n	die n		
stansvorm n	die n	tegoedbon n	credit note n
steendruk n	litho n	teken n	character n
steendrukken n	litho printing n	tekenherkenning n	character recognition n
stel tekens n	character set n	tekening n	drawing n
stellen n	setting n	tekenverzameling n	character set n
stempel n	block n; die n	tekenwerk n	art n (US); artwork n
stempelen n	blocking n; stamping n	tekst n	text n
stempelen v	stamp v	tekst boven een illustratie n	caption n
stempeling n	blocking n; stamping n		
stereotype n	stereotype n	tekst of beeld in een pagina inmonteren v	strip in v
sterretje n	asterisk n		

Section B Dutch–English

Dutch	English
tekst of beeld in een pagina inmonteren *n*	stripping in *n*
tekst op omslag *n*	jacket blurb *n*
tekstdrukpapier *n*	text paper *n*
teksthaken *n*	brackets *n*
tekstpagina's *n*	text pages *n*
tekstverwerker *n*	word processor *n*
telecommunicatie *n*	telecommunications *n*
terminal *n*	terminal *n*
teveel aan zetsel *n*	overmatter *n*
thermodruk *n*	thermography *n*
tiendelig stelsel *n*	metric system *n*
tijdschrift *n*	journal *n*; magazine *n*
(tijds)limiet *n*	deadline *n*
tikker *n*	keyboard operator *n*
titel *n*	title *n*
titelpagina *n*	title page *n*
titelplaat *n*	frontispiece *n*
toegang *n*	access *n*
toegestane afwijking *n*	tolerance *n*
toepassing *n*	application *n*
toepassingssoftware *n*	applications software *n*
toestel *n*	appliance *n*; make-ready *n*
toestemming (rechten) *n*	permissions *n*
toestemming tot afdrukken geven *adj*	passed for press *adj*
toestemming voor afdrukken afbeeldingen *n*	picture permissions *n*
toets *n*	key *n*
toetsaanslag *n*	keystroke *n*
toetsen aanslaan *n*	keystroking *n*
toetsenbord *n*	keyboard *n*
toetsenbordbewerker *n*	keyboard operator *n*
tolerantie *n*	tolerance *n*
toon *n*	tone *n*
tornen *v*	knock up *v*
transparantie *n*	transparency *n*
transport *n*	transport *n*
trechtervouwapparaat *n*	former folder *n*
trema *n*	diaeresis *n*
trimetaalplaat *n*	trimetal plate *n*
tussennegatief *n*	intermediate *n*
tussentitel *n*	subheading *n*
tweede keus *n*	retree *n*
tweeklank *n*	diphthong *n*
tweekleuren- *adj*	two-colour *adj*
tweekleurenpers *n*	two-colour machine *n*
tweekleurenprocédé *n*	two-colour printing *n*
tweekleurig *adj*	two-colour *adj*
typograaf *n*	compositor *n*
typografie *n*	typography *n*
(typografisch) puntenstelsel *n*	point system *n*
uitdekken *n*	spotting *n*
uiterste leverdatum *n*	deadline *n*
uitgave *n*	edition *n*; issue *n*; publication *n*
uitgaveprogramma *n*	publication programme *n*
uitgedekte autotypie *n*	cut-out halftone *n*
uitgespaard *adj*	reversed out *adj*
uitgeven *v*	publish *v*
uitgeven *n*	publishing *n*
uitgeven van adressengidsen (naamlijsten) *n*	directory publishing *n*
uitgeven van algemene boeken *n*	general publishing *n*
uitgeven van romans *n*	fiction publishing *n*
uitgever *n*	managing editor *n*; publisher *n*; publishing director *n*
uitgeverij *n*	publishing company *n*
uitgeversmerk *n*	imprint *n*
uitgevuld *adj*	justified *adj*
uitkapvorm *n*	die *n*
uitklapboek *n*	pop-up book *n*
uitklappagina *n*	gatefold *n*
uitleg *n*	delivery *n*
uitroepteken *n*	exclamation mark *n*
uitschot *n*	broke *n*
uitslaande plaat *n*	fold-out *n*; gatefold *n*;
uitsparen *v*	reverse out *v*
uitval *n*	broke *n*
uitvalmonster *n*	out-turn sheet *n*
uitverkocht *adj*	out of print *adj*
uitvoer *n*	output *n*
uitvullen *v*	justify *v*
uitvullen van een regel *n*	justification *n*
uitwinnen *v*	close up *v*
uitwisselbaarheid *n*	compatibility *n*
uitzonderingswoordenboek *n*	exception dictionary *n*
ultra-violet drogen *n*	ultra-violet drying *n*
valfout *n*	wrong fount *n*
van de rol gedrukt *adj*	web-fed *adj*

van dezelfde afmetingen		vocale invoer	
van dezelfde afmetingen *adj*	same-size *adj*	verplaatsen *v*	transpose *v*
variantie *n*	variation *n*	versierd *adj*	ornamented *adj*
vaste kolom *n*	column *n*	verspreiding *n*	circulation *n*
vel (papier) *n*	sheet *n*	versturen *n*	shipping *n*
velformaat *n*	sheet size *n*; size *n*	vertegenwoordiger *n*	agent *n*; sales rep *n*
velijn *n*	wove *n*	verticale uitvulling *n*	vertical justification *n*
vellenpers *n*	sheetfed machine *n*	vervaardigen *n*	manufacturing *n*
vellenuitleg *n*	delivery *n*	vervoeren per container *n*	containerisation *n*
velletje *n*	film *n*	verwijderen *v*	delete *v*
verantwoording *n*	acknowledgements *n*	verwijderen van complementaire kleuren *n*	CCR *abbrev*
verantwoordingspagina *n*	acknowledgements page *n*		
verbetering *n*	correction *n*	verwijzing *n*	cross reference *n*; reference *n*
verbindingsstreepje *n*	hyphen *n*		
verbrede letter *n*	expanded type *n*	verwisselen *v*	transpose *v*
verdamping *n*	evaporation *n*	verzamelmodel *n*	mechanical *n* (US)
verf *n*	dye *n*	verzekering *n*	insurance *n*
verfspuit *n*	airbrush *n*	verzekeringsclaim *n*	insurance claim *n*
vergaard *adj*	gathered	verzekeringspolis *n*	insurance policy *n*
vergaren *v*	gather *v*	verzenden *n*	shipping *n*
vergaren *n*	gathering *n*	verzendinstructies *n*	shipping instructions *n*
vergroten *v*	blow up *v*; enlarge *v*	verzendkosten *n*	shipping costs *n*
vergroting *n*	enlargement *n*	vet *n*	bf *abbrev*
verguld *adj*	gilt *adj*	vet (gedrukt) *adj*	bold *adj*
verguld op snee *n*	gilt edges *n*	vetgedrukt *n*	bf *abbrev*
vergunning *n*	licence *n*	vette letter *n*	bf *abbrev*
verkeerde letter *n*	wrong fount *n*	vezel *n*	fibre *n*
verklarende woordenlijst *n*	glossary *n*	vezelrichting *n*	grain *n*
		video *n*	video *n*
verkleind *adj*	reduced *adj*	videocassette *n*	video cassette *n*
verkleinen *v*	reduce *v*	videoscherm *n*	visual display terminal *n*; visual display unit *n*
verkleining *n*	reduction *n*		
verkoop *n*	sales *n*	vierkante haakjes *n*	brackets *n*; square bracket *n*
verkoop via postorder *n*	direct mail *n*		
		vierkantemetergewicht *n*	substance *n*
verkoopdirecteur *n*	marketing director *n*; sales director *n*		
		vierkleurendruk *n*	four-colour printing *n*
verkopen *v*	sell *v*	vierkleurenfilm *n*	four-colour films *n*
verkoper *n*	seller *n*	vierkleurenpers *n*	four-colour machine *n*
verlaadbord *n*	skid *n*; stillage *n*	vierkleurenscheiding *n*	four-colour separations *n*
verloopraster *n*	contact screen *n*	viltzijde *n*	felt side *n*; top-side *n*
vernis *n*	varnish *n*	visueel element *n*	visual *n*
verpakking *n*	package *n*	vlakheid *n*	smoothness *n*
verpakking van de papierrol *n*	wrapping *n*	vlakke vorm-drukken *n*	flatbed printing *n*
verpakt in dozen *adj*	packed in parcels *adj*	vlekjes *n*	hickey *n*
verpakt in een container *adj*	containerised *adj*	vlugschrift *n*	leaflet *n*
		vocabulaire *n*	vocabulary *n*
verpakt in plastic *adj*	shrink-wrapped *adj*	vocale invoer *n*	voice input *n*

221

Section B Dutch–English

vochtgehalte *n*	moisture content *n*	vrijstaande autotypie *n*	cut-out halftone *n*
vochtigheid *n*	humidity *n*	waardepapier *n*	security paper *n*
vochtigheidsgraad *n*	moisture content *n*	ware tijd- *adj*	real-time *adj*
vochtopdraagrollen *n*	damper *n*	warmdrogende rotatiedruk *n*	heatset web printing *n*
vochtrollen *n*	damper *n*		
voet *n*	foot *n*	wassen *n*	wash-up *n*
voetlijn *n*	base line *n*	watermerk *n*	watermark *n*
voetnoot *n*	footnote *n*	weekdrukvorm *n*	inner forme *n*
volgorde van drukken *n*	printing sequence *n*	weesjongen (hoerenjongen) *n*	widow *n*
volume *n*	volume *n*	weeskind *n*	widow *n*
vóór het drukken *adj*	pre-press *n*	wegslaan (zetten) *n*	strike-on composition *n*
voor opname gereed ingeplakte kopij *n*	camera-ready paste-up *n*	werktekening *n*	flat artwork *n*
		werkvoorbereiding *n*	planning *n*
voor opname gereed origineel *n*	camera-ready artwork *n*; camera-ready copy *n*	wetenschappelijke boeken *n*	academic books *n*
voorbereiden *v*	edit *v*	wijziging *n*	alteration *n*
voorbereiding *n*	forecast *n*	wikkelbord *n*	millboard *n*
voordehandse titel *n*	half title *n*	winkelier *n*	retailer *n*
voordehandse-titelpagina *n*	half title page *n*	wiskunde-tekens *n*	maths *n*
		wissel *n*	bill of exchange *n*
voordrukrol *n*	dandy roll *n*	wit *adj*	white *adj*
voorgesensilbiliseerde drukplaat *n*	presensitised plate *n*	wit (aanslagwit *n*	gutter *n*
		wit uithalen *v*	close up *v*
voorin gehouden kopje *n*	shoulder head *n*; side head *n*	woord *n*	word *n*
		woordafbreking *n*	hyphenation *n*
voorkant *adj*	recto *n*	woordafbreking en uitvulling *n*	hyphenation and justification *n*
voorraad *n*	stock *n*		
voorschot *n*	advance *n*	woordenboek *n*	dictionary *n*
voorschot op royalties *n*	advance against royalties *n*	woordenboeken uitgeven *n*	dictionary publishing *n*
voortbrenging *n*	origination *n*	woordlengte *n*	wordspace *n*
vooruitgemaakt exemplaar *n*	advance copy *n*	zachte-punt negatieven *n*	soft-dot negatives *n*
voorwerk *n*	prelims *n*	zachte-punt positieven *n*	soft-dot positives *n*
voorwoord *n*	foreword *n*; preface *n*		
voorzijde *adj*	recto *n*	zeefdruk *n*	screened print *n*
vorm *n*	forme *n*	zeefdrukken *n*	screen printing *n*; silk-screen printing *n*
vouw *n*	crease *n*		
vouwapparaat *n*	folder *n*; folding machine *n*	zeefzijde *n*	wire side *n*
		zeevracht *n*	ocean freight *n*; seafreight *n*
vouwen *v*	fold *v*		
vouwmachine *n*	folder *n*	zelfklevend *adj*	self-adhesive *adj*
vouwwerk *n*	folder *n*	zetbreedte *n*	line length *n*; measure *n*
vraagteken *n*	question mark *n*	zetfout *n*	literal *n*; misprint *n*; printer's error *n*
vracht *n*	freight *n*		
vrachtbrief *n*	bill of lading *n*	zetsel *n*	composition *n*; type matter *n*
vrij aan boord	FOB *abbrev*		
vrij afbrekingsteken *n*	discretionary hyphen *n*	zetspiegel *n*	exclusive type area *n*; type area *n*
vrije markt *n*	open market *n*		

zetten *v*	compose *v*; set *v*	zwarte halftoon *n*	black halftone *n*
zetten *n*	typesetting *n*	zwarte inkt *n*	black ink *n*
zichtexemplaar *n*	inspection copy *n*; presentation copy *n*	zwartplaat *n*	black printer *n*
		zwart/wit *adj*	black and white *adj*; monochrome *adj*
zoeken en vervangen *n*	search and replace routine *n*	zwart/wit illustratie *n*	black and white illustration *n*
zoomlens *n*	zoom lens *n*		
zuurvrij papier *n*	acid-free paper *n*		

Section B *cont*

SWEDISH–English

Section B Swedish–English

absorption–beställning

absorption *n*	absorbency *n*	asterisk *n*	asterisk *n*
accent *n*	accent *n*	ateljékamera *n*	process camera *n*
acetat *n*	acetate *n*	åtkomst *n*	access *n*
ackumulativt index *n*	cumulative index *n*	att räkna antalet nedslag *n*	keystroking *n*
adresskalender *n*	directory *n*		
affischpapper *n*	poster paper *n*	automatisk *adj*	automatic *adj*
agent *n*	agent *n*	automatisk avstavning *n*	automatic hyphenation *n*
akademisk förlagsverksamhet *n*	academic publishing *n*	automatisk paginering *n*	automatic pagination *n*
akademiska böcker *n*	academic books *n*		
akromatisk separation *n*	achromatic separation *n*	autonegativ film *n*	autoreversal film *n*
		autopositiv film *n*	autopositive film *n*
akryl *adj*	acrylic *adj*	autotypi *n*	h/t *abbrev*
aktiebolag *n*	limited company *n*	av trämassa *n*	bulky mechanical *n*
akustiskkoppling *n*	acoustic coupler *n*	avancemang *n*	promotion *n*
akut accent *n*	acute accent *n*	avdelning *n*	department *n*
alfabet *n*	alphabet *n*	avdelning och radutslutning *n*	h & j *abbrev*
alfanumerisk *adj*	alphanumeric *adj*		
alfanumerisk sortering *n*	alphanumeric sort *n*	avdrag *n*	impression *n*; proof *n*
		avfärgning *n*	deinking *n*
allmänlitteratur *n*	general books *n*	avfuktning *n*	dehumidification *n*
allmänutgivning *n*	general publishing *n*	avgift *n*	fee *n*
analogdator *n*	analogue computer *n*	avgång *n*	overs *n*
ändring *n*	alteration *n*	avlaminering *n*	delamination *n*
anfang *n*	drop caps *n*	avlång *adj*	oblong *adj*
anföring *n*	quotes *n*	avmaskning *n*	masking *n*
anföringstecken *n*	inverted commas *n*; quotation marks *n*	avslagslängd *n*	cut-off *n*
		avstavning *n*	hyphenation *n*
annons *n*	advertisement *n*	avstavning och justering *n*	hyphenation and justification *n*
annonsbyrå *n*	advertising agency *n*		
annonsering *n*	advertising *n*	avtal *n*	agreement *n*; contract *n*
annonspriser *n*	advertising rates *n*	avtal med roaylty *n*	royalty-inclusive agreement *n*
anpassad *adj*	integrated *adj*		
anslagsskrivare *n*	impact printer *n*	avtal utan roaylty *n*	royalty-exclusive agreement *n*
antikva *adj*	Roman *adj*		
antikvasiffror *n*	lining figures *n*	avtryck *n*	impression *n*
antikvatecken *n*	Roman figures *n*	bakgrundsmode *n*	background mode *n*
apostrof *n*	apostrophe *n*	baksteg *n*	back *n*
applikation *n*	application *n*	band med olika material i pärm och rygg *adj*	quarter-bound *adj*
arabiska tecken *n*	arabic figures *n*		
ark *n*	sheet *n*		
ark av trämassa *n*	groundwood sheet *n*	barnböcker *n*	children's books *n*
arkformat *n*	sheet size *n*	barrträmassa *n*	softwood pulp *n*
arkiv *n*	archive *n*	barytpapper *n*	repro paper *n*
arkivering *n*	archiving *n*	baslinje *n*	base line *n*
arkjobb *n*	sheetwork *n*	baspapper *n*	base paper *n*
arkmatad *adj*	sheetfed *adj*	begränsad upplaga *n*	limited edition *n*
arkpress *n*	sheetfed machine *n*	beskära *v*	crop *v*
askender (uppstapel) *n*	ascender *n*	beskärning *n*	cropping *n*
askhalt *n*	ash content *n*	beställning *n*	commission *n*

bestruken kartong — containerisering

bestruken kartong n	coated cartridge n	bokfodral n	slip case n
bestruket papper n	coated paper n	bokförsäljare n	bookseller n
bestrykning n	coating n	bokhandel n	bookshop n
betalning n	payment n	bokhandlare n	bookseller n
betalningsvillkor n	payment terms n	bokklubb n	book club n
bibelpapper n	bible paper n; india paper n	bokmärke n	book mark n
		bokmässa n	book fair n
bibliografi n	bibliography n	bokproduktion n	book work n
bibliotek n	directory n; library n	bokrygg n	spine n
bibliotekarie n	librarian n	bokstavsfel n	literal n
biblioteksleverantör n	library supplier n	bokstavsmellanrum n	letterspace n
bilaga n	insert n	boktryck n	letterpress n
bild n	illustration n; image n; picture n	början på stycke n	paragraph opening n
		borrning n	drilling n
bildforskning n	picture research n	(bort)strykning n	deletion n
bildskärmsenhet n	visual display unit n	bottenmarginal n	tails n
bildskärmsterminal n	visual display terminal n	bård n	border n
bildtext n	caption n; legend n	breddad stil n	expanded type n
bildtillstånd n	picture permissions n	brev n	letter n
bildyta n	image area n	brevhuvud n	letterhead n
bimetallplåt n	bimetal plate n	brevpapper n	stationery n
binär adj	binary adj	briljans n	brightness n
binda (in) v	bind v	bristningstryck n	bursting strength n
binderimetod n	binding style n	bråksiffra n	fraction n
bindestreck n	hyphen n	bråktal n	fraction n
bindning med skinn n	leather binding n	bromsilver n	bromide n
biografi n	biography n	broschyr n	brochure n; leaflet n; pamphlet n
bit n	bit n		
blad n	leaf n	brunt kuvertpapper adj	manila adj
bladbestrykning n	blade-coating n	buckram n	buckram n
bländare n	aperture n	budget n	budget n
blank bromidfilm n	glossy bromide n	bulk n	bulk n
blank sida n	blank page n	bulk mellan kartong	bulk between boards n
blindprägling n	blind blocking n; blind embossing n	bunden i sektioner adj	section-sewn adj
		bunt n	back margin n
blåkopia n	blueprint n	buntning n	bundling n
blåkopia av utskjutning n	imposed blueprint n	buntsteg n	back n
		byte n	byte n
blysättning n	hot metal composition n	CD-skiva n	compact disc n
bok n	book n	central datorenhet n	CPU abbrev
bok med styva pärmar adj	hardcover adj	centrera v	centre v
		centrerad adj	centred adj; ranged centre adj
bokband n	binding n		
bokbindare n	binder n; book binder n	cicero	cicero n
bokbinderi n	bindery n; book bindery n	(cirkel)passare n	caliper n
		cirkumflex accent n	circumflex accent n
bokbinderiavdelning n	finishing department n	citering n	quotes n
bokbinderipapp n	binding board n	container n	container n
bokbindning n	book binding n	containeriserad adj	containerised adj
bokbransch n	book trade n	containerisering n	containerisation n

227

Section B Swedish–English

copyright–emballage

copyright n	copyright n	direktrastrering n	direct screening n
copyright uppgift n	copyright notice n	direktreklam n	direct mail n
cyan adj	cyan adj	direktåtkomst n	random access n
cyan-färg n	cyan ink n	disk n	disc n
cylinder n	cylinder n	diskdrive n	disc drive n
cylinderpress n	cylinder press n	diskett n	floppy disc n
däckel n	deckle n	diskret divis (godtycklig divis) n	discretionary hyphen n
dagstidning n	newspaper n		
data n	data n	distribution n	distribution n
databas n	database n	distributionscentral n	distribution centre n
databas-publicering n	database publishing n	distributionskostnader n	distribution costs n
databehandling n	data processing n		
datagrafi-terminal n	graphics terminal n	distributör n	distributer n
dataöverföring n	data transmission n	divis n	hyphen n
dator n	computer n	djuptryck n	gravure printing n
datorstödd sättning n	computer-assisted typesetting n	dokument n	document n
		dokumentation n	documentation n
datum n	date n	dragspelsfalsning n	concertina fold n
deadline n	deadline n	driftstopp n	down time n
dedikation n	dedication n	dubbelexponering n	double-burn exposure n
dedikationssida n	dedication page n	dubbelsidig diskett n	double-density disc n
defekt (papper) n	retree n	dubbelsidigt uppslag n	double-page spread n
dekaler n	transfer lettering n	dummy n	dummy n; paste-up n
dekorfärg n	spot colour n	duplex n	duotone n
densitet n	density n	duplikat adj	duplicate adj
design n	design n	duplikatfilm n	duplicate film n
designer n	designer n	edition n	issue n
desktop publishing (förlagsverksamhet från skrivbordet) n	desk-top publishing n	efterbearbetning n	finishing n
		eftersättsblad n	endpapers n; flyleaf n
		eftersättsblad av inlagans papper n	self ends n
destination n	destination n		
diagram n	diagram n	efterskrift n	epilogue n
diakritiskt tecken n	diacritical n	eftertryck förbjudes	all rights reserved
diapositiv (bild) n	transparency n	ej direktansluten adj	off-line adj
diazotryck n	diazo print n	ej i lager adj	out of stock adj
didot-punkt n	didot point n	ej i register adj	out of register adj
diffusionsöverföring n	diffusion transfer n	elektronic publishing (elektronisk publicering) n	electronic publishing n
diftong n	diphthong n		
digital dator n	digital computer n	elektronisk adj	electronic adj
digital signal n	digital signal n	elektronisk post n	electronic mail n
digital utläsning n	digital read-out n	elektronisk sättning n	electronic composition n
digitalisera v	digitise v	elektronisk scanner n	electronic scanner n
dimensioner n	dimensions n	elektrostatiskt tryck n	electrostatic printing n
direkt annonserings-kampanj n	mailshot n	elfenbensfärgad kartong n	ivory board n
direktaccess n	direct access n		
direktansluten adj	on-line adj	elfenbenskartong n	ivory board n
direktkopplad fotosättmaskin n	direct-entry photosetter n	ellips n	ellipsis n
		em (fyrkant) n	em n
direktlitografi n	direct litho n	emballage n	packing n

228

emulsion *n*	emulsion *n*	fattning *n*	hickey *n*
emulsionssidan nedåt *adj*	emulsion-side down *adj*	fax *n*	fax *n*
		feature-skribent *n*	feature writer *n*
emulsionssidan upp *adj*	emulsion-side up *adj*	fel *n*	error *n*
en (halvfyrkant) *n*	en *n*	fel stil *n*	wf *abbrev*
enbladstryck *n*	one-sided art *n*	felaktig *n*	imperfection *n*
encyklopedi *n*	encyclopaedia *n*	felaktig avstavning *n*	bad break *n*
enfärgad *adj*	monochrome *adj*; single-colour *adj*	felslag *n*	literal *n*
		feltryck *n*	misprint *n*
erkännanden *n*	acknowledgements *n*	fiber *n*	fibre *n*; grain *n*
etsning *n*	process engraving *n*	fiberbehandling *n*	beating *n*
et-tecken *n*	ampersand *n*	fiberriktning *n*	grain direction *n*
exemplar *n*	copy *n*	fickfals *n*	buckle folder *n*
exponering *n*	exposure *n*	figurer *n*	figs *n*
exponeringsenhet *n*	photounit *n*	film *n*	film *n*
export *n*	export *n*	filmframkallare *n*	film processor *n*
exportförsäljning *n*	export sales *n*	filmmontering *n*	film assembly *n*
exportlicens *n*	export licence *n*	filter *n*	filter *n*
exportör *n*	exporter *n*	filtsida *n*	felt side *n*
facklitteratur *n*	non-fiction *n*	fisk *n*	wrong fount *n*
faksimil *n*	facsimile *n*	fixering *n*	fixing *n*
faktura *n*	commercial invoice *n*; invoice *n*	fläckbildning *n*	spotting *n*
		flerdiskläsare *n*	multidisc reader *n*
fals *n*	folder *n*	flerfärgad *adj*	multicolour *adj*
falsa *v*	fold *v*	flexografi *n*	flexography *n*
falsad och plockad	f & g *abbrev*	flik *n*	flap *n*
falsade och plockade ark *n*	folded and gathered sheets *n*	fluoreserande *adj*	fluorescent *adj*
		fluoriserande tryckfärg *n*	fluorescent ink *n*
falsmaskin *n*	folding machine *n*		
familj *n*	family *n*	flygfrakt *n*	airfreight *n*
färdiggörning *n*	copy preparation *n*; make-ready *n*	flygfrakt-kostnader *n*	airfreight costs *n*
		flygfraktsedel *n*	air waybill *n*
färg *n*	colour *n*; dye *n*	flygpost *n*	airmail *n*
färgad översida *n*	coloured tops *n*	flytta *v*	transpose *v*
färgade kanter *n*	coloured edges *n*	folder *n*	leaflet *n*
färgavsättning *n*	ink set-off *n*	folie *n*	foil *n*
färgdiapositiv *n*	colour transparency *n*	folieprägling *n*	foil blocking *n*
färgkontrollband *n*	colour bars *n*	följandepris *n*	run-on costs *n*
färgkorrigering *n*	colour correction *n*	för stort lager *n*	overstocks *n*
färgprov *n*	colour swatch *n*; swatch *n*	förändring *n*	variation *n*
		företag *n*	company *n*
färgprovtryck *n*	progressive proofs *n*	författar-agent *n*	author's agent *n*
färgrivning *n*	ink rub *n*	författar-avtal *n*	author's agreement *n*
färgseparation *n*	colour separation *n*	författare *n*	author *n*
färgseparationsnegativ *n*	colour separation negatives *n*	författarens ändringar *n*	AA *abbrev*
färgseparationspositiv *n*	colour separation positives *n*	författarens korrigeringar *n*	author's corrections *n*
färgset *n*	colour set *n*	författar-kontrakt *n*	author's contract *n*
färgstick *n*	colour cast *n*	författar-royalty *n*	author's royalties *n*

229

Section B Swedish–English

förgyllarstämpel n	skid n; stillage n
förgylld adj	gilt adj
förgyllning n	gilding n; gold blocking n
förgyllningsklichéer n	gold blocking n
förhandsexemplar n	advance copy n
förkortad version n	abridged edition n
förkortning n	abbreviation n
förlag n	publishing company n
förlaga n	copy n; dummy n; paste-up n
förläggare n	publisher n
förlagschef n	publishing director n
förlagsverksamhet n	electronic publishing n
form n	forme n
format n	format n; size n
formatbestämma v	scale v
formatbestämning n	scaling n
formcylinder n	plate cylinder n
formfals n	former folder n
formgivare n	designer n
formgivning n	design n
förord n	epigraph n; foreword n; preface n
förpackad adj	packed adj
förpackning n	package n
förpreparerad tryckplåt n	presensitised plate n
försäkring n	insurance n
försäkringsbrev n	insurance policy n
försäkringskrav n	insurance claim n
försäljare n	sales rep n; seller n
försäljning n	sales n
försäljningschef n	sales director n
försättsblad n	endpapers n; flyleaf n; ends n
förskott n	advance n
förskott på royalty n	advance against royalties n
förstaupplaga n	first edition n
förstora v	blow up v; enlarge v
förstoring n	blow-up n; enlargement n
försvaga v	reduce v
försvagad adj	reduced adj
försvagning n	reduction n
förteckning n	listing n
förtryckning n	pre-press n
förtryckningskostnader n	pre-press costs n

förgyllarstämpel–gjutbestruket papper

fot n	foot n
fotnot n	footnote n
fotograf n	photographer n
fotografi n	photograph n
fotokopia n	photocopy n
fotomekanisk överföring n	photomechanical transfer n
fotomekanisk överföring n	PMT abbrev
fotopolymer-tryckplåt n	photopolymer plate n
fotosatt adj	photoset adj; phototypeset adj
fotosättare n	photosetter n
fotosättmaskin n	phototypesetter n
fotosättning n	photocomposition n; photosetting n; phototypesetting n
frakt n	freight n
fraktexpediering n	freight forwarding n
fraktförsäkring (kostnader, assurance och frakt)	cif abbrev
fraktfritt adj	carriage paid adj
framsnitt n	fore-edge n
frågetecken n	question mark n
frilagd halvtonsbild n	cut-out halftone n
frilansare n	freelance n
frist n	deadline n
fristående adj	off-line adj; stand-alone adj
fritt lager adj	ex-warehouse adj
fritt ombord	FOB abbrev
front-end system n	front-end system n
frontespis n	frontispiece n
fuktighet n	humidity n
fuktighetsgrad n	moisture content n
fuktvals n	damper n
full poäng n	full point n
fullskalemodell n	mock-up n
fyrfärgsfilm n	four-colour films n
fyrfärgspress n	four-colour machine n
fyrfärgsseparation n	four-colour separations n
fyrfärgstryckning n	four-colour printing n
fyrkantig klammer n	square bracket n
generisk kodning n	generic coding n
genomskinlig adj	show-through n
genomsnittslinje n	mean line n
giltighet n	validity n
gjutbestruket papper n	cast coated paper n

glättat n	gloss n	handbokbindning n	hand binding n
glättat konsttrycks-papper n	gloss art n; glossy art n	handgjort papper n	hand-made paper n
		handlare n	dealer n
glättning n	smoothness n	handsättning n	hand setting n
göraindrag v	indent v	handskrift n	handwriting n
grafisk design-studio n	graphic design studio n	handskriven adj	handwritten adj
grafisk formgivning n	graphic design n	hantverk n	art n (US)
grafisk industri n	graphic arts n; printing industry n	hänvisning n	cross reference n
		heatset n	heatset web printing n
grafisk konst n	graphic arts n; graphics n	hel negativfilm n	one-piece negatives n
		hel positivfilm n	one-piece positives n
grafisk tablett n	graphics tablet n	helbunden adj	fullbound adj
grafiska insticksblad n	graphics insertion n	helfilm n	one-piece film n
gram per kvadratmeter abbrev	gsm abbrev	hemförsäljning n	door-to-door selling n
gramvikt n	grammage n	hit och dit-gående adj	coming and going adj
gränssnitt n	interface n	hjälpmedel n	appliance n
grav accent n	grave accent n	högdagerdensitet n	highlight density n
grid n	grid n	högdagerparti n	highlights n
gripkant n	gripper edge n	högdagerpunkt n	highlight dot n
grotesk n	sans serif n	högerkantställd adj	ranged right adj
grovlek n	bulk n	höger(placerad) adj	recto n
grundering n	sizing n	högersida n	right-hand page n
gul adj	yellow adj	högtryckspress n	letterpress n
gul färg n	yellow ink n	höjdformat n	portrait format n
guldfolie n	gold foil n	horunge n	widow n
guldimitation n	imitation gold n	hård rygg n	tightback binding n
guldsnitt n	gilt edges n	hårdbunden adj	hardbound adj
gummiduk n	blanket n	hårdlimmat adj	hardsized adj
gummidukscylinder n	blanket cylinder n	hårdvara n	hardware n
gummikliché	rubber plate n	hårt negativ n	hard-dot negatives n
häfta v	stitch v	hårt positiv n	hard-dot positives n
häftad adj	stitched adj	husannonsering n	house advertisement n
häftning n	stitching n	huskorrigering n	house corrections n
hake n	square bracket n	husstil n	house style n
halmpapp n	strawboard n	huvud n	head n
halvfet adj	bold adj	i fiberriktningen adj	with the grain adj
halvfet (hf) abbrev	bf abbrev	i kommission n	sale or return adj
halvfet stil n	bold face n	i oktavformat adj	octavo adj
halvfranskt band n	calf n	i överkant adj	superior adj
halvton adj	continuous tone adj	i tvärformat adj	landscape adj
halvton n	halftone n	icke utjämnad adj	unjustified adj
halvtons bromsilverfilm n	continuous tone bromide n	icke utsluten (ojusterad) adj	unjustified adj
halvtonsbild n	h/t abbrev	iläggare n	lay n; feeder n
halvtonsillustration n	halftone illustration n	iläggningskant n	lay edge n
halvtonsnegativ n	halftone negative n	illustration n	illustration n
halvtonspositiv n	halftone positive n	illustration i tvärformat n	landscape illustration n
halvtonsraster n	halftone screen n		
handbok n	manual n		

Swedish	English
illustrationer *n*	graphics *n*
illustrera *v*	illustrate *v*
imiterat klot (band) *n*	imitation cloth *n*
imiterat konsttryckspapper *n*	imitation art *n*
imperial-system *n*	imperial system *n*
import *n*	import *n*
importera *v*	import *v*
importlicens *n*	import licence *n*
importör *n*	importer *n*
inberäknat typområde *n*	inclusive type area *n*
inbindningsverktyg	chemac *n*
inbunden bok *n*	bound book *n*; hardback *n*
inbunden bok *adj*	hardcover *adj*
indata *n*	input *n*
index *n*	directory *n*; index *n*
indexband *n*	tab index *n*
indirekt rastrering *n*	indirect screening *n*
indrag *n*	indent *n*
information *n*	data *n*; information *n*
infraröd torkning (IR-torkning) *n*	infra-red drying *n*
ink-jet printer *n*	ink-jet printer *n*
ink-jet-tryckning *n*	ink-jet printing *n*
inklistring *n*	tip-in *n*
inlaga *n*	text paper *n*
inmatning *n*	input *n*
innehavare *n*	proprietor *n*
innehåll *n*	contents *n*
innehållsförteckning *n*	contents page *n*
innerform *n*	inner forme *n*
innermarginal *n*	back margin *n*
input *n*	input *n*
inställning *n*	make-ready *n*
instick *n*	inset *n*
integrerad *adj*	integrated *adj*
integrerad bok *n*	integrated book *n*
interaktiv *adj*	interactive *adj*
interaktiv sidmontering *n*	interactive page make-up *n*
interface *n*	interface *n*
intern annonsering *n*	house advertisement *n*
interpunktion *n*	punctuation *n*
interpunktionstecken *n*	punctuation mark *n*
introduktion *n*	introduction *n*
jämna sidor *n*	even pages *n*
jämna ut *v*	justify *v*
jämnstöta *v*	knock up *v*
jämnt ark *n*	even working *n*
jobb i halvark *n*	half-sheet work *n*
journalist *n*	journalist *n*
justera *v*	align *v*
justering *n*	alignment *n*
kägel *n*	body *n*
kägelgrad *n*	body size *n*
kalandrerat papper *n*	calendered paper *n*
kalkylator *n*	estimator *n*
kalkylera *v*	cast off *n*
kalligrafi *n*	calligraphy *n*
kallim *n*	cold melt adhesive *n*
kamera *n*	camera *n*
kamerafärdigt original	CRC *abbrev*
kamerafärdigt streckoriginal *n*	camera-ready artwork *n*
kamerafärdigt textoriginal *n*	camera-ready copy *n*
kameraseparering *n*	camera separation *n*
kant *n*	edge *n*
kapitälband *n*	headband *n*; tailband *n*
kapitäler *n*	sc *abbrev*
kapitel *n*	chapter *n*
kapitelrubrik *n*	chapter head *n*
karbonpapper *n*	carbon paper *n*
karduspapper *n*	offset cartridge *n*; cartridge *n*
kartong *n*	binding board *n*; board *n*; cardboard *n*; carton *n*
kassettband *n*	cassette tape *n*
katalog *n*	catalogue *n*
katodstrålerör *n*	cathode ray tube *n*
kedjeblan-kettpapper *n*	continuous stationery *n*
kemisk massa *n*	chemical pulp *n*
kilobyte *n*	kilobyte *n*
klammer *n*	square bracket *n*
klammerhäftad *adj*	wire-stitched *adj*
klammerhäftning *n*	wire-stitching *n*
kliché *n*	block *n*
klichéring *n*	blocking *n*
klippa-och-klistra *n*	cut-and-paste *n*
klot *n*	cloth *n*
klotbindning *n*	cloth binding *n*
klotbunden *adj*	cloth bound *adj*
knipa *v*	close up *v*
knivfals *n*	knife folder *n*
kod *n*	code *n*
kodkonverterare *n*	code converter *n*
kodkonvertering *n*	code conversion *n*

kodsystem *n*	coding system *n*
kollationera *v*	collate *v*
kollationeringsmärken *n*	collating marks *n*
kolon *n*	colon *n*
kolumntitel *n*	running head *n*
kombinationsfals *n*	combination folder *n*
kombinerad streck och autotypi *adj*	combination line and tone *n*
komma *n*	comma *n*
kommatering *n*	punctuation *n*
kompatibel *adj*	compatible *adj*
kompatibilitet *n*	compatibility *n*
komplementfärgsreduktion *n*	complementary colour removal *n*
konditionerat *adj*	conditioned *adj*
konditionering *n*	conditioning *n*
konfiguration *n*	configuration *n*
konossement *n*	bill of lading *n*
konst *n*	art *n* (US)
konstant *n*	constant *n*
konsttryckskartong *n*	artboard *n*
konsttryckspapper *n*	art paper *n*
kontaktkopia *n*	contact print *n*
kontaktraster *n*	contact screen *n*
kontrakt *n*	contract *n*
kontrast *n*	contrast *n*
kontrollkopia *n*	inspection copy *n*
kontrollsiffra *n*	check digit *n*
köpa *v*	buy *v*
köpare *n*	buyer *n*
kopia *n*	copy *n*
kopieringspapper *n*	copier paper *n*
kopior *n*	copies *n*
korrektion *n*	correction *n*
korrektur *n*	proof *n*
korrektur (provtryck) *n*	book proof *n*
korrekturläsare *n*	proof reader *n*
korrekturläsarens tecken *n*	proof reader's mark *n*
korrekturläsning *n*	proof reading *n*
korrekturtecken *n*	proof correction marks *n*
korrigering *n*	correction *n*
korrigeringskostnader *n*	correction costs *n*
kors *n*	dagger *n*
kortfibrig *adj*	short grain
kostnad *n*	charge *n*
kostnader *n*	costs *n*
kraftpapper *n*	kraft *n*
kredit *n*	credit *n*
kreditivbrev *n*	letter of credit *n*
kreditvillkor *n*	credit terms *n*
kretskort *n*	chipboard *n*
krympförpackning *n*	shrink-wrapping *n*
krymppackad *adj*	shrink-wrapped *adj*
krympta kanter *n*	sprinkled edges *n*
kulörfärgsreduktion *n*	CCR *abbrev*
kund *n*	client *n*; customer *n*
kursiv *n*	italic *n*
kuvert *n*	envelope *n*
kvalitetskontroll *n*	quality control *n*
kvantitet *n*	quantity *n*
kvartsformat *n*	quarto *n*
kyrilliska alfabetet (alfabet) *n*	Cyrillic alphabet *n*
lackering *n*	varnish *n*
lager *n*	stock *n*; warehouse *n*
lagring *n*	storage *n*
laminat *n*	lamination *n*
laminering *n*	laminating *n*
läroböcker *n*	college textbooks *n*
lärobok *n*	school textbook *n*; textbook *n*
läromedelsutgivning *n*	educational publishing *n*
läsare *n*	reader *n*
laser *n*	laser *n*
läsminne *n*	ROM *abbrev*
läs-skrivförmåga *n*	read-write capability *n*
lätt *adj*	light *adj*
lätt bestruket papper *n*	lightweight coated paper *n*
lättbestruket *adj*	lwc *abbrev*
lättvikts *adj*	lightweight *adj*
lättviktspapper *n*	lightweight paper *n*
layout *n*	layout *n*
ledare *n*	leading article *n*
leverans *n*	delivery *n*
leveransadress *n*	delivery destination *n*
leveransdatum *n*	delivery date *n*
leveransföreskrifter *n*	delivery instructions *n*
leverantör *n*	supplier *n*
lexikon *n*	dictionary *n*
licens *n*	licence *n*
ligatur *n*	ligature *n*
lika stor *adj*	same-size *adj*
limhäftad *adj*	adhesive bound *adj*; perfect bound *adj*
limhäftning *n*	adhesive binding *n*; perfect binding *n*

Swedish	English
limning n	sizing n
linjera v	align v; range v
linjering n	alignment n
lista n	list n
lista med rättelser n	errata slip n
listutskrift n	listing n
lito n	litho n
litografiskt tryck n	litho printing n
litopreparering n	litho prep n
litteratur n	literature n
litteraturagent n	literary agent n
litteraturförteckning n	bibliography n
ljusfaktor n	brightness factor n
ljushet n	brightness n
ljustryck n	collotype n
långfibrig adj	long grain adj
logisk avstavning n	hyphenation logic n
logotyp n	logotype n
löpriktning n	machine direction n
lövträmassa	hardwood pulp n
magenta adj	magenta adj
magenta-tryckfärg n	magenta ink n
magnetband n	magnetic tape n
makulatur n	overs n; spoilage n
makulera n	cancel n
manöverbord n	console n
manual n	manual n
manuskript n	copy n; manuscript n
manuskript (på papper) n	hard copy n
marginal n	margin n
marginal i huvudet n	head margin n
marknadschef n	marketing director n
marknadsföring n	marketing n; promotion n
markör n	cursor n
marmorerat papper n	marbled paper n
mask n	mask n
maskin n	machine n
maskinbehandlat adj	machine finished adj
maskinbestruket adj	machine coated adj
maskinbestrykning n	on-machine coating n
maskinell tillverkning n	machining n
maskin-färg n	mechanical tint n
maskinglättat adj	machine glazed adj; mill finished adj
maskinskötare n	machine minder n
maskinskriven adj	typewritten adj
maskintillverkning n	mill making n
maskinvara n	hardware n
massa n	pulp n
mässing n	brass n
matare n	feeder n
matematik n	maths n
material n	materials n
matris n	matrix n; sort n
matriserad adj	mould-made adj
matt adj	matt adj
matt konsttryckspapper n	matt art n
mattbestruken kartong n	matt coated cartridge n
mattlack n	matt varnish n
mattlaminering n	matt lamination n
med returrätt n	sale or return adj
med tillstånd adj	on approval adj
medarbetare n	contributor n
mediakonverterare n	media converter n
mediasamtal n	media conversion n
medium adj	medium adj
medivalsiffror n	non-lining figures n; old-style figures n
megabyte n	megabyte n
mellanliggande adj	intermediate n
mellanrum n	fit n; separation n
mellanrum mellan raderna n	interline spacing n
mellanslagen adj	leaded adj
mellantoner n	middle tones n
meny n	menu n
menystyrd adj	menu-driven adj
metallplåt n	metal plate n
metriskt måttsystem n	metric system n
microfiche n	microfiche n
mikrochip n	microchip n
mikrodator n	microcomputer n
mikrofilm n	microfilm n
mikroprocessor n	microprocessor n
mindre bokhäfte n	booklet n
minidator n	minicomputer n
mini-rulltryck n	mini-web n
minne n	memory n; storage n
mittuppslag n	centrespread n
mjukbunden adj	limp bound adj
mjukt band n	limp binding n
mjukt rasternegativ n	soft-dot negatives n
mjukt rasterpositiv n	soft-dot positives n
modem n	modem n
moirémönster adj	moiré patterning n

montage | omvänd positivfilm med emulsionssidan ner

montage n	mechanical n (US)	off-line adj	off-line adj
montera v	strike-through n; strip in v	offset (metod) n	offset n
		offsetkartong n	offset cartridge n
montering n	assembly n; make-up n; stripping in n	offsetlito n	offset litho n
		ogenomskinlig adj	opaque adj
monteringsterminal n	area make-up terminal n; make-up terminal n	ogenomskinlighet n	opacity n
		ojämn högerkant adj	ragged right adj
mot fiberriktningen	against the grain	ombrutet korrektur n	page proof n
mot varandra stående sidor n	facing pages n	ombrytning på film n	film make-up n
		omfång n	extent n
mått n	measure n	omfångsberäkna manuskript v	cast off n
multiplexor n	multiplexor n		
mus n	mouse n	omfångsberäkning n	copyfitting n
nedre magasin n	lower case n	omfångsrik	bulky adj
nedre sidmarginal n	tail margin n	omslag n	case n; cover n; wrapping n
nedstapel n	descender n		
negativ n	negative n	omslag på inlagans papper n	self cover n
negativ duplikatfilm n	duplicate negative films n		
		omslagsoriginal n	jacket artwork n
negativ duplikatfilm med emulsionssidan ner	duplicate negative films right-reading emulsion-side down	omvänd duplikatfilm med emulsionssidan ner	duplicate negative films reverse-reading emulsion-side down
negativ duplikatfilm med emulsionssidan upp	duplicate negative films right-reading emulsion-side up	omvänd duplikatfilm med emulsionssidan upp	duplicate negative films reverse-reading emulsion-side up
negativ film n	film negative n	omvänd (film) adj	reverse-reading adj
negativ med kontinuerlig ton adj	contone adj	omvänd halvton n	invert halftone n
		omvänd med emulsionssidan ner adj	reverse-reading emulsion-side down adj
negativfilm n	negative film n		
negativfilm med emulsionssidan ner	negative films right-reading emulsion-side down	omvänd med emulsionssidan upp adj	reverse-reading emulsion-side up adj
negativfilm med emulsionssidan upp	negative films right-reading emulsion-side up	omvänd negativfilm med emulsionssidan ner	negative films reverse-reading emulsion-side down
noppning n	hickey n	omvänd negativfilm med emulsionssidan upp	negative films reverse-reading emulsion-side up
nummer n	copy n; number n		
numreringsmaskin n	numbering machine n		
ny bok n	new book n		
ny upplaga n	new edition n; reissue n	omvänd positiv duplikatfilm med emulsionssidan ner	duplicate positive films reverse-reading emulsion-side down
nyans n	variation n		
nyckel n	key n		
nyhetsammandrag n	headline n	omvänd positiv duplikatfilm med emulsionssidan upp	duplicate positive films reverse-reading emulsion-side up
nysättning n	resetting n		
nytryck n	reissue n		
nytryck v	reprint v	omvänd positivfilm med emulsionssidan ner	positive films reverse-reading emulsion-side down
nyutgivning n	reissue n		
obestruket papper n	uncoated paper n		
oceanfrakt n	ocean freight n		
OCR	OCR abbrev		

Swedish	English	Swedish	English
omvänd positivfilm med emulsionssidan upp	positive films reverse-reading emulsion-side up	papp n	board n; cardboard n; millboard n
		papper n	paper n
omvändning adj	wrong-reading adj	papper av slipmassa n	mechanical paper n
omvändningsfilm n	reversal film n	papper med vattenlinjer n	laid paper n
on-line adj	on-line adj		
opacitet n	opacity n	pappersbana n	web n
opak adj	opaque adj	pappersbruk n	paper mill n
öppen marknad n	open market n	pappershandlare n	paper merchant n
öppning n	opening n	pappersmaskin n	papermaking machine n
optisk läsning n	optical character recognition n	pappersmaster n	paper plate n
		papperstillverkning n	papermaking n
ord n	word n	papperstillverknings-material n	furnish n
ordbehandlare n	word processor n		
ordbok n	dictionary n; glossary n	pappersutskrift n	hard copy n
ordboksutgivning n	dictionary publishing n	parallellfals n	parallel fold n
order n	order n	parentes n	parenthesis n; square bracket n
ordlista n	glossary n		
ordmellanrum n	wordspace n	parentestecken n	brackets n
original n	original n	pärm n	case n
originalarbete n	artwork n	pärmbindning n	case binding n
originalcertifikat n	certificate of origin n	pärmbok n	hardback n
originalframställning n	origination n	pärmbunden adj	casebound adj
originalmontage n	flat artwork n	pärmkartong n	case board n
ornamenterad adj	ornamented adj	partiförsäljare n	wholesaler n
osalid n	ozalid n	passning n	register n
oskuret format n	untrimmed size n	pc abbrev	pc abbrev
överenskommelse n	agreement n	penningflöde n	cashflow n
överexponerad adj	overexposed adj	perfektor (skön- och vidertryckspress)	perfector n
överflödig sättning n	overmatter n		
överföringbokstäver n	transfer lettering n	perforatör n	keyboard operator n
översida n	top-side n	perforera v	perforate v
överskrift n	heading n	perforerad adj	perforated adj
överst på pappret n	head margin n	perforering n	perforating n
övertryck v	overprint v	periodisk (tidskrift) n	periodical n
övre magasin n	upper case n	persondator n	personal computer n
(övre och nedre magasin) versaler och gemener n	ulc abbrev	pH-värde n	pH value n
		pica n	pica n
		pigment n	pigment n
oxidering n	oxidation n	pinn-register-system n	pin register system n
(på) högkant adj	upright adj	pirattryck n	piracy n
på prov adj	on approval adj	pirattryckare n	pirate n
packeterad adj	packed in parcels adj	placerad på linje n	base alignment n
packinstruktion n	packing instructions n	pålägg n	mark-up n
paginera v	paginate v	planmetod n	flatplan n
paginering n	folio n; pagination n	plantryckning n	flatbed printing n
paket n	parcel n	plast n	plastic n
pall n	pallet n	plastkliché n	rubber plate n
palleterad adj	palletised adj	plastplåt n	plastic plate n
pallettera v	palletise v	platthäfta v	side-sew v; side-stitch v

Swedish	English
platthäftad adj	side-sewn adj; side-stitched adj
plocka v	gather v
plockad adj	gathered
plockning n	gathering n; picking n
plåtcylinder n	plate cylinder n
plåtframställning n	platemaking n
pocketbok n	paperback n; pocket book n
pocketbok för en massmarknad n	massmarket paperback n
polis n	insurance policy n
porslinslera n	china clay n
portokostnader n	postage costs n
porträttera adj	portrait adj
porträttillustration n	portrait illustration n
positiv adj	positive adj
positiv duplikatfilm n	duplicate positive films n
positiv duplikatfilm med emulsionssidan ner	duplicate positive films right-reading emulsion-side down
positiv duplikatfilm med emulsionssidan upp	duplicate positive films right-reading emulsion-side up
positiv film n	film positive n; positive film n
positivfilm med emulsionssidan ner	positive films right-reading emulsion-side down
positivfilm med emulsionssidan upp	positive films right-reading emulsion side-up
postorder n	mail order n
postorderförsäljning n	mail-order selling n
postorderkatalog n	mail order catalogue n
prägla v	emboss v; stamp v
präglad adj	embossed adj; stamped adj
prägling n	die stamping n; embossing n; stamping n
präglingsstämpel n	die n
praktband n	coffee-table book n
PR-chef n	publicity director n
prenumeration n	subscription n
prenumerera n	subscripts n
pre-press n	pre-press n
prepress-kostnader n	pre-press costs n
press n	press n
pressavdrag n	machine proof n
pressklipp n	press cutting n
presskostnader n	press costs n
pressning n	bundling n
primärfärger n	primary colours n
pris n	price n
PR-kampanj n	publicity campaign n
processfärg n	process colour n; process inks n
processröd adj	magenta adj
produktion n	production n
produktionsavdelning n	production department n
produktionschef n	production director n
proforma-faktura n	pro forma invoice n
prognos n	forecast n
program n	program n
programvara n	software n
prov n	dummy n; proof n; specimen n
provexemplar n	presentation copy n
påsiktsoriginal n	reflection copy n
publicera v	publish v
publicering av skönlitteratur n	fiction publishing n
publiceringsdag n	publication date n
publicitet n	publicity n
publikation n	publication n
punkt n	dot n; full stop n; period n (US); point n
punktetsning n	dot etching n
punkt-för-punkt adj	dot-for-dot adj
punktförstoring n	dot gain n
punktmatris-skrivare n	dot-matrix printer n
punktstorlek n	point size n
punktsystem n	point system n
rabatt n	discount n
rad n	line n
rad för rad adj	line for line adj
radavstånd n	leading n
radjustering n	justification n
radlängd n	line length n
radmellanrum n	line spacing n
radprinter n	line printer n
radutjämning n	hyphenation and justification n; justification n
rak (platt) bokrygg n	flat back binding n
rak rugg n	square back n
räkning n	invoice n
rakt typsnitt n	antique wove n

Section B Swedish–English

raster n	raster n; screen n
rasterlinje n	screen ruling n
rasterlös lito n	screenless litho n
rastertryckt n	screened print n
rastervinkel n	screen angle n
rastrerad adj	screened adj
rastrerad bromidfilm n	screened bromide n
rastrerat negativ n	screened negative n
rastrerat positiv n	screened positive n
rättigheter n	rights n
rättschef n	rights director n
rättvänd adj	right-reading adj
rättvänd med emulsionen nedåt adj	right-reading emulsion-side down adj
rättvänd med emulsionen uppåt adj	right-reading emulsion-side up adj
realtid adj	real-time adj
recensent n	reviewer n
recension n	review n
recensionsexemplar n	review copy n
redaktion n	editorial department n
redaktionell chef n	editorial director n
redaktionella kostnader n	editorial costs n
redaktionschef n	editorial director n; managing editor n
redaktör n	editor n
redigera v	edit v
redigerare n	sub-editor n
redigering n	copy editing n; editing n; sub-editing n
redigeringsterminal n	editing terminal n
redskap n	appliance n
referens n	reference n
regal med kaster n	boxed set n
register n	register n
registerfel n	misregister n
registerkartong n	index board n
registermärken n	register marks n
reklamtext n	blurb n
reklamtext på skyddsomslag n	jacket blurb n
rektangulär adj	oblong adj
relativ fuktighet n	relative humidity n
renskära v	trim v
renskuren adj	trimmed adj
renskuren runt om adj	trimmed three edges adj
renskuret sidformat adj	trimmed page size n
renskuret utfallande sidformat adj	trimmed bled page size n

repning n	abrasion n
repro n	repro n
reproavdelning n	repro department n
reproduktion n	reproduction n
reproduktionsrättigheter n	reproduction rights n
reproprov n	reproduction proof n
retur n	remainder n
returhandlare n	remainder merchant n
returpapper n	recycled paper n
retusch n	retouching n
retuschera v	retouch v
retuscherad adj	retouched adj
retuschspruta n	airbrush n
ringbindning n	ring binder n
ring(in)bunden adj	loose leaf adj
ris n	ream n
ritning n	drawing n
roman n	novel n
romanförfattare n	novelist n
romerskt alfabet n	latin alphabet n
röstinmatning n	voice input n
rotation adj	rotary adj
rotationspress n	rotary press n
royalty n	royalty n
rubrik n	heading n; headline n
rubrikannonser n	classified ads n
rubrikmanus n	display matter n
rubriksnitt n	display face n
rubrikstorlek n	display size n
rulle n	reel n
rullmatad adj	web-fed adj
rulloffset n	web offset n
rulloffsettryckning (utan tork) n	cold-set web printing n
rullpress n	web press n
rull-tryckning n	heatset web printing n
rundad och falsslagen adj	rounded and backed adj
rutnät n	grid n
ryggförstärkning adj	backlining n
ryggförstärkt adj	backlined adj
ryggtitel på bokrygg n	spine lettering n
sadelhäfta v	saddle stitch v
sadelhäftad adj	saddle-stitched adj
sadelhäftning n	saddle stitching n
sälja v	sell v
säljkampanj n	promotion campaign n
samma format	s/s abbrev

sammangjutna bokstavs-former n	ligature n	sjöfrakt n	seafreight n
samproduktion (av tidskrift, bok) n	co-edition n	skadeståndsklausul n	penalty clause n
		skärmaskin för papper n	guillotine n
sänd i container adj	containerised adj	skeppning n	shipping n
särtryck n	offprint n	skinnbunden adj	leatherbound adj
satt adj	set adj; typeset adj	skiss n	draft n; rough n
sätta v	compose v; set v	skiva n	disc n
sätta om v	reset v	skivaggregat n	disc drive n
sättare n	compositor n; keyboard operator n	skönlitterär författare n	fiction writer n
		skönlitteratur n	fiction n
sättning n	composition n; setting n; typesetting n	skrivare n	printer n
		skrivblock n	graphics tablet n
sättning på film n	filmsetting n	skrivmaskin n	typewriter n
scanna v	scan v	skrivmaskin med skrivkula n	golf ball typewriter n
scannad adj	scanned adj		
scanner n	scanner n	skrivmaskinssättning n	strike-on composition n; typewriter composition n
scanning n	scanning n		
schattering n	serif n		
schema n	schedule n	skrivpapper n	writing paper n
screentryck n	screen printing n; silk-screen printing n	skuggdager n	shadows n
		skuggdensitet n	shadow density n
sektion n	section n	skulder-huvud n	shoulder head n
sekunda n	inferior n	skuren i skärmaskin adj	guillotine trimmed adj
semikolon n	semi-colon n		
separation n	separation n	skyddsomslag n	book jacket n; jacket n
separationsnegativ n	separation negatives n	slå mellan typer n	interline spacing n
separationspositiv n	separation positives n	slipmassa n	mechanical pulp n
serif n	serif n	slitage n	abrasion n
	shadow dot n	sluta ut v	justify v
	shipping costs n	slutmanus n	endmatter n
sida n	page n; surface n	smalt typsnitt n	condensed type n
sida med erkännanden n	acknowledgements page n	smetning n	set-off n
		småoffset n	small offset n
sida med litteraturförteckning n	bibliography page n	smutstitel n	half title n
		smutstitelsida n	half title page n
		snitt n	edge n
sidformat n	page size n	sök och ersätt-rutin n	search and replace routine n
sidhuvud n	side head n		
sidombrytning n	page make-up n	spalt n	column n
sidorättigheter n	subsidiary rights n	spaltkorrektur n	galley proof n
sidvänd n	lateral reversal n	spaltmellanrum n	gutter n
sidyta n	page area n	spärrad adj	letterspaced adj
siffra n	numeral n	spärrning n	letterspacing n
siffror n	figs n; figures n	spatie n	space n
signatur n	signature n	specialartikel n	feature n
silverimitation n	imitation silver n	specialbestrykning n	off-machine coating n
självbiografi n	autobiography n	specialfärg n	special colour n
självhäftande	self-adhesive adj	specialmatris n	special sort n
sjöfart n	shipping n	specifikation n	specification n

Swedish	English
speditör n	freight forwarder n
spiralbindning n	spiral binding n
spränghållfasthet n	bursting strength n
sprej mot smetning n	anti set-off spray n
språk n	language n
stencil n	stencil n
stentryck n	litho printing n
step-and-repeat maskin n	step-and-repeat machine n
stereotyp n	stereotype n
stil n	fount n
stilmetall n	type metal n
stilprov n	typescript n
stjärna n	asterisk n
stor bokstav n	capital letter n
stor och liten bokstav n	ulc abbrev
stordator n	mainframe computer n
streck- och bildkombination n	line and tone combination n
streckillustration n	line illustration n
streckkliché n	line block n
streckkod n	bar code n
streckoriginal n	line artwork n; line copy n
streckteckning n	line drawing n
(strö)skrift n	pamphlet n
stryka v	delete v
substans n	substance n
sulfatmassa n	sulphate pulp n
sulfitmassa n	sulphite pulp n
superkalandrerat papper n	supercalendered paper n
supplement n	supplement n
svärdfals n	knife folder n
svarstid n	response time n
svart adj	black adj
svart halvtonsbild n	black halftone n
svart låda n	black box n
svart och vit adj	black and white adj
svart tryckfärg n	black ink n
svarta testmärken n	black-step collation marks n
svartplåt n	black printer n
svart-vit illustration n	black and white illustration n
svinn n	overs n
synopsis n	synopsis n
syrafritt papper n	acid-free paper n
system n	system n
tabellsättning n	tabular material n
tack n	acknowledgements n; acknowledgements page n
tangent n	key n
tangentbord n	keyboard n
(tangent)nedslag n	keystroke n
tangentrad n	keyline n
tankstreck n	dash n
täthet n	density n
teckenfamilj n	type family n
teckenhöjd n	type height n
teckenräkning n	character count n
teckensnitt n	character n; font n
teckenstorlek n	typesize n
teckentydning n	character recognition n
teckenuppsättning n	character set n
teckning n	diagram n; drawing n
tejp n	tape n
telefax n	facsimile n
telefaxöverföring n	facsimile transmission n
(telefon)katalog n	directory n
telefonkatalogutgivning n	directory publishing n
telekommunikation återförsäljare n	telecommunications n retailer n
terminal n	terminal n
termisk slipmassa n	thermo-mechanical pulp n
termografi n	thermography n
territorium n	territory n
testark n	out-turn sheet n
text n	text n; textmatter n
text och bildkombination n	graphics insertion n
textannonsering n	display advertisement n
textilhäfta v	sew v
textilhäftad adj	sewn adj
textilhäftning n	sewing n
textmontering n	area make-up n
textsättning n	body matter n
textsidor n	text pages n
textsnitt n	typeface n
textstycke n	paragraph n
textyta n	text area n; type area n
tidningspapper n	newsprint n
tidningspress n	newspaper press n
tidskrift n	journal n; magazine n
till påseende adj	on approval adj
tillägg n	addendum n

Swedish	English
tilläggskapitel (i bok) n	appendix n
tillämpningsprogram n	applications software n
tillgodokvitto n	credit note n
tillriktning n	make-ready n
tillåtelse n	permissions n
tilltryck v	reprint v
tillverkning n	making n; manufacturing n
titel n	heading n; title n
titelark n	prelims n
titelbild n	frontispiece n
titelsida n	title page n
titelsida (vänster) n	title verso n
åtkomst n	access n
tolerans n	tolerance n
ton n	tone n
toning n	dye n
tork n	drier n
torkning n	drying n
torkning n	evaporation n
torroffset n	dry offset n
träfri massa n	woodfree pulp n
träfritt papper n	woodfree paper n
trämassa n	groundwood n
transport n	shipping n
transport n	transport n
transportinstruktion n	shipping instructions n
trema n	diaeresis n
trimetallplåt n	trimetal plate n
trimma v	trim v
tryck vid behov n	on-demand publishing n
trycka v	print v
trycka för många exemplar v	overprint v
trycka på baksidan v	perfect v
tryckare n	machine minder n
tryckarrendator n	print farmer n
tryckcylinder n	impression cylinder n
tryckeri n	print works n; printing works n
tryckfärdig adj	passed for press adj
tryckfärg n	ink n
tryckfel n	literal n; misprint n; pe abbrev
tryckning n	impression n; machining n; printing n
tryckning gummi-mot-gummi n	blanket-to-blanket perfecting n
tryckort n	imprint n
tryckplåt n	plate n
tryckpress n	printing machine n
tryckprocesser n	printing processes n
tryckprov n	press proof n
tryckår och boktryckarens namn påtryck n	imprint n
trycksakskonsult n	print broker n
trycksekvens n	printing sequence n
tullklarering n	customs clearance n
tumregister n	thumb index n
tvärformat n	landscape format n
tvärskuren adj	cut flush adj
tvåfärgad adj	two-colour adj
tvåfärgspress n	two-colour machine n
tvåfärgstryckning n	two-colour printing n
typ n	type n
typhjul n	daisy wheel n
typhjulsskrivare n	daisy wheel printer n
typmaterial n	type matter n
typografi n	typography n
typsnitt n	face n
UCR n	UCR abbrev
udda sidor n	odd pages n
ultraviolet torkning (UV-torkning) n	ultra-violet drying n
undantagslexikon n	exception dictionary n
underexponerad adj	underexposed adj
underfärgsborttagning n	undercolour removal n
undermarginal n	foot margin n
underrubrik n	cross-head n; dropped head n; subheading n; subtitle n
understryka v	underline v
uppdrag n	commission n
upphöjd adj	superscript n
upphovsrätt n	copyright n
upplaga n	circulation n; edition n; issue n; print run n
upp-poppningsbok n	pop-up book n
uppskatta n	estimate n
uppslag n	double-spread n; spread n
uppslagsbok n	reference book n
uppslagsverk n	encyclopaedia n
upptagen adj	gathered
upptagning n	gathering n
urklipp n	press cutting n
utdrag n	extract n
utfallande sida n	bled page n

241

Section B Swedish–English

Swedish	English
utfallande sidformat n	bled page size n
utfallsark n	out-turn sheet n
utfyllnadsannons n	filler advertisement n
utfyllnadstecken n	digipad n
utge v	publish v
utgivning n	publishing n
utgivningsprogram n	publication programme n
utgången på förlaget adj	out of print adj
utgåva n	edition n
utjämnad adj	justified adj
utkast n	planning n
utlagt arbete n	outwork n
utlandsrättigheter n	foreign rights n
utmatning n	output n
utropstecken n	exclamation mark n
utskjutning n	impose v
utskjutning i press n	imposition n
utskjutningsprov n	imposed proof n
utskjutningsschema n	imposition scheme n
utskott n	broke n
utsåld (från förlaget) adj	out of print adj
utsluten adj	justified adj
utsluten sats n	exclusive type area n
utsmyckad adj	ornamented adj
utvikning n	fold-out n
utvikningsblad n	gatefold n
vänd adj	reversed out adj
vända v	reverse out v
vänster sida n	left-hand page n
vänsterkant, högerkant adj	flush left, flush right adj
vänsterkantställd adj	ranged left adj
vänstersida i bokuppslag n	verso n
värdepapper n	security paper n
värdetryck n	security printing n
variation n	variation n
varmlim n	hot-melt n
varumärke n	trademark n
vaska n	wash-up n
vattenmärke n	watermark n
vattenmärkesvals n	dandy roll n
vattenstämpel n	laid paper n
växel n	bill of exchange n
veck n	crease n
veläng papper n	wove n
verkligt format n	appearing size n
verkställande direktör n	managing director n
versal n	capital letter n
versaler n	caps n
versaler och gemena abbrev	c & sc abbrev
versalhöjd n	cap height n
vertikal justering n	vertical justification n
vid anfordran n	on-demand publishing n
video n	video n
videokassett n	video cassette n
vidertryckt (tryckt på baksidan) adj	perfected adj
vikt n	weight n
virasidan n	wire side n
visuell n	visual n
vit adj	white adj
vokabulär n	vocabulary n
voluminös adj	bulky adj
volym n	volume n
yrke n	art n (US)
yta n	area n
ytfrakt n	seafreight n
yttre form n	outer forme n
ytvikt n	grammage n
zink n	zinco n
zoomlins n	zoom lens n